“十三五”国家重点出版物出版规划项目

U0877294

交通大数据

林友芳 等 编著

北京交通大学出版社

· 北京 ·

内容简介

本书是“十三五”国家重点出版物出版规划项目，共分为6章，主要内容包括绪论、交通大数据概况、交通大数据处理技术、时空交通大数据预测、视觉交通大数据、交通运营大数据应用与案例。

本书可作为计算机、信息技术、交通运输相关专业的本科生和研究生的教学参考书，还可供从事大数据、交通大数据的研究、技术、工程、应用和管理方面的有关人员参考。

图书在版编目（CIP）数据

交通大数据 / 林友芳等编著. —北京：北京交通大学出版社，2021.8
ISBN 978-7-5121-4493-4

Ⅰ. ① 交… Ⅱ. ① 林… Ⅲ. ① 数据处理–应用–交通运输管理–研究 Ⅳ. ① U495

中国版本图书馆 CIP 数据核字（2021）第 132430 号

交通大数据
JIAOTONG DASHUJU

责任编辑：孙秀翠
出版发行：北京交通大学出版社　　电话：010-51686414　　http://www.bjtup.com.cn
地　　址：北京市海淀区高梁桥斜街44号　　邮编：100044
印 刷 者：北京时代华都印刷有限公司
经　　销：全国新华书店
开　　本：185 mm×260 mm　　印张：19.25　　字数：480千字
版 印 次：2021年8月第1版　　2021年8月第1次印刷
印　　数：1～2 000册　　定价：68.00元

本书如有质量问题，请向北京交通大学出版社质监组反映。对您的意见和批评，我们表示欢迎和感谢。
投诉电话：010-51686043，51686008；传真：010-62225406；E-mail：press@bjtu.edu.cn。

前 言

随着信息技术对交通行业运营的支撑作用的不断增强，各种交通行业的交通信息系统所产生的数据的类型越来越多，数据规模越来越大。交通运输企业、交通行业管理部门、互联网交通服务企业等交通行业参与者纷纷规划并建成了交通大数据平台，许多交通大数据平台为业务现场的诸多决策场景起到了实质性的支撑作用。在交通大数据平台的规划、设计、实现和应用中，需要既能深入理解与掌握大数据工程与技术，又懂交通、理解交通数据概貌，对交通大数据应用需求、应用场景和可用技术具有很强的把握与洞察能力的人才。

作者从事数据仓库、大数据领域的教学近20年，带领团队在交通大数据及智能技术领域开展了十余年的研究工作，与许多交通行业单位有深入的科研与应用合作。在教学、研究和行业应用实践中，我们发现在大数据特别是交通大数据领域，一直没有既有交通特色，又有先进、前沿的大数据处理技术，适合交通运输专业、计算机专业或交通信息技术交叉方向的本科生和研究生教材。同时，很难找到适合于交通运输行业单位的交通大数据平台规划、建设、运维和应用单位的管理者、专家和工程师的参考书，也缺少比较全面的适合于交通大数据学术研究的参考书。

为了解决这些问题，作者编写了这本以《交通大数据》为名的教材。为了使教材内容符合定位，作者对全书的内容架构做了反复研讨与调整，经过多轮迭代，全书的内容架构最终确定为绪论、交通大数据概况、交通大数据处理技术、时空交通大数据预测、视觉交通大数据、交通运营大数据应用与案例共6个部分。

北京交通大学计算机与信息技术学院网络科学与智能系统研究所的许多老师与同学参与了本书的撰写工作。第1～3章由林友芳负责撰写，第4章由万怀宇、郭晟楠、林友芳等负责撰写，第5章由张硕、林友芳和吕凯等负责撰写，第6章由林友芳、万怀宇和武志昊等负责撰写。全书由林友芳负责统稿。本书第4章的研究实践与第6章的案例主要来自作者团队的研究与应用实践，团队中许多已经毕业的研究生为这些研究与实践做了实质性的贡献。这些同学包括蒋睿、林明杰、唐锐、张奥爽、王琨琨、王志伟、周岳骞、周超、叶绍贵、许强永、邱鹏、康友隐、金文蔚、杨皓斐、尹康、冯宁、宋超、蒋鹏、邹威、邓玉婧、朱琪超、辛颖、荣斌等。在此对各位同学的研究工作表示感谢。研究所的许多研究生参与了本书部分材料的组织、内容校对等工作，这些同学主要包括赵苡积、刘云霄、贾子钰、常松、林彦、温浩岷、王硕、邸伟强、宋龙泽、王贝贝、杜少华、南宁、赵越、王炜堃、张亚飞、张润生、贾宇欣、童凯南、沈硕、雷李想、张永凯、陈昱瑾、罗雅文、韦统龙、胡小波、靳希源、尚川、陈佳欣、陈阳玲、荆栋、沈泽琪等。

本书的出版工作得到北京交通大学出版社的大力支持，正是在出版社孙秀翠老师的督促下，使管理、教学和科研工作异常繁忙的作者能将本书顺利完稿。也正是过于繁忙的工作，使本书在架构、逻辑、案例等许多方面仍有不尽如人意的地方，也难免有谬误之处，恳请读者不吝赐教，给我们及时提供一些反馈，以期在后续版本中加以完善。

作　者

2021 年 7 月

目　录

第1章

绪　　论

本章将介绍与交通大数据有关的各领域基本概念。包括与大数据和人工智能有关的相关概念、交通运输行业基础知识、交通行业中的决策与决策支持、交通行业信息化发展、交通大数据研究与应用定位等。

1.1　从数据到智慧

随着信息社会的不断发展，信息爆炸的时代已经到来。为了在大量数据中发现有价值的信息，大数据技术越来越受到社会各界的重视，并逐渐被广泛、深入地应用到企业的管理和经营中，对现代企业的经营起着非常重要的作用。在介绍什么是大数据之前，在此先介绍数据、信息、知识、智能等基本概念。

1.1.1　数据

对于什么是数据，目前并没有一个公认的定义。在社会的生产、生活过程中，人们出于各种不同的目的，需要用各种符号记录各种客观事物的状态、数量、活动、关系等特征，这些被记录下来的内容保存在不同的记录介质上，如原始的竹简和石壁，传统的纸张、书本和胶片，现代的光、电、磁等存储介质。记录的内容可以是数字、文字、图片、照片、视频、书画等，这些内容被称为广义的数据。因此，在广义上，我们可以说数据是对客观事物的符号表示。

然而，在计算机科学中，数据在狭义上是指所有能输入到计算机中并被计算机程序处理的符号的总称。例如，旅客用手机通过售票网站买了一张火车票，相关的售票业务内容将在整个售票系统的多个层次被记录下来，并以一定的编码方式保存在不同形式的存储设备中，成为售票业务交易数据。

企业作为社会的主要组成部分，同样需要用各种手段记录企业在生产运营过程中的一些有必要记录下来的、与生产要素和生产活动有关的各种数据。例如，在没有信息系统的年代，传统企业根据各自的需要或外部的规定用各类纸质账本记录来往账务、销售事务、采购细节等，这些记录内容都属于广义上的数据。一些现代企业在建立信息系统以后，利用信息系统将信息化范围之内的部分数据转用计算机进行存储，存储在其中的数据即为狭义上的数据。

因此，对于企业而言，企业没有信息系统不等于在企业中就没有数据。企业即使具有了信息系统，也不等于企业的所有数据都已经进入了信息系统。

1.1.2 大数据

随着社会信息化的发展，许多企业或组织机构拥有的数据的规模越来越大。近十年来，大数据（big data）成为极为热门的词。大数据是指数据规模巨大、用传统方法无法进行处理的数据集合。许多宣称在做大数据的企业或组织机构所面对的数据处理或利用问题其实并非真正的大数据问题。随着大数据概念的热炒，在交通行业相关的一些行业论坛、学术讲座或行业报告中，也经常将数据量不大甚至很小的数据处理应用案例称为交通大数据应用，严格来讲，中小规模的交通数据处理问题不属于交通大数据范畴。但是，若抛开数据规模因素，不可否认的是，各行各业包括交通行业对数据利用的意识已经具有很大的进步。

各国和各个行业也在不断推进实施大数据战略，推进数据资源开放、共享和利用。信息技术与经济社会的交会融合引发了数据的迅猛增长，数据已成为国家基础性战略资源，大数据正日益对全球生产、流通、分配、消费活动，以及经济运行机制、社会生活方式和国家治理能力产生重要影响。交通行业相关组织机构及管理者推动交通数据应用的积极性、主动性也越来越强。

1.1.3 信息

信息是人类认识世界和改造世界的知识源泉。人类社会的进步在一定程度上取决于对信息的了解、处理和利用的水平。随着科学技术的发展，信息科学与信息技术越来越显示出它在国民经济建设中的作用。考虑到信息及相关概念在大数据处理及应用中的重要性，本节将从信息有关的多个角度向读者介绍一些基本概念。

1. 信息的定义

与数据的概念一样，关于信息的定义也很多。在不同场景中有不同的定义。有人将其定义为关于特定对象或事件所学到的知识或事实；或者泛指计算机所处理、保存与传输的数据；在信息论中用来描述实验结果或传输信道中的数据不确定性的一种数值度量指标；等等。

在数据处理、大数据应用、决策支持与智能技术领域，信息论中的信息这个词的一个定义非常贴切：信息是指用于消除不确定性的东西。不确定性越高的事件需要越多的信息来消除其不确定性。

这个概念粗看起来不容易理解。在决策场景中需要消除的不确定性是指在特定的场景下认知主体（比如人）对所关注的对象的状态等特性所持有的不确定性或者称为疑惑。

例如，在城市交通场景中，一个初到北京首都机场的旅客下飞机后，若他有托运行李需要领取，他会跟随导引指示牌到达行李大厅。此时，在他的大脑中，他所乘坐航班的行李所在的行李转盘是不确定的，也就是说，此时他对他的行李所在的转盘号是存在疑惑的。但是，在机场的行李信息系统中，每架航班到达后的行李转盘安排在机场行李调度系统中是具体明确的。此时，航站楼的行李信息系统一般都会提供多级信息服务，用来消除每位托运了行李的旅客对其行李所处转盘的疑惑。因此，在这种场景下，行李大厅的各种显示大屏所滚动显示的航班行李转盘数据对旅客来说就是信息。当该旅客掌握这个信息以后，就会消除其大脑中的疑惑，从而来到准确的行李转盘前等候行李。此时，看完行李转盘上所显示的航班号以后，他心里的疑惑就会彻底消除。那么，该行李转盘号对他而言，就不再具有信息的作用了。这时，行李传输通道口的指示行李即将达到的提示铃声或指示灯会成为等候旅客所期待的信息。

再如，假定这个旅客预订好了宾馆 A，取完行李来到到达大厅，但是不清楚如何才能到达宾馆 A。此时，该旅客的大脑中对如何才能到达宾馆 A 存在疑惑。换言之，对该旅客而言，从首都机场的到达大厅出发到达宾馆 A 的可行交通路径存在不确定性。此时，就需要信息消除该旅客在这个场景中的疑惑（或不确定性）。此时，该旅客就需要求助掌握这些信息的主体来获得这些信息以消除疑惑，为其后续的交通选择决策提供服务。显然，有经验的宾馆的服务员、宾馆的网站或互联网导航服务系统都可以为该旅客提供信息服务。

2. 本体论信息与认识论信息

信息一般划分为本体论信息和认识论信息两种最基本的类型。前者从纯客观的立场来定义信息，后者从认识主体的立场来定义信息。一个事物的本体论信息就是这个事物的运动状态及其变化方式。认识主体关于某个事物的认识论信息就是认识主体对事物运动的状态及其变化方式所能感受到的内容，包括这种状态和方式的形式、内容和效用。认识论意义的信息也称为“全信息”，因为它同时考虑了事物运动状态及其变化方式的形式（语法信息）、含义（语义信息）和价值（语用信息），是三者的统一体。人类要认识事物就必须取得关于该事物的信息，要变革事物也必须具有必要的相关信息。

本体论信息是第一位的，认识论信息是第二位的。认识主体所感知的事物运动状态与方式是外部世界向主体输入的信息，也称之为感知信息；认识主体所表述的事物运动状态与方式是主体向外部世界（包括向其他主体）输出的信息，又称之为再生信息。一般而言，在人类所及的有限时空中，本体论信息与认识论信息之间存在交互作用和互相转化的关系，其过程与人类认识和改造世界的过程是一致的。语法信息，即主体所感知或表述的事物运动状态和方式的形式化关系，是最低层次的认识论信息；语义信息，即主体所感知或表述的事物运动状态和方式的逻辑含义，是较高层次的认识论信息；语用信息，即主体所感知或表述的事物运动状态与方式相对于某种目的的效用，是最高层次的认识论信息。

3. 信息需求

从前述有关信息案例可以看出，信息常常与特定的信息需求场景相关。信息需求是指动物、人或人造智能系统在特定生产、生活场景下因信息缺失所带来的对特定信息的需求。在交通业务背景中，各种交通参与者在许多场景下可能存在各种各样的信息需求。为此，信息需求可以形式化表示为一个四元组（需求主体，业务场景，场景中的业务问题，需要的信息）。

将信息形式化为四元组有助于我们更好地理解信息及需求特性。首先，信息需求是对某个需求主体而言的，对某些主体是信息的东西对别的主体而言不一定是信息。同时，信息需求一般必须依附于一个明确具体的业务场景，脱离开具体的业务场景及其问题，有些信息便不再是信息。例如，若有一个旅客因需要某天坐飞机去某地，不知道是否有价格合适的那天的机票。为此，该旅客登录航空公司直销网站或在线旅行代理网站查询航班及机票价格。在这个具体场景下，可用的航班座位及其价格等数据就是该旅客的信息需求。脱离开这个场景，对于无航空旅行需求的人而言，一般不会对航空公司的任何一天的运输产品库存与价格情况产生需求，因此，这些数据对这些主体而言就不是信息。

显然，在交通业务场景中，信息需求是非常多的，例如：

- （汽车司机，通过红绿灯路口时准备直行，能否通行，红绿灯状态）；

● (汽车司机，行驶通过某个十字路口，不知道去目的地应该往哪个方向走，导航提示)；

● (共享汽车司机，运送旅客到达目的地后准备进入空驶状态，不知道哪里有新的打车人，调度台不断广播的乘客打车需求信息)；

● (火车票购票旅客，登录购票网站后，想知道当天 20:00 后从北京出发去上海的高铁列车是否还有二等座的票，当天 20:00 后所有从北京到上海高铁列车的二等座剩余票的数量)。

4. 信息与数据

在许多语境中，数据与信息两个词经常被人混用。有人说数据就是信息，信息就是数据。其实这些说法有一定的道理，但是二者并不能完全画等号。在大数据应用场景中，更是如此。数据只是对生产、生活事实的诚实记录的结果。如果在某些场景中，某个或某些数据有助于消除主体的疑惑，这个或这些数据就成为对主体有用的信息。此时，信息是以数据的形式出现的。然而，在许多生产、生活场景中，有许多非数字化的符号，如交通标志、信号灯状态、航站楼和火车站的导引标志及出发、到达广播等信息，多数并不以计算机系统中的数据的形态出现。

此外，在数据处理领域里，许多数据并不能直接被当成信息用，经常需要采用各种统计、分析或挖掘等处理手段加工出特定场景中需要的信息。这是数据科学中典型的数据利用的逻辑，即想办法将数据转换成有用的信息，应用于信息需求主体的工作场景中。在这种场景中，从数据加工得到的信息一般最终仍旧需要在计算机系统中以数据的形式进行表示或展示，或者以数据的形式存储下来以备日后重复使用。此时，我们可以说数据是信息的表达形式之一。

在大数据场景中，需要注意的是，数据规模大并不等于能一定加工出有用的信息。一方面受限于加工的人或系统的加工能力；另一方面在于数据本身本质上并不包含有用的信息。例如，针对持续平稳的系统进行长期跟踪所记录下来的几乎无变化的某项指标的大规模数据；再如，在偏僻地区的深夜几个小时无人或无车通过的道路摄像头所记录的视频数据。这些数据规模虽然都很大，但是其中并没有包含有意义的信息。

1.1.4 知识

1. 知识的定义

知识到底是什么，目前仍然有争议。我们可以从哲学的角度给出知识的一个定义，如在《中国大百科全书・教育》中“知识”条目是这样表述的：“所谓知识，就它反映的内容而言，是客观事物的属性与联系的反映，是客观世界在人脑中的主观映象；就它反映的活动形式而言，有时表现为主体对事物的感性知觉或表象，属于感性知识，有时表现为关于事物的概念或规律，属于理性知识。”从这一定义中我们可以看出，知识是主客体相互统一的产物。它来源于外部世界，所以知识是客观的；但是知识本身并不是客观现实，而是事物的特征与联系在人脑中的反映，是客观事物的一种主观表征，是在主客体相互作用的基础上，通过人脑的反映活动而产生的。

著名哲学家柏拉图提出 JTB（justified，true，belief）理论（或 JTB 准则）对知识进行定义。该理论认为，一条陈述能称得上是知识必须满足三个条件：它一定是被验证过的，正确的，而且被人们相信的。

JTB 准则表明，对一个主体 S，一个命题 P，要使 P 成为主体的知识，首先要求 P 必须是正确的，而且 S 相信 P 是正确的，并且通过验证的过程 S 相信 P 是正确的。

对于这个定义相关的争论很多，在此并不想花篇幅去阐述。事实上，是真理的东西并不保证每个人都知道它的存在或能证明它就是正确的。因此，对于人类整体而言，并不是所有的真理都是已知的。对人类个体而言，所掌握的真理更是有限。JTB 准则中所描述的知识是具体一个主体或智能体所掌握并拥有的知识。另外隐含表明了知识与拥有知识的主体是密切相关的，甚至有人认为知识是主体与真理之间的一种关系。对于一个人类社会有共识的已知真理，具体某个人或组织可能并不知道或不认可。因此，这个真理也不会成为这个人或组织的知识。比如人是哺乳动物这个命题，显然是一个科学共识与事实。但是，对于一个未受过教育的人而言，可能并没有动物分类常识，他可能根本不知道这个命题的存在，为此就谈不上具有“人是哺乳动物”这样的知识。

许多观点认为知识具有一定的相对性，即附带一个前提条件。有些命题在一定的背景下是成立的，换个背景可能就不成立。另外，有观点认为有些知识具有一定的模糊性或不精准性。

在日常生活中，有一个有趣的现象，许多人宣称自己在某领域掌握了很多知识，并且日常生活或工作中也按照自己所宣称拥有的知识去做决策。例如，某人相信吃某一种草能治各种病，为此，只要身体一有感冒症状他就去采之服用，通常情况下感冒还真是过几天一般都好了。因此，在他的认知里，他认为这种草能治百病就是知识，并且一辈子可能都坚持按他认为是真理的知识去做决策。但是具体一个人宣称的所掌握的某些“知识”，在其他人眼里可能是谬论或经过科学家检验已经确定为谬论。这个现象表明 JTB 准则要求的知识事实性或正确性是非常重要的。

追求真理是人类社会的整体追求，让真理传播到更广泛的人群中，作为被传播对象的知识是人类历史长河中教化或教育的目标。从人工智能的角度，JTB 准则也有一定的指导意义。让智能体能自己学习或总结知识的认知过程可以看成是让智能体具有判断命题真假与否的能力的过程。从知识的相对性、不精准或不确定性的角度来看，认知过程是智能体想办法通过学习验证某个命题在具体场景下的正确性程度的过程，以使智能体尽可能地掌握更多的真理或正确的可能性更高的命题。机器学习的过程可以看成是验证的过程，而对命题的信念或相信程度则保存在智能体的记忆体系中，服务于智能体在具体场景下完成任务时的自主决策。

2. 知识、信息和数据的关系

在人们总结经典的 DIKW（数据、信息、知识、智慧）架构图中，描述了一种数据驱动的知识生成路径，在这个路径中，基于数据加工信息，基于信息挖掘或总结出知识。从这个角度来说，从大量的信息中可以总结、挖掘出一些知识保存起来。因此，信息可被看成是知识的重要组成部分。但只有将反映自然现象和社会现象的信息经过加工，上升为对自然和社会发展客观规律的认识，这种再生信息才构成知识。

英国著名情报学家 B.C.布鲁克斯这样表述信息与知识的关系：“信息是使人原有的知识结构发生变化的那一小部分知识。”知识需要通过信息，并使用归纳、演绎的方法才能得到。例如，对于大量的“水在 100 ℃时沸腾了”这样的信息，人通过归纳、演绎等手段，会得出“水的沸点是 100 ℃”这样的结论，再经过广泛深入的实践检验，被人消化吸收，最后成为知识。

从另外一个角度，知识也可以转化为信息，如果在某个业务场景的决策问题解决过程中，决策者自己回忆起来的知识或别人提供一个知识被用于决策问题的解决，消除了问题中的疑惑，用到的知识也就成为该场景下的信息。

知识与数据的关系与知识与信息之间的关系类似。知识保存起来就成为数据本身。因此，知识图谱本身存储在计算机系统中就成为表达知识的数据。从大量的数据出发，通过总结、归纳等过程，也可能产生知识。

3. 知识的表示

知识的表示是一个非常重要的课题。没有文字的时候，人类用大脑来存储知识或经验，通过口头语言、象形符号或行为示范来表达并传播知识。有了文字以后，人类则更多地用文字来表示知识。

在计算机世界，则用特定编码的符号来表达文字，即将书面知识数字化后保存在计算机的存储介质中。然而，在人工智能领域，知识表示任务关注更多的是一个智能体所需的知识或所习得的知识该如何表示的问题。只有解决了知识表示问题，才有如何存储知识和利用知识的问题。因此，对知识本身的建模也是人工智能领域的重要研究问题。人们提出并实践了许多有效的知识表示方法，在此不再详细阐述。

1.1.5 智能

智能是一个绚丽、诱人和充满灵气的字眼。提起智能，人们就会想到许多富有智慧的人，比如兴周八百年之姜尚，旺汉四百年之张良。然而，到底什么是智能呢？人们却无法轻易地说清楚。实际上，智能及智能的本质是古今中外许多哲学家和脑科学家一直在努力探索和研究的问题，但至今仍然没有完全了解，以致智能的发生与物质的本质、宇宙的起源和生命的本质一起被列为自然界四大奥秘。随着脑科学、神经心理学等研究的进展，人们对人脑的结构和功能有了初步认识，但对整个神经系统的内部结构和作用机制，特别是脑的功能原理还没有认识清楚，有待进一步的探索。因此，很难给出智能确切的定义。

目前，根据对人脑已有的认识，结合智能的外在表现，人们从不同的角度、侧面，用不同的方法对智能进行研究，提出了几种不同的观点，其中影响较大的观点有思维理论、知识阈值理论及进化理论等。

思维理论认为智能的核心是思维，人的一切智能都来自大脑的思维活动，人类的一切知识都是人类思维的产物，因而通过对思维规律与方法的研究有望揭示智能的本质。M.Tim Jones 将智能简单地定义为思维的特性集，这些特性包括计划、解决问题和推理。他也给出了一个更简单的定义，即智能是在给定一组输入和各种可能的动作，做出正确决策的能力。

根据得到 52 名领域专家签字认可的定义，“智能是一种非常普遍的思维能力，包括推理、计划、解决问题、抽象思维、理解复杂概念、快速学习和根据经验学习的能力”。

知识阈值理论认为智能行为取决于知识的数量及一般化的程度，一个系统之所以有智能，是因为它具有可运用的知识。因此，知识阈值理论把智能定义为：智能就是在巨大的搜索空间中迅速找到一个满意解的能力。这一理论在人工智能的发展史中有着重要的影响，知识工程、专家系统等都是在这一理论的影响下发展起来的。

进化理论认为人的本质能力是在动态环境中的行走能力、对外界事物的感知能力、维持生命和繁衍生息的能力。核心是用控制取代表示，从而取消概念、模型及显式表示的知识，否定抽象对智能及智能模型的必要性，强调分层结构对智能进化的可能性与必要性。

综上所述，可以认为智能是知识与智力的总和。其中知识是一切智能行为的基础，而智力是获取知识并运用知识求解问题的能力，是头脑中思维活动的具体体现。

1.1.6 人工智能

“人工智能”（artificial intelligence，AI）一词最初是在 1956 年 Dartmouth 学会上提出的。从那以后，研究者们发展了众多理论和原理，人工智能的概念也随之扩展。在半个多世纪的发展历史中，人工智能的发展比预想的要慢，但一直在前进。从人工智能的出现到现在，已经出现了许多 AI 程序，并且它们也促进了其他技术的发展。

长久以来，人工智能给人一种可望而不可即的印象。然而，它却吸引了无数研究人员为之奉献才智，全世界有众多的实验室在进行人工智能方面的探索。这几十年来，人工智能领域产生了许多不同的理论和技术，也形成了不同的学派。研究者分别从心理学、生理学、生物演化、社会学等不同的途径去尝试模拟人的智能。人工智能的发展过程也是很曲折的，用机器模拟人的智能本身是一个难度相当高的问题，对人工智能领域的研究也忽冷忽热。

人工智能学科尚未达到成熟，人们对智能和智能本质的认识也很肤浅，所以很难给它下一个统一、确切、严格的定义。尽管如此，仍然有许多学者按照自己的见解给出了一些定义。美国斯坦福大学人工智能研究中心 N. J. Nilsson 教授对人工智能下了这样一个定义：“人工智能是关于知识的学科，即怎样表示知识及怎样获得并使用知识的科学。”美国麻省理工学院的 P. H. Winston 教授给出的定义是：“人工智能就是研究如何使计算机去做过去只有人才能做的智能工作。”然而，这些说法并不准确、全面。不同的时代、不同的人对“只有人才能做的智能工作”的理解是不同的，比如繁重的科学和工程计算本来是要人脑来承担的，现在计算机不仅能完成这种计算，而且能够比人脑做得更快、更准确，因而当代人已不再把这种计算看作是“只有人才能做的智能工作”了。因此我们不难看出，人工智能的具体目标是随着时代的变化而发展的，它一方面不断获得新的进展，另一方面又转向更有意义、也更加困难的目标。但是，这些定义反映了人工智能学科的基本思想和基本内容，即它是研究、开发用于模拟、延伸和扩展人的智能的理论、方法、技术及应用系统的一门新的技术科学。

人工智能有一个关于精神的哲学理论，即人类的认知心理状态能够用计算机器复制，这就引出了两种观点：强人工智能与弱人工智能。强人工智能的观点认为有可能制造出真正能推理（reasoning）和解决问题（problem solving）的智能机器，并且，这样的机器将被认为是有知觉和自我意识的。强人工智能可以分为两类：类人的人工智能，即机器的思考和推理就像人的思维一样；非类人的人工智能，即机器产生了和人完全不一样的知觉和意识，使用和人完全不一样的推理方式。弱人工智能的观点认为不可能制造出能真正地推理和解决问题的智能机器，这些机器只不过看起来像是智能的，但是并不真正拥有智能，也不会有自主意识。主流科研集中在弱人工智能上，并且一般认为这一研究领域已经取得可观的成就。强人工智能的研究则处于停滞不前的状态。

人工智能常被看成是计算机科学的一个分支或交叉学科。人工智能是一门正在发展中的、综合性和挑战性极强的前沿学科，从事这项工作的人必须懂得计算机知识、心理学和哲学。目前研究人工智能的主要物质手段及能够实现人工智能技术的机器就是计算机，也可以说人工智能的目标是了解智能的本质，并生产出一种新的能以与人类智能相似的方式作出反应的智能机器。该领域的研究包括问题求解、知识表示、自动推理和搜索方法、机器学习和知识获取、知识处理系统、自然语言理解、智能调度和规划、计算机视觉、智能机器人、自动程序设计等方面。目前，许多人工智能应用研究者认为：提高人工智能系统性能的根本出路在于加深对应用领域和问题求解任务的理解，以便获取能有效地用于求解问题的应用领域的特别方法、知识和数据，并用合理而高效的方法加以组织——完全靠提高计算机硬件速度和开发通用的问题求解方法是难以奏效的。

传统人工智能是以 Newell 和 Simon 提出的物理符号系统假设为基础的符号主义，致力于以语言或符号规则的形式来表达和模拟人类的智能行为，主要目标是应用符号逻辑的方法模拟人的问题求解、推理和学习等方面的能力。由于网络技术特别是国际互联网技术的发展，人工智能开始转向基于网络环境下的分布式人工智能研究。不仅研究基于同一目标的分布式问题求解，而且研究多目标问题求解，将人工智能推向实用。另外，由于 Hopfield 多层神经网络模型的提出和误差反向传播算法（back propagation，BP）的提出，使人工神经网络（artificial neural network，ANN）的研究与应用出现了欣欣向荣的景象（这个方向也被称为连接主义）。人工智能已深入到社会生活的各个领域。

近些年来，随着人工智能新技术的突破及在许多领域的成功应用，人们用新一代人工智能这个词来指代这个阶段的人工智能技术。中国国务院 2017 年发布了《新一代人工智能发展规划》，这个规划是由众多的计算机与人工智能等领域的专家们所起草的，规划内容非常准确与专业。这个规划指出“新一代人工智能呈现出深度学习、跨界融合、人机协同、群智开放、自主操控等新特征”。显然，深度学习取得的突破性进展是新一代人工智能中最重要的特性。该规划指出“大数据驱动知识学习、跨媒体协同处理、人机协同增强智能、群体集成智能、自主智能系统”是新一代人工智能的发展重点。在人工智能基础理论研究领域，大数据智能理论、跨媒体感知计算理论、混合增强智能理论、群体智能理论、自主协同控制与优化决策理论、高级机器学习理论、类脑智能计算理论、量子智能计算理论是全世界人工智能领域的研究热点。

新一代人工智能热潮所推动的另一个重要的方面是新一代人工智能技术的成功应用。在图像识别、博弈决策、生活服务、自然语言处理、自主精细操控决策等领域大量的成功应用，催生了大量的新型产业，深刻地改变了人类的社会生活，改变了世界的面貌和格局。

新一代人工智能在交通领域也有广泛的应用。本书主题交通大数据所指代的领域是属于人工智能+交通的核心理论、技术与应用的一部分。书中后续章节的理论、实践与技术也以交通大数据场景中的新一代人工智能方法、技术与实践为主。

1.1.7 决策

1. 决策的定义

在每一天的生活中，有一定智力的动物、人和组织机构每天都有意识或无意识地做着各种选择。例如，我们决策是否要去做一次旅行，是否向领导请示，中午决定去哪里吃饭、吃什么，从北京到上海是坐飞机还是坐火车，等等。这种选择就是指主体在特定的生产、生活场景中针对有多个选项的事宜做一个最终选择去执行。这个过程和动作就称为决策。

在人类的生产生活中，决策是指个人、集体或自动系统为解决某个问题，借助一定的科学手段和方法，从若干备选方案中选择或综合成一个满意合理的方案，并付诸实施的过程。在心理学中，决策被作为一个解决问题的认知过程，每一个决策过程都需要从多个可能选项中确定一个最终选项。

2. 决策主体与客体

决策者或决策主体，英文称为 decision maker，一般是指在特定场景中需要进行决策的人员或组织。在智能系统领域，决策主体也包括能够执行自主决策的自动系统或智能体。为此，决策者或决策主体可以定义为在特定决策场景中需要进行决策的人、组织或自动系统。

在当代社会生活环境，从人的角度，日常生活中的大众就是最基本的决策主体。例如，在衣、食、住、行中的"行"所指的交通场景中的旅客、驾驶员、骑车人、货主等都是决策主体，他们在相应的交通行为过程中进行各种有意识或无意识的决策。

对于包括政府部门、企事业单位、行业管理部门等的组织机构来说，在其不同层级和类别的业务决策环境中，一般会设置不同层级和类别的岗位或组织，在这些岗位上的人员或组织在各自涉及的业务决策场景中进行决策，以推动组织机构的业务运转，履行组织职能。例如，交通运输企业、交通行业管理部门中的人和组织都是决策主体。以人为主体的组织机构中的决策主体一般包括高层、中层、低层管理人员及基础业务人员。

在当今新一代信息技术快速发展的时代，在各类组织机构运营的信息系统中，出现了越来越多可能需要自动决策的自动决策系统。例如，互联网上的各类自动推荐算法在特定场景下自动决策以选择推荐内容，而后通过不同渠道展示给其他主体。面向用户的自动问答服务系统，根据用户的输入自动决策选择或生成内容回答用户。再如，交通站场中的旅客自动通关系统，会根据当前旅客的生物特征、证照和票证来主动决策是否予以通行或发出警告信息。

新一代人工智能技术的发展催生了大量的具有高度自主决策能力的智能体，在博弈类游戏领域取得的进展尤其突出。例如，围棋类游戏 Alpha GO 和 Alpha Zero 彻底打败了人类顶尖棋手。这类软件系统在博弈过程中会不断地根据环境的变化自动做出决策。

决策客体是指决策主体所处的环境或决策对象。决策环境是指决策主体在具体决策业务场景所能观测到的事物的集合。决策对象也称为决策问题，决策问题必须是决策主体能够影响或控制的问题，必须具有明确的边界。举一个通俗的与交通有关的例子。旅客 A 某次出差选择坐高铁还是坐飞机是 A 可以控制而且可以决策的明确的问题。跟 A 无关的人员的某次出差的出行方式选择跟 A 是无关的，不属于他的决策问题。在出现恶劣天气导致航班延误时，是否采取措施尽快结束恶劣天气也不是旅客所能或需要决策的问题。

需要注意的是，决策环境主要指在决策主体所处的物理环境中的主体能感知或观测到的部分环境。例如，当航班延误时，航空公司、机场、机组人员、空管、等候的旅客、地服人员都是不同的决策主体，这些决策看似处于同一具体环境中，但是不同的决策者因感知能力或权力各不相同，所处的决策环境也就有所不同。甚至同一个候机厅里等待同一航班的不同的旅客所能感知到的局部环境也有差异。另外，在强化学习为架构的智能体架构中，决策主体仅指执行决策的智能算法本身，智能算法之外的智能体其他机构，如感知机构、执行机构等，都被归入决策环境。

3. 决策评价

决策评价是指在决策执行前、执行过程中或决策之后对决策进行的评价。决策前的评价主要是对决策风险进行评估，以避免出现错误。执行过程中的评价主要针对序贯决策任务，在决策执行的过程中评估阶段性的结果，或预测未来的结果，进行决策优化。决策后的评价主要目的在于反思总结，服务于后续类似的决策优化。

不同决策问题的评价难易程度各不相同。决策评价跟评价标准或评价规则有关，也跟评价者有关。对同一个决策，不同的决策者站位不同，自然就会有不同的评价。对于决策评价，既有定量的评价，也有定性的评价。

在许多业务场景中，经常可以对一些决策做出定量的评价。例如，对于一个交通产品在销售过程中所采用的特定的销售策略，在销售完成后，可以采用运输经济学的各种收益指标对销售策略进行评价。对于购票者，若提前一天买票或相比晚一天买票最终省下或多花了一定额度的钱，则对购票时间的决策就可以采用与实际支出金额相关的指标进行评价。在这些情形中，通常会有可以量化的决策目标，有时称为目标函数，对决策结果进行预测或评价。

在日常生活和管理中并非所有决策都能或容易用一个目标函数进行量化，有许多决策只能依靠评价者的主观感受作定性或粗糙的定量评价。例如，在城市导航场景中，用户指定目的地后，导航系统一般会为用户提供多种可选的路径方案。针对各个导航方案，导航软件一般会为用户提供每个方案的路径概貌、里程、过路费、拥堵情况及预计旅行时间等基础事实、状态和预测性数据等供用户参考。用户在各个方案中做出选择决策，采用某一个方案或拒绝所有的方案。

在用户决策之前，用户一般会对各个选项做一个评价，然后再做一个选择。在当代导航系统的支持下，交通用户在这个阶段可以做一些定量的决策评价。然而，这些评价很难有一个统一的标准，如旅程的时间、里程、费用成本等。不同的用户偏好并不相同，把各种因素组合在一起也并没有一个普适的标准。

在决策实施过程，即用户在遵从某个路径方案旅行的过程中，有些用户可能会因为突发拥堵或碰到导航系统未掌握的路径不通（如因特殊社会原因导致的临时或阶段性封路）等情况，对所采用方案进行主观感受性的负面评价，甚至触发对导航平台的抱怨与投诉。这种评价显然是一种定性的评价。

在决策实施完成后，即到达目的地以后，一般情况下用户并不一定会对自己的这种交通决策做评价。但是，如果当体验相当差或相当好时，有些用户可能会对自己的选择进行内省式的评价，甚至在导航软件主动弹出的评价请求中给出差评或好评。用户在内心所做的评价一般也只是感受式的定性评价。在导航软件上给出的分级式定性服务评价结果中，某种程度上也会混含有用户对自己最初的路径方案选择决策的定性评价。

不管是定量评价还是定性评价，人们经常会在抽象层面以理性与否这样定性的方式去评价一个决策。

4. 理性、有限理性与直觉决策

决策的合理性与否是一种抽象的定性评价描述。人们经常会评价自己、别人或组织所做决策的合理性。在组织机构中，一般不同层次的决策者或决策机构所做出的任意一个决策，都会有干系人或旁观者评价该决策的合理性。普通人在日常生活中所做的决策，也同样可能会有干系人或旁观者对决策进行评价。理性、感性、不理性、过虑、冲动、自私、无私、傻、精明、英明等词都是日常生活对自我或他人决策的常见的定性评价词。

理性（rational）有不同的含义，它可以有聪明、成功、冷酷、功利主义、精神正常等含义。理性可以分成过程理性（或程序理性）及结果理性（或实质理性）。在决策理论中，理性选择理论遵从后果逻辑，也就是说决策行为取决于对当前行动所产生的未来结果的期望，即各备选方案是由其预期结果来解释的。理性选择理论以偏好为基础，通过比较哪个备选方案的预期结果能更好地满足决策者的偏好来作为决策依据。

为此，要实现理性的决策，必须解决几个问题：首先是备选方案的问题，即当前决策问题中有什么备选方案；其次是期望结果的问题，即每个备选方案可能产生的结果是什么，产生每个结果的概率是多少；再次是决策者对结果偏好的问题，即对决策者而言，每个备选方案可能产生的结果有多大价值；最后是决策规则的问题，即如何根据备选方案的价值，从备选方案中选择一个方案最终进行执行的问题。

对决策者而言，一般都希望决策能尽量理性，以达到特定条件下的价值最大化。在决策的理性假设中，一个具有完美理性追求的决策者，要求在决策时能做到完全客观并符合逻辑，能详细地定义问题，掌握所有可能需要的信息，清晰、具体地定义出所有决策目标并进行评价，所有备选方案的结果都已知且确定，具有明确的偏好，并能一贯地选择那些最有可能实现目标价值最大化的方案。

然而，在日常的生活与管理中，任何一个决策，要做到完全或完美的理性是非常难的。人们普遍认为，现实中的决策多数只能实现有限理性。现实中人或组织的决策呈现有限理性的原因很多，也很容易理解，主要有 5 个最基本的原因。① 人或组织在决策中很难做到完全客观，在决策中也不可能做到完全符合逻辑。② 在多数情况下，决策者无法或没有能力构想出所有可能的选项。③ 即使决策者已经知道了尽可能多的选项，因缺少必要的信息，以及人或组织的注意力、记忆力、理解力和沟通等方面的限制，要决策者准确地掌握每个选项可能会带来的后果也很难。④ 要对每个选项对应的后果进行准确的价值评估也不易，有时决策者本身对后果的偏好也是模糊不清的，偏好经常也是多重的。⑤ 在许多情况下，决策的时效性要求也不允许决策者能有充分的时间去做反反复复的思考、预测、计算、推演或比较等基础工作。

有限理性的决策是只追求满意而不一定能使目标最大化的决策，受限于信息处理加工能力和时间等因素的限制，决策者或决策环境能够接受“足够好”但不一定是最好的方案。

在日常生活和管理决策中，决策者经常运用直觉进行决策，直觉决策是一种潜意识的决策过程，以决策者积累的经验、价值观或道德品质、情绪等为基础进行决策。一些对特定场景或事件非常熟悉且有经验的决策者，在遇到相同的问题或情形时，会迅速做出一些有效的决策。在这种情形下，决策者并不进行系统性分析、候选方案的制订、后果评价、方案选择等动作，而是根据决策者自身的经验和判断来制定决策。

鉴于现实的决策固有的有限理性特点，以及在新一代人工智能实践中掌握了有效经验的智能体基于历史经验进行推理后决策或直觉决策的惊人效率，越来越多的领域转向依赖于新一代人工智能技术来实现决策支持或直接决策，以期具体业务场景中的决策能更加理性、有效。在技术路线上主要有两条：第一条路线是指在决策场景中，以数据为驱动，以人工智能技术为手段，为人或组织决策提供有效的决策支持，尽可能提升人或组织的决策理性程度；第二条路线是通过学习训练，打造具有经验的自主智能系统，代替人或组织决策，提升决策的理性程度与决策效率。

不管采用哪条技术路线，在决策之前采集加工足够多而有效的信息是保证决策理性有效的重要基础。

5. 决策与信息

决策与信息紧密相关，现实决策的有限理性在很大程度上是由信息约束条件所导致的。决策中的信息约束问题体现在许多方面。

首先是信息的有无问题。在实际决策过程中，对特定的问题经常因缺少必要的信息而带来很多的限制。包括决策环境中的状态信息、可能的备选方案信息、每个备选方案执行后可能出现的结果及概率、决策者对结果的偏好等。例如，对于一个计划旅行的购票者来说，如果出发地和目的地已知，出发日期也已经确定，旅客已经决定坐飞机，那么他期望能买到尽可能便宜的机票。此时，他需要决定在何时通过什么渠道购买机票。在这种情形中，就存在多种形式的信息缺失。例如，所有机票销售渠道上可能的价格信息对于普通旅客来说是很难完全收集到的。因此，旅客在某个渠道所查询的机票价格相比于所有可能渠道上的机票价格的高低关系信息是不完备或缺失的。再有，有些旅客也想知道从当前时刻开始到这个航班起飞前，这个航班的机票的最低价格可能会出现在哪天？当然，这些信息显然是未知的，且具有很大的不确定性。

其次是信息过载的问题。在决策环境中，决策者看到大量的数据或信息，这些信息超过了决策主体能接受、处理或有效利用的范围。决策者有可能无法辨别信息的真伪，或者被错误的或不可信的信息所误导，或者浪费过多的时间去甄别信息，或者因数据（或信息）到达速度过快、数据量过大而根本无法处理。信息过载同样可能影响决策的质量。

6. 博弈、决策与信息

博弈的本意是下棋，如经典的国际象棋、中国象棋、围棋等游戏。但是，在学术界或现实生活中，博弈常被引申为在一定条件下，遵守一定规则的、拥有理性思维的人或组织，在特定的环境采取一定策略，选择行动方案并加以实施，以期得到相应结果或收益的过程。在交通运输业务场景中，也涉及许多的博弈问题。例如，货主与运输者之间的价格博弈。再如，在民航业的机票销售业务中，航空公司之间、航空公司与旅客之间、销售渠道与旅客之间、销售渠道之间等都存在不同类型的博弈。在共享出行领域，运营平台之间、平台与共享服务提供者之间、服务提供者之间、平台与出行者之间也存在一些显性或隐性的博弈。

博弈过程涉及游戏参与者一系列的决策行动，博弈过程的成败或收益与博弈参与者的一系列决策直接相关。而博弈中的每一步决策的质量又与决策策略及决策所掌握的信息紧密相关。

为了提高博弈收益，博弈参与者一般都会尽可能多地去收集或加工博弈过程中的决策所需要的信息，以提高个体或集体的收益。在博弈中，参与者之间的信息不对称是一种非常常见的现象。

信息不对称的原因很多，一方面是地位相同的博弈者因自身信息加工能力的不同而导致的信息不对称。例如，在围棋游戏中，职业棋手与业余棋手相比，具有更强、更快地在当前棋局中发现双方缺陷、判断局部死活、发现劫材、判断不同下法的目数价值等信息的发现或加工能力。再如，在机票购买场景中，部分旅客对机票价格走势有更强的判断力，并具有更强的信息搜集能力，从而导致这部分旅客比其他旅客在此业务场景中具有更强的信息优势。

更多的信息不对称是博弈者之间因权力、社会地位、行业地位、市场地位等方面的不同而导致的。权力大、地位高者可能拥有更全面的信息，更容易制定出有利于自身的行动策略。例如，在销售领域，卖方掌握了购买者当前准备购买的商品特性、进价、销售底价，相比买家，卖家显然具有信息优势，双方在博弈中存在明显的信息不对称现象。在垄断市场中的信息不对称现象更为严重，从而造成了买方明显处于劣势地位。为了促进社会公平，政府等第三方机构经常会介入并约束具有信息优势一方的行为，例如，制定限价策略、要求优势方主动公开信息等。再如，铁路运输市场一般都是垄断市场，政府一般会规定最高运输价格。在民航客运市场中，政府同样可能通过公布最高运价、引入市场竞争等政策或措施来解决买卖双方信息不对称所带来的问题。

如前所述，在市场博弈中，为了提升自身的信息优势，社会上各类博弈者都在想办法提高自身的信息收集、加工能力，提升自身在市场中的竞争地位与博弈能力。这也正是众多企业以大数据为基础加工信息的本质原因。

7. 决策支持系统

决策支持看起来像是现代信息系统与企业管理中的术语，实际上，在人类社会长期发展的过程中，社会生活的方方面面都离不开决策支持。决策支持就是为决策者提供支持的活动，古代军师和现代参谋的职业定位、日常生活中的帮人出主意、秘书机构的职能、下级向上级的方案汇报等都属于日常生产生活中的决策支持活动。

例如，在当代交通场景中，导航系统根据出行者的请求为其提供多种可行方案，给出相关方案的相关信息的功能就是一种决策支持活动。该活动用于支持用户的出行路径选择决策。再如，在线旅行代理为广大用户提供可选机票及相应的排序列表的功能也是一种决策支持活动，该活动支持用户的机票采购决策。这类决策支持功能在互联网行业应用领域的重要性日益加强。

决策支持系统是有组织地服务于特定决策者或组织的一类系统。一个系统必须具有输入、输出及相应的加工功能。决策支持系统同样必须具有输入、输出和相应的加工功能。服务对象为相应的决策者。广义的决策支持系统在人类社会中广泛存在，在没有信息系统以前，一直有以人为核心组成的决策支持系统，如军队中的参谋系统，政府机构中的咨询专家队伍，古代朝廷的官员体系都是决策支持系统或决策支持机构。

在当今信息时代，有一类信息系统被称为决策支持系统，这类系统是狭义的决策支持系统（或者可以称之为决策支持信息系统）。显然，当今的政府、企业仍然离不开线下决策支持机制，仍然需要设置大量的决策支持岗位，如副职、秘书等，服务于领导或组织决策。对于有实力、有能力的组织机构，则投入资源建设狭义的决策支持信息系统，英文缩写为 DSS（decision-making support system）。服务于基于数据的、面向具体业务场景的决策支持信息加工和提供。如今，DSS 是企业信息系统或应用环境中的一大类重要的信息系统，这类系统以数据为基础，通过数据统计、分析、挖掘、展现等手段为各层次决策者提供决策支持服务。

需要注意的是，在现代企业的决策支持体系中，以信息系统形式出现的 DSS 能起到的作用各不相同，有些优秀的企业在数据驱动的决策系统的建设方面投入大量的资源并赢得竞争优势。然而，许多组织机构的 DSS 系统的功用仍然是有限的。一定要注意的是，在未来人类历史发展很长的时间内，狭义的决策支持系统仍将是广义决策支持系统的一个部分。也就是建设了线上电子决策支持信息系统的组织机构的决策，除了在部分局部自动决策环境中以外，长期来看仍然是线上电子决策支持信息系统和线下决策支持组织相结合的混合决策支持模式。

1.1.8　智慧

1. 智慧的定义

智能与智慧是两个概念。但是，因为这两个汉语词都有一个“智”字，为此，国人经常把智能与智慧等同看待。实际上，智能代表人或动物具有智力，人的智能主要体现在人类能够学习、认知、思考和采取行动。但是，有智力并不等于有智慧，知识丰富、智力程度很高的人经常做出不智慧的傻事。

关于智慧的定义有很多，释义也各不相同。有人说智慧是聪明才智。佛教里把梵语的“般若”译作智慧，意指超越世俗认识，达到把握真理的能力。在经济学著作《博弈圣经》中把智慧定义为文化进程中独创的执行力。表示善于把握事物的变化规律，顺应社会发展潮流，以实现较好或圆满的结果。在心理学与决策领域中，认为智慧与决策是紧密相关的，智慧体现在各种主体在具体事宜上做出恰当决策的能力。有人认为智慧是正确地使用知识，在生活和行为中做出正确决策的能力，或者是在复杂、动态的环境中做出合理决策的能力。

笔者认为这个定义中所描述的智慧与决策之间的关系非常有指导意义，对生活、管理及人工智能技术都具有很好的指导意义。可以认为，智慧是指人或组织在特定场景下，针对场景中的业务或任务，能正确理解和洞察环境，正确应用常识、知识、见识和经验，以成熟或利他的模式进行思考，并采取行动的能力。智慧的这个定义体现于人或组织能否在具体的一个场景下，能够平衡考虑合理安排自身、人际间与组织的利益。也表示在具体的场景下人和组织处理矛盾，以及评估一个行动对自己和他人带来的后果，并做出正确合理的决策的能力。

2. 智慧主体和智慧追求

根据前述定义，智慧描述的主体首先是人。如前所述，人的智慧体现为人能做出恰当决策的能力。在社会生产、生活中评价为人处世的智慧程度时，人们经常从是否具有同情心、同理心、自知之明、伦理、道德、仁爱，甚至是否想得开（无执念）等角度来描述智慧。

在生产、生活实践中，人们总是希望能有办法提高人的智慧程度，也就是想办法提升人在具体的生产、生活场景中的决策能力和效果。为此，人类建立的文化、教育、培训和实践体系，力图消除愚昧，不断提升自然人的智慧程度。此外，在具体的实际场景中，在人的基础能力水平已经稳定的前提下，如何提升决策水平是更为重要的问题。此时，人所掌握的常识、见识、知识水平、经验、内省能力、判断能力、思考能力、推理归纳能力、道德水平等都已经稳定。显然，剩下的关键可变因素就是决策者能否及时、全面、准确、有效地掌握场景信息。例如，在理想情况下，对于其他方面素质条件完全相同的一组人，在同一业务场景下，如果掌握或关注到的环境信息各不相同，则完全可能做出截然不同的决策。从事后的最终结果看，在相同的评判标准下，有些人的决策是很不明智的，有些人的决策则恰当、合理。

以城市交通场景为例，对具体城市区域路网熟悉程度完全相同的两个驾驶员甲和乙而言，假设甲和乙需同时执行从地点 A 到地点 B 的任务，甲在出发前查询了导航软件，发现导航软件提示平常最短的路径有一段严重拥堵，最终决策绕远路走。而乙在出发前并未查询交通路况，凭以往经验走了日常的最短路径。结果因为乙堵车，甲反而比乙提前半个小时到达目的地 B。这也是信息技术、信息化的本源目的，即提升人在业务场景中的信息感知能力，扩大人的视野，增强信息自动加工能力，提高人的智慧水平。

组织机构是另外一种重要的智慧主体。人们经常在各种场合对国家、社会、行业等提出智慧的期望。为此，在中文中经常出现智慧国家、智慧某省份、智慧城市、智慧海洋等冠以智慧的词汇。在交通领域，经常能看到智慧交通、智慧铁路、智慧高铁、智慧机场、智慧航运等概念。这些概念更多地表达了不同的主体对特定美好事物的向往，内涵往往是很宽泛、很抽象的。

以企业、事业单位和政府部门为代表的组织机构的智慧化则是更容易明确和落地的智慧追求。组织机构是以人为核心，结合组织机构其他有形、无形资产构成的复杂性各异的系统。显然，组织机构的智慧程度取决于其领导层及基层各级子组织机构的智慧程度。组织机构决策水平的高低取决于许多因素，具体如下。

首先是组织机构的员工基础素质。为此，一般组织机构都有人事或组织部门，围绕员工整体素质的提升来提高员工的智慧水平，提高员工在各种场景下的决策智慧水平。例如，通过员工晋级和称号体系，结合相应的工资绩效刺激体系，通过制度驱动力促使员工想办法自我成长，或者通过各种形式的培训教育制度来提高员工的智慧水平。

其次是组织机构的决策和信息化水平。在组织管理中，显然，越高层级的决策层所做出的决策对组织机构的影响越大。为此，在组织机构中，领导干部队伍的建设、领导团队的决策和监督机制的建设都显得非常重要。同样，跟人一样，为了使组织机构在具体决策场景能做出智慧的决策，在决策场景中信息支撑尤其重要。为此，组织机构的信息化具有重要的意义和地位。

最后是智慧主体的发展。随着新一代人工智能技术的进展，人们越来越希望在业务场景中的人造设备或系统在自动决策中能展现出越来越高的智慧。因此，人造设备或系统也是当代社会中备受重视的智慧主体。这种智慧主体一般被称为智能系统或智能体。

3. 智能系统

系统是由一组相互交互、相互依赖的单元构成的具有特定功能的有机整体。每个系统有一个时空边界，有一定的结构，具有自己的行为和功能定位，处于一个具体的环境中，与环境交互，有输入、输出，受到环境的影响。

智能系统首先是一个系统。为此，智能系统必须处于一个具体的场景环境中，具有自己的功能定位，能与环境交互，受环境影响，具有结构和时空边界。不同于普通的系统，作为具有智能行为能力的系统，智能系统要求具有感知、学习、推理、判断并做出相应动作的能力。

如何能使智能系统或智能体综合素质越来越强，信息感知与加工能力越来越强，一直是人工智能学术界与产业界持续追求的目标。智能系统的智慧程度高低与人和组织一样，受智能系统本身的素质、信息感知与加工能力的影响。其中智能系统对数据的采集、存储、分析、挖掘、学习等能力的提升成为人工智能领域的核心基础。

1.1.9　数据分析与挖掘

1. 数据分析

数据分析是指用适当的分析方法对收集来的大量数据进行分析，将它们加以汇总并理解、消化，以求最大化地开发数据的价值，发挥数据的作用。数据分析是为了提取有用信息和形成结论而对数据加以详细研究与概括总结的过程。

在统计学领域，可以把数据分析分为探究型数据分析和验证型数据分析。探究型数据分析是一种为了形成一个值得检验的假设而对数据进行分析的方法。一般是在刚拿到数据的时候使用。而验证型数据分析则是分析者通过先验知识或偶然发现等手段得到了想法，要通过数据来验证是否正确，这时可能会利用假设检验的方法。

数据分析常有的步骤主要分为识别需求，获取与清洗数据，分析数据，可视化及方案部署。识别需求是确保数据分析有效的基本步骤，目的是为数据收集和分析提供可靠的目标。

在识别需求时要深入分析需求者的潜在诉求及影响因素。获取数据就是根据之前识别的需求及影响需求的相关因素的数据进行收集。一般数据来源于组织内部与外部。数据清洗主要是对之前获取的数据进行处理，使其更有利于分析。数据清洗的常见步骤有重复值删除、异常值处理、无关字段剔除、排序和缺失值的填充等。分析数据主要就是从已处理数据中提取与需求有关的信息，可以通过建立模型（偏向数据挖掘）和做一些如热力图、直方图、箱线图等图表来得到结论。最后则是可视化及方案部署，这个阶段是数据分析师为了让别人也能直观清晰地看出和理解所得到结论的过程而进行的。

随着存储技术、通信技术和数据库技术的高速发展，数据的规模会越来越大，随之而来的不仅是信息的爆炸式增长，还有就是有效信息的难以提炼。而这也就是约翰·内斯伯特所说的“信息丰富而知识贫乏”窘境。在这种趋势和信息的公开普及化的作用下，数据分析将会越来越重要。

2. 数据挖掘

数据分析大多都是人的智力活动的结果，而数据挖掘本身是指从数据中自动进行学习的模式。虽然数据分析与数据挖掘都是分析数据库中的数据去解决问题，但是数据挖掘更加强调自动或半自动化。同时，数据分析发现的结论对泛用性的要求也没有数据挖掘得到的结论高。用一句话来总结，就是数据分析重在观察数据，而数据挖掘重在从数据中发现一种知识规则和结构模式。

从手段来区分，数据挖掘有两种分析方法：有指导的数据挖掘和无指导的数据挖掘。有指导的数据挖掘目的是利用现有的数据训练建立一个模型，这个模型是对特定的目标属性的一个描述。而无指导的数据挖掘则是为了从所有的属性中寻找某种关系。具体来说，像分类和数值预测等属于有指导的数据挖掘，而像聚类和关联规则等属于无指导的数据挖掘。

数据挖掘的常见步骤分为：定义问题，收集和清理数据，分析数据，准备数据，建立和训练模型，评价模型和实施模型。其中有些步骤与数据分析的步骤相类似，如定义问题，收集和准备数据等。关于准备数据阶段，主要是选择和转换一些变量用于接下来要构建的模型。在模型的建立和评价阶段，由于要发现一种有泛化性的结论，首先需要将数据集划分为训练集、验证集和测试集。数据集的划分方法有很多种，根据选择的评价策略不同而有所区别。数据集常用的划分方法有交叉验证和等分等。在模型建立阶段还要调整超参数以优化模型。在模型建立好以后必须评价和解释模型的价值，为了保证最终结论的可泛化性，一般采用测试集对模型的效果进行测试，以评估模型的价值。

数据挖掘技术广泛应用于许多领域并获得了巨大的成功。例如，在农业中，就可利用数据挖掘技术为诊断大豆疾病寻找规律。在互联网行业中，搜索引擎会挖掘用户的点击信息来进一步提高用户搜索信息的质量。影视平台可以根据用户之前的选择和其他用户的选择来智能推荐一些用户可能喜爱的影视作品。

1.1.10 机器学习

1. 传统机器学习的基本任务

机器学习有几种定义，其中一种是对能通过经验自动改进的计算机算法的研究，主要内容是研究如何基于数据构建模型的学习算法。从学习方式来分，传统的机器学习大致可以分成有监督学习和无监督学习。有监督学习的目标是在给定的一系列输入 x 和输出 y 实例所构成的数据集条件下学习 x 到 y 的映射关系。而无监督学习的目标是在仅仅给出一系列的输入实例 x 构成的数据集的条件下发现一些有趣的模式。

传统机器学习的基本任务分为分类、回归、聚类和关联规则发现 4 种。分类和回归属于有监督学习，而聚类和关联规则发现则属于无监督学习。

分类就是在已有样本数据的基础上学习一个分类函数或映射（通常称为分类器），这个映射可以把数据集中的样本 x 唯一地映射为某个类别 y。常用的算法有决策树、贝叶斯分类器、支持向量机等。

回归主要是学习一个数值的变换函数并搭建一个模型，让样本 x 通过函数能唯一地得到输出的数值结果，用于数值预测。常用的有线性回归、支持向量回归等。

聚类是将整个数据集划分为若干簇，要求每个簇间的距离尽量大，而簇内的每个样本相似度尽量高。常用的聚类算法有 k-均值聚类等。

关联规则发现的目标则是在大型数据集中发现有意义的联系。可用算法有 Apriori 和 FP-growth 算法等。

此外，还有一些如降维等常见任务也可以算作机器学习的主要任务之一。降维本质上是将高维空间中的（一般较稀疏的）数据降低到低维空间中，并在最大程度上保留数据原先的特点，常用算法有主成分分析等。

2. 深度学习方法

深度学习属于机器学习的一个分支领域，主要强调用连续的表示层来从数据中学习新的特征表示，其中“深度”二字指的是连续多个的表示层。这些层本质上起着对信息的筛选作用，即每通过一层，变换出来的信息对任务越有用。深度学习方法通过将变换后的最终输出与真实目标值计算误差，并通过优化器去更新网络中的权值来训练模型。与传统机器学习方法相比，深度学习可以同时学习所有层的不同信息表示。深度学习与传统的机器学习方法相比，有以下 3 个优势。

（1）过程简化

传统的机器学习方法在使用前往往需要经过复杂的特征工程以寻找到最优的特征子集来提高算法性能。这个过程不仅非常占用时间，还对模型性能的影响非常大，更需要较深的领域知识。但深度学习将这种复杂的、不稳定的，依赖先验知识和领域知识的流程自动化为训练简单的模型。这些模型通常只有几种不同的张量运算。

（2）可扩展性强

传统的机器学习方法通常需要读入整个训练集来进行训练，因此在数据量较大的情况下对内存要求很高，对训练速度也会有影响。但深度学习模型一方面非常适合在图形处理器（graphics processing unit，GPU）上进行训练，另一方面可以通过小批量数据迭代训练，所以可以在任意大小数据集上训练。

（3）可迁移复用

与很多传统方法需要对整个数据集训练的方式不同，深度学习模型不用从头开始就可以在附加数据上训练，这使得深度学习模型适合于大型的生产环境。与此同时，训练好的深度学习模型也可以用于其他用途。例如，卷积神经网络学习到的是一种视觉模式，这使得在图片数据集上训练的模型可以直接用于视频处理流程。

深度学习在许多领域中都有了很大的突破，而且可应用于多种模态。例如，在文本方面，深度学习可用于主题检索、情感分析、文档生成等。在图像方面，深度学习成功地应用于图像分割、图像识别等，并取得了非常高的准确率。如人脸识别，正是基于深度学习方法训练的结果。在视频分析方面，深度学习可用于动作检测、目标跟踪等，如各种大型场合的安保检测。

深度学习最早起源于 1943 年提出的 MP（McCulloch，Pitts）神经元模型，该模型本质上是“模仿人类大脑”的神经元模式。几年之后诞生的 Hebb 规则通过提取训练集统计特征并对样本分类，奠定了神经网络学习的基础，之后便有了感知机的问世。但感知机无法解决线性不可分问题，直到 BP 算法（back propagation algorithm，反向传播算法）的出现才通过多层感知机得以解决。但 BP 算法在网络深度增大时会出现梯度消失的情况。这个问题在 2012 年出现 ReLu 激活函数之后得到了初步解决。在图像识别方面，卷积神经网络通过平移不变性，利用滑动窗口来提取像素周围的局部空间信息并通过参数共享达到了很高的准确率。在序列数据处理方面，RNN（recurrent neural network）、LSTM（long short term memory）、GRU（gated recurrent unit）等用前一个或几个时刻的状态和当前输入共同决定输出的结果。随着数据量的增加及图结构的使用频繁，GCN（graph convolutional network）、GAT（graph attention network）等一些基于图结构的深度学习模型得到了不错的结果。

总的来说，有三种技术力量在推动着深度学习的进步，分别是硬件、算法和大数据。在硬件方面，有如 Google 推出的 TPU（tensor processing unit）等专用于神经网络深度学习的计算芯片，以及在包含着数百个 GPU（graphics processing unit）的集群上训练深度学习模型的方法。在算法方面，有解决了梯度消失的激活函数，还有更好的如 Adam 和 Rmsprop 优化器，以及像 CNN（convolutional neural network）等优秀准确率的算法。在大数据方面，存储容量、读写速度的飞速增长和互联网的兴起，使大型数据集的出现变为可能。这三种技术的不断飞跃发展造就了深度学习的辉煌。科学研究存在一种 S 型曲线规律，即最开始是一个快速发展时期，接着随研究人员受到严重限制而逐渐稳定下来，然后深入的改进又逐渐增多。由于深度学习与其他领域融合的同时不断又有新算法出现，以及支撑深度学习的三种技术目前还没有出现严重的技术瓶颈，所以深度学习目前似乎还处于这条 S 型曲线的前端，或许在未来几年，深度学习会在与别的领域继续融合的过程中取得更大进展。

3. 强化学习与深度强化学习

序列决策问题是机器学习领域中的核心问题之一。该任务通常需要在不确定的环境中，选择动作，形成序列轨迹，来完成某一指定任务目标。受心理学的影响，Sutton 等提出了强化学习范式，用以解决序列决策问题。该范式假设智能体通过试错方式与环境交互，并通过交互过程得到环境的反馈（奖励信号）。智能体通过最大化自己的长期奖励来优化策略，从而完成序列决策问题的目标。近年来，深度学习取得的令人振奋的成就得益于大数据、强大的计算能力、新的算法技术、成熟的软件包和架构及强大的资金支持。深度学习与强化学习的结合，即深度强化学习为强化学习带来了新的发展。深度学习的表示学习实现了自动特征工程和梯度下降的端到端学习，极大地减少甚至消除了对领域知识的依赖。借助这一特性，深度强化学习解决了许多更加复杂的问题，并取得了较为瞩目的成果。

发展至今，强化学习已经融入很多应用场景。在游戏领域，强化学习分别在 Atari 2000 游戏、围棋领域、星际争霸 2 游戏里，至少达到了人类职业玩家的水平；在机器人控制领域，强化学习在搜索、导航、控制、协作、对抗等任务中扮演重要的角色；在自然语言处理领域与计算机视觉中，强化学习在对话系统、机器翻译、文本生成、图像分类、情景分析、动作捕捉等分支方向上提供了新的技术手段和建模角度；在商业领域，强化学习增强了诸如推荐、竞价、定价等多个环节的体验效果；在金融领域，强化学习在投资组合、风险管控、期权定价等环节中发挥了重要作用；在交通领域，强化学习逐渐成为解决拥堵、安全、效率等多个方面问题的常用方法。此外，强化学习在其他应用场景中的作用也日益明显，如工业制造、智能电网、教育、医疗等。

在 Sutton 等人的前期努力下，强化学习理论得到了长足的发展，包含把问题定义成马尔可夫决策过程（markov decision process，MDP），基于 MDP 融合了贝尔曼方程，证明了最优策略与最优值函数一致的关系，并且证明了值函数评估与策略提升之间的关系。通过以上基础理论，延伸出动态规划的方法、蒙特卡洛的方法、时间差分的方法等。此外，还有一些经典算法，如表格型的 q-learning、sara、n-step bootstrapping 等。其中，很多都是当今突出成果的基础。

DQN 算法是第一个将强化学习（q-learning）与深度学习进行结合的研究，在 Atari 2000 游戏上取得了令人振奋的表现，之后其作者 David Silver 带领团队顺利开发出 Alpha Go，并打败了职业选手李世石，使得深度强化学习大放异彩，其以前沿的目光发表了人工智能的终极目标是：人工智能=DL（deep learning）+RL（reinforcement learning）=DRL。自 DQN 算法面世以后，深度强化学习的发展犹如雨后春笋般，出现了一批以 DQN 为基础的延伸研究，如 DRQN、优先经验回放、double DQN、dueling DQN 等。这些算法都是基于值函数的方法，把神经网络作为值函数近似器。除此之外，还有一批算法，叫作基于策略函数方法，通过对策略直接进行参数化表示，即用神经网络直接拟合策略，该类研究有 TRPO、PPO 等。结合二者的特点，使用一个神经网络拟合策略，使用另一个神经网络拟合值函数，该类方法称为演员评论家（actor-critic）方法，代表有 DDPG、A3C、TD3、SAC 等。以上算法对环境状态转移模型没有进行建模，因此都是无模型的强化学习方法。近些年，基于模型的（model-based）强化学习方法也得到了长足的进步，可以把基于模型的强化学习方法分为两类：一类是把环境转移建模成黑盒，即在强化学习过程中只负责交互，该类算法有 dyna-Q、MPC、MBPO 等；另一类是把环境转移建模成白盒，即在强化学习的过程中，梯度回传同样影响环境建模的参数，该类算法有 MAAC、SVG、PILCO。模仿学习是为了解决在实际环境中使用强化学习带来的成本过高的解决方案之一。该类方法的思想是通过模仿专家经验，得到一组降低试样次数且具有高性能的策略。该类方法有 BC、GAIL、VAIL 等。除了以上介绍的研究方法，还有许多研究方向也十分重要，诸如分层强化学习，多智能体系统中的强化学习，探索与利用等。

就目前来看，在复杂的社会环境中，准确预测未来的时序价值是比较困难的。强化学习技术，通过对环境的不断试错，最终达到一个较优的策略，为解决序列决策问题提供了具有前景的范式。虽然目前强化学习还有诸多问题需要解决，诸如稳定性和收敛性理论保障、可复现性、迁移性、奖励模型设计等，但我们依然相信该技术在复杂社会决策中具有潜在价值。在未来，随着新基建的发展，计算资源的增长，以及算法理论的进步，我们坚信强化学习和深度强化学习在控制机器人以解放人类双手、改善公共卫生、促进交通方式变革、改善交通效率、提高资源利用率等方面有着不可估量的前景。

1.2 交通运输行业基础知识

考虑到读者范围广，未必所有的读者都有交通运输的基本知识，因此本节将简要介绍交通运输领域的基本知识，目的在于使从事信息技术的读者对交通运输相关知识有一个更好、更准确的把握。

1.2.1 交通运输的定义

本书主题是交通大数据，这里的交通泛指交通运输。在传统意义上，交通是包含运输的，运输是交通的一部分。《辞海》中将交通定义为："各种运输和邮电通信的总称，即人和物的转运和输送，语言、文字、符号、图像等传递和播送。"运输的任务是实现人和货物的位移。我国已经不把电、暖、水等物质的位移列入运输范围。邮电包括邮政和电信，如今，人们把语言、文字、符号和图像的信息传输单独列入通信领域。在我国的新行业分类标准中，邮政也从交通运输中独立出来，但是与交通运输一起列入同一个分类标准目录中。

在《交通运输经济学》一书中，将交通定位为通过一定的组织管理技术，实现运载工具在交通网络上流动的一种经济活动和社会活动，并认为当今交通的概念一般特指交通工具在交通网络上的流动。在许多场合下，因城市交通的复杂性与重要性，许多场合中交通专指城市交通。

从交通运输行业对交通与运输概念的界定可以看出，特指的交通更强调运载工具（如汽车、火车、飞机、自行车等）在交通基础设施上的流动。交通更关注运载工具在交通网络上的流动情况，如通行效率、是否发生拥堵等。运输强调的是通过运载工具实现人和货物位移的量、距离相关的指标。为此，在狭义的交通概念中，空载与满载的汽车、火车、飞机是没有区别的。但是，在运输概念中关注的运输量则与运载工具中的载运量紧密相关。

交通与运输的概念是紧密相关的，在非空载的情况下，交通的过程也就是运输的过程。运输所需的运载工具在交通网络上的流动就产生交通行为。为此，在各个领域，交通与运输两字经常被连在一起使用，或者单独使用时也多少代表另一部分的含义。

《交通运输经济学》一书给出了一个很好的交通运输的概括定义："交通运输是运输工具在交通基础设施上流动和运载工具上载运人员与物资在两地之间位移这一经济活动和社会活动的总称。"

本书名的交通大数据中的交通一词不是特指的狭义的交通，更不是特指城市交通，而是主要用于指代交通运输的省略用词，甚至部分内容包括当今互联网+社会生活服务中与交通紧密相关的邮政、快递、旅行代理、交通交易或服务中间商等。

1.2.2 交通运输业分类简介

交通运输业涉及面非常广，交通运输产业属于第三产业（服务业），同时也是国家的先导性、网络性的基础产业。许多行业都与交通行业紧密相关。关于交通运输业的内涵及分类标准，各国都有一些，分类标准与维度有一定的区别。在我国的国家行业分类标准中，针对交通运输业的分类体系也在根据社会经济及运输业态的发展形势被不断地更新完善。在我国《国民经济行业分类》（GB/T 4754—2017）标准中，鉴于交通运输、仓储和邮政的相关、交叉及相似性，将三者合并形成一个统一的交通运输、仓储和邮政业，下设铁路运输业、道路运输业、航空运输业、水上运输业、多式联运和运输代理业、邮政业、管道运输业、装卸搬运和仓储业共 8 类。以下只介绍前 7 类。

1. 铁路运输业

铁路运输业包括铁路旅客运输、铁路货物运输、铁路运输辅助活动。铁路运输业主要指铁路安全管理、调度指挥、行车组织、客运组织、货运组织，以及机车车辆、线桥隧涵、牵引供电、通信信号、信息系统的运用及维修养护。标准中指出该分类不包括机车车辆、线桥隧涵、牵引供电、通信信号、信息系统设备的制造单位的活动。

铁路旅客运输包括高速铁路旅客运输、城际铁路旅客运输、普通铁路旅客运输。铁路运输辅助活动包括客运火车站、货运火车站（场）、铁路运输维护活动和其他铁路运输辅助活动。

2. 道路运输业

道路运输业包括城市公共交通运输、公路旅客运输、道路货物运输、道路运输辅助活动。道路运输覆盖范围非常广。为此，本书将道路运输大致分成公路运输和城市综合交通运输。公路运输指在整个国家或区域范围的公路交通网络上发生的客、货运输及辅助活动。城市综合交通运输主要指在城市及近郊范围内发生的城市公共交通运输、城市货物运输及城市综合交通运输辅助活动。城市公共交通运输涵盖公共电汽车客运、城市轨道交通、出租车客运、公共自行车服务等，而以地铁为代表的城市轨道交通因服务于城市公共公交交通，并未列入铁路运输范畴。但是在轨道交通语境下，城市轨道交通与铁路运输同属于轨道交通。

3. 航空运输业

航空运输业包括航空客货运输、通用航空服务、航空运输辅助活动。航空客货运输包括航空旅客运输和航空货物运输。航空运输辅助活动包括机场、空中交通管理和其他航空运输辅助活动。本书将重点关注航空客货运输，特别是航空旅客运输相关场景。

4. 水上运输业

水上运输业包括水上旅客运输、水上货物运输、水上运输辅助活动。水上运输辅助活动包括客运港口、货运港口和其他水上运输辅助活动。本书不将水上运输业作为重点讨论。

5. 多式联运和运输代理业

在多式联运和运输代理业方面，多式联运指由两种及两种以上的交通工具相互衔接、转运而共同完成的货物复合运输活动。例如，铁路和公路联运，公路和民航联运，铁路和民航联运，铁路与水运联运，铁路、公路和民航三者联运等。运输代理业主要指货物运输代理、客运票务代理和其他运输代理业。本书将重点关注互联网+时代的在线旅行代理（online travel agency，OTA）、票务代理业务、共享出行业务对接代理等代理业务。

6. 邮政业

邮政业包括邮政基本服务、快递服务和其他寄递服务。本书部分内容将涉及快递服务的大数据应用案例。

7. 管道运输业

管道运输业主要包括海底管道运输和陆地管道运输。海底管道运输主要指通过海底管道对气、液体等的运输活动。陆地管道运输是指通过陆地管道对气体、液体等运输活动。本书不将管道运输业作为讨论对象。

本书主要针对铁路运输业、航空运输业中的民航客货运输（特别是民航客运）、道路运输业中的公路交通运输和城市综合交通运输、运输代理业及部分快递业务等，将这些行业的主要领域按铁路大数据、民航大数据、公路大数据、城市综合交通大数据和互联网+社会交通大数据进行组织。针对这些交通业务场景，叙述大数据应用场景，并将这些场景下的大数据作为理论研究实验数据案例。

1.2.3 交通行业参与者及诉求

交通运输业是一个参与者众多的行业，常见的参与者包括运输服务提供者、运输服务对象、自主出行者、交通运输网络建设者、交通运输网络运营管理者、政府与行业主管部门、运输服务代理、信息技术与运营支撑服务商、运载工具运维者等。

从整个行业的角度，安全、高效、便捷、绿色、优质等词经常用来表达交通运输行业的整体诉求。在宏观定位层面，交通大数据应用的目的也是这些诉求。然而，在泛泛的宏观层去谈论这些诉求意义并不大。在参与者众多的各个交通运输场景中，各自的定位与诉求是各不相同的。在具体的交通场景中，不同参与者之间的关系也各不相同，有些是协同关系，有些是合作关系，有些是管理与被管理关系，有些是上下级关系，有些是服务与被服务关系，更多的场景则是博弈关系。在同一个场景的不同参与者，各自的诉求不一定相同，甚至彼此的诉求是冲突或矛盾的。例如，货主与承运人之间在定价业务场景中就是博弈关系，货主希望承运价更低，承运人希望承运价更高。在有多个承运人的时候，不同承运人之间显然也是博弈关系。

为方便读者理解交通大数据的应用目的，本小节将对交通运输业中的各种参与者及诉求做一个简要的介绍。

1. 运输服务提供者

运输服务提供者也叫承运人，主要有组织承运人与个体承运人，包括铁路公司、航空网络、水上航运网络、公交公司、汽车客运公司、地铁公司、汽车货运公司、货运车队、个体货运户、出租车主、船东、快递公司、快递服务员等。航空网络主要由航空公司、机场及其他相关运营单位组成。最常见的运输服务提供者的诉求包括业务安全、成本低、效率高和收益高。

2. 运输服务对象

运输服务对象主要就是旅客、货物和货主。这里旅客一般是指通过运输服务提供者提供的运输服务实现交通目的的自然人。如铁路、民航和水运的旅客，城市公共交通、汽车客运、出租车中的乘客等。在旅客运输领域中，伴随的服务对象一般还包括随行行李。另外一类运输对象是货物，以及货物背后的货主。货主可以是自然人，也可以是组织机构。

显然，从运输服务对象的角度，一般的诉求包括快速、便捷、安全、低价、服务质量高等。

3. 自主出行者

在交通运输领域，将自驾交通工具，在交通网络实现自我和货物位移者称为自主出行者。这些自主出行者包括自主驾车出行人、摩托车、电动自行车、自行车骑车人等。当然，未来自动驾驶成熟以后，自动驾驶的智能体也可以看成是自主出行者。

对于自主出行者来说，诉求一般包括目的地可达，路途便捷，路上不拥堵，时间成本低，能尽快到达等。对费用敏感者一般还希望油钱和过路费等主要交通成本能尽可能低一些。

4. 交通运输网络建设者

交通运输网络建设者是指规划、设计、建造和完善城市公交交通网络、铁路运输网络、民航运输网络、公路交通网络的广大参与者。关于交通运输网络建设，各个国家各有不同的建设机制。因交通运输网络的建设成本巨大，属于国家和地区的先导性公共性基础设施，为此，交通运输网络建设投入经常由国家、政府投入为主。特别是城市公共交通网络、铁路网络、民航网络和普通公路网络的建设，主要以政府投入为主。在部分收费公路体系中，不同国家也会引入不同的筹资建设模式。以我国铁路网络为例，我国铁路基本上都以国家投入为主。为此，我国的铁路总公司早期一直以铁道部这样的政府部门的角色出现在交通运输市场上，一方面代表国家承担铁路网络投资和建设的任务，同时又是承运人，承担运输组织、运营和网络运维的全部责任。

然而，交通运输网络建设是一个涉及多个行业和众多参与者的复杂巨型系统工程，为此，在我国现行的行业分类中，并没有把交通运输网络的建设者归入交通运输业，而是归入了建筑业。同样，各类交通运载工具的制造商也没有被归入交通运输业。

交通运输网络的规划、设计与优化工作，在实践中与交通大数据具有紧密的关系。在我国，有一批名如某交通领域规划院、设计院或规划设计院等的企事业单位，常常承担由政府出资承担的特定类型和范围的交通网络的规划、设计与优化工作。

从规划、设计与优化的角度，其诉求一般包括网络组成合理、疏密有致、成本可控等。

5. 交通运输网络运营管理者

任何一种交通运输网络，在建设完成交付使用以后，一般都有不同类别的运输网络运营管理者。典型的交通运输网络运营管理者包括民航空管部门、高铁运输网络运行指挥调度管理部门、各类高速公路网络经营管理公司、各级政府公路路网运行监管部门、城市公共交通网络管理相关部门等。

这些运营管理者一般以确保交通网络的安全、平稳、畅通、高效运行为主要业务目标。多数交通运输网络运营管理者会设立相关部门承担交通运输网络的运维责任，有些参与者则只具有网络监管责任。有部分收费交通运输网络运营管理者兼具运维责任与营收诉求，如我国各种建设运营模式下的收费高速公路运营主体。

6. 政府与行业主管部门

政府与行业主管部门是交通运输的重要参与者。政府参与形式主要体现为在交通运输行业中政府所承担的职能的落实。

通过对市场的干预，实现政府的经济职能，经济职能体现为交通运输中资源配置、收入分配和经济调节。以交通运输资源配置为例，政府可以通过提供公共交通产品与服务、限制交通运输行业对社会的影响，即通过校正交通运输的外部性、限制交通行业垄断、解决博弈者间信息不对称性、促进公平等手段实现交通运输资源的优化配置。

政府也可以通过对交通运输的税收、补贴与投资政策的调整来影响交通运输市场的运行。以投资为例，交通运输行业基础设施及多数产品的公共特性和准公共特性，决定了政府投资对交通运输行业发展具有重要的作用，是行业发展的保证。其投资的方向和方式也对交通运输行业发展具有重要的影响。例如，政府在铁路、民航、公路网络的投资配置，直接影响了各个交通行业及地区的发展。

政府对交通运输业的管制是政府的另一重要职能，主要通过制定规则与激励机制，干预交通运输参与者的行为，例如，管制运输产品价格实现社会公平，实现交通相关的经济与社会管理，包括行业准入与退出、运价、服务质量要求、标准与规章等。

政府与行业管理部门的作用虽然非常重要，但是，政府的干预有时会容易导致寻租行为，通过行政权力获取利益，或者与公众竞争利益来获取私利。同时，政府的作用也经常是有局限性的。这种局限性一方面体现为原有的措施或政策随着形势的变化可能会失效；另一方面，新推出的政策或干预措施可能起不到作用甚至起到负面的作用。

这种局限性，本质原因还是在于政府的决策者本身的智慧性，以及人和组织的决策本身存在的有限理性问题。政府在决策时必然受到许多的制约，受制约的原因一方面是控制力和影响力的问题，另一方面是或轻或重的信息约束问题，即政府在决策时无法收集到足够的信息。另外，受制约的原因还有组织决策制度、能力，决策者本身的偏好问题，以及政府的信息收集意识、信息加工处理和利用能力等。这些都有赖于通过信息技术的手段来提升政府对交通运输市场干预的有效性。

7. 运输服务代理

交通运输业作为典型而重要的服务行业，面向旅客或货物的总体服务的整个生命周期由许多相对独立的服务环节组成。为了降低服务成本，提高运输服务效率与专业化程度，运输市场上一些相对立的服务环节由实际承运人之外的其他参与者提供。为此，在交通运输服务市场上，运输服务代理是重要的一大类参与者。

不同类别的交通行业，因行业运营模式的差别，其服务代理生态不尽相同。这些年来，随着信息技术特别是互联网+社会服务的发展，交通服务特别是交通代理的互联网化趋势已经呈现出不可逆态势。在我国，传统的线下门店式的铁路与民航销售代理已经渐渐走向消亡。最常见的交通运输服务代理主要有票务代理和货物代理。在某些领域，还存在多层代理的现象。以民航的票务为例，全球民航业基本都实行航空公司直销与渠道代销相结合制度。机票代理通过专业化组织为航空公司以不同的形式拓展客源，通过代销机票获得航空公司的代理费。

互联网时代的在线旅行代理是交通运输行业直接相关的另外一种重要的运输服务代理，在旅客综合交通旅程管理和旅行相关产品销售服务中起到重要的作用。

对运输服务代理而言，其主要的生存途径是获得与维护供应商产品代理资格，借助现代技术有效拓展客源，获得中介收益。

8. 信息技术与运营支撑服务商

信息技术与运营支撑服务商是现代交通行业的至关重要的参与者。交通信息技术生态圈的发展与交通信息化的发展紧密相关。不同类别的交通行业的信息技术生态圈受各行业本身的运行生态模式的影响，差异较大，但也有一定的共性。

交通行业的信息技术参与者主要包括三大类。一类为交通运输企业提供通用软硬件产品的 IT 技术企业。例如，提供通用硬件、通用基础软件或中间件、通用财务、人事、办公等企业管理软件的供应商。这类参与者与其他行业的软硬件供应商并没有多大的差异，市场竞争激烈。

第二类是为交通运输企业提供专用软件系统与硬件产品的企业。例如，研发提供公交车调度系统、公路客运信息系统、地铁运行控制系统、高速公路通行收费信息系统、公路卡口软硬件、货车运行监控系统、铁路微机联锁系统、铁路车号识别系统、民航收益管理系统等专用软硬件系统的信息技术供应商。

这类供应商的主要诉求是使产品具有足够的市场竞争力，市场竞争相对比较激烈，也有部分企业形成了一定的垄断（或半垄断）优势。

第三类是为交通运输核心业务提供大型业务系统并提供支撑运行的企业或行业部门。这类企业或行业部门主要包括三大类：交通通信网络建设运维部门、交通行业数据中心、交通行业核心业务系统支撑部门。不同交通行业的信息技术支撑运营服务模式不尽相同。以我国的民航与铁路为例，两者核心信息技术运营服务企业的管理与运行模式几经演化，越来越朝专业化和互联网化方向发展。我国民航的信息技术支撑部门（原中国民航计算机信息中心）联合国内多数航空公司成立上市公司——中国民航信息网络股份有限公司（简称中国航信），通过其庞大的信息系统基础设施面向航空公司、机场、销售代理人、旅游企业及国际组织等提供电子分销、数据处理、结算清算等服务。目前是全球第四大旅游分销系统提供商，拥有全球最大的 BSP（billing and settlement plan，开账与结算计划）数据处理中心。主要业务包括航班控制系统（inventory control system，ICS）服务、计算机分销系统（computer reservation system，CRS）服务和离港控制系统（departure control system，DCS）服务。我国铁路信息技术服务由原铁道部信息技术中心和中国铁道科学研究院电子计算技术研究所分别支撑货运和客运，逐渐演变为由中国铁路总公司下属的铁科院电子所负责客货运信息系统，支撑客货运销售和运输流程服务的信息化。

第三类参与者因其地位的重要性，这些企业在许多国家都有一定的垄断地位。以我国为例，第三类信息技术供应商都具有较高的行业地位，代表国家或整个行业提供服务。其主要诉求是整个交通运输体系的稳定、安全、高效的运行支撑，为旅客与货主提供更加便捷和良好的服务体验，并在服务过程中取得收益。

9. 其他参与者

交通运输行业还有非常多的参与者。但是，其他参与者一般都被归入其他行业。铁路、道路、隧道和桥梁工程的建设企业被归入建筑行业。铁路、船舶、航空航天和其他运输设备制造商被归入制造业。

1.3　交通行业中的决策与决策支持

在交通运输行业的参与者中，存在大量的决策场景，会带来大量相应的决策支持需求。为了更好地让读者理解交通行业信息化建设与大数据应用的初心，本节将对交通行业的最主要参与者的常见决策场景及决策支持需求做一些简单介绍。

1.3.1　运输企业内部决策与决策支持

不同类别的运输企业结构差别很大，在不同的国家、不同的运输行业，其产业结构划分也都有很大的不同。在我国，铁路承运人以前曾经是一个巨大的政府部门，如今经改制以后的中国国家铁路集团有限公司（简称“国铁集团”）仍然是规模庞大的实体。就如国铁集团官网所宣示的职能，国铁集团以铁路客货运输为主业，实行多元化经营。负责铁路运输统一调度指挥，统筹安排路网性运力资源配置，承担国家规定的公益性运输任务，负责铁路行业运输收入清算和收入进款管理。自觉接受行政监管和公众监督，负责国家铁路新线投产运营的安全评估，保证运输安全，提升服务质量，提高经济效益，增强市场竞争能力。坚持高质量发展，确保国有资产保值增值，推动国有资本做强、做优、做大。其管理架构非常复杂，总体上由总公司、铁路局公司两级法人构成，管理上由总公司、铁路局公司及站段三级管理。除铁路局公司及下设站段外，运输实体还设有中铁集装箱运输有限责任公司、中铁特货运输有限责任公司和中铁快运股份有限公司三个专业运输公司。此外，中国国家铁路集团有限公司附设有中国铁路投资有限公司、中国铁道科学研究院集团有限公司、中国铁路经济规划研究院有限公司、中国铁路信息科技集团有限公司、中国铁路设计集团有限公司、中国铁路国际有限公司、铁总服务有限公司等。

民航的管理架构则有相当大的不同，在世界大国中不存在像国铁集团这样的单一架构式的机构。除政府的民航行业部门之外，民航业主要由航空公司、机场、空管、全球分销系统（global distribution system，GDS）、航油、航材、通信服务、飞行情报服务等企事业单位组成。

城市公共交通企业的规模相对铁路与民航而言规模要小很多。常见的企业有城市公交公司、城市地铁公司。然而，在城市交通出行领域，互联网共享出行领域出现了若干个大型民营企业，从事网约车、共享单车等新型社会交通服务。

在交通运输承运人如铁路公司、航空公司、公交公司、地铁公司、共享出行公司等内部存在大量的决策场景，同普通的企业一样，运输企业决策一般也分成战略、战术与操作层面的决策，或者称为宏观、中观和微观决策。

运输企业的常见宏观决策指影响面广或投入大的重要决策，包括运输网络规划、产品规划、市场战略等。例如，是否需要拓展一般新航线，是否建设新的高铁线，是否增设新的高铁站、机场或航站楼等。

运输企业常见的中观层面的决策包括淡旺季交通产品调整策略、战术层面的销售策略等。例如，在黄金周选择一些线路增开客运班次，停开一些货运列车等。

运输企业的微观决策则遍布运输企业的营销、生产与安全工作的方方面面。例如，运输产品定价决策、运输服务需求接单决策、运输任务与运输工具配置决策、车辆驾驶操作决策、运输路由决策、运输计划与工具调整决策、运输工具维修决策、道路维修决策、航班或列车配餐决策等。

面向运输企业中的各个决策场景，相应地有许多的决策支持活动，通过人、组织和信息系统的活动为决策提供支撑，为此会产生大量的信息系统或决策支持系统。

1.3.2 交通行业服务对象决策与决策支持

交通行业服务对象主要是旅客与货主。旅客与货主的决策多数是微观层面的决策，特别是旅客个体的决策，主要围绕交通出行规划、交通出行方式选择、交通产品选择、交通附加产品选择、交通路由选择、交通出行过程行为决策等。

货主可以是自然人或企业法人。货主的常见决策场景包括运输货物组织决策、运输方式选择、承运人选择、发货时间决策、运输价格协商决策、取货时间决策等。

在决策支持方面，旅客或货主一般都需要通过各种渠道感知特定场景下的状态，获得充分的信息，针对自己的偏好，尽可能做出合理的决策。因此，旅客或货主的决策支持传统上以自身完成为主。在互联网+交通时代，如何通过互联网与信息技术手段，为旅客与货主的决策提供更好的决策支持，做好服务，赢得市场是交通企业重要的努力方向。

1.3.3 政府与行业管理部门决策与决策支持

政府与行业管理部门的决策一般为涉及面广的宏观决策或重要事项决策。政府与行业管理部门的决策场景一般与其职能紧密相关，不同层次管理部门所承担的职责各有不同。

例如，我国交通运输部的主要职能涉及交通行业发展规划、政策和标准制定与监督实施，交通网络和交通运输枢纽规划，运输市场监管、运输市场调整、交通管制等领域，网络运行监测与应急处置等。再如，我国民航局的职能包括民航行业发展战略和中长期规划，民航飞行安全和地面安全监管，民航空中交通管理，民航空防安全监管，航空运输市场监管，机场建设与安全运行管理，行业价格与收费政策实施等。

政府与行业管理部门这类决策一般需要涉及面广的、更为宏观的信息来决策，需要决策支持体系能面向具体问题，具有及时、准确、全面的数据采集与信息加工能力。

运输企业、旅客、出行人、货主、政府与行业管理部门的决策与决策支持的需求，带来了信息记录、收集、存储、加工和应用的需求，是交通行业信息化的主要动力之一，既促进了交通行业信息化的飞速发展，也带来了越来越多的挑战。

1.4 交通行业信息化发展

从全世界来看，交通行业信息化进程与整个社会的信息化进程是同步发展的，世界上最早的大型企业级在线事务处理（on-line transaction processing，OLTP）系统中，银行业务系统与交通行业中的民航分销业务系统是早期典型的实践成功的系统。如今，交通行业信息化的程度越来越深，交通信息化涉及的业务与服务环节也越来越广。以信息化技术为支撑，使得生产更加有序，服务更加便捷，业务管理协同性不断提升，运输生产也更加安全，信息化已经成为行业不可或缺的核心支撑手段。

本节将对交通行业的主要参与组织有关的业务信息化发展情况做一个概要介绍。

1.4.1 运输组织与安全生产信息化

在交通行业信息化中，交通运输企业的业务信息化是最主要的交通信息化要素。交通过程主要由运输的商务过程和运输的生产过程组成。交通运输生产过程是将旅客或货物从出发地运送到目的地的过程。不同的运输方式所需的相关运输生产环节各有不同。以旅客运输为例，出租车旅客运输与公交运输的生产组织环节就有很大的不同。民航客运与铁路客运总体流程相似度高，但是许多具体生产过程也有或多或少的不同之处。

以最为典型的铁路与民航为例，运输生产信息化已经涉及运输生产过程的大部分环节。包括运输生产计划、票务、安检、等候、乘降、理货、配载、装载、卸载、旅途服务、检测、监控、线路与运输安全保障、指挥调度、站段作业、计量、统计等。在这些业务中，有些是客运环节，有些是货运环节，有些是同类环节。在实际信息化实践中，各业务主体一般按客运、货运不同业务分别开展信息化。运输生产信息化的主要目的是提升运输生产效率，降低生产成本，同时保证运输生产的安全。

运输生产过程信息化的结果诞生了一大批不断迭代升级的运输生产信息系统。例如，目前我国铁路系统已经运营了大量的运输生产信息系统。

在铁路运输生产组织方面，铁路列车调度指挥系统和运输调度管理系统得到了全面应用。货运生产和车站技术作业信息化有效地提升了作业规范化和流程化。编组站自动化系统功能完整性与智能性不断提升。面向移动设备和固定设施运用、维修与资源配置的车辆、机务、工务等运力资源信息系统得到广泛应用。

在2017版的《铁路信息化总体规划》中指出，在铁路安全生产方面，我国铁路大力推进了货运、车辆、机务、信号、牵引供电等专业及自然环境监测监控信息化建设。车辆运行安全监控系统、机车车载安全防护系统（6A）、牵引供电监测系统（6C）、信号集中监测系统、高速铁路自然灾害及异物侵限监测系统、货运计量安全检测监控系统的应用更加广泛和深入，基本形成了以各专业应用为主体的安全监测监控应用体系，信息技术在保障运输安全方面发挥了重要的支撑作用。

在民航业，运输组织与安全生产的信息化起步更早，应用更广。以我国为例，围绕民航运输业务的高效组织和安全生产，以中国航信、航空公司、机场、空管部门等为主的行业参与者不断推进民航业的信息化，并同样运行了大批各类民航运输组织与安全生产信息系统。

1.4.2 运输客货营销与服务信息化

营销与服务信息化是交通运输行业在互联网+时代推进发展的重要信息化领域。客货营销的主要目的在于通过运输市场分析，做好市场需求预测，有效设计运输产品，合理制定运输价格，提高服务质量，提升旅客满意度与忠诚度，提升运输企业效益。

客货营销相关的信息系统包括客运客户关系管理系统、货运客户关系管理系统、客货运需求预测系统、运价管理系统、运输票据和费用结算电子化系统等。

在服务方面，各种运输方式都已经在大力推进互联网+行业服务模式，并取得大量进展。民航领域是较早与互联网结合比较紧密的交通行业。近年来，随着我国12306和95306网站的推出与不断完善，铁路面向客户的服务取得了巨大的进步。城市公共交通的客户服务通过自身互联网化和各类互联网社会服务供应商的自动融合，通过各类移动应用门户，城市公共交通营销与服务的互联网化已经非常广泛与深入了。许多承运人建立了现代的以信息技术为支撑的客户服务中心，承担咨询投诉、业务办理、客货营销、增值服务、市场调查、需求反馈等业务。

个人出行服务信息化属于承运人的服务范畴，然而，在互联网+时代，互联网出行服务核心供应商已经不再局限于传统的交通运输企业。竞争激烈的各大互联网地图服务商、互联网共享出行服务商、互联网在线旅行代理商等已经与运输企业一起甚至逐步取代运输企业，成为社会大众的个人出行服务信息提供商。

个人出行服务包含的内容范围非常广泛，以移动互联网为主要手段，与普通老百姓的生活紧密结合在一起。常见的个人出行服务包括交通地图服务、交通出行产品与价格查询服务、交通出行路径方案服务、交通出行时间、距离与费用等成本估算服务、交通出行导航服务、交通服务基础设施查询服务、交通共享出行服务和交通出行供需撮合服务等。

1.4.3 运输企业经营管理信息化

运输企业在经营管理方面的信息化与其他行业的经营管理信息化本身并没有大的区别。许多运输企业或管理部门一般建成了办公自动化、各层次面向管理者的决策支持系统、人力资源管理、财务管理、建设管理、资产管理等具有一定通用性的信息系统。

然而，在运输企业中，资产或资源管理具有独特的与运输服务实施相关的固定设施与移动设施管理系统。例如，在铁路公司的企业经营管理信息化领域，运力资源管理一般包括机务管理、工务管理、车辆管理、电务管理、供电管理、重要设备维修与服务价格管理、其他资源管理等。

1.4.4 政府与交通运输行业管理信息化

交通运输行业多数产品的公共、半公共产品特性，要求政府与行业管理同样需要及时掌握各类信息，优化政府与行业管理对交通运输市场或环境的监测、监控、监管与服务工作。为更好地履行这些职能，多级政府行业管理部门建设了相应的交通网络运行信息系统。以我国为例，交通部、交通部民航局、交通部国家铁路局、交通部路网与应急处置中心、各省级交通运输厅、民航空管部门、各省各级别的公安交通管理部门、各地市级交通运输管理部门、各城市建设部门等都不同程度地面向不同问题建设了与交通相关的信息系统。

典型的系统包括高速公路网络运行监测系统，国高网运行监测系统，省级、地市级公路运行监测系统，城市道路运行监测系统，城市车辆运行监测系统，交通安全综合服务管理平台，电子监控与违法处理系统，机动车管理系统，驾驶员管理系统，营运车辆相关管理如两客一危系统，超载超限运输相关信息系统，民众出行服务系统，交通建设管理信息系统，电子口岸通关系统等。

1.4.5 交通运输行业信息化的发展趋势

1. 交通信息化从广度与深度两方面不断延伸

随着科技的进步，经历了几十年来交通信息化实践历程成功及失败的体验，交通运输行业的从业者对交通运输信息化的理解日益趋向成熟和理性。在我国，在交通运输企业、交通管理部门、交通信息系统支撑运营商、互联网交通企业、交通信息技术供应商、科研机构等参与者中，交通信息技术人才规模宏大，质量越来越高，在许多领域，科技或应用系统已经处于世界领先水平。

从生产环境感知能力角度看，随着物联网技术与设备的飞速发展及其在交通领域的应用，人们对交通场景中环境、对象的感知、识别和认知能力越来越强。伴随着宽带网络通信技术、移动通信技术的进步，特别是 5G、6G 等无线通信技术的进步，交通信息系统的信息传输能力越来越强大。总体上使交通运输生产场景中的数据采集、传输、共享能力越来越强，为准确与实时感知交通运输生产服务环境奠定了坚实的基础。

计算机软件、硬件技术的发展，特别是云计算、虚拟化、分布式存储与并行计算技术带来的计算和存储成本下降及系统稳定性的提升，使人们敢于规划、设计与实现越来越庞大的信息系统。人们也敢于建构由成千上万台虚拟机构成的并行处理系统，提供更加实时、可靠和有弹性的服务；敢于构建 PB、EB 甚至 ZB 级以上的存储系统，用于存储更大规模的交通运输数据集。

科技的进步和人们认识水平的提高，使交通运输信息化从广度与深度的快速推进成为一个重要的趋势。

从广度方面，交通运输业务越来越多的领域将得到信息技术的支撑，越来越多的生产过程将得到信息系统的支撑甚至被自动系统所取代。现有的许多信息系统的应用和用户范围将得到推广，信息系统的功能将得到延伸。

在深度方面，许多信息系统将加速持续迭代的过程，在具体业务环境中将扎根更深；在应用面上，许多业务系统的应用将更加深入基层的一线生产环境，从基层到高层的业务与数据通路将更顺畅，沟通将更方便。

2. 互联网与交通深度融合

互联网与交通深度融合是交通信息化另一个重要的趋势，互联网赋能综合交通服务和管理表现社会生活的方方面面。这个重要趋势不仅仅体现于互联网导航、交通产品代理与共享出行领域，而且在传统交通运输企业、政府与行业管理部门运营和管理互联网化的趋势也非常明显。

首先，在互联网导航、交通产品代理与共享出行领域，互联网服务模式已经成为常态。以互联网为支撑手段的共享出行行业经过不断演化，已成为一种常态化的交通服务产品。互联网导航企业竞争异常激烈，经过多年的市场培育与发展，人们在自主出行场景中对导航系统的依赖越来越大，地图与民航服务跟其他生活服务结合也愈加紧密。以在线旅客代理为主提供的互联网交通运输产品代理服务已成为各类交通产品主要的营销平台，甚至成为多种交通产品有效动态组合的链接营销平台。跨交通方式的交通产品通过 OTA 的互联网平台实现有效衔接已经成为一种常态，大大提升了用户体验，实现了有效多式交通方式的联动服务，降低了营销成本，提高了服务效率。越来越多的交通服务产品及相关产品被作为主产品或附加产品在互联网平台上捆绑销售。

在业务的互联网化方面，传统运输企业越来越倾向于把营业厅搬到互联网上。以我国铁路为例，通过多年的努力，国铁集团成功地将旅客服务特别是客票预订与销售服务迁移至 12306 网站，使我国铁路客运营销服务模式得到了巨大的优化。这项举措将火车站售票大厅、车站广场上排队的长龙转移到了互联网，大幅降低了运营成本，节省了旅客大量的排队购票时间，票贩子失去了市场，公平得到了更好的保证。民航业务的互联网化则来得更早，互联网服务的延伸更加广泛，网上值机选座、航班动态信息服务早已深入人心。总之，运输企业与互联网的深度融合已经成为不可阻挡的趋势。

政府与行业管理部门的交通管理、执法、服务收费等交通行业管理控制业务的互联网化也已成为不可逆转的趋势，为交通行业管理部门提升服务效率、保证精准公平执法、降低服务成本和减少服务漏洞等起到了重要的作用。

从互联网感知需求，服务于产品与市场规划已成为一个重要的趋势。政策与行业管理部门通过互联网感知市场态势，服务于交通市场管控与规划将是一个发展趋势。从运输企业交通产品营销的角度，许多企业已经通过互联网来感知出行需求，优化服务产品。

总之，交通与互联网的深度融合已经是一个明显的趋势。

3. 交通信息系统的集成化与标准化

交通信息系统的集成化与标准化是交通信息化发展的一个重要趋势。以我国为例，通过几十年交通信息化的不断推进，交通信息技术供应商为了生存，其竞争非常激烈，使交通信息技术产品、系统不断迭代，技术不断提升。运输企业、行业管理部门经过失败和成功的历练，通过不断反思，总结出交通信息系统的发展方向——集成化和标准化。

从总体上看，集成化的主要目的在于减少数据孤岛与信息烟囱等现象。从实施角度看，是希望尽可能从中低业务部门进行集成式的信息系统建设，实现跨业务联动和协同，实现跨地区、跨专业的交通管理、控制与服务，甚至实现多交通方式的有效协同。

交通信息系统与设备标准化是另外一个重要的趋势。目前存在的供应商众多，带来系统功能、数据模型、设备和系统间接口不一致，从而导致系统间互操作困难，系统与数据集成困难的现象。为了解决这些问题，可通过行业协会或主管部门的引领，提升不同供应商的系统间互操作性和可集成性，减少技术垄断，建立良性竞争和高质量的竞争体系。开展持续不断的标准体系建设，需要从系统或设备的架构、功能组成、接口、数据模型、业务过程、编码、质量要求等方面加强，许多标准在行业管理部门的引导下得到了强制实施，许多标准在行业协会的推荐下，被众多的交通信息技术供应商、交通信息系统运营支撑企业所采用。

交通信息系统的集成性与标准化的推进，带来了可集成性与系统间可交互性的提高，大型交通信息系统边界的拓展，交通信息系统扁平化的发展，以及交通信息系统运营单位寡头化的显现。在我国铁路、民航等传统交通行业的信息服务供应越来越集中。通过业务模式与服务标准化，互联网地图、共享出行、OTA 企业通过激烈的竞争，在国际市场上只剩下几个有限的寡头企业，目前主要分布于中美两国。

4. 新一代信息技术在交通领域的深化应用

新一代信息技术是以物联网、云计算、大数据、人工智能、新一代通信技术、网络空间安全为代表的先进信息技术。新一代信息技术在交通行业中深度应用是交通信息技术发展的必然趋势。现代交通行业本身对安全生产、高效运营和优质服务的本质要求，以及新时代交通行业的发展体现出的运行高速化、路网发达化、流程便捷化、服务智慧化、社会化和互联网化、出行娱乐化和移动办公化等众多鲜明特征，使现代交通行业对人工智能、物联网、云计算、大数据、移动互联网、网络空间安全等新一代信息技术依赖越来越强，研究与应用需求也越来越旺盛。因此，新一代信息技术在现代交通行业中有广阔的应用前景。

通过新一代信息技术在交通行业的应用，将有效促进交通运输业的全面感知、主动服务、科学决策能力，助推交通运输业实现资源配置优化能力、公共决策能力、行业管理能力、公众服务能力的提升，推动交通运输更安全、更高效、更便捷、更经济、更环保地运行和发展，带动交通运输相关产业的智慧化转型和升级。

物联网技术的深度应用将大大提高交通行业对环境与业务运行状态的感知能力和控制能力，提升交通工具与环境的实时交互能力。基于新一代通信网络技术，面向复杂交通场景特别是高速移动场景下（如高速公路、无人机群和高速轨道交通）的智能移动互联与信息网络理论和关键技术突破，特别是未来面向高速移动场景的智慧协同网络技术、高速移动网络鲁棒互联互通技术、高速移动环境下大数据可靠传输技术、高速移动网络多资源深度融合技术等关键技术的突破，将大幅增强运输过程中的旅客体验；结合物联网技术，会使交通系统的实时感知、管理、控制能力大幅提升，收集与传输大规模交通数据的能力越来越强。

大数据与人工智能在交通运输业的深度应用已经成为不可逆转的趋势。在大数据应用方面，随着大规模数据集的不断出现，以及大数据处理能力的不断提升，大数据技术在交通领域的应用会持续加深，是交通信息技术领域的必然趋势。通过虚拟化、云计算技术、分布式存储与并行计算能力的提升，大数据集成和处理技术日渐成熟，数据驱动的交通业务智能已经成为一个共识与必然的应用发展趋势。在人工智能的交通应用方面，以深度学习、深度强化学习等为代表的新一代人工智能技术的快速发展，以及交通运输业的应用研究与实践的深入，使智慧交通不仅成为交通行业从业者口中的高频词，而且成为交通发展的重要目标。

互联网交通行业在交通大数据与人工智能技术应用方面是先行者，众多交通运输企业、交通行业管理部门也越来越重视大数据与人工智能在交通领域的应用。近年来，交通视频数据分析挖掘技术、交通时序数据分析挖掘技术、时空大数据分析挖掘技术、交通时空动态环境的强化学习与多智能体技术、时空复杂网络分析挖掘技术已经成为交通信息技术领域的研究热点；人工智能与大数据领域顶级学术会议、高水平期刊中越来越多的有关交通大数据与智能技术的研究成果得到了同行的认可；以数据驱动智能系统、深度强化学习算法为核心的智能系统在交通运输业特别是互联网交通行业的成功应用案例不断涌现；交通运输背景下的人脸识别、指纹识别、车辆识别、行人识别、车号识别、驾驶员识别与驾驶状态智能判别、车辆轨迹追踪、需求感知、单据识别、流量预测、到达时间预测、供需对接、产品与服务推荐、智慧定价、动态定价、自动驾驶、高精地图自动化生产、线路和设备探伤、交通自动协同管控等已经成为交通大数据或智能技术从业者熟知的应用场景。在这些领域中，越来越多的基于大数据与新一代人工智能技术的交通应用已经成熟，成为经典的应用案例，为行业带来突破或效益。但是，其发展过程中仍然还存在大量迫切需要解决的关键技术，面临很多的挑战。

不管如何，大数据及人工智能技术在交通领域的深度应用已经成为不可逆转的趋势。

1.5 交通大数据研究与应用定位

交通大数据属于交通信息化范畴，随着移动互联网的高速普及，以及与交通行业的密切结合，在交通及其相关领域产生了海量庞杂、异质多源、大尺度时空关联的交通数据，蕴含着能够描述复杂交通系统运行态势、可靠性及安全风险的信息。目前，我国在交通大数据发展和应用方面已具备一定的基础，拥有市场优势和发展潜力，但也存在数据开放共享不足、产业基础薄弱、顶层设计和统筹规划缺乏、法律法规建设滞后、创新应用领域不广等问题，亟待解决。从应用角度，交通大数据的研究主要面向交通运输业的运营效率、交通与社会安全及服务质量的问题。

1.5.1 交通运输运营效率

运营效率主要指交通运输企业运营、生产和服务的效率。运营效率是交通运输企业大数据应用的最主要定位之一。

在这个定位中，运输企业的重要诉求在于利用所掌握或潜在可获得的交通大数据，服务于以下主要的目的：

① 交通网络规划与优化；

② 企业运输产品规划和优化设计；

③ 运输市场与环境状态感知与理解；

④ 运输需求分析、理解和预测；

⑤ 运输市场精准营销，旅客、货主分析，运输产品宣传、推广与定价；

⑥ 运输计划准确编制、灵活快速调整；

⑦ 运输生产组织与调度优化；

⑧ 运输线路与工具维修维护。

1.5.2 交通与社会安全

交通与社会安全是交通运输业的重要目标，也是交通大数据应用最为重要的定位之一。交通大数据服务交通与社会安全已经有许多经典的案例。在这个定位中，面向的主要交通与社会安全问题如下。

① 交通工具安全：驾驶工具病患发现。

② 自主出行或驾驶安全：路途安全风险警示、违法行为侦测、驾驶员环境监控与风险控制、环境状态感知、安全预警和控制。

③ 交通线路安全：铁路、公路、水空航路安全。

④ 站场安全：旅客、货物安检，拥挤与踩踏事故预防。

⑤ 社会与自然环境安全：线路环境灾害检测与预警。

⑥ 交通调整控制安全：空中交管，铁路调度与控制，公路交叉路口和平交路口安全。

⑦ 社会安全：社会安全协同控制、追逃，违禁物品检测、卫生防疫等。

⑧ 特殊运输安全：危险品运输安全、超限运输安全。

1.5.3 交通服务质量

提升交通运输全流程服务是交通大数据的另一个重要定位。在服务质量方面，主要面向出行人、旅客和货主，相关服务提供方如何利用可以掌握的大数据优化服务，从不同维度提升服务质量。在交通行业中，行业主要关注服务优化环节，具体如下。

① 产品搜索服务：搜索、比价。

② 产品销售服务：预订、下单、出票、寄送。

③ 交通供需对接服务。

④ 交通规划与出行导引服务：路径规划服务、导航服务、线路指示指引、站场导引。

⑤ 综合交通衔接服务：接送服务、多式交通服务。

⑥ 站场通关服务：交运、托运、检票、安检、等候。

⑦ 交通路途服务：餐饮、娱乐、通信、休息等。

⑧ 附加服务：行李、酒店。

⑨ 交通咨询服务：行前、途中与售后服务。

1.6　本书内容结构

本章简要介绍了与交通大数据有关的数据、信息、人工智能、交通运输行业知识、行业管理决策等方面涉及的重要基本概念，介绍了交通运输信息化发展现状，并对各行业交通大数据应用技术发展现状及其定位进行了简要的描述。通过这些叙述，希望能对读者理解交通大数据背景有更好的帮助。

本书后续章节内容安排如下：

第 2 章介绍交通大数据概况；第 3 章内容围绕交通大数据处理及应用技术阐述相关的方法、系统与技术；第 4 章针对时空交通大数据预测组织内容；第 5 章介绍视觉交通大数据研究与相关技术；第 6 章介绍交通运营大数据应用与案例。

第 2 章

交通大数据概况

交通数据产生于依托在自然与社会环境中的交通运输网络上，来源于交通运输生产现场的业务过程或社会大众日常生活中与交通有关的行为，面向交通运输系统的高效、快捷、绿色和安全运行问题，服务于社会大众对美好生活的向往。交通数据形态各异，有些交通数据集规模巨大，足以构成交通大数据。本章将概要介绍交通运输场景中可能存在的各种数据，主要目的在于帮助读者了解交通运输业务场景中可能存在的数据及其类型。需要注意的是，对于不同的部门、行业或企业来说，相同类型的数据可能规模各异。为此，读者应辩证地看待本章中的“大数据”与“数据”二词，需要认识到数据规模具有相对性。

本章首先将从数据形态的角度介绍可能存在的不同形态的交通大数据，具体而言，将从数据的内容格式、数据的原始性、数据的使用程度、数据的层次、数据的产生源等角度对交通大数据进行分类。

其次，因客观上交通运输网络离不开地球物理环境，运输业务与交通行为发生在全球各种类别的空间环境中。这个客观物理事实使交通地理大数据在不同类别的应用环境中都天生拥有基础性的地位。为此，本章 2.2 节将从地理单元层、交通网络拓扑层和交通地理层的维度简要介绍交通地理大数据。

再次，从总体业务构成角度，交通运输系统的业务领域一般可以划分为客货营销、运输服务、生产运行与安全保障等几个子领域。各个业务领域既具有相对独立性，也彼此相互关联，相辅相成。各类交通运输系统的各个子领域构成总体相近、各具特色、规模各异。本章 2.3 节将从客货营销与服务的角度介绍客运营销大数据、货运营销大数据、客货服务大数据和营销市场环境大数据。2.4 节则面向交通网络的生产运行与安全保障领域，介绍运输生产计划与调度、运输生产作业流程与保障、交通运输流与客货流、交通运输安全、交通导航与移动终端应用等业务场景中可能产生的各种各样的数据。

最后，本章分别简要介绍交通运输企业运营管理相关的数据及交通行业管理部门有关的数据。

2.1　交通大数据形态

交通运输行业中存在各种各样的数据，与普通中小规模数据集一样，交通大数据同样具有不同的类型或形态。本节尝试从不同的维度对交通大数据的各种形态做一个分类。

2.1.1 基于内容格式的交通大数据分类

1. 结构化交通大数据

在交通业务场景中，结构化交通大数据是最为常见的交通大数据。结构化一词具有不同的含义，结构化数据或有结构的数据可以指任何具有标准结构或自定义结构的数据文件中所保存的数据。数据有了明确定义的结构，人们就可以利用能够理解该数据结构的软件工具实现对相应数据的操作。如果数据的结构属于业界常见的标准结构，则市场上一般都有大量现成的数据访问软件工具。对于一些不常见的定制结构数据，则需要根据定制数据结构去实现一些定制程序用于操作数据。

从广义上来讲，关系型数据库中的数据、特定格式的图片、声音和视频等多媒体文件、用户自定义格式文件、符合特定行业标准格式的数据文件、办公文档文件等都可以看成是结构化数据。

然而，在多数场景下，结构化数据一般是指进入了特定数据库，特别是关系型数据库的数据。这种数据可以用常见的关系型或近似关系型的结构模式加以描述，并能通过数据库引擎以结构化的数据操纵语言方便地进行访问。

在各类交通业务场景中，有种类繁多的结构化数据，以结构化的形式存储在不同的数据库或文件中。最常见的结构化交通数据以交通市场交易记录数据或交通事件记录数据为主。交通市场交易记录数据主要由客、货销售记录数据构成。常见的交通事件记录包括车辆通行记录、车辆缴费记录、客货安检通关记录、旅客登机记录、旅客值机记录、地铁旅客进出刷卡记录等。这些结构化数据是交通大数据中最主要、最常见的构成成分或来源。

2. 半结构化交通大数据

半结构化数据一般用于以 XML（extensible markup language，可扩展标记语言）、JSON（JavaScript object notation，JS 对象简谱）等类文档为代表的数据，这类文档一般将结构元素标签与实际数据一起以纯文本格式存储在文件中。这类数据一般出现在交通服务互联网应用系统和交通信息系统的内部消息传递和内外部接口等环节中，常用于实现系统内消息传递、界面用户数据封装、系统之间的数据交换等。

例如，在交通产品查询中，用户查询请求常常按一定标准被封装成半结构化数据包，在不同的系统之间进行传递。查询结果也可能会被封装成半结构化数据包返回查询结果展现端或中间环节。

在一些业务场景中，半结构化数据本身规模巨大，构成了特定的半结构化大数据集。在许多关系型数据库中，表的字段中也允许存储半结构化数据，这些半结构化数据一般以二进制数据属性的形式保存在数据库中。在 NoSQL 数据库中，半结构化数据集一般以不同的文本文件形式进行存储。

在一些交通信息系统运营支撑企业中，为了评估交通信息系统的健康状态、监控各类业务服务的性能指标，一般需要建立大规模的业务指令与结果数据包日志并行采集系统。这些业务指令或结果数据一般以诸如 JSON 或 XML 数据包等半结构化文本数据的形式出现。在业务繁忙的交通信息系统中，数据采集系统在业务环境中采集到的大规模日志数据包以高速形式进入大数据平台，构成交通信息系统日志大数据集。图 2–1 给出了一个这类系统的粗略架构。

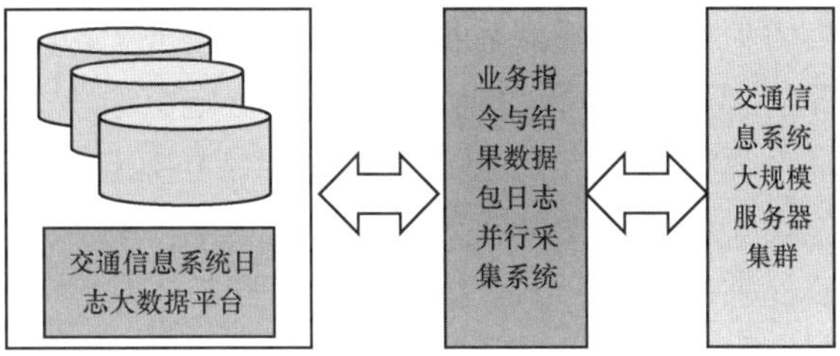

图 2－1　存储大规模半结构化的交通信息系统日志大数据平台架构示例

3. 文本大数据

文本大数据是指以自然语言符号表示与存储的文本数据，规模大到一定程度后形成的大规模文本数据集。交通场景中具有纯粹自然语言文本大数据的场景并不多，更多的是如图 2－1 所示的以文本形式存储的半结构化交通大数据。

在交通客户服务呼叫中心系统中，一般也会存储客户服务过程记录的文本数据和客户服务音频数据转换成文字得到的文本数据。若客户服务业务量大，则容易形成客服文本大数据集。在这类涉及交通业务客户服务与自然语言交互的场景中，可以应用通用的文本大数据平台及处理技术，提升客户服务效率与质量。

此外，在一些交通大数据场景中，文本数据项常以数据记录的组成成分的方式出现。例如，运输货物的备注描述、货物地址等文本信息，民航客运场景中的国际运价文本信息等。以民航国际运价文本信息为例，全球各航空公司每天都会按特定标准以文本方式通过各种渠道发布大量的各种运价信息。民航 GDS、OTA、各航空公司等都可以通过各种渠道收集到大量的运价数据文本文件，这些运价数据一般以英文按特定的格式标准编制，使用者是行业内运价的分析员。因数据规模大，业务规则复杂，业界需要聘用和训练大量熟练的业务人员去收集、理解与录入这些运价数据，业务成本高昂。如何高效收集、存储和分析这些国际运价文本大数据一直是民航领域的难题之一。

4. 多媒体交通大数据

在交通业务场景中，以图像、视频、声音等多种媒体形式出现的数据是最为常见的大数据类型之一。这类数据一般规模巨大，是经典的交通大数据类型。

交通图像大数据是在交通场景中通过相机、摄像机、雷达等传感器获得的不同类别的图像数据。典型的交通图像数据有路口交通违法照片、公路交通违法拍照照片、高速公路桥架拍摄的车辆照片、高速公路出入卡口拍摄的车辆照片、线路检测车拍摄的公路和铁路等线路或环境照片、安检旅客照片、跑道雷达图像、站场各类环境中拍摄的事件照片、遥感卫星图片、执法人员移动终端拍摄的违法取证照片、社会大众移动终端拍摄的交通场景照片等。

交通视频大数据是一类经典的规模巨大的数据。交通视频数据由交通环境中架设的固定摄像机、移动检测设备摄像机、交通工具内外部摄像机、社会大众移动终端摄像机等采集得到并存储到交通大数据系统中。常见的视频数据包括交通站场监控视频、道路治安监控视频、线路检测车线路检测视频、机场跑道视频、高速公路治安监控视频、道路环境探测车拍摄的交通环境视频、运营车辆车内外视频等。需要注意的是，在多数应用架构中，考虑到交通视频数据的占用空间大，在视频处理时经常采用边缘计算策略，即主要在边缘层（终端节点或低层服务器）环境中对本地管辖范围内的视频数据进行全量保存、应用和分析。这种数据管理策略不会把所有摄像头中拍摄到的视频数据都传输到上层或大数据平台端，只将符合特定条件的视频片段传入相关的大数据平台。例如，当发生特定交通事故时的现场视频、交通违法视频片段、交通违法举报视频等。在常见的策略中，对无特定事件、缺少信息量的视频数据则在边缘端按具体业务规则存储一段时间后被新数据所轮转覆盖。

交通图像数据与交通视频数据具有紧密的关系，有些技术环境中的交通图像数据是从视频中提取得到的图像帧。一般用照相机拍摄的交通图像数据的分辨率和清晰度要高于用摄像机所拍摄的交通视频数据。

交通音频大数据是交通环境中的另一类数据。在一些视频数据中含有音轨数据。然而在实际交通业务场景中，有时只需要通过声音传感器录制环境声波信息，在交通环境中录制的噪声、设备回声、声呐环境回声等声音信号。在采集点数多、采集时间长的场景下，系统中所保存的声音数据就可能会构成一个声音大数据集。交通声音大数据常用于环境噪声检测和抑制、线路环境目标探测、远程目标探测、空中目标探测、水下目标探测、设备探伤等应用场景。

在交通场景中，录制系统录制的以图像与视频为主的多媒体数据一般不直接存储在数据库中，而以文件形式保存在文件系统中。在数据库中，一般只保存多媒体文件数据所对应的元数据，在元数据中保存实际数据文件的链接地址。在需要长期保存的、重要的多媒体数据文件的元数据中，一般还会包含人工添加的文字注释或智能算法加注的标签信息。多媒体元数据主要服务于媒体数据的检索功能。

图 2–2 是交通图像抓拍与视频监控系统常见结构，这个结构分成两层：第一层是与现场直接相连的采集与存储设备；第二层是更高管理层次的交通多媒体数据监控、存储与管理层，该层主要的功能体现为更大范围内的多个视频监督子系统中的集成管理。通过高速网络传输实现部分重要多媒体片段的采集、存储、管理，跨区业务协同与数据共享，特定重要场所或关注事件现场的直接实时视频接入、监控等。

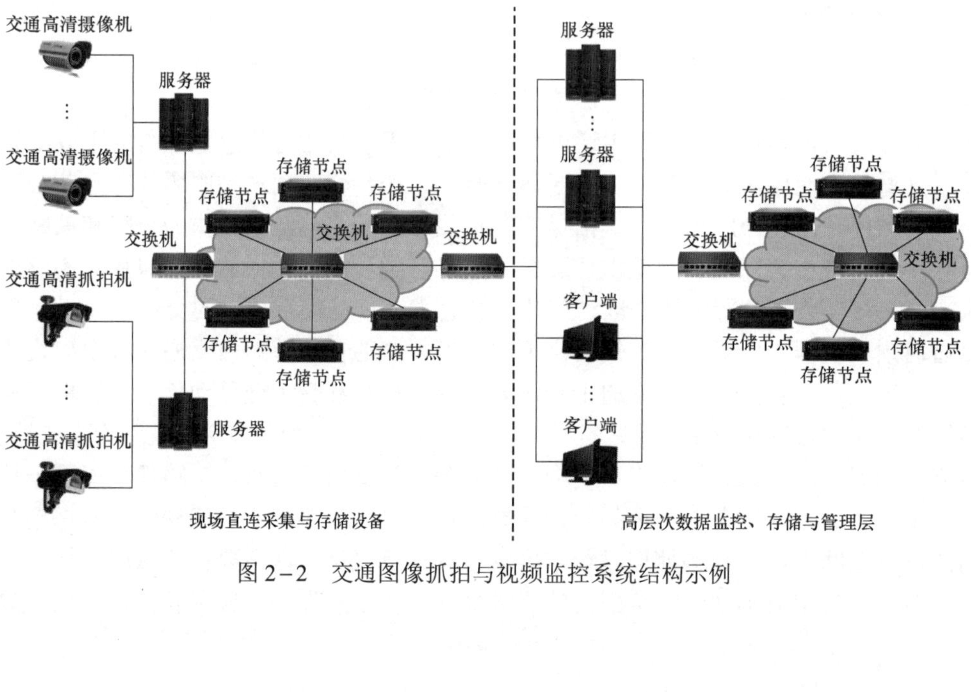

图 2–2　交通图像抓拍与视频监控系统结构示例

在某些国土范围广的国家中，其交通安全视频监控系统有可能设置成 3～4 级架构。例如，在我国道路交通安全管理视频监控领域，第一层体现为地市级甚至是县市级平台，第二层为省级平台，第三层则是国家级的平台。不同层级的职责定位各有不同，存储的多媒体数据范围、层次与性质也各不相同。

5. 交通时间序列大数据

交通时间序列数据是交通领域中另一大类非常重要的数据。时间序列数据是指针对需要持续观测的对象，采用特定设备，以一定时间间隔记录观测对象的状态所得到的在时间维度上的离散数据序列。在交通场景中存在大量的时间序列数据，例如：

① 交通出入口流量时间序列；

② 特定路段、航段的断面流量时间序列数据；

③ 交通卡口流量数据；

④ 交通工具部件关键状态指标时序数据；

⑤ 交通环境气温、湿度等指标时序数据；

⑥ 交通站点或通道排队人数时序数据。

时间序列数据模型可以分为两部分，分别是序列标识和数据点集。序列标识用来唯一标识时间序列，数据点集是点的数组，每个点由时间戳和值组成。图 2–3 是交通环境中某个具体节点上的每一天的人群流量变化时间序列数据示例。横坐标表示时间，纵坐标表示人群流量。显然，该流量数据体现出了一定的周期性。

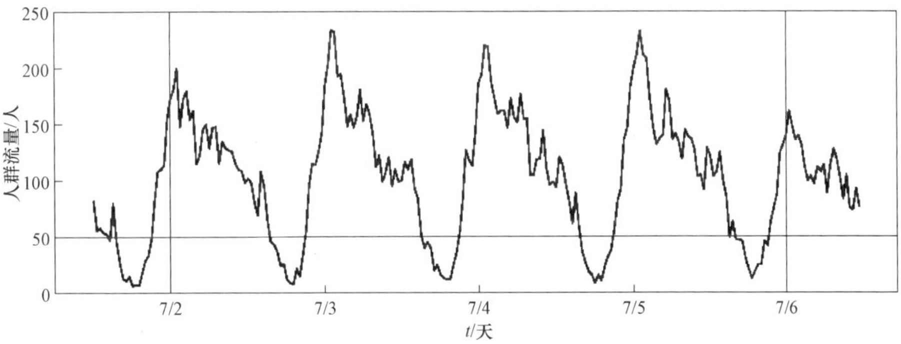

图 2–3　交通时间序列数据示例

时间序列数据的数据点有两种模型：一种模型将时间戳数据和值数据分别用一个独立数组保存，另一种则将时间戳和值组合一起保存在同一个数组中。前者对应于列存储，后者对应于行存储。在现有关系型数据库基础上构建时间序列数据库的时候，大多使用行式存储结构。而专门构建的时间序列数据库则大多使用列式存储结构。这类时序数据库主要面向需要处理海量时序数据的场景。因此，这类时序数据库需要解决以下几个重要能力问题：

① 每秒钟上千万甚至上亿规模数据点的时序数据写入能力；

② 亿级时序数据的秒级分组聚合运算与读取能力；

③ 海量时序数据的高效低成本存储的能力。

时序数据处理技术按照所采用的底层技术的不同，可以划分为以下三大类：

① 直接基于文件的简单存储技术；

② 基于 K/V 数据库的时序数据库处理技术；

③ 基于关系型数据库的时序数据处理技术。

6. 交通时空大数据

时空数据是交通大数据的重要数据类型，近年来针对时空数据的分析挖掘已成为交通大数据的热点研究问题。时空数据一般可以分成时空序列数据和时空轨迹数据。

在整个交通空间上，多个时间序列数据之间往往存在一定的关联关系。此时，当将空间范围上多个潜在存在关联的时间序列数据作为整体来看待时，这些相关联的时间序列数据就成为时空序列数据。

时空轨迹数据是指在交通场景中移动的人或交通工具在交通网络的交通节点上移动所构成的节点序列数据。时空轨迹数据一般包括交通参与者标识、轨迹中的交通节点序列标识、到达与离开每个节点的时间、驻留时间、参与者在交通节点的活动信息等。

图 2–4 是交通时空轨迹数据示例，图中展示了交通场景中持有手持终端设备的用户沿特定的交通路线移动的过程。在手机终端设备用户移动过程中，用户终端所接入的特定服务平台或技术平台一般会持续跟踪用户移动轨迹，在提供基于位置的服务过程中按一定的业务规则记录下用户的移动轨迹数据。有些平台会记录下这些用户轨迹数据并形成用户轨迹大数据集，以服务于不同的应用目的。

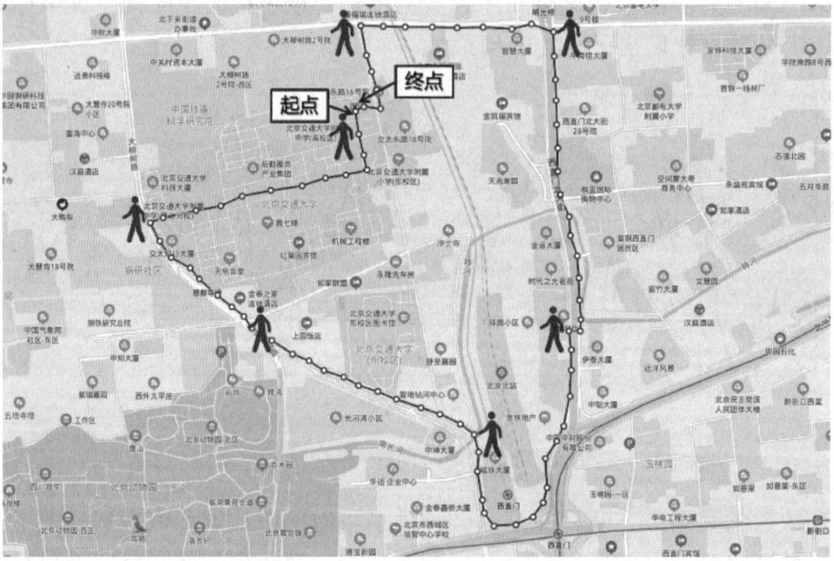

图 2–4　交通时空轨迹数据示例

在移动通信场景中，也可以感知到手机用户在交通网络上的大致移动轨迹。在移动通信场景中，因每个蜂窝基站的服务范围有限，因此，一个手机用户在交通网络上移动的过程中可能会导致与用户手机连接的蜂窝基站发生切换。而在手机使用过程中，手机与蜂窝基站之间需要按一定的业务规则进行各种信令交互，一些类别的信令数据可以反映出手机的基站切换事件。手机用户在交通网络上移动的过程中发生的单次基站切换事件反映了持有手机的出行者在物理空间上、在两个不同的基站服务区域之间移动。因此，手机所连接的通信基站的持续动态变化过程也就构成了人或车辆的服务基站的变化轨迹。从这个角度看，通信公司拥有的信令数据也是与交通密切相关的一种时空轨迹数据。图 2–5 给出的是手机通信蜂窝基站服务变化轨迹数据的示例。

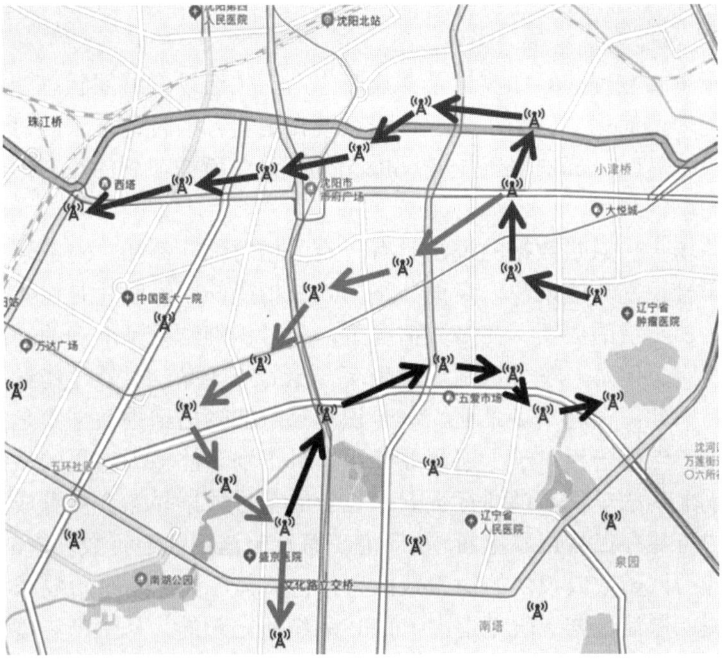

图 2–5　手机通信蜂窝基站服务变化轨迹数据示例

图 2–6 是互联网导航、“两客一危”车联网管理系统等平台所记录的某辆货车在城市间运输过程中实际位置变化数据所反映的运行轨迹示例。在货车行驶过程中，不同平台通过卫星、移动通信等手段，持续以主动采集或被动接收的方式获得货车在路网上的运行状态数据，包括位置、速度等信息。

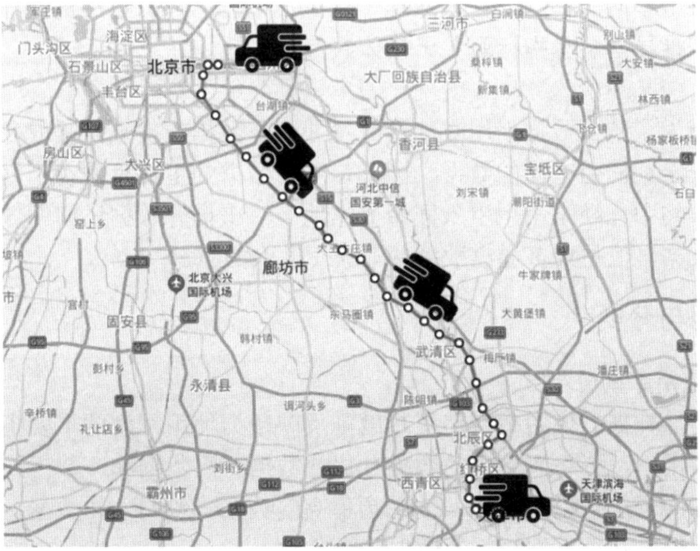

图 2–6　货车运行轨迹数据示例

本书第 4 章将重点针对交通时序数据和交通时空大数据学习问题进行论述。

2.1.2 原始数据与导出数据

1. 原始数据

原始数据是指事实数据，即如实记录并反映生产、生活场景瞬间状态的数据。原始数据一般要求未经过处理或简化。例如，交通营销系统在销售客票时记下来的每一张原始客票信息，高速公路入口处 ETC（electronic toll collection）设备所捕获到的正在通过的车辆基本信息和相机所拍摄的车辆照片。

当然，在一些场合，原始数据的说法具有一定的相对性。例如，对部署在高速公路出入口通道终端里的车号识别算法来说，高速公路出入口拍摄的车辆照片是原始数据，识别出来的车号显然是一种加工后的数据。在多数情况下，车号识别结果是准确的，即识别出来的结果准确地反映了事实。但是，车号识别算法也有一定的错误率，显然，错误地识别出来的车号并不符合事实。因此，在这个场景下，车号识别算法的输出结果数据集是加工过的数据，并不能算原始数据。然而，相对于上层需要使用车号识别算法输出结果的系统而言，各个通道的车辆识别终端上传的车辆通道通行数据中包含的车号数据显然会被看成原始数据。只不过此时原始数据中可能存在数据质量问题，即潜在有一定比例的通行数据中的车号是错误的。此外，在程序设计中，函数或模块的输入数据有些也被程序员称为原始数据。

在大数据领域，原始数据一般是指由 OLTP 系统所记录的、从生产环境中采集到的事实性原始数据。

2. 导出数据

导出数据（或衍生数据）是指根据原始数据通过某个具体的计算方法推导出来的数据。例如，采用某种分类算法根据旅客行为数据推导出来的某个维度的旅客标签；根据每天通行记录数据汇总计算得到的交通日流量、周流量等统计数据；采用某种预测模型，根据历史流量数据预测得到的未来 7 天的交通流量预测数据等。

导出数据服务于不同的目的，在大数据平台中，常见的目的包括提前计算以提高查询效率、通过智能算法推导出某些指标服务于具体决策场景等。

3. 冗余数据

冗余数据是指为了减少数据使用时的计算量或保证数据的安全，采取复制保存、提前计算等手段，牺牲一定空间而存储的数据。因此，冗余数据的主要目的在于效率或安全。在大数据平台的数据架构中，经常采用引入冗余数据的方法来提升数据访问的效率。部分导出数据可以归入冗余数据，但是许多导出数据并非属于冗余数据。

2.1.3 数据使用与分类

1. 基于数据使用率的分类

在数据平台中，数据的使用率或使用热度是反映数据使用程度的重要指标。在大数据平台中，根据数据使用率，可将平台中的数据分成热数据、温数据和冷数据。显然，热度是一个相对的概念。在同一个数据平台中，使用频率高的数据一般归入热数据，使用频率中等的数据一般称为温数据，几乎不被访问的数据称为冷数据。

在数据体系中，针对不同使用率的数据集，一般需要采用不同的技术支撑，以在满足不同使用率数据的访问性能要求的同时，尽量降低系统总体上的软件、硬件和维护成本。

2. 大数据架构中的数据层次分类

在企业数据架构中，为了以合理的技术成本对数据进行管理与应用，经常会根据数据的使用情况及应用场景将其划分成在线、近线和离线 3 个层次。在 OLTP 系统、数据仓库或大数据平台中，数据架构都有可能会包含在线、近线和离线 3 个数据层次。

在线数据是一般 OLTP 系统或大数据平台中使用或访问频率高的热数据，在技术架构中处于不同类别系统的核心层。在线数据一般被安置在访问效率高的存储介质上，技术上也一般需要采用优化措施，以确保在线数据层的数据能够被高效并发访问，从而保证系统的总体性能。同时，为了保证在系统出现故障时能够得到快速恢复，系统架构中一般都需要设立备份体系，以容纳相应的备份数据。

近线数据层一般用于容纳访问频率不是很高的温数据。近线数据层中的数据一般以中近期历史数据为主，可以采用存储成本中等的存储与数据访问体系进行管理。近线数据层对技术环境的要求一般不高。

然而，需要注意的是，在数据仓库与大数据平台语境中，近线数据层有时也指与生产系统相邻，存储近期历史数据并通过信息加工向在线系统返回信息的数据层。为此，大数据平台的近线数据层也常有大批量数据访问，具体场景与原因将在第 3 章进一步介绍。

离线数据体系在不同语境下有不同的含义。在数据仓库与大数据平台语境中，离线数据有时指完全与 OLTP 生产线不直接耦合的数据层，其中的数据经常用作批量汇总统计、机器学习算法训练等。此时，离线两字意为与企业生产系统隔离或不耦合。

但是，在一些语境中，离线数据层有时意指脱机数据层，即该数据体系用于存储冷数据，其中的数据已经不在某一个数据库中，而是存储在脱机存储介质中，包括低成本的硬盘、光盘或磁带中。

2.1.4　交易、行为与日志数据

1. 交通交易大数据

交易数据也常被称为事务数据或业务数据，是指交易双方或多方依托生产系统进行商务交易时，通过数据库的持久化过程记录下来的与交易相关的数据。这些数据一般需要作为业务凭据长期在系统中保存。

在交通运输场景中，存在大量的交易场景，例如，订座、支付、退票、行李托运、取货等。在运输产品销售或生产的核心业务场景中，支撑交易业务的信息系统需要记录各种各样与具体场景有关的交易数据。如客票数据、货票数据、退改数据、座位数据、生产计划数据、行李托运数据等。

有些交易数据规模非常巨大，足以构成交通交易大数据。例如，在我国的铁路与民航市场上，旅客规模都在亿级以上，2019 年铁路旅客发送量达到 35.7 亿人。为此，仅 2019 年铁路客票数据集的规模就至少大于 35.7 亿，3 年的数据量可达百亿级规模以上。据中国交通运输部公布的数据，2019 年中国高速公路全网客车流量超过 78 亿辆，货车流量超过 24 亿辆靠 ETC 收费。据此推算，单年全国高速公路全网出入口记录数据就应超过 200 亿个。若假定每次通行都收费，则收费数据记录规模就会超过百亿。在实际中因费用清算的需要，费用清算细目数据会更加庞大。

需要指出的是，并非所有的交通交易数据都能被称为交通交易大数据。在有些交通业务中，因业务规模原因，其交易数据量并不大。例如，在旅客运输量不大的小城市公交系统中的数据就很难达到大数据的规模，此类系统中一般很少建立庞大的大数据平台。

2. 交通行为大数据

行为数据是指由信息系统捕获的除传统交易或事务数据之外的用户或系统行为数据。在传统信息系统中，受到数据存储与处理能力的限制，一般较少去收集不同主体的行为数据。然而，随着大规模数据存储成本的降低和大数据处理瓶颈的突破，越来越多的信息系统通过迭代升级，在系统各个环节上埋设数据收集点（俗称埋点）来收集各类行为数据。

常见的行为数据包括用户移动鼠标行为、用户点击链接行为、用户数据录入操作、用户观看网页时长、用户查看某个短视频的时长和次数、用户搜索行为及内容、用户手持终端操作动作、用户在自动业务终端的各种操作动作或动作序列等。

在通常情况下，行为数据的规模要远大于交易数据。在互联网应用领域，收集用户行为数据已经成为互联网厂商相互竞争、赢得市场的基本手段。通过收集用户行为数据，结合交易数据对用户进行更全面的分析，以更好地理解客户，实现差异化的精准服务和营销是互联网厂商的基本理念。另外，通过分析行为数据，可以发现一些交互界面设计上存在的缺陷，进而反馈给系统界面设计人员，优化信息系统交互界面，从而提升用户使用体验。另外，互联网厂商特别重视通过行为数据分析来发现潜在因界面操作不方便而使用户失去耐心放弃交易的现象，这类用户行为数据分析一般称为漏斗分析。漏斗分析的核心目的在于通过改进界面设计或优化流程来提升销售或服务转化率。当然，用户行为数据分析的目的除了个性化服务、精准营销、用户体验优化、转化率提升之外，还包括信息系统安全和运行效率保障。

随着大型交通信息系统的不断迭代完善，交通信息系统特别是面向营销服务的系统的互联网化趋势已经不可逆转。交通营销服务业务的互联网化使得现代交通信息系统越来越具备直接或间接收集旅客或货主行为的能力。以互联网为基础的在线交通代理信息系统则更加善于收集用户行为数据，从而更好地提升服务能力与服务质量。各类系统收集到的交通用户行为数据规模大到一定的程度后便构成交通行为大数据。图 2–7 给出了一个交通信息系统用户行为日志大数据架构示例。

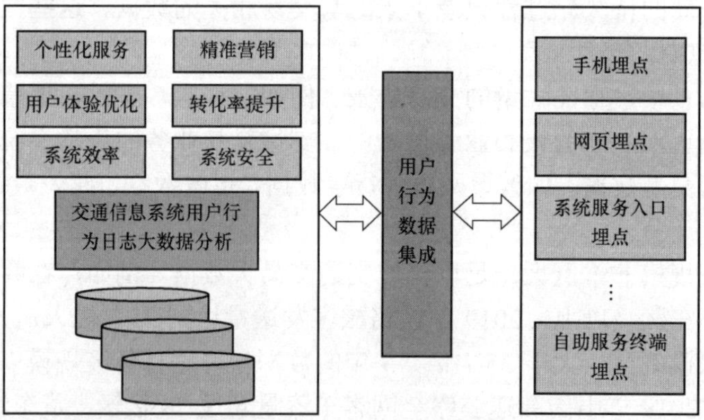

图 2–7　交通信息系统用户行为日志大数据架构示例

以航班与铁路班次的互联网搜索行为数据为代表的交通产品搜索行为数据是最为典型而

重要的交通行为大数据之一。以航班搜索为例，旅客通过航空公司的直销网站或 OTA 的搜索服务接口，接交的搜索请求内容及数据将被发送到 GDS 的搜索服务引擎中。在这样的业务过程中，航空公司直销网站、OTA 或 GDS 都可以将用户的搜索请求记录下来，形成用户产品行为大数据集。这些数据有利于航空公司、OTA 或 GDS 更好地理解全社会的旅客行为，掌握市场需求，改进产品或优化服务。

道路交通领域车辆的通行行为数据是另一种典型的交通行为大数据。车辆通行行为是受到城市、公安、运输管理部门或运输企业等主体密切关注的行为。这些通行行为一般通过各种各样的传感器捕获而得到。常见的传感器包括埋设在地下的线圈、架设在道路上方或道旁的相机、摄像头、雷达、无线射频识别设备、卫星导航定位设备、无线通信终端等。这些车辆通行行为数据有些是匿名的，有些是非匿名的。当通行行为数据的规模大到一定程度时，便构成机动车通行行为大数据集。

在共享出行领域，共享出行信息系统通过卫星导航定位、现代无线通信设备、手机终端软件、车内录音录像等手段，可以收集自行车用户、出租车司机、乘客、代驾司机等主体的行为数据。这些行为数据一般包括车辆行驶轨迹和驾驶行为数据，甚至包括在线实时收集到的出租车的整个服务过程中司乘之间的语音及视频记录数据等。共享出行服务商通过收集分析这些行为数据来实现业务优化与安全保障，如服务资源优化调度、服务效率和服务体验提升、服务双方资产安全保障、交通安全保障、降低争议事件的发生概率等。

3. 交通信息系统日志大数据

日志数据一般是指各种系统为审计、安全等原因记录下来的数据。日志数据的类型很多。例如，操作系统和数据库系统的日志数据。在数据库系统中，记录日志数据主要作为一种数据冗余手段，用于保证系统的数据安全。在数据库系统出现各类故障时，若有需要，日志数据可以用于数据恢复。操作系统日志则可以用于系统安全与使用审计等目的。在信息系统中，经常把用户登录系统所做的各种操作及其内容也记录下来，作为一种应用系统级的访问日志。

随着交通信息系统的规模越来越大，许多交通信息系统拥有成千上万台规模的服务器，系统中的日志数据非常庞大。这类数据可以称为交通信息系统日志大数据。此外，对何种类型的数据可以归成日志数据并没有一个严格的规定，因此，在有些场景中，有人也把用户行为数据称为日志数据，甚至把所有的数据都称为日志。在本书中，我们将交通信息系统的操作系统、数据库、信息系统访问、系统间交互的行为及内容称为日志数据。当然，因为日志记录本质上是业务或用户行业内容的反映，信息系统的多数数据记录动作本源上是由外部业务驱动的，因此，我们有时也不对业务数据、行为数据或日志数据作过于严格的区别。

2.1.5　元数据

元数据是数据管理与图书情报领域的一个非常重要的概念。元数据（metadata）是数据架构中关于数据的数据，即描述一个数据环境中数据的组成、结构、定义、关系、处理流程等的数据。元数据一般分成业务元数据和技术元数据。在传统的 OLTP 系统、数据仓库或大数据环境中都具有元数据。元数据本身也是大数据平台数据架构中重要的组成部分。数据库中的数据字典就是元数据的一种。元数据对于数据仓库和大数据平台就好比数据字典对于数据库一样重要，用于对各种数据进行描述，说明数据之间的关系，既是数据仓库和大数据平台的应用灵魂，也是不可或缺的组成部分。

2.2 交通地理大数据

人类交通行为发生在交通网络上，出行人或交通工具在交通行为发生的过程中与交通网络及所处的自然地理环境不断地进行交互。在这个过程中，不同类别的信息系统捕获到这些交互行为或关系，并以数据的形式记录下来，便形成与地理对象有关的交通数据集。这样的交通数据集规模大到一定的程度时，便可以构成交通地理大数据。

现代以互联网技术、地图系统、地理信息系统为手段的互联网+交通服务系统、互联网+地图服务系统等大型信息系统可以采集到大量的交通出行行为数据。这些出行行为数据与地理信息的耦合，便构成了交通地理大数据。在地理信息系统实践中，一般把地理信息分成网格层、拓扑层和地理层 3 个层次。在每个层次之上，还附有属性数据。本节将按这种分类分层方法介绍各层数据的组成与特点。

2.2.1 交通地理空间单元层数据

在与地理有关的交通应用系统中，为了提高地理空间上数据计算或管理效率等，经常用不同类型的划分方法对地球陆地、海洋、天空进行剖分。

以陆地为例，地理信息系统一般采用不同粒度层次的规则平面网格对平面进行多粒度级网格式划分。例如，多数互联网地图引擎中一般采用多粒度层次的矩形或正方形栅格对陆地表面进行规则划分。在多粒度层次网络划分方案中，任意一个低粒度层次的网格都可以对应到上层粒度层次的一个网格中。通过这样的多粒度层次划分策略，可以建立相应的多粒度层次网格式地理平面模型，进而在不同的粒度级分别对每个网格所代表的地理区域进行描述。基于这种机制，地理信息系统通过预测、缓冲等技术实现快速有效的地理信息服务。图 2-8 给出一个采用正方形网络对北京市城区平面进行剖分的示例。图中每个网络代表一定的区域。图 2-9 是多粒度层次网格剖分与多层间网格单元对应关系示例。

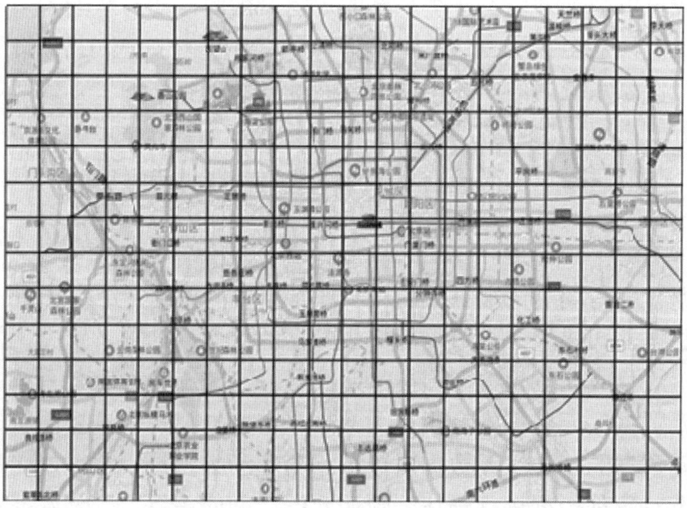

图 2-8　正方形网格剖分示例

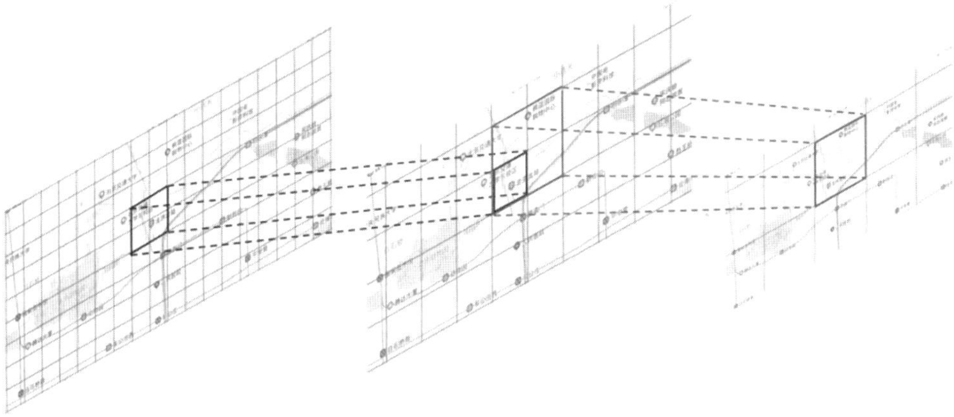

图 2－9　多粒度层次网格剖分与多层间网格单元对应关系示例

为了能更好地表达地理空间中的曲折区域或线路，以实现对地理区域的更精准描述，有些应用系统采用正六边形网格对平面进行剖分。图 2－10 是采用正六边形网格对北京市部分区域进行剖分后得到的蜂窝式网格示例。

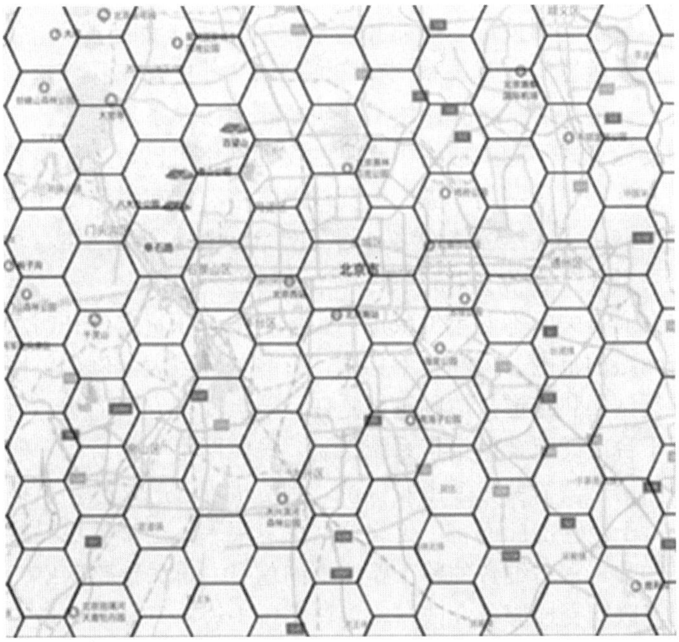

图 2－10　正六边形网格剖分示例

除了平面剖分外，实际信息中经常还需要考虑高程信息。在一些特殊场景下，例如，山区的一些建设领域，可能对陆地也需要采用立体剖分模型进行建模。在天空与海洋的空间剖分方面，同样也会采取一定的方法对空域、海域进行立体剖分。在此不再详述，感兴趣的读者可以参考相关技术资料。

在采用规则方法对地理空间进行剖分后，在逻辑空间中，每个粒度级的网格层上的每个网格单元将对应于实际地理空间中的某个地域区域或地理单元。通过对逻辑空间中的网格单元进行唯一性编码，地理空间中的每个地理单元就拥有了唯一标识。在交通应用场景中，信息系统将发生在各地理单元上的交通行为及内容记录下来，就构成了地理单元级的交通地理数据。

例如，设有某个城市的某一个单元 *A*，某共享出行公司的信息系统在时段 *T*，感知到在 *A* 区域里有 $\mathrm{Num}_{\mathrm{free}}$ 个空闲营运车、$\mathrm{Num}_{\mathrm{call}}$ 个呼叫需求、$\mathrm{Num}_{\mathrm{serving}}$ 个在服营运车，有 $\mathrm{Num}_{\mathrm{in}}$ 车辆进入 *A* 区域、$\mathrm{Num}_{\mathrm{out}}$ 车辆离开 *A* 区域，则数据项 $(A, T, \mathrm{Num}_{\mathrm{free}}, \mathrm{Num}_{\mathrm{call}}, \mathrm{Num}_{\mathrm{serving}}, \mathrm{Num}_{\mathrm{in}}, \mathrm{Num}_{\mathrm{out}})$便构成了一条关于交通单元 *A* 的一项数据。类似这样的数据可以用于共享出行公司的需求对接与调度优化。

显然，如果城市区域单元格划分得细、计时时段短、服务地理范围广而且需要保存较长时间的状态数据的话，这样的数据便会构成一个交通地理单元业务活动大数据集。

2.2.2 交通网络拓扑数据

交通网络拓扑层是指由交通节点和节点间的连接构成的交通网络拓扑图结构。因此，任何一个交通网络拓扑可以看成是一个有向图 $G=<N, E>$，其中 *N* 是节点的集合，*E* 是边的集合。从地理信息系统的角度，交通网络拓扑数据属于地理信息系统中矢量数据的一部分。矢量数据用于表达地理环境中各种客观对象所在位置及其几何信息。矢量数据中的简单要素包括点、线、面及简单要素的属性信息。拓扑关系包括空间对象的邻接、包含、关联、连通、方向、区域定义、层次等空间交互关系。在交通网络拓扑中，拓扑邻接、拓扑关联和拓扑包含是最为主要的关系，交通逻辑拓扑网络主要由拓扑邻接关系来定义。

根据所描述的交通方式不同，应用中常见的交通网络可以分为民航网络、通航网络、铁路网络、高铁网络、铁路货运网络、城市公交线路网络、城市道路交通网络、城市轨道交通网络、城市综合交通网络、高速公路网络、国高网络、全国公路网络、水运网络、综合交通网络等。因此，不同类别交通网络中的节点和边的属性差异很大。

在现实中，与交通有关的不同单位或市场主体根据其职责定位和需求的不同，能够掌握或所需掌握的交通网络的范围、内涵各不相同，有些差异巨大。例如，同样是民航网络，其节点可以是机场、航站楼和跑道，边则可以是任何节点间带方向的边。而对于从事社会交通信息服务的互联网平台或民航客票销售系统来说，民航网络中的节点一般只需要详细到机场和航站楼即可；边的信息只需要包括出发机场、到达机场、航站楼、航程的大致距离等基础信息即可。显然，对于空管部门而言，仅凭这些信息根本不足于支撑民航空中交通管控的需求。空管部门需要非常丰富与细致的整个航路上的信息。再如铁路网络，情况完全类似。对于面向社会大众的互联网交通服务商或铁路售票系统来说，只需要知道始发与到达站、站间里程、站间运行的列车班次信息，一般并不需要知道每个铁路站的站内线路数目、站台数目、出入口道岔信息、沿线各种基础设施等信息。然而，对从事铁路列车调度与运行控制指挥的部门或系统来说，很多业务系统需要非常细致的铁路网络信息。

交通网络拓扑相关数据中，可以分为交通网络基础数据和事件数据。交通网络基础数据由业务系统所需的节点和边的基础信息构成。其数据规模与系统所掌握的网络规模、范围、节点和边的描述细节程度有关。一般而言，互联网地图商投入巨大的成本所构建的交通网络拓扑涉及面广，对公路、城市公共交通网络、小区、公园和风景区的各类网络拓扑刻画细致，其交通网络拓扑数据集规模巨大，有些足以构成交通网络拓扑大数据集，但需要庞大的计算基础设施支撑运行。

交通网络拓扑基础数据相对比较稳定，但也会受交通网络建设与自然环境的影响而发生变化。感知现实交通网络的动态变化并相应地对网络拓扑进行持续更新是一项富有挑战性的工作，互联网地图服务或导航服务厂商都需要投入巨大的成本进行地图数据建设。

交通网络的事件数据由节点和边上的事件或行为数据构成。例如，交通工具在某个节点的通行事件、旅客在某个节点的到达或离开事件、交通工具通过某条边的事件、道路埋设线圈所感知到的车辆通过事件等。

相对于稳定性较高的交通网络基础数据而言，交通网络节点和边上的事件数据则属于动态性高的数据，与交通网络中的对象流量紧密相关。流量规模大的交通网络事件数据在很多业务场景中便构成了特定的交通流量或事件大数据。

2.2.3　交通地理层数据

在地理信息系统中，地理层模型用于表达具体地理空间上的自然与社会对象及其属性。例如，街道、小区、楼房、商店、宾馆、停车场、道旁停车位、绿化带、加油站、公园、医院、地表植被、交通灯、车道线、各种交通标志等。在地理信息系统中，这些地理对象与拓扑层中的一个或多个矢量对象关联，构成地理对象信息。在地图搜索、导航服务等应用层中，用户习惯于在地理层上用自然语言要素来表达信息需求。例如，在导航系统上搜索加油站、某个医院、某个学校东门等地理类别或对象名。

除了这些对象信息以外，互联网地图服务商还会采用许多自动数据采集与处理手段，在互联网地图应用中向用户提供街道视景、路旁视景、卫星地图等地理信息。此外，互联网地图服务商正在投入大量资金和技术资源推进高精地图建设。互联网地图应用通过持续丰富完善这些多角度、多粒度层级、日益精准的地理信息来满足社会大众的生产、生活需求，以提升用户的黏性，提高其产品的市场占有率。

交通地理层数据指地理层数据中与交通有关的数据，主要服务于交通生产、运营和服务。在道路交通领域，地理层数据主要包括社会生活中各类交通出行地点，以及交通线路上的交通设施，包括车道、障碍物、隔离带、护栏、交通灯、治安摄像头、超速摄像头、方向指示牌、禁行标志、限速标志、禁停标志、加油站、休息区、交通地面标志线等。

对于现代互联网地图系统来说，其最主要的目的是服务人们的交通出行，为此，大型互联网地图服务商通过自动采集、购买、人工标注等手段，掌握了类型繁多、模型复杂、规模巨大的交通地理层数据。相较于互联网交通厂商，传统交通运输企业无法掌握如此规模的交通地理层数据，特别是交通线路之外与社会生活密切相关的其他地理信息。然而，传统交通运输企业掌握的地理层数据虽然在外延性、综合性及广度等方面不如互联网地图服务商，但是，交通运输企业拥有精准的有关交通线路的地理信息，主要服务于交通生产和运营管理。例如，与互联网地图服务商相比，铁路公司一般拥有铁路线路沿线详细的地理信息，道路交通管理部门掌握的交通网络上交通标志、交通灯、停车场、卡口、隧道、桥梁等地理数据则更加精准。

2.3 客货营销与服务大数据

关于市场营销的定义非常多，总体而言，市场营销是指企业围绕产品与消费之间的关系所开展的系列活动。有人认为市场营销是在恰当的时间和地点，以恰当的价格和手段，向恰当的消费者提供产品或服务的过程。市场营销不仅仅是促销，促销是企业内部面向企业外部开展的活动，是指企业通过推销机构刺激消费者的消费欲望来扩大销售量。因此，可以说推销或促销的目的在于将现有的产品销售出去。而市场营销活动则更需要从消费者的需求角度出发，确定企业目标市场，设计出合适的产品和服务来满足市场需求，从而赢得利润。

在交通运输领域，客货营销主要是运输企业或代理开展的活动。通过这些活动，营销主体力争将恰当的客货运输产品（如座位）在恰当的时间和空间、以恰当的价格和方式销售给需求方。在一些交通行业，市场营销的地位与运输生产同等重要。对于运输企业而言，客货营销的主要活动包括市场调查、产品开发、价格制定、产品分销和促销，主要任务是吸引和留住更多的旅客与货主。

如前所述，交通运输业总体上属于服务行业，运输过程中的客货服务主要是指在整个运输服务产品生命周期中，运输企业或代理服务人以线上或线下方式开展的直接面向旅客、货主的服务，当然客货市场营销中的部分活动也需要直面服务对象，因此也可以归入客货服务活动的范畴。

客货市场营销与服务能力和运输生产紧密相关，客货市场营销与服务是运输企业及 OTA 极为关注的环节。在竞争激烈的运输领域，市场营销与服务甚至比其他运输生产环节更能决定企业的收益。在许多交通行业的运营主体中，与客货营销与服务相关的数据规模巨大。如何充分利用市场营销和服务数据，分析掌握运输市场的动态需求，及时捕捉营销机会，尽可能地满足需求甚至创造新需求；如何基于数据掌握市场组成情况，面向细分市场，做好产品定位设计与事后评估，服务企业产品改进和服务优化，提高企业市场竞争力等，都具有重要的意义。本小节将简要介绍运输企业或 OTA 中所具有的客货营销与服务大数据。

2.3.1 客运营销大数据

在客运市场上，市场营销涉及销售渠道的建立和维护、产品规划、产品包装、产品定价、产品信息披露、旅客需求感知、产品销售、旅客营销服务等系列活动。先进国家的运输企业早已以互联网为主要依托，建立大型客运营销业务系统，支撑客运营销活动，实现运输产品销售与服务。例如，全球几大民航全球分销系统（global distribution system，GDS），包括 Sabre、Amadeus、Galileo、Worldspan 和我国的 Travelsky（中国航信）等，近 20 年来陆续将其核心系统的服务功能互联网化，通过航空直销网站或 OTA 等向社会大众提供互联网营销服务。这些 GDS 通过其庞大的信息系统为航空公司和渠道提供产品分销和旅客服务的业务支撑。再如，我国的铁路客运营销服务体系的互联网化近年来也得到了飞速发展，以铁路 12306 为窗口的铁路客票销售与服务体系越来越成熟。另外，客运销售渠道与代理的互联网化也已经基本完成。在民航领域，线下机票代理市场逐渐萎缩并迅速被在线服务所取代。航空公司的直销网站与 OTA 之间一直在相互依赖与相互竞争中共同发展，市场生态与市场规模份额一直在动态变化。在共享出行领域，世界几大主要出行平台通过互联网渠道建立了巨大的共享出行信息系统，打通了出行人与交通服务者之间的供需对接通路，并从中获得代理回报。

在各类大型交通信息系统持续运行的同时，这些系统在高速生成并积累大量的客运市场营销及服务相关的数据。主要的数据类别包括客运产品查询数据、客运产品销售渠道行为数据、运输企业客运产品销售数据、旅客及其行为数据等。

1. 客运产品查询大数据

客运产品查询主要是指用户通过手机或计算机终端的互联网应用、电话呼叫等途径查询客运产品的可用性及价格。在业务过程中，用户提交的查询请求将通过各个环节最终传递给相应的客运库存系统。在查询请求传输的各个环节中，若将这些查询请求的内容记录下来，便可以构成各类交通客运产品查询数据。客运产品查询数据对于掌握实际市场需求、规划与完善产品、提高市场反应能力、优化运输计划等具有重要的意义。相较于传统的通过线下市场需求调查方法所获得的小数据集，客运产品查询大数据明显具有规模大、覆盖面宽、时间范围广等特点。常见的交通客运产品查询数据包括：

① 客运产品班次查询数据：航班、班次、共享交通产品查询数据；

② 座位及价格查询数据：火车余票及价格查询数据、机票座位及价格查询数据；

③ 其他相关信息查询数据：交通线路、停车场、加油站、休息区、时刻表、交通成本、准点率等查询数据。

需要注意的是，用户通过不同渠道查询了客运产品，并不等于该用户就一定会采购相应产品并最终转化为旅客。因此，在许多行业都有查订比的概念。查订比是指针对某个产品的总查询次数与实际销售量的比值。然而，在系统记录下来的查询请求中往往存在许多非真实的查询。例如，一些查询机器人为了实现客运产品比价而自动生成的客运产品查询脚本所带来的查询请求就属于虚假查询。如何排除非真实查询的干扰是客运查询大数据处理的关键问题之一。

2. 客运产品销售渠道行为大数据

销售渠道是指铁路、民航等交通市场上的运输产品销售代理。销售代理对运输产品的有效分销和增加产品的市场渗透力具有重要的作用。在全球民航市场上，一般都采用渠道分销制。在这种市场架构中，除了本身的直销渠道外，航空公司一般还会依托 GDS 通过分销渠道实现机票销售。各国各地区间铁路客票销售模式差异大。传统上，我国铁路客票销售以窗口直销为主。21 世纪初期，随着铁路电子客票的出现和网络通信技术的进步，为了方便旅客购票，我国城市居民社区与旅行社出现了一些火车票代售点。近 10 年来，我国铁路客票售票模式已经彻底切换到以互联网销售为主、车站窗口与自动终端直销为辅的模式，早期的火车票代售点这样的代理渠道已经基本不复存在。

渠道行为数据是指客运营销相关的信息系统记录下来的渠道代理行为数据。根据技术可行性及必要性，可能的渠道行为数据收集主体包括运输企业、GDS 或渠道自身。渠道行为主要包括以下类别：

① 渠道产品查询行为数据；

② 渠道产品代理预订行为数据；

③ 渠道产品代理购买行为数据；

④ 渠道产品代理退改签行为数据。

不同的市场主体收集和分析渠道行为数据的目的各不相同。从运输企业或客运营销平台角度看，收集、存储和分析渠道行为数据的常见目的包括渠道服务质量评估与保障、渠道代理行为合规合法性分析、异常代理行为发现和风险管控等。

3. 运输企业客运产品销售大数据

运输企业产品销售数据是市场营销的核心数据，其主要内容包括交易数据与行为数据，是客运大数据的核心数据集。运输企业客运产品销售数据一般包括：

① 客运产品打包数据；

② 客运产品定价数据；

③ 客运产品库存变化数据；

④ 客运舱位或座位控制数据；

⑤ 客票订座数据；

⑥ 客票退改数据；

⑦ 电子客票数据；

⑧ 行程附加产品数据：行李、酒店、其他交通方式产品、保险、餐食等销售数据。

4. 旅客及其行为大数据

旅客及其行为数据是客运营销与服务大数据中的另一大类重要数据。这些数据是理解旅客和市场的重要基础。在客运业务中，旅客及其行为数据一般包括以下几类。

① 旅客基础数据：旅客标识、姓名、旅行证件号、国籍、自然属性、社会属性、位置属性等。

② 旅客团组数据：团组标识、团组成员数据、团组行程数据等。

③ 旅客行为数据：查询、预订、呼叫、自助服务、值机、通关、等候、退改、附加产品订购、支付、点评、投诉等行为数据。

④ 旅客标签数据：商务等级、社会标签、运输产品偏好标签、附加产品偏好标签等。

⑤ 旅客行程及轨迹数据：行程数据、行李数据、座位数据、行程轨迹数据、行程标签等。

2.3.2　货运营销大数据

货运营销活动主要指货运市场参与主体围绕货运市场竞争开展的系列活动，如何赢得市场是货运企业营销业务要解决的主要问题。面对社会经济快速发展和人民生活服务互联网化等新型社会需求的变化，货运行业在快速发展与演变，市场分工模式的不断变化，中大件物流、配送和快递业市场发展迅速。在货运市场上，公路、铁路、水运、民航等各种交通运输业内部、行业之间既相互合作、相互衔接，有时又竞争激烈。除传统运输企业外，货运市场上还有货代、报关行、海关、货主等系列参与者，运输、物流、配送、快递、货代、报关行等都存在各具特色的营销需求。

需要指出的是，不同类别的货运企业所能掌握或关注的货运营销数据有一定的差异，数据规模也有很大的差异。在极端情况下，小型运输企业甚至没有信息系统，数据只保存在纸质记录表上。一些中小型货运企业建立了较为基本的货运业务信息系统，有些则采购或建立云端货运业务服务系统。中小型企业具有的货运营销数据规模一般并不大。而大型运输企业、现代物流企业等货运市场主体依托大型货运业务系统，可以收集与存储大量的货运营销数据，数据大到一定程度后足于构成货运营销大数据。

例如，在我国铁路运输企业的信息系统中的货主、发运及货物信息一般比较丰富，而货运查询数据相对客运查询数据而言，数据规模要小很多。以铁路、民航为代表的大型运输企业为例，企业一般能够掌握的货运营销数据主要包括以下几类。

① 货运查询数据：运费查询、运力查询、停退装查询、服务范围查询。

② 货运订单数据。

③ 货运代理数据：代理人信息、代理业务数据。

④ 货运客户信息：自然人货主信息、企业单位货主信息。

⑤ 发运信息：发货人、收货人、发运地点、发站、到达地点、到站等。

⑥ 货物信息：货物名称、总重量、包装形式等。

再如，在竞争激烈的市场上成长起来的现代快递企业，完全以互联网为接入手段，建立了快速迭代功能强大的信息系统，服务全流程数据齐全，这些企业能掌握丰富的地理信息、普通家庭用户、企业货主等信息。数据驱动的快递服务效率与质量提升战略是现代快递企业的核心战略，并在现代快递企业中得到广泛实施。

另外，许多大型先进的配送企业在运营过程中以现代信息技术为依托，收集、存储货物配送业务数据，掌握中大型城市甚至更广的范围上的企业生产、城乡商业等领域的货物采购需求、供应需求及两者在交通网络上的分布信息。在此基础上，许多配送企业依托配送业务数据和智能技术不断优化生产组织与运力，提高服务效率与质量，力图以高效、高质与精准服务来赢得市场。

2.3.3　客货服务大数据

在运输生产过程中，除了运输准备和维修维护等辅助工作之外，运输生产和客户消费是在同一时间进行的，供需双方在许多场景下需要直接接触。为此，运输生产过程中的许多业务过程都可以看成是服务过程。因此，运输企业中全员营销、全过程营销、内部营销和全员服务的理念都非常重要，其中内部营销主要是指如何提高员工的服务水平。

同时，随着客货服务过程信息化的不断推进，相应系统在提供运输服务过程中可以收集到各种与客货服务有关的数据，有些数据规模巨大，足于构成客运或货运服务大数据。

1. 客运服务大数据

总体上，客运服务可以分成营销服务、离港服务、途中服务、售后和咨询服务。营销服务包括产品查询、促销、预订、退改签、支付等；离港服务主要包括到达、停车、进港（站）、安检、验票、等候、乘降、交运行李、购物、信息、休闲、娱乐、出港（站）等；途中服务主要包括餐饮、娱乐、办公、通信、网络、广播等；售后和咨询服务主要包括票据、点评、遗留问题、投诉、服务咨询等。根据交通方式的不同，服务环节有所差异。不同企业针对服务环节所建立的信息系统广度、深度和规模也各不相同。在有些交通方式中，与客运服务有关的数据会分布在不同的市场参与主体中。

客运服务涉及的数据范围很广，大致可以分为营销服务数据、离港（站）服务数据、途中服务数据、售后与咨询服务数据。营销服务数据在 2.3.1 节已经介绍，此处不再重复。在离港（站）服务方面，数据一般分散在不同的离港（站）服务供应商中，有些服务并不会在信息系统中留下相关数据，如现场问询服务、指引服务等。在大型港站如大型机场和高铁站，信息化程度相对较高，有可能收集并积累离港（站）服务大数据集。以我国大型民航机场为例，值机和行李托运服务一般由 GDS 提供，安检服务统一由机场公安执行，登机由 GDS 或航空公司的系统提供服务，停车场则由机场或停车专业公司的信息系统提供服务，机场购物服务由各个分散的商户提供，航班到、离港信息展现与语音播报由机场依托 GDS 及空管等系统提供服务。有些机场还有出租车调度系统、航站楼内部导引等有特色的系统。因此，民航离港服务相关数据总体上散落在不同的服务主体之中，数据集的规模各异，有些能构成大数据集，有些数据则规模不大。铁路客运的到发服务流程总体上与空港相似，但也有一定区别，总体上比空港流程要简化。例如，铁路不涉及值机，安检流程比较简单，没有行李托运环节等。我国铁路客运站的离站服务数据相对比较集中，规模比较大的数据主要有旅客进站身份认证数据、安检数据、自动服务终端旅客行为数据、旅客乘车检票数据等。

在铁路、民航和公路客运领域，途中服务数据收集工作多数还处于尝试与探索阶段。但是，在共享出行领域，有些共享出行服务商已经尝试实时收集并存储大规模的途中司乘交互行为数据，形成途中服务大数据，服务于司乘出行安全保障、服务纠纷取证与服务质量提升。这类途中服务数据一般以声音和视频数据为主。

2. 货运服务数据

同样，货运服务一般由营销服务、运输服务和售后及咨询服务组成。营销服务数据上一节已有介绍，在此不再重复。相比客运，货运面向人的服务环节较少，运输服务过程涉及人或组织的过程主要包括交运、送货、取货、货物追踪等方面。多数中大型货运服务企业都设立了信息系统记录货运服务相关的业务数据。总体上，与互联网结合越紧密的运输企业，收集掌握的货运服务数据的种类越多、规模也越大。常见的货运服务数据包括：

① 客户交运服务数据；

② 送货服务数据；

③ 货主取货服务数据；

④ 货物追踪查询数据等。

3. 客货运售后及咨询服务数据

售后及咨询服务是各个行业的重点服务内容，客运和货运服务也不例外。面向旅客、货主等干系人提供服务的许多客货运环节服务者经常需要通过线下人工服务、售后服务网站、自动或人工语音服务等手段提供售后及咨询服务。

在售后及咨询服务数据生成方面，客服网站、自动或人工语音服务系统一般会记录下客户服务的交互过程与内容，形成服务记录、客户服务评级、与服务有关的文字或语音内容等数据集。这些数据有助于实现客服人员服务效率、能力、态度等方面的评估，也有助于发现运输过程中存在的一些尚待解决、完善的问题。对业务繁忙的大型客货运企业或物流企业而言，这些数据的规模可能非常大，有可能足于构成客货运售后及咨询服务大数据集。

从售后与咨询服务实施所需的数据支撑角度来看，售后与咨询服务业务一般需要旅客或货主的产品采购数据、旅行过程行为与内容数据、货运业务过程数据等的支撑，才有可能提供准确有效的服务。为此，客服系统一般需要接入由其他业务系统所生成的数据，特别是预订、退改签、发票、检票、行李、交运、取货、送货、货物追踪等相关核心业务系统数据的支撑。总体上，这些业务大数据与售后及咨询服务大数据一起构成集成的面向客货运售后及咨询服务的大数据集。

2.3.4　营销市场环境大数据

在理想情况下，在运输企业营销业务的市场调查、产品开发、价格制定过程中，应尽可能掌握客运或货运市场多方面的当前、近期及历史状态数据，以服务于运输企业的市场营销活动。在实践中，许多运输企业也一直尝试采用各种手段收集一些市场运转情况数据，希望通过这些数据掌握运输需求、当前销售进展和库存水平、竞争对手的销售与库存情况、历史产品销售情况等。然而，长期以来，鉴于技术与来源的问题，运输企业要收集到这些数据非常困难。

随着运输企业信息化与服务互联网化的发展，运输企业收集和积累这些数据的能力越来越强，技术条件愈加成熟。在许多业务场景中，建立营销市场环境大数据的条件也日渐成熟。理论上，市场环境大数据应该包括：

① 运输市场产品需求数据；

② 运输产品基本数据；

③ 运输产品库存数据；

④ 运输产品销售数据；

⑤ 运输产品动态定价数据；

⑥ 竞争对手与合作伙伴销售、库存与定价数据。

在部分领域，特别是在电商领域，已经有实践尝试建立市场环境大数据，并建立支撑实时动态市场环境的数字孪生引擎，服务于产品智能动态定价等业务。相信在交通运输领域，随着技术条件的成熟，也会催生此类应用。

2.4　交通网络生产运行与安全大数据

交通运输行业总体上属于服务行业，广义上的营销、运输生产过程组织与服务、售后与咨询服务都可以看成是运输生产的组成部分。然而，在核心本质上，运输生产是运输相关企业在交通网络上实现运输服务的过程。本节所指的运输生产运行是指除营销、售后与咨询服务之外的实际核心运输生产及保障业务，即围绕从旅客进港站到离开、从货物交运到取走或配送完成这两大客货核心业务所开展的系列业务活动，以及两大类业务活动所涉及的各类保障业务过程。

在运输业务中，为更好地实现对运输生产的控制，以在保证效率与控制成本的基础上完成运输任务，便产生了运输生产计划与调度的需求。通过实际生产流程与保障流程活动的开展，运输生产得以有效推进。运输生产的推进过程和交通出行过程在交通网络上产生了交通流，交通网络上交通流的运转中存在系列的效率与安全问题。如何利用运行与安全大数据，保证业务高效运营、出行通畅便捷、生产与通行安全有保障成为交通运输业的重要问题。本小节将简要介绍运输生产计划与调度、运输生产作业流程与保障、交通运输流与客货流、交通运输安全、交通导航与移动终端方面的数据概貌。

2.4.1 运输生产计划与调度大数据

生产计划是企业运作的核心，生产计划是未来一段时间企业运作的任务时间表。运输生产计划就是交通运输企业的生产计划，总体上是运输企业根据运输市场的需求变化情况制定的各阶段向市场提供运输产品的计划。从时间的维度看，运输计划一般会有长远计划、年度计划、季度计划和月计划等。长远计划一般是预期的长远经济指标，一般是年度计划的编制依据。年度计划是当年不同阶段运输任务计划的编制依据。长远计划和年度计划一般都需要企业目标愿景方面的计划，指标不多且多数属于宏观指标。运输生产计划一般包括班计划、日计划、周计划、旬计划、月计划和季度计划等。日或周以下计划一般是具体任务安排。除时刻表等相对固定的任务性计划外，月计划和季度计划一般也是以技术经济指标要求为主。

运输生产计划一般包括一段时间内的技术经济指标和生产任务的具体安排。技术经济指标包括数量指标与质量指标，常见的数量指标如旅客量、货物装车数、发送吨数等；质量指标一般指工作效率，如货车周转时间、航班准点率、计划完成率等。生产任务安排是指常规的、情况固定的生产任务和平均技术指标。例如，一个航班季的航班时刻表、一段时间内稳定的列车开车时刻表都属于生产任务安排。

运输生产计划制订以后，运输企业需要对运输生产过程进行指挥。这种生产指挥是指在确保生产系统按计划执行生产任务的同时，根据生产过程中的实际情况开展的必要的调控业务。这样的业务称为运输生产调度。运输生产调度是运输企业生产的核心业务。

从运输生产执行者的角度来看，运输生产计划与调度可以分成港站生产计划与调度和运输企业生产计划与调度。下面分别从港站和运输企业的角度介绍生产计划与调度数据。

1. 港站生产计划与调度数据

交通港站指铁路车站、航空站、港口和汽车站。不同类别和规模的港站工作总体类似，但是也有各自的特点。港站生产计划与调度数据一般包括以下几类。

① 客货运工作量计划与调整数据：旅客、货物发送量、货车办理等业务月、旬、周、日计划数据。

② 运输通道占用计划与调整数据：航站空域占用、跑道占用、铁路站进入道岔与到发线占用数据等。

③ 运载工具停靠计划与调整数据：停机位、泊位、停车位、列车到发线停靠、库房占用等计划与调整数据。

④ 物资装卸计划与调整数据。

⑤ 港站技术作业计划与调度数据：水、油、电、气、餐食物资供应计划数据。运载工具保障、维修、维护计划与调度数据。

⑥ 装卸辅助作业计划与调度数据。

⑦ 检验、检疫、检查计划等数据。

⑧ 港站内服务人员计划、地服人员排班计划与调整数据。

2. 运输企业生产计划与调度数据

对铁路公司、航空公司、远洋运输公司等运输企业而言，生产计划与作业调度是核心工作。生产计划一般包括月、旬、周、日生产计划。月度生产计划一般包括客货运量计划、设备检修计划、运载工具运用计划、运行组织计划等。日、周、旬工作计划则是面向实际生产安排的计划。运输企业通过信息系统潜在可以记录下的生产计划与调度数据主要包括：

① 客货运量计划数据；
② 日作业计划与调整数据；
③ 货源计划数据；
④ 客运班次计划数据；
⑤ 货源分类流向计划与调整数据；
⑥ 运输工具运行安排计划与调整数据；
⑦ 运载工具维修计划与调整数据；
⑧ 各运输线路承运计划与调整数据；
⑨ 运载工具运行指挥数据；
⑩ 运载工具分布计划及调整数据；
⑪ 运行秩序调整数据；
⑫ 货物装卸车计划与调整数据；
⑬ 人员排班计划与调整数据；
⑭ 班次、车次其他保障计划与调整数据；
⑮ 物资采购计划与调整数据。

需要注意的是，受各自信息化程度的影响与业务模式的差异，不同行业类别的运输企业、同类但不同规模的运输企业的生产计划与调度相关数据的类别、规模、专业术语都有一定的区别。甚至在一些交通运输方式中，运输调度指挥的一些环节由行业职能部门而不是由运输企业来负责。例如，我国的空管业务并不由某个航空公司负责，而是由国家各层级空管部门集中负责。为此，与民航空管相关的数据主要保存在空管部门中。

2.4.2　运输生产作业流程与保障大数据

各种运输方式下特定客货运业务都有一个总体生产作业流程，生产计划和指挥调度都属于总体生产流程的一部分。生产计划规定了需要做的工作及时间，指挥调度则根据实际情况对业务与资源进行动态调整。可以说，生产计划的制订与调度更侧重于管理的生产过程。本节将介绍生产计划与调度之外的运输核心生产业务及所涉及的数据。

总体运输生产作业流程由多个前后相连的业务环节组成，每个业务环节可能会有更详细的业务流程。同时，围绕核心生产作业流程，经常需要有一系列业务保障流程，有些业务保障流程本身又涉及非常复杂的业务过程。本节简要介绍执行生产计划与调度命令的各种运输生产作业、保障业务所涉及的流程、行为与结果数据的组成概况。

1. 运输生产作业数据

运输生产作业的发生场所主要包括交通港站、技术站与运输过程中的交通工具内部。此处所指的生产作业主要指这些场所中的业务主体所执行的运输生产作业。这些年来，行业主管部门、港站和运输企业在不断推进生产作业流程的信息化和自动化，并进而掌握相应作业流程的相关数据。通过作业流程相关数据的共享与利用，有利于提升对各个层面的作业流程的作业进程、效率与质量等信息的获取能力，并服务于作业优化与安全保障。

以我国铁路作业系统信息化建设为例，在 2017 年发布的铁路信息化总体规划中，将生产作业子系统的持续建设提到重要位置，要求“拓展物联网、北斗卫星、移动互联网等技术应用范围，加强运输生产作业原始信息采集能力，提高数据质量，强化数据采集及时、准确、完整。加强技术作业、客运作业、货运物流作业、行包快运作业等相关应用集成和信息共享。建设货运站、货检站等作业应用。完善集装箱运输应用、集装化运输应用、限界管理、超限超重货物和危险货物运输等应用。加强客运站段客运作业应用建设，不断优化完善旅客服务相关功能。”

各类客运生产作业可能存在的数据或数据类型包括以下几类。

① 港站售票业务过程与行为数据：售票过程行为数据、语音交互数据、视频数据。

② 运载工具停靠到发线、泊位、停机位、停车位与移位业务数据。

③ 客运检票作业行为与内容数据。

- 民航网上值机行为数据、铁路网上选座数据。
- 现场检票数据：检票出票、托运行李交运、行为数据，现场视频数据，生物特征识别数据，证件匹配核查数据等。
- 签改数据。

④ 港站安检业务数据。

⑤ 港站暂存物品登记、领取与超期处置数据。

⑥ 港站人工与系统自动信息播报或发布行为与内容数据。

⑦ 港站旅客站内导引信息发布行为与内容数据。

⑧ 港站信息网络信息通信服务接入与服务数据。

⑨ 港站自动服务终端服务记录数据。

⑩ 登机、上车、上船验证操作数据及视频数据。

⑪ 行李与货物装卸作业数据。

- 旅客行包港站发送作业数据：港站内通道运行、检验、异常处置、装车摆运、装载等流程数据。
- 旅客行包港站中转作业数据：到达作业、临时存放、发送作业数据。
- 旅客行包港站到达作业数据：卸载、装车摆运、港站内通道运行、异常处置等流程数据。

货运生产作业可能存在的数据或数据类型包括以下几类。

① 运载工具停靠到发线、泊位、停机位、停车位与移位业务数据。

② 货运港站货物发送业务数据：货物交运、检验、集装、重组、临时堆放或储存、港站内摆运、装载、发送等流程数据。

③ 货运港站货物到达业务数据：货物卸载、港站内摆动、检验、临时堆放或储存、取货、签收、配送、代管、处置等流程数据。

④ 货运港站货物中转业务数据：货物中转到达作业、货物临时存放或重组作业、货物中转发送作业数据。

⑤ 货场管理数据：货运计划、设备、安全、作业数据。

⑥ 铁路货运技术站数据：列车到达、解体、装卸、集结、编组、出发数据。

2. 运输生产保障数据

运输生产保障工作是针对运输核心生产过程的业务保障活动。从旅客与货主的角度，交通运输的业务看似不太复杂。然而，从运输业务执行部门来说，铁路、民航、海运等客货运业务非常复杂，其中涉及大量不同形式的保障业务。

以我国铁路的组织工作为例，除了平常旅客能直接看到的港站业务和途中业务之外，还有普通旅客看不到的由各种运营保障部门所执行的大量保障业务。传统上，我国铁路系统设有车务、机务、工务、电务、车辆几大保障业务部门，后来增加了客运段、供电段等，有些铁路局还有进一步的细分，如车辆段分成客车车辆段、货车车辆段等。后来，随着高铁的快速发展又出现了动车段。在职能方面，车务段主要负责运输组织、客运组织和货运组织；机务段负责牵引机车的维修保养与调配；工务段负责线路轨道、桥梁、隧道等设备的维修保养；电务段负责铁路信号设备的维修保养；车辆段负责车辆的维修保养；供电段负责铁路供电设备的维修保养；客运段负责列车旅客服务。近几年，部分铁路局将工务、电务和供电合并为新的工电段，综合履行线路维修保养职责，落实国铁集团铁路综合维修一体化管理的战略。这些部门各自围绕复杂的运输业务通过业务流程、业务规范紧密衔接，实现铁路客货运输的顺畅运行。

随着信息化的推进，人们对各类运输生产保障业务过程的行为与内容数据也越来越重视。保障工作总体也可以分成运载工具保障、港站运行保障、核心信息系统保障等。运输生产保障业务涉及的常见数据包括运载工具保障作业（或整备作业）数据、港站运行保障数据、运输线路保障作业数据和运输核心信息系统运行保障数据。

运载工具保障作业（或整备作业）是指围绕飞机、列车、汽车、轮船等运载工具在出发前、路途中、中间港站或到达后的各类保障作业或整备作业。通过对运载工具保障业务的信息化，运载工具保障作业（或整备作业）中可能记录的数据包括以下几类。

① 运载工具停放场地或线路的管理、停放、空间位移记录数据。

② 运载工具到达、出发与交接记录数据。

③ 运载工具调整重组业务数据。

④ 运载工具换班清洗业务记录。

⑤ 运载工具检查记录数据。

⑥ 运载工具定期、不定期修理数据。

⑦ 运载工具技术改造或返厂维修数据。

⑧ 运载工具水、电、油、气、餐食等保障业务数据。

⑨ 铁路机车车辆整备作业数据。

⑩ 司乘人员组织管理、排班、换班与到岗记录数据。

⑪ 运载工具故障记录数据。

⑫ 航班、列车、轮船等消耗品保障数据：

- 报刊消耗品、劳保用品管理使用及列车配餐数据；
- 轮船食物与生活用品保障数据。

港站运行保障业务是指针对铁路客货运站、空港、港口、车站等各类港站的运行保障业务。通过港站运行保障业务相关的信息系统有可能记录下来的数据包括：

① 港站运载工具通过作业保障记录数据；

② 港站运载工具终到作业保障记录数据；

③ 港站运载工具始发作业保障记录数据；

④ 港站运载工具过站通行记录数据；

⑤ 港站上下客记录数据；
⑥ 港站行包、邮件装卸数据；
⑦ 港站管理服务人员出入行为数据；
⑧ 司乘人员出入港站行为数据；
⑨ 港站环境卫生保障行为记录。

运输线路保障作业是指针对各类交通网络线路进行的检测、维修、维护等保障业务。运输线路保障作业过程有可能记录下的数据包括：

① 线路与环境安全检测大数据，详见 2.4.4 节；
② 路面、轨道等检修记录数据；
③ 路基、净空、水下、桥梁、隧道、交叉点等运行空间环境维修与维护记录数据；
④ 线路通信、信号保障设备维修记录数据；
⑤ 线路电力等能源保障设备维修记录数据；
⑥ 线路环境卫生保障行为数据。

运输核心信息系统已经成为运输生产支撑不可或缺的部分，现代大型运输企业或行业的核心信息系统的规模都非常大，部分系统由成千上万台服务器集群构成。重要运输信息系统失效可能给运输生产带来致命影响和重大损失。为此，运输核心信息系统的安全运行保障本身具有重要的意义。运输核心信息系统常见的运行保障数据包括：

① 客运营销及服务信息系统运行日志数据；
② 货运营销及物流管理系统运行日志数据；
③ 运输生产指挥调度信息系统运行日志数据；
④ 各类交通运输网络运行监控系统运行日志数据；
⑤ 交通运输通信网络运行日志数据；
⑥ 人力、财务、物资、运力等资源管理系统运行日志数据。

需要指出的是，运输市场参与者信息化程度各不相同，不同运输方式运输生产流程各有特点。为此，对于本节所列出的运输生产作业与保障数据来说，不同的运输业务场景所具有的数据的类型与规模必然会有所区别。有些类型的数据在特定运输模式中或较小规模的运营单位中并不存在。随着交通运输业对运输生产与保障业务的自动化、信息化与智能化工作的日益重视，运输生产与保障环节沉淀下来的数据必然会越来越多。

2.4.3 交通运输流与客货流大数据

在交通运输基本理论中，交通流一般是指连续化特征比较明显的道路车辆交通流，运输流特指具有离散化特征的列车、飞机和轮船流。交通运输流一般包括流量、速度、密度、流向、流时、流距等要素。交通流一般指交通工具的流动，交通流带来了客与货的流动，带来了动态变化的客流与货流。为简洁起见，本书后续统一将交通运输流和客货流称为交通流。

交通流大数据是交通运输场景中最为常见的数据类别，在各个交通场景中对交通流进行测量的手段越来越多，测量结果数据的准确性与可信度在日益提高，采集与存储的交通流数据规模也越来越大。交通流总体可以分成交通工具流、客流和货流。测量地点包括交通节点和交通路段、航段两大类。

1. 交通节点交通流数据

常见的交通节点主要包括大型站场、地铁站、公交站和高速公路出入口等。通过各种技术手段，可以测量到各类交通节点上的交通流数据。

常见的大型站场交通流数据主要包括以下几类：

① 空港客流数据：到达客流数据、离港客流数据。

② 铁路客运站客流数据：到达客流数据、出发客流数据。

③ 汽车站客流数据：到达客流数据、出发客流数据。

④ 空港货流数据：到港货流数据、离港货流数据。

⑤ 铁路货运站货流数据：到达货流数据、始发货流数据。

⑥ 港口货流数据：到港货流数据、离港货流数据。

⑦ 空港飞机进出港数据。

⑧ 铁路客货站动车、列车车流数据：动车和列车始发、经停、通过和到达数据。

⑨ 港口轮船进出港数据。

⑩ 枢纽站多交通方式间中转客流数据。

⑪ 港站内重要通道或环节客流或排队数据。

地铁站与大型站场有所不同，出入口和通道较为单一，地铁站可以测到的交通流数据一般包括：

① 各站点各出口客流数据；

② 各站点各入口客流数据；

③ 站内重要通道客流数据；

④ 站点列车流数据。

公交企业能掌握的公交站客流数据一般较为简单，主要包括：

① 公交站上下车刷卡数据；

② 公交站点车辆停靠和离站数据。

高速公路出入口车流数据主要包括：

① 各入口各通道进入车流数据；

② 各出口各通道驶出车流数据。

2. 交通路段、航段交通流数据

交通路段数据是指各种交通网络的路段、OD（origin destination，起讫点）、断面、卡口等的交通流数据。当然，如果把某个路段的某一位置或某个卡口标注为一个交通节点，则相应路段具体位置或卡口的流量数据就变成了交通节点的交通流数据。下面分别针对公路、民航、铁路和水运网络给出一般情况下可以测量得到的路段或航段交通流数据。

（1）公路路段、公路卡口车流数据

① 公路路段车流量数据；

② 公路卡口车流量数据；

③ 交叉路口各方向车流数据；

④ 城市公交 OD 间公交车流数据。

（2）民航航段和 OD 间交通流数据

① 民航航段航班流量数据；

② 民航航段客流量数据；

③ 民航 OD 间航班流量数据；

④ 民航 OD 间客流数据；

⑤ 民航 OD 间货流数据；

⑥ 民航航段货流数据。

（3）铁路路段和 OD 间交通流数据

① 铁路列车流数据；

② 铁路线路客流数据；

③ 铁路 OD 间客流数据；

④ 铁路线路货流数据；

⑤ 铁路 OD 间货流数据。

（4）水运航段和 OD 间交通流数据

① 航段轮船流量数据；

② OD 间航段轮船流量数据；

③ OD 间轮船货运量数据。

2.4.4 交通运输安全大数据

交通运输业涉及人身与财产安全，为此，安全生产是行业的首要目标。如何确保交通运输生产全过程、全链条的安全是国家、社会和企业关注的焦点之一。交通运输安全涉及的几个主要方面包括交通工具运行安全、运输对象的安全、交通路网与环境的安全、社会安全、交通基础设施运行安全及交通安全法规的落实、交通违法处罚等。

目前，生产运行数据服务于交通运输生产活动的安全管理已经成为交通运输安全保障的最基本手段。从生产运行数据中发现安全隐患可实现事前预警；融合实时现场运行数据与历史生产数据有助于安全事故的事中应急处置；融合现场环境数据和相关的业务历史大数据，可用于安全事故的事后问题解决、事故原因分析和后续处置决策等。

本节将针对交通运输环节中存在的与安全有关的数据做一个整理和简单介绍。需要指出的是，许多交通生产和运行数据都可以直接或间接服务于交通安全问题，因此，本节对此前已经提到的交通生产运行数据只做粗略描述。

1. 客货安检大数据

在许多交通客运环节中，需要根据各国或行业规定对旅客实施安全检查。以全球民航业为例，全球机场都需要对旅客实施强制安全检查。民航安检工作一般非常细致，安检要求高。在铁路行业，国外高铁大部分不进行安全检查，我国铁路客运目前要求对旅客进行安全检查。在城市轨道交通业务中，多数国家不进行安全检查或仅对携带的行李进行安全检查。我国地铁和长途汽车站一般需要对旅客携带的行包或行李进行扫描检查。

对旅客安检要求较高的民航与铁路客运领域，客运安检业务主要涉及旅客的身份核实、验证与处置；旅客携带、托运的行李安全检查与处置。部分机场还需要对待进入航站楼隔离区内的人员、物品进行防爆等安全监控。

旅客身份验证主要验证被检查对象是否为旅客本人，重点判断当前旅客是否属于在逃人员、黑名单人员、或被政府禁止出行或出境的人员，并根据核实信息相应地做出同意或拒绝旅客登机或乘车的决定，甚至通过执法机关对应拘捕人员采取强制控制措施。对行李、随身物品进行检查的主要目的在于通过检测发现违禁品来排除各种安全隐患，预防和制止企图劫持、炸毁运载工具的犯罪活动。

目前，旅客验证、安检的自动化程度越来越高，许多先进的机场和高铁站已经通过全自动证件识别校验、旅客生物特征（指纹和/或人脸）识别校验来提升验证的效率与准确率。客运安检涉及或产生的主要数据包括以下几类。

① 旅客名单数据。

② 各港站安检通道通过旅客数据：基本信息、指纹、人脸等生物特征、头像视频。

③ 各站安检通道异常旅客数据：基本信息、指纹、人脸等生物特征、头像视频、异常原因及处理信息。

④ 旅客行李安检数据：X 光影像、音频、视频数据。

在货运安检方面，传统的安检作业除了货物 X 光机检查外，其他基本以手工操作为主。安检业务劳动强度大、效率低。随着各类智能安检信息系统的逐渐部署实施，货物安检自动化程度将不断提升，自动化系统的实施也将丰富货物安检数据。总体上，货物安检数据一般可以包括以下几类。

① 货主数据。

② 货单数据。

③ 货物安检过程与结果数据：X 光影像、音频、视频数据。

2. 交通工具行驶安全大数据

火车、飞机、轮船、客车、货车、出租车、共享单车等交通工具在路途行驶中的安全问题是交通安全的核心环节。为了保证行驶安全，行业管理部门或运输企业一般会采取两大类措施对交通工具进行监控。第一类措施是在交通工具内部安装行驶状态检测器，采用集中方式实时、近实时或事后收集交通工具的运行状态。第二类措施是在交通工具之外，在线路特定地点，采用具有运输工具标识识别（如车号识别）能力的监控传感器识别交通工具的行驶状态，判定驾驶行为的合法合规性，通过事后违法惩戒或警示达到保障交通安全的目的。

对第一类措施，在许多交通领域，会在交通工具上安装行驶状态检测仪器，用于获取并记录交通工具的行驶状态、驾驶员或乘客的行为等，记录下的数据通过各种途径进入途中监控或事后分析系统。

基于数据规模、可用的通信途径等因素，需要实时、近实时监控的业务领域要求交通工具将部分数据在路途中以实时或近实时方式远程传输上传。此时，传输方式必须采用无线通信手段或卫星通信手段。在不需要实时或近实时监控，或者技术条件不成熟的场景下，可以在交通工具到站后采用有线或无线通信方式自动落地进入系统，或者到站后通过移动存储介质脱机下载后再转移进入信息系统。

对于第二类措施，一般由交通安全管理部门或站场安全管理部门安装部署感知设备、通信网络和信息系统，实现交通工具的运行状态的有效感知。例如，在我国，由各地区公安交警部门负责超速、压线、闯红灯、未按车道行驶、未礼让行人等涉及交通安全的交通违法行为的非现场检测能力建设。在大型民航机场的场内交通场景中，为保证场内交通安全，由机场负责建设场内交通网络上的移动交通工具驾驶行为的合法合规性检测能力建设。这些移动交通工具包括飞机、引导车、摆渡车、货物运输车、礼宾车及其他各类保障车辆等。

常见的交通工具行驶安全数据类别包括：

① 交通工具行驶轨迹与速度数据；

② 交通工具行驶过程核心设备状态数据；

③ 交通工具驾驶员操作行为数据；

④ 交通工具行驶记录仪数据；

⑤ 客运车辆车内乘客和驾驶员的行为与交互数据；

⑥ 交通网络非现场执法监控数据。

3. 线路与环境安全检测大数据

公路、铁路、桥梁、隧道、航路、城轨等各种类别的线路或基础设施安全是交通运行安全的基本保障。为保证线路的健康，人们采取各种方式对线路进行检测。常见检测方式分成两大类。第一类方式通过在固定位置安装传感器来检测线路状态，通过有线、无线通信网络或卫星通信手段将数据传回信息系统。第二大类通过移动巡检方式，掌握整个线路、部分重要路段（或航段）、重要部件等的状况。

第一类方式用到的常见传感器包括摄像头、相机、雷达、埋设式传感器网络等。通过各类传感器返回的线路、线路环境等状态，及时发现线路上发生的安全问题和安全隐患，如落石、塌方、潜在泥石流、水患等。

在第二类方式——移动巡检方式方面，当今交通管理部门或运输企业不断应用不同类别的移动检测装备，用于自动采集线路状态数据，结合传统人工巡检核实，服务于实时或线下的线路健康状况诊断或隐患排除。常见的移动检测装备包括铁路综合检测列车、公路检测车、地铁检测车等。

以我国国产在线使用的各种型号的高铁检测车为例，这些检测车能以 200～400 km/h 的速度在高铁建成竣工验收时或日常运营期间对线路及环境状况进行全方位的扫描、测试、检查和记录。检查范围包括 ATP、信号参数、无线场强、弓网、轨道几何状态、动力学与加速度等。据公开材料显示，我国先进的 CRH380A-001 型检测车同步检测速度达到 350 km/h 以上，最高试验速度达到 400 km/h，具备对高速铁路轨道、轮轨动力学和车辆动态响应、接触网、通信、信号等数百个参数进行实时检测的能力。在保障高铁线路安全方面起到了重要的作用。

显然，不同交通方式的线路物理构造有很大区别，需要检测的内容和范围也有很大的不同。从数据角度看，线路环境检测数据种类很多，包括图像、视频、雷达图像、传感网络数据、特定线路运行保障设备状态数据等。从线路环境角度看，相关数据大致可以分成以下几类：

① 路面、轨道等表面、核心部件、支护部件的几何形状与动力学数据；

② 路基、净空、水下、桥梁、隧道、交叉点等运行空间环境状态数据；

③ 线路通信、信号保障环境与设备状态数据；

④ 线路电力等能源保障环境状态数据；

⑤ 线路边界、周围自然环境、重点监控部位安全状态数据；

⑥ 线路与自动控制或自动驾驶系统的交互状况数据。

4. 交通运输网络安全运行大数据

交通线路与环境安全检测措施主要通过检测设备检测线路与环境的当前健康状况及潜在

隐患。交通运输网络安全运行状况则是指各种交通运输网络动态运行过程中的突发的安全事件、实时发现的潜在安全隐患或重大运行事故等。安全运行状况数据主要通过交通网络上的监控设备感知、现场人工记录、设备记录、计划维修报告等手段获得。

以道路交通为例，我国交通部专门设置了全国路网运行监控与应急处置中心，负责收集全国范围内的路网特别是国道和高速公路网络的安全运行状态，并特别关注因施工、落石、塌方、泥石流、水患等导致的线路阻断、严重交通拥堵、重大交通事故、重大气象灾害等路网运行的安全事件，并负责通告、跟踪、协调、监督、协助处置或直接领导应急处置等。

此外，现代交通网络的安全运行离不开交通信息系统与交通通信网络，交通业务支撑信息系统与通信网络的安全运行问题也是民航、铁路等对信息系统重度依赖的交通行业关注的重要问题。

与交通运输网络安全运行有关的数据包括：

① 道路路况监控视频及道路拥堵状况数据；

② 道路通道、卡口等通行数据；

③ 网络中的交通节点、路段或航段阻断数据；

④ 重点监控的运营运输工具安全运行状态跟踪数据；

⑤ 交通事故及处置数据；

⑥ 站场场内作业、设备及环境安全数据；

⑦ 交通业务支撑信息系统安全运行大数据；

⑧ 交通通信网络安全运行大数据。

2.4.5　交通导航与移动终端大数据

近 10 年来，在交通出行领域，特别是以互联网为基本手段的面向社会大众的综合交通出行服务和共享交通领域发展迅速。同时，互联网交通出行领域通过激烈竞争、兼并，在世界范围内特别是在美国和中国出现了一批包括谷歌地图、苹果地图、高德地图、百度地图、腾讯地图、滴滴出行、Uber 等众多知名的互联网交通出行服务企业，为社会大众提供交通出行与生活服务。

广大用户主要使用移动终端通过相应的 App 使用这些企业提供的导航、出行和生活服务。这类系统在与用户手机终端交互过程中，记录、积累了大批与交通出行有关的用户行为与交易大数据。在强烈的生存竞争与创新意愿驱动下，在当前的交通大数据领域中，研究与应用最活跃的领域当属互联网交通大数据领域。交通大数据领域的研究论文针对的研究问题与公开的交通大数据研究样本，多数也是来源于这些企业。

互联网交通地图服务平台的服务范围广，导航服务是其核心业务，但并不局限于导航服务。这些平台以导航服务为驱动，结合相关的 POI 信息服务，通过用户引流或广告服务获得营收。许多互联网交通地图服务也成了社会物流平台的支撑服务子平台。例如，阿里巴巴通过兼并高德地图，使其成为阿里巴巴大平台各类应用的地图服务支撑部门，为众多业务环节提供地图相关的支撑服务。滴滴出行、Uber 等深入共享交通的企业本质上是新型的社会交通运输企业。这类企业通过调动社会交通资源，依托其业务平台实现需求对接或撮合，从中获得运输中介收入。这类企业多数都设立了交通大数据或人工智能研究或产品部门。

本节将从这两类企业与终端用户交互的过程而获得的大数据简要做一个介绍。

1. 交通用户定位与轨迹大数据

用户的定位数据一般情况下是在用户使用手机应用的过程中，手机应用经用户允许所获得的手机的 GPS 或北斗等卫星定位系统的定位数据。用户在行走、驾驶或乘坐交通工具的过程中，系统持续获得的用户位置信息构成了位置序列，构成用户轨迹数据。在用户群体规模大、业务频繁的系统中，用户定位与轨迹数据模型非常大。这些数据构成了互联网导航服务厂商与互联网交通出行服务厂商的交通大数据平台的核心大数据。这些用户定位与轨迹数据也是各类导航或公众平台中的实时路况数据和各类交通统计指标的核心基础数据。

用户定位与轨迹数据一般可以分成以下几类：

① 物流车辆或人员服务轨迹数据；

② 营运车辆行驶轨迹数据；

③ 自驾车辆行驶轨迹数据；

④ 共享单车骑行轨迹数据；

⑤ 行人行走轨迹数据；

⑥ 用户定位数据。

2. 移动终端用户行为大数据

用户互联网导航应用、交通出行应用甚至包括互联网生活应用的操作行为数据是另外一类与交通有关的大数据。在使用这些应用的过程中，其后台系统可以收集、存储一些用户行为数据。主要的用户行为数据包括：

① 地图查看浏览操作行为数据；

② POI（point of interest）搜索数据；

③ OD 搜索数据；

④ 导航过程用户交互行为数据；

⑤ 用户 POI 驻留时间数据；

⑥ 用户停车数据；

⑦ 用户生成内容（user generated content，UGC）数据，包括标注、图片、视频等；

⑧ 用户服务请求数据；

⑨ 营运车辆司机订单响应行为数据。

2.5 交通运输企业运营管理与行业管理大数据

除交通运输企业的营销、服务、生产运行与安全外，在交通运输企业内部还存在许多其他与经营管理相关的数据。同时，对与交通有关的政府或行业管理部门来说，同样需要有交通大数据来支撑其宏观决策与日常管理工作。本节将简要介绍与交通运输企业运营管理和行业管理有关的数据。

2.5.1 交通运输企业运营管理大数据

除了客货营销、运输服务、生产运行和安全保障外，交通运输企业内部存在大量与运输业务直接或间接相关的企业内部管理部门及相关活动。这些部门及其活动在多数情况下，与其他普通的企业基本相似，一般都具有企业战略管理部门、人财物等资源管理部门及相应的信息支撑系统，这些系统会生成、存储与企业运营有关的管理数据。

在理想情况下，运输企业的战略管理与决策需要基于客货营销、运输服务、生产运行及安全、人事、财务与物资等各类数据的综合支撑。许多交通运输企业已经在持续开展相关工作，通过建立集成的大数据平台支撑企业的重要管理决策。

在其他运营管理数据方面，交通运输企业管理与一般企业的经营管理并没有很大区别，此处不再详述。但是，需要指出的是，在物资管理与建设管理方面，以铁路、民航为代表的交通运输企业具有明显的交通特色。

以铁路的物资管理为例，一般会将物资管理分成普通的物资管理和更为重要的铁路运力资源管理。为此，在 2017 版的我国铁路信息化总体规划中明确标识出运力资源管理子系统，目的在于“推进机务管理、车辆管理、供电管理、工务管理、电务管理、重要设备维修服务价格管理等运力资源运用、管理、维修应用建设或能力提升，强化设备设施需求计划、采购、技术管理、检修作业、成本控制、质量控制、安全管理等全生命周期信息化管理”。在这个规划的背后，是国铁集团希望将全国庞大的运力资源做好综合集中管理，提升运力资源的全生命周期管理能力，提升运力资源利用效率、降低运力使用和检修成本、保证运力资源本身及运输生产的安全等。随着运力资源管理子系统的建成，将会积淀大规模的铁路运力资源大数据。

2.5.2　政府与行业管理部门交通大数据

与交通有关的政府与行业管理部门的管理决策同样需要交通大数据的支撑。因此，在参与角色方面，政府与行业管理部门主要是交通大数据的需求方。只有部分政府部门因兼具某些与交通有关的社会管理职责，会直接建设、运营相关的信息系统，因而能直接拥有某些侧面的交通大数据。例如，我国公安部交通局负责道路交通执法，为履行职责而建有驾驶员、机动车管理系统，以及非现场执法系统。这些系统所拥有的驾驶员和机动车管理业务数据、非现场执行数据已经被归入 2.4.4 节交通运输安全大数据。

目前，虽然政府与行业管理部门建设交通大数据平台的努力受到众多实际问题的困扰，需要政策、资金、科技、人力等大量的投入，并需要建立与理顺体制机制。但是，许多行业管理部门一直在规划并推进落实领域或综合交通大数据平台。许多部门已经建成一定规模的交通大数据平台，要求相关运输企业或基层部门通过通信网络以实时、近实时方式向其上传必要的交通业务数据，服务于行业监管、市场干预和交通网络布局规划等。相信这样的实践与成功案例将会越来越多。

2.6　本 章 小 结

本章针对交通大数据的概貌做了一个简要的梳理和介绍。本章首先介绍了各种形态的交通大数据和交通地理大数据，重点从客货营销、运输服务、生产运行、安全这几大业务维度介绍交通运输行业中存在的数据或大数据，并简要介绍了交通运输企业运营与行业管理部门中的数据情况。考虑到篇幅，以及交通市场参与主体和类型繁多等原因，本章并未从不同行业、不同机构主体的角度去介绍各类交通大数据，而是着重从交通大数据形态和类型出发，再结合交通运输活动的生命周期过程，尝试对交通运输行业中现实存在、可能存在或技术条件成熟时可以具有的数据进行梳理和归类。

需要再次指出的是，每种交通方式、运输企业、部门之间存在许多现实差异。因此，本章所列的数据在有些交通方式或主体中并不具有，有些交通方式或应用场景具有的一些独特数据也可能未被列出。另外，本着抓住主要数据的原则，加上作者视野及篇幅所限，数据归类中无法做到也没有必要去穷尽。

第 3 章

交通大数据处理技术

本章将介绍交通大数据处理的相关技术。首先介绍通用的大数据及其处理的基本概念，重点介绍交通大数据系统的常见架构；之后围绕交通大数据的生命周期模型，阐述交通大数据生成、采集、集成、组织、存储、维护技术；最后，总结介绍各种交通大数据的典型应用系统模式。考虑到交通大数据处理技术有许多方面与其他行业大数据处理技术具有共性的同时也有一定的独特性，本章内容既包含重要且通用的大数据处理方法与技术的介绍，也会重点介绍一些交通大数据平台独特的数据处理技术。

3.1　大数据及处理概述

3.1.1　大数据基本概念与特征

第 1 章已经简要介绍了大数据的基本概念，大数据是指任何一种量大、复杂、用传统的数据处理技术难以处理的数据集。大数据集很难用大多数关系型数据库管理系统、桌面分析和可视化工具进行处理，需要能在多达几十、几百甚至几千台服务器上运行的大规模并行软件系统对数据进行处理。大数据处理相关的挑战体现在数据处理的方方面面，包括分析、捕获、保管、搜索、共享、存储、转换、可视化、隐私保护等。

大数据一词实际上在 1990 年曾被人提出，自 2012 年以来大数据一词变得异常火热，如今热度虽然有所下降，但是大数据仍旧与人工智能一起，属于研究与技术热点。大数据概念被炒得火热的主要原因有两点：首先是硬件技术的提升，使得企业数据收集能力大为提升的同时，数据保存成本也大幅下降；另一个更重要的原因是新型计算架构云计算技术的发展，具体体现为新型的分布式数据存储结合分布式并行计算技术模式的突破，使得针对大规模数据集的处理技术实现平民化。大数据处理技术随着大型互联网企业的率先成功实践，进而扩散到各行各业，促进了大数据应用理念的传播、探索和成功实践。

人们为了表达大数据的现实特征，用几个字母 v 开头的英文单词从不同的角度描述大数据的特征。

1. volume——规模大，即数据量大

数据量巨大是大数据最为显著的特点。数据规模也是衡量一个应用场景是否真的需要大数据处理技术去处理数据的首要因素。在国内市场上，许多厂商为了赚取噱头，恨不得只要涉及数据加工的业务就称为大数据处理。在很多单位也有许多不明就里的业务人员，常会根据一个很小的桌面型数据集，通过简单的统计分析手段制作一些报表发布出去，也称之为大数据处理。虽然如此，大数据概念与理念的传播也确实促进了政府、企业和广大民众对数据加工、利用的意识。

然而，需要再次强调的是，大数据是指量非常巨大，用传统的数据库技术无法处理的数据集合。在交通领域就存在许多类似的数据集。例如，针对互联网用户的铁路车次、航班的查询行为，传统的交通业务系统一般不记录这类用户行为数据。然而，在大数据时代，许多交通运营企业已开始将这些查询行为记录下来，并将这些查询大数据处理后进行分析，用于感知旅客市场需求等场景。

2. variety——数据的多样性

数据的多样性是大数据的第二个特征，即大数据不应仅仅只有一种数据。数据的多样性一方面是指单个对象的数据模型的属性可能很多，另一方面指大数据应用场景下一般有或最好具有多种相关的数据集。要成功有效地理解大数据背后的业务本质，数据的多样性具有非常重要意义。例如，对于一个互联网旅行服务企业，若要更好地把握全市场的交通需求，则可以考虑记录互联网用户针对各种交通方式的票务查询行为数据，而不仅仅是铁路、民航或其他某一种交通方式的查询数据。同时，最好还能拥有反映业务成交的产品订购数据。数据的种类越多，越有利于模型训练和验证结果的有效性，最终产生有意义的信息或知识，服务于业务决策。

3. velocity——数据产生和处理的速度快

这里的速度快有两方面含义：一方面指数据的产生速度快，另一方面指数据处理的速度快。数据以极快的速度产生是导致一个数据集成为大数据的根本原因，而数据生成速度快的根本原因还在于业务系统所支撑的业务量大，或是侦测对象或环境变化快且传感器采样频率高。例如，在我国的互联网应用领域，存在许多具有用户规模超大且用户日活量巨大的应用。这些应用在巨量用户行为的驱动下，在系统后台以极快的速度生成规模巨大的数据。

处理速度快也是大数据处理必须具有的一个特点，如果处理速度跟不上，大数据应用也就无从谈起。而正是因为超大规模数据处理技术的进步，促使企业敢于记录规模超大的数据并尝试进行处理利用。

以上 3 个 v 代表了大数据最为主要的 3 个特性。此外，也有从业人员陆续挑选了一些 v 开头的英文单词来表述大数据的其他几个特点，包括 variability，即可变性，意指数据内容含义或定义的不一致性；veracity，即真实性，指部分大数据的真实性和数据质量的问题；visualization，即可视化的挑战，指将大数据可视化具有很大的挑战；value，即价值，指如何让大数据真正发挥价值，使得企业建立大数据处理体系所付出的投入最终能得到回报。但是，需要指出的是，除了大数据最为主要的 3 个特征，后述的其他几个特点并非大数据处理场景所特有，普通的数据处理领域也广泛存在此类问题，笔者认为，后述的其他几个特点若一定要说成是大数据的独有特点略显牵强。

3.1.2 大数据生命周期模型组成

任何事物都有其生命周期，数据同样也有其生命周期，大数据生命周期模型本质上与普通数据生命周期没有区别。数据生命周期是指数据从产生到最后消亡的过程。业界关于数据生命周期组成的描述大同小异，差异主要在于管理或使用定位。有人将数据的生命周期总结成生成或捕获、维护、使用、发布、归档和清除 6 个阶段，有人则将发布也当成使用的一部分，总结为创建、存储、使用、归档和清除共 5 个阶段。这两类划分方式没有本质区别。但是，这两类划分方法都没有明确指出现实业务系统中可以明确标识出来的独立环节或过程。例如，数据在各类通信网络中的传输活动、数据在特定的环境（如数据仓库或大数据平台）中的各类集成、汇总计算、分析等应用活动，以及服务于安全需要的数据备份活动等。

为此，针对大数据的特点，我们认为大数据的生命周期总体上包括生成与采集、传输、集成、存储、维护、应用、归档和清除共 8 个生命周期过程。当然，这 8 个生命周期过程中的一些中间过程并不一定有严格的先后次序，例如，数据的传输在许多环节都会涉及。本节将对这些环节做一个简要说明。

1. 数据生成与采集

数据生成与采集是数据生命周期的必要环节。生成与采集是两个有区别的概念，数据生成是指业务场景中因记录需要而生成数据。数据采集是指为了保存与继续使用数据去捕获业务场景中生成的数据的过程。例如，高速公路摄像机不断地记录视频或照片数据，而采集动作则是指从摄像机上提取所记录下的视频或照片的过程。再如，用户在录入界面上输入的出行目的地、时间和出行人数等数据被称为用户生成内容或用户生成数据，而应用程序在界面上取得这些数据的过程，称为数据采集。3.3 节将介绍交通大数据的生成与采集问题。

2. 数据传输

数据在各个数据环境之间的传输是数据生命周期中必不可少的环节。广义的数据传输可能涉及任意的无线网络、有线网络、机器内部数据总线及其他各类 IO 通道等。数据传输一般指根据各种通信协议在无线或有线通信网络上将数据从一个环境转移到另外一个环境的过程。例如，将传感器采集的数据通过无线网络传输到采集终端，再将采集终端的数据通过有线网络传输到上层数据库节点的过程都属于典型的数据传输过程。数据传输过程本身很重要，也涉及许多挑战。数据传输与通信工程、计算机网络、网络安全、加密解密、数据压缩与解压等领域都紧密相关。鉴于篇幅，本书不将其作为交通大数据的重点问题。

3. 数据集成

数据集成是大数据生命周期一个较为独特的环节，并非所有数据生命周期都涉及数据集成。数据集成是指从数据源获取数据，根据目标数据环境的要求进行清理、转换后再装载进入目标数据环境的过程。3.4 节将重点介绍交通大数据集成问题。

4. 数据存储

数据存储是数据生命周期必备的环节，主要是指将数据以持久化的形式保存在存储介质上并使软件系统能够访问到的过程。在整个大数据生态圈中，数据存储活动可能会发生在多个环节，但是主要指数据仓库或大数据环境中的数据存储。数据一般以文件形式存储在操作系统中，可以纯粹通过操作系统、数据库、大数据平台数据库等方式实现对数据的存储、管理与应用访问。

3.5 节将重点讨论交通大数据环境中数据存储所涉及的相关技术及常见解决方案。

5. 数据维护

数据维护是数据生命周期的必备环节。在大数据环境中，数据维护同样是核心的大数据生命周期环节。此处的数据维护主要指数据批量与增量载入所带来的对大数据平台所有相关数据对象的计算或更新操作。当然，广义的数据维护工作还包括其他的一些数据管理工作，包括数据访问管理、性能优化、数据质量管理、数据备份和恢复等操作。有时，数据备份和恢复也可以看成是数据存储工作的一部分。

6. 数据应用

数据应用是建立数据环境的本源目的，是投入大量成本建立数据环境的最终体现。数据应用可以包括最终应用本身，如数据报表展示、数据发布、数据可视化、数据转发、数据回馈至生产环境、数据查询服务、数据驱动的自动决策等。数据应用也可以包括为最终数据应用所做的一些数据分析、汇总计算、数据挖掘、机器学习等基础工作。

3.6 节将介绍交通大数据环境中的一些典型应用系统模式。

7. 数据归档

数据归档是指将一些必要的数据进行整理，形成历史数据档案并转移到特定的存储环境的过程。归档以后的数据一般不再保留在大数据环境中，但是在需要使用的时候，还可以将归档的历史数据重新载入数据环境进行使用。显然，需要归档的数据一般是比较陈旧的、使用率不高的数据，但这些数据因法律、法规要求或未来潜在的使用需求而被归档迁移到其他存储环境中。

数据归档不同于数据维护中的数据备份，数据备份是应数据安全需求而采取的安全保障措施，是通过数据冗余措施来保障系统出现故障后，能利用备份数据实现完整或部分数据的恢复。被备份的数据一般是正在创建或使用中的数据。当然，若有必要，使用率不高的数据也可以进行备份。

8. 数据清除

数据清除是数据生命周期的终点。一般是指数据失去使用价值、保管价值或存储容量不足时，通过技术措施将数据从数据环境中彻底删除的过程。当然，在一些极端情况下，数据清除也可能是因为灾难性的安全事故而导致的被动清除。在实际应用场景中，数据清除的概念有时具有环境相对性。数据清除可以是从 OLTP 环境清除、从数据仓库或大数据环境中清除、从备份环境中清除、从归档数据环境中清除或从某级缓存中清除等。但是，一般情况下，从数据整个生命周期角度看，数据清除是指数据拥有者将数据彻底从所有可控制的环境中清除而不再保留的活动。

3.1.3 大数据平台与数据仓库

大数据平台与数据仓库是密切相关的概念。多数企业目前还是以数据仓库来描述其面向决策支持的数据环境，这样的数据环境可以包括规模巨大的大数据平台。但也有企业直接将其原来的数据仓库环境改称为大数据平台。本节简单介绍这两个概念，并尝试厘清这两者之间的关系。

1. 大数据平台

数据平台是指面向数据的集成的技术解决方案或环境。人们可以在数据平台上存储、管理与访问数据，可以在其上建立数据应用，服务于企业的业务目的。显然，一个数据平台必须具有硬件平台与软件平台。

硬件平台一般包括网络资源、计算资源、存储资源及数据可视化、数据备份、安全保护所需的硬件设备，主要由网络设备、存储和备份设备、各类服务器和展示设备组成。

软件平台则由保证平台实现正常运转所需的所有软件设施组成。数据平台的常见的软件体系应包括操作系统、数据采集模块、以数据库管理系统为代表的数据存储管理软件、Web 服务软件、元数据管理系统、应用层软件、其他各类中间件等。

大数据平台跟普通数据平台有一定的区别，在软硬件架构方面也有一些不同的特点。在硬件架构方面，大数据处理平台多数以廉价服务器为基础构建集群式计算平台。许多企业以云平台中的虚拟机为主构成大数据处理集群。在存储方面，大数据平台存储体系更加简单，多数采用廉价简易的直连存储（direct attached storage，DAS）架构，构建大规模、可扩展的分布式存储体系，解决了大规模数据集的廉价存储问题，实现了大数据存储技术的平民化。

在软件架构方面，大数据平台解决了数据集成、批量更新维护、增量更新维护和批量计算中的性能问题。首先，在数据集成环节，日益成熟的集群式并行消息缓冲队列服务机制解决了传统大规模数据的通道瓶颈问题，实现实时、近实时的大数据采集之后的高效集成处理。其次，在批量、增量数据更新维护方面，通过先进的并行计算、流式计算架构，解决了大规模数据快速载入平台与导出数据更新计算的问题。另外，针对大规模分布式数据集的并行计算问题，新型的总体计算任务到计算节点集的任务划分机制、代码迁移代替数据迁移的分布式并行计算机制、多计算节点间的结果汇集机制等的有效实现，使大规模数据的计算可扩展性问题得到了较好解决。最后，大数据软件架构中出现了一批高效易用的复杂并行任务调度管理系统，使得大数据处理中的复杂任务管理问题得以较好解决。

总之，云计算、虚拟化、并行计算、分布式存储、集群计算与调度管理技术等各种技术同步发展，使大规模数据处理技术得到诞生与发展，解决了传统数据仓库环境中的诸多软硬件技术瓶颈，给企业数据仓库的技术架构带来革命性的变更。

2. 数据仓库

数据仓库概念及实践的产生有其历史与现实背景。数据仓库之父 William H.Inmon 在其著作中对数据仓库有一个非常明晰的介绍。数据仓库概念产生之前的主要历史脉络如下。

① 20 世纪 70 年代存储技术的进步以及数据与程序的分离需求，催生了数据库管理系统。数据库管理系统的出现，使企业数据库慢慢成为企业同时支持业务运转与数据分析的唯一的数据源。

② 20 世纪 70 年代中期出现的具有较高性能的在线事务处理（OLTP）系统很好地支撑了大型企业的业务生产自动化。

③ 20 世纪 80 年代初 PC 和第 4 代编程语言的出现，使企业内终端用户的规模不断扩大和终端用户处理数据的能力不断提升。同时也促使企业内出现大批管理信息系统（MIS）。

④ 这些进展致使 OLTP 系统或管理信息系统的数据库需要同时服务于多重功能，单个数据库要服务于在线事务处理、统计分析等复合功能，如图 3－1 所示。

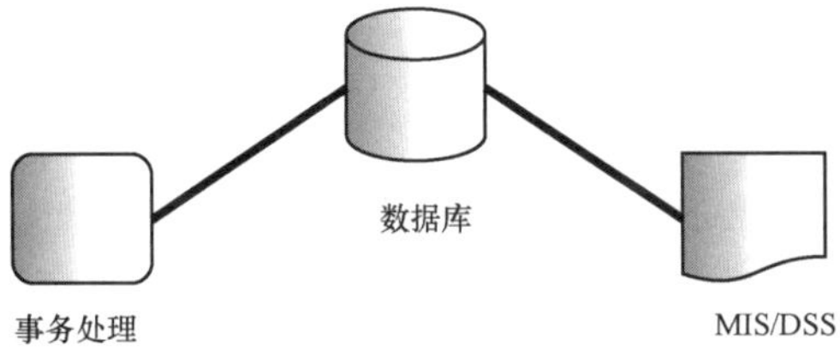

图 3－1　单个数据库服务于多重功能

⑤ 企业核心基础业务本身的特点要求支撑其运转的OLTP系统必须具有较高的性能，要求其数据库系统的负担不能过重。另外，MIS或DSS系统的数据访问模式与OLTP系统大不相同，经常需要访问和处理大量的数据。这种不定时发生的数据处理工作对数据库系统的资源占用可能会很大。两类应用共存于同一个数据环境带来了资源上的冲突，对基础业务带来很大的干扰。

⑥ 为解决这个问题，人们开始从数据库中抽取数据，建立独立的数据环境用于数据分析与管理。

⑦ 随着企业信息化的推进和基础业务系统的增加，数据抽取活动的大量增加。通过抽取数据建立独立数据平台的活动在许多企业中因缺少控制而呈现出无序化的特点。这种缺乏必要控制的信息系统的自然演化模式导致企业的信息系统架构越来越乱，最终形成类似蜘蛛网的企业信息系统架构。

⑧ 由于各种历史原因，在许多企业或组织中同样也存在大量数据孤岛或数据烟囱的现象，导致数据难以共享利用。

⑨ 这些问题导致企业各级决策层在尝试利用数据进行决策时，存在决策支持数据的可信度不高、跨专业的企业级视图建设成本过高、很难将数据转化为有用的信息等重要问题。

为了解决这些问题，Inmon提出数据仓库（data warehouse）的概念，并将数据仓库定义为一个面向主题（subject oriented）、集成（integrated）、相对稳定（non-volatile）和反映历史变化（time variant）的主要用于管理层决策支持的数据集合。从概念中可以看出，数据仓库被其定义为一个数据的集合。

这个定义中的主题是一个抽象的概念，可以看成是对企业或组织机构的数据进行分析应用的功能需求集合的抽象。为了得到数据仓库所需支撑的系列主题，需要持续收集组织机构的面向决策的数据利用需求，对这些需求按相关性进行归类，每个类别抽象当成一个主题，从而得到主题集合。每一个主题对应一个宏观的分析或决策领域。如客户分析主题中的需求可能包括分析客户的消费习惯、客户群构成、客户发展动向等，服务于与客户营销有关的系列决策业务等。面向客户分析主题则是指建设数据仓库时，需要面向客户分析主题组织所需要的各种数据，形成一个数据集合，成为数据仓库的一个主题数据集。

数据仓库概念中的面向主题对应于传统数据库系统设计方法中的面向业务应用方法。传统业务（操作型）数据库的数据组织一般采用面向事务处理的策略，设计数据模型时围绕每个相对独立的业务系统的业务功能需求进行设计。在多数情形下，企业中每个业务子系统的建设时间是各不相同的。在某个具体的时间点上，将各个业务子系统的数据模型进行拼接，可以形成整个企业阶段性的全局数据模型。而数据仓库中的每个主题所包含的数据则有可能来自多个业务子系统。为此，也需要对多个数据源的数据进行集成。

集成是数据仓库最重要的特征，是与面向主题的特性紧密相关的，是服务于面向主题这个特性的。通过集成才能得到更为全面的信息，有助于更好地支撑相应的决策或智能业务。数据仓库中的数据是对原有分散的业务数据在抽取、清理的基础上再经过系统加工、汇总和整理得到的。集成时应消除源数据之间的各种不一致性（见图3-2）。例如，消除属性的度量单位、关键字、编码规则、命名等不一致现象，以保证数据仓库内的信息是关于整个企业的一致的全局信息。

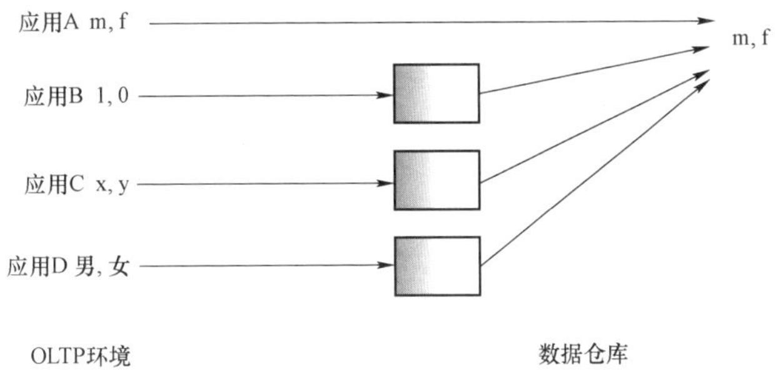

（a）消除编码的不一致问题

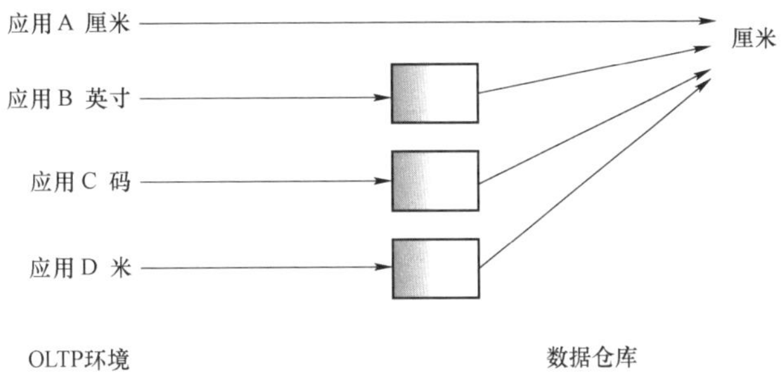

（b）消除度量单位的不一致问题

图 3－2　消除源数据之间的不一致问题

数据仓库的非易失性，即数据仓库不进行一般意义上的数据修改和删除操作，一般以大批量或小批量的方式载入数据仓库，构成相对稳定的历史数据集。这个特性反映了数据仓库的数据主要用于支持企业决策，所涉及的数据操作主要是查询操作；数据进入数据仓库后一般具有较长的保存期；几乎不会有针对历史事实数据的直接修改和删除操作，通过定期、不定期的新数据加载和导出数据更新活动来保证数据的新鲜程度。

数据仓库数据的时变特性，主要是指数据仓库中的数据具有时间属性，时间多数情形下是数据模型主键结构的一部分。由此，在数据仓库的数据集中，可以获取到数据模型中各种指标在过去有记录的历史过程中随时间变化的情况。然而，在基础业务系统中保存的数据多数不具有这个特性，基础业务系统中保存的数据一般都是最新的数据或称为当前值数据。而数据仓库中则会保存一段较长时间范围内的历史数据。另外，数据仓库中的数据与 OLTP 系统中的数据在时间跨度上存在很大差异。例如，OLTP 系统的数据的时间跨度一般为 60～90 天，而数据仓库中数据的时间跨度一般为 5～10 年。数据仓库中的数据通常包含历史信息，系统记录了企业从过去某一时间点（如开始应用数据仓库的时间点）到目前的各个阶段的信息。通过这些反映历史变化的信息，可以对企业的发展历程和未来趋势做出分析和预测。图 3－3 给出了两个时变数据的例子：图 3－3（a）中的两条曲线反映了在某个时间段上整个市场对进出北京的运输产品的查询量变化情况，图 3－3（b）反映了互联网上的某个查询渠道在一天内的各个时间段对某个运输产品的查询量变化情况。

从 20 世纪末至今，数据仓库的建设方法论在产业界、政府与行业管理部门得到广泛实践。数据仓库架构及实现途径在现实中有不同的实践方法。图 3－4 是某公司白皮书给出的一个企业数据仓库解决方案架构。这个架构是 20 世纪末到 21 世纪初传统数据仓库的经典架构。在这样的一个经典架构中，企业的数据层次总体上分成两大层，即基础业务系统层和数据仓库层。在数据仓库层，数据又分成核心数据仓库层、数据集市层和个体数据层。在许多实践中，在核心数据仓库层之前还有一个操作型数据存储（operational date store，ODS）层。

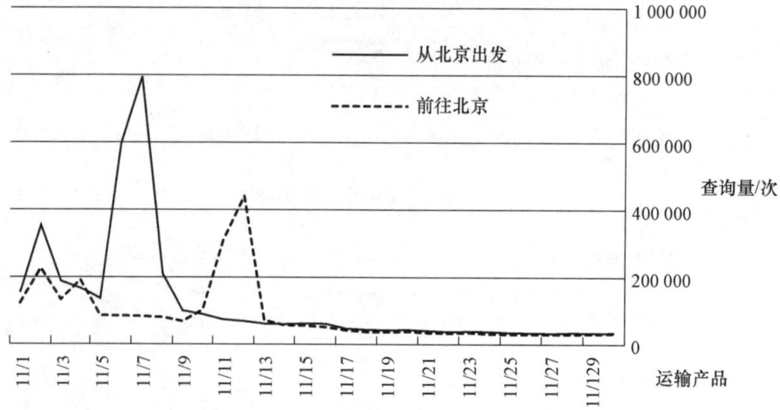

(a) 时变指标示例——对不同交通产品的查询量

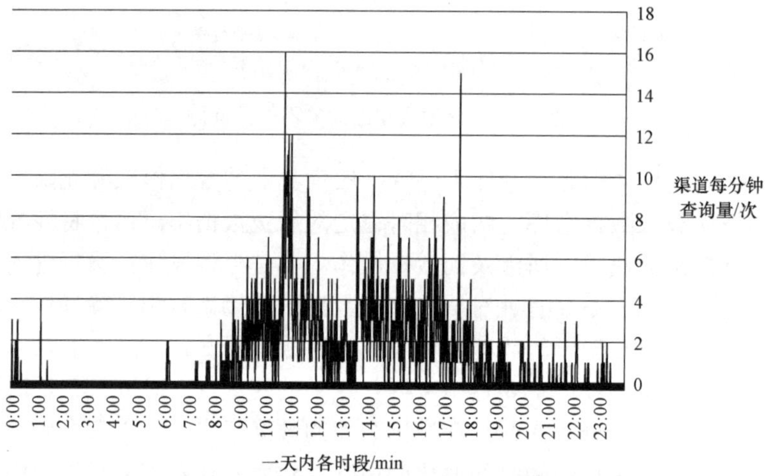

(b) 时变指标示例——来自某一渠道针对某运输产品的查询量

图 3-3　两个时变数据示例

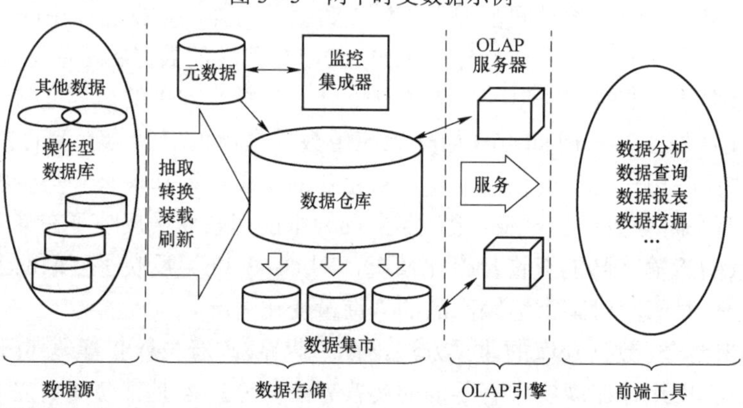

图 3-4　传统数据仓库的经典架构示例

在这个架构中，采集得到的数据经过数据集成环节进入数据仓库。在数据仓库之上，面向不同部门或分析领域的需要，可以构建数据集市，用户通过工具访问数据集市或核心层的数据得到的结果数据临时存储或持久化在用户层形成个体数据层。需要注意的是，这样的架构有两个明显的特点或缺点：一方面，这个架构的数据流一般是单向的，即数据从数据源向数据仓库流动，并不存在反向的数据流；另一方面，数据仓库的用户主要是企业的内部人员，企业的外部人员、客户并不是数据仓库的支持对象。

随着技术的进步与实践的演进，各个企业的数据仓库架构在不断变化，实践中出现越来越多的闭环式数据流。通过闭环式数据流体系的建设，数据仓库也间接服务于企业外部人员。可以说，直到如今，Inmon 所给出的数据仓库概念的核心部分，即数据仓库的 4 个特征依旧具有重要的意义。但其最初概念中的数据仓库的建设定位已经有了很大的扩展，不再仅仅局限于管理层决策。

就如在第 1 章所述，现代决策支持实践已经越来越多地往下沉和往外走，往下沉是指数据仓库更多面向企业或组织机构的中下层，往外走意指企业特别是互联网企业的数据仓库更多面向最终客户，特别是为普通老百姓的决策提供支持服务。

图 3－5 给出了当代常见的带反馈的企业信息系统架构，在这个架构中，数据仓库环境不仅从 OLTP 环境中获取数据，并向外部系统或用户提供数据，同时也向 OLTP 环境反馈数据，服务于 OLTP 系统中实时执行的业务的优化。例如，为 OLTP 系统中的用户推荐算法，以更新用户或产品特征信息等。

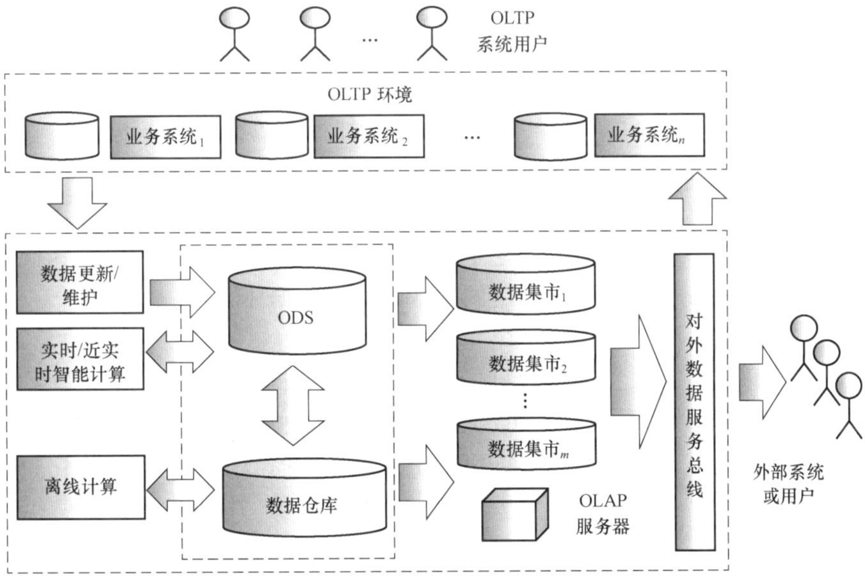

图 3－5　常见的带反馈的企业信息系统架构

3. 数据仓库与大数据的关系

在数据利用和商务智能业界，有一个有趣的现象，自从大数据这个概念变得火热以来，许多以前从事数据仓库和决策支持系统建设的人都改称自己是做大数据的，似乎不再喜欢提自己是商务智能领域或数据仓库领域的从业人员了。即使没有发生任何本质上的变化，企业原有的数据仓库平台也纷纷改称大数据平台。业界这种跟风心态是非常可以理解的，但是，有科学头脑的读者应该学会辨析商业口号与本质内涵之间的区别。

商业口号虽然在一定程度上能够反映系统的理想和诉求，但经常会有夸大的成分，而数据利用平台的本质内涵则更加需要受到人们的重视。有许多人认为大数据出现以后，数据仓库就过时了。其实这两者之间并不是矛盾的。需要注意的是，数据仓库是指用于决策支持的数据集合，数据仓库的核心理念在于数据要以面向主题、集成的方式组织，数据进入平台以后较为稳定，一般不做修改式更新，内容会随时间不断增加，使得数据利用效率更高，信息加工成本更低，数据一致性和可信度更高。而大数据具有的特点是大数据集会不断快速增长，数据量巨大，而且能被现代的大数据计算技术有效处理。但是，其最终目的还是服务于各个业务场景下的人或智能体的决策支持。

因此，更合理的说法应该是：大数据可以是企业数据仓库中规模巨大的一类服务于决策支持的新型数据集合。在这几年最流行的基于 Hadoop 的大数据处理技术出现之前，并不是说就没有其他处理大规模数据集的技术，更不是说所有企业的数据仓库中都不存在大规模的数据集。只不过是这些年随着技术的进步，使得处理大规模数据集的成本变得更低和更加容易而已。

可以说，新的真正的大数据场景中的大规模数据集丰富了企业数据仓库的内容，而技术变更提升了数据仓库的处理能力。大规模数据处理能力的快速提升更有利于实现数据仓库的价值，使以往数据体系建设成本很难得到回报的现状得以改善。同时，新技术的出现，使得传统以关系型数据库为主的数据仓库底层技术架构逐渐发生变革，技术架构越来越廉价，系统构建速度也越来越快，采用混合数据存储与处理技术的企业数据仓库也越来越多。人们探索出来的因不同的处理需求而采用的多种技术架构之间的协同工作机制也越来越趋向协调、稳定与成熟。

同时，在构建具体的大数据平台的工程中，尽可能遵循数据仓库建设中的一些有益原则，包括数据模型标准化、数据的集成性要求、面向主题的数据组织原则、有效的元数据管理等。

鉴于企业大数据平台在我国已经渐渐成为数据仓库平台的代名词，且我国交通行业许多企事业单位也在原有数据仓库建设基础之上，大力开展了大数据平台建设。为此，本章以数据仓库或大数据平台来指称面向数据利用的行业大规模数据环境。

4. 数据湖

近年来，随着以 Hadoop 生态为基础的大数据生态的日益成熟与稳定，喜欢创造新概念的 IT 行业人员又提出了数据湖（data lake）和数据中台等概念。数据湖总体上可以看成是一个企业原始数据的集合。其中存储的数据可以是任意格式的数据，包括结构化数据、半结构化数据和无结构数据。数据湖一般基于大数据平台技术环境，将企业的原始数据载入大数据平台中。同时，对进入平台的原始数据建立相应的元数据，服务于数据湖中数据的检索与管理。数据湖中的数据可以暂时没有用户，为未来的研究与应用奠定数据基础。因为其中保存的数据为原始数据，因此，数据集成的过程中一般只先做抽取与载入工作，明确使用目的和场景以后再做转换操作。

在数据湖之上，通过提取其中的某些数据进行研究和设计，成果具有应用价值时，可以再建立相应的数据产品线和例行化应用，并入企业级数据仓库应用体系之中。

从数据湖的定义可以看出，数据湖基本上就是一种用于保存企业中各种原始数据的大数据平台。在 IT 界创造这个名词之前，这样的平台在许多企业中本来就是存在的，只不过这类平台所采用的技术环境不一定是基于 Hadoop 生态。这些年来，随着大数据平台成本的降低，许多企业将原始数据存储平台切换成廉价大容量的大数据平台。

在本书后续章节中不再明确强调数据湖的概念。

3.2　交通大数据系统常见架构

构建领域数据仓库或大数据平台，首先需要考虑系统的架构选择问题。本节将针对大数据平台架构组成、设计因素做一些介绍。然后介绍交通客货运营支撑大数据平台、互联网+交通企业大数据平台、交通指挥控制大数据平台等常见交通大数据平台的架构。为了方便介绍，后续内容中用企业一词代表各类组织机构或企业。

3.2.1　企业大数据平台系统架构设计因素

多数企业的数据仓库或大数据平台都是在迭代演变中逐步定型的，企业迭代演变过程中一般伴随着企业组织架构的演变、应用定位变化和技术环境变迁，特定架构的定型受到时空环境中的诸多因素影响。

1. 企业架构因素

企业架构是影响大数据平台架构的重要因素。企业的规模、治理结构、业务结构和现有信息系统架构是影响企业大数据平台架构选择的重要因素。在企业发展演化过程中，经常会根据职能、地区、产品、过程和客户等因素将企业整体部门化，形成企业层次结构，不同层级的部门承担不同的管理或业务职责。

企业规模是影响企业大数据平台架构的重要因素，企业规模与行业性质、业务规模、人员规模和营业收入等因素有关。我国一般将不同类别的企业划分为特大型、大型、中型、小型和微型 5 种类型。显然，企业规模越大，越有可能建立大数据平台，大数据平台的规模与架构本身也可能会越复杂。现代规模巨大的互联网企业甚至需要在全球范围内建立分布式大数据平台。在交通运输业中，我国的特大型交通运输企业国铁集团建成了两级大数据平台架构，我国多数大型航空公司建立了单级大数据平台，而部分小型廉价航空公司出于成本与技术能力考虑，信息系统非常简单，有些也不考虑建立大数据平台。

企业实际治理结构在很大程度上会影响大数据平台的总体结构。例如，我国几大通信企业的总体组织机构设置策略总体上看似采用相似的总公司与省级子公司两级架构。但是，各个公司在实际管理中管理模式各不相同。有些以省公司为管理与业务主体，每个省公司的产品有一定的区分度，总公司履行高层管理职责。为此，采用这种企业治理架构的中国移动的数据仓库与大数据平台架构总体上与公司的基础业务系统的总体架构类似，总体上分成总公司与省公司，采取两级分别建设的模式。而且，出于省内业务支撑的需要，省公司级数据仓库与大数据平台具有重要地位，各省的数据仓库与大数据平台在历史上也是根据子公司自身情况相对独立地开展建设。然而，中国联通的治理架构则与中国移动有较大的不同，其管理职责相对集中于总公司层面，产品和用户实施集中管理。为此，中国联通的数据仓库与大数据平台在架构上与其业务支撑系统类似，也只设在总公司层面，在总公司层面以相对扁平的架构提供对内对外服务。

企业的业务结构及相应信息系统架构同样会影响企业大数据平台架构。例如，有些大型企业会同时开展相关性不强的不同业务，形成不同的业务线。有些业务线甚至以分/子公司模式运行，并由相对独立的信息系统支撑其业务运行。在这种情形中，某些子业务线（或分/子公司）有可能会建立相对独立的数据仓库或大数据平台，有些子业务线（或分/子公司）甚至会先于企业总部建立数据仓库或大数据平台。

另外，不同子业务线（或分/子公司）信息化发展程度的不同可能会在企业内形成高低程度不同的信息烟囱。如何在这些信息系统烟囱或信息系统孤岛的基础上开展企业级的数据仓库或大数据平台的建设是许多企业会面临的难题。特别是在分层架构选择方面，会面临现有子生产线的现有平台建设成果的去留问题，以及上下层架构之间的关系界定及业务职责划分等问题。然而，有些企业特别是新创互联网企业则一般从头开始就会以先进的理念建设集成性较好的企业信息系统，信息孤岛相对较少，其数据仓库或大数据平台系统的总体架构层级相对较少，但是，系统迭代演化一般相对较快。

2. 功能需求定位因素

企业数据仓库或大数据平台的应用支撑体系及发展蓝图规划是平台规划及运营中需要解决的核心问题。数据仓库或大数据平台的功能需求定位会对系统架构有决定性的影响，是架构设计与调整中需要重点关注的因素。一般数据仓库或大数据平台支撑的需求类别包括以下8类：

① 常规固定统计报表；

② 即时性数据查询；

③ 自定义统计报表；

④ 全局数据维护与同步；

⑤ 请求响应式数据服务；

⑥ 实时、近实时数据转发服务；

⑦ 在线多维多层次数据查询与分析；

⑧ 数据分析挖掘。

不同类别的需求对系统总体层次结构与内部结构有一定的影响，为了支撑这些不同类别的需求，数据仓库或大数据平台的子架构类型一般可以分成以下5类：

① 对外数据服务类架构；

② 全局型事务处理应用架构；

③ 传统的面向企业内部决策支持服务类系统架构；

④ 数据挖掘类应用实现架构；

⑤ 实时自动决策服务应用架构。

这些子架构有些可以独立存在，有些可以集成在同一个大架构中。本节将结合交通场景分别描述一些实际的架构案例。

3. 技术环境因素

数据仓库或大数据平台架构与技术环境相关性很大。一方面，全社会IT技术的进步促进企业技术环境的进步，从而促进企业现有数据仓库或大数据平台架构的演化；另一方面，不同企业的技术环境条件影响了企业可以采用的系统架构。

以虚拟化、云计算、并行计算、分布式处理、分布式存储、流式计算、分布式消息订阅与并行处理等技术为代表的大数据处理技术的迅速发展与日益成熟，给数据仓库或大数据平台架构带来了实质性影响，使多数企业的原有数据仓库系统架构迅速演化，多数从集中式数据仓库架构演变成集群服务式架构，或是集中与集群混合式架构，对原有数据仓库的数据集成架构、大规模数据处理架构、对外服务架构、应用支撑架构等带来或多或少的影响，其中，影响最大的子架构当属数据集成架构与大规模数据处理架构。

企业网络技术环境是影响企业大数据平台架构的重要因素。一方面，骨干网传输能力与无线通信技术的不断进步，使企业快速获得业务现场数据并将其传送到各级大数据平台的能力越来越强，从而促进企业信息系统架构演化，同样也推进企业大数据平台的架构的演化。另一方面，具体企业的内外部网络环境条件决定了企业的数据采集、传输与服务交付能力，决定了企业能否采用扁平式架构或多层分级架构。内外部网络基础设施条件好、通信能力强的企业，更容易建立起面向全球或全国服务的扁平服务式的大数据平台架构。

在存储体系与技术方面，在大数据处理技术出现之前，不少企业投入建设了以 SAN（storage area network，存储区域网络）或 NAS（network attached storage，网络附属存储）架构为主、DAS（direct-attached storage，直连存储）架构为辅的企业数据存储体系。新型大数据计算架构则多数以廉价的 DAS 存储体系为主、SAN 或 NAS 架构为辅，从而使存储体系建设成本大幅降低。从此方面来看，大数据技术给存储行业和服务器产业带来了深刻的影响；另一方面，企业存储环境条件对企业大数据平台架构也有一定的影响。企业架构中不同层级系统的数据规模及相应的存储能力条件，会影响大数据平台的总体架构设计，以满足因为数据存储与相应的处理功能在不同场地的分布规划所带来的架构设计要求。

4. 其他非功能性因素

技术环境因素属于影响数据仓库或大数据平台架构的非功能性因素，除了技术环境因素之外，还存在许多的非功能性因素，包括性能需求、数据内容需求、成本因素、安全性需求等。

性能要求因素是影响大数据平台架构的重要因素，常见性能因素主要包括以下 5 类：

① 各类业务环节处理时效需求；

② 业务吞吐量需求；

③ 批量计算能力需求；

④ 服务可靠性、稳定性需求；

⑤ 系统存储与计算能力的可扩展性需求。

企业对数据内容的需求也是影响大数据平台架构的因素，这些因素一般包括：

① 数据时间跨度需求；

② 数据集成性需求；

③ 数据全局一致性需求；

④ 数据动态性需求；

⑤ 数据质量，包括原始数据、导出数据、分析挖掘结构等类型数据的质量需求。

企业数据仓库或大数据平台的建设涉及大量成本投入，成本也是制约与影响企业大数据平台构架的重要因素，企业也需要在成本约束条件下做好架构选择。主要成本构成因素包括：

① 硬件系统成本，主要包括服务器、存储、网络、终端等成本；

② 软件系统成本；

③ 基础设施成本，主要包括机房、供电、制冷、消防、监控等成本；

④ 管理运维成本，包括管理、通信、电力、维护、人力资源等成本。

企业数据仓库或大数据平台的安全性需求也是影响平台架构的重要因素，一般安全性需求包括防泄密、防丢失、防黑客、防爬虫等。这些安全性需求会影响平台的信息安全架构设计，包括系统安全、网络安全、应用安全和数据安全有关的系统层级架构设计、网络物理设施架构和计算存储软硬件架构设计。

3.2.2 交通客货运营支撑大数据平台典型架构

许多传统交通运输企业和交通运输行业信息系统运营支撑单位通过持续投入建设，已经建成并运营了许多数据仓库或大数据平台。本节将针对交通运输企业和交通运输行业运营支撑信息系统企业，介绍这些企业建设的各种数据仓库或大数据平台架构。

1. 大型运输企业大数据平台架构

随着交通运输企业数据存储与利用意识的不断提高，以及大数据战略的持续推进，一些大型的铁路、航空、远洋等运输企业分别建成了不同规模的数据仓库或大数据平台。受前述多种因素的影响，不同运输企业所建立的大数据平台架构各有不同。多数企业采用单级架构，有些规模大的企业会采用两级架构，有些甚至会采用 3 级或 4 级架构。

图 3－6 是一个多级交通大数据平台通用架构示例，其架构包含三大类组成部分，分别是数据源、业务应用及大数据平台。在每一级的大数据平台内部，一般包含数据集成单元、数据存储单元、数据计算单元及数据服务 API（application programming interface，应用程序接口）。

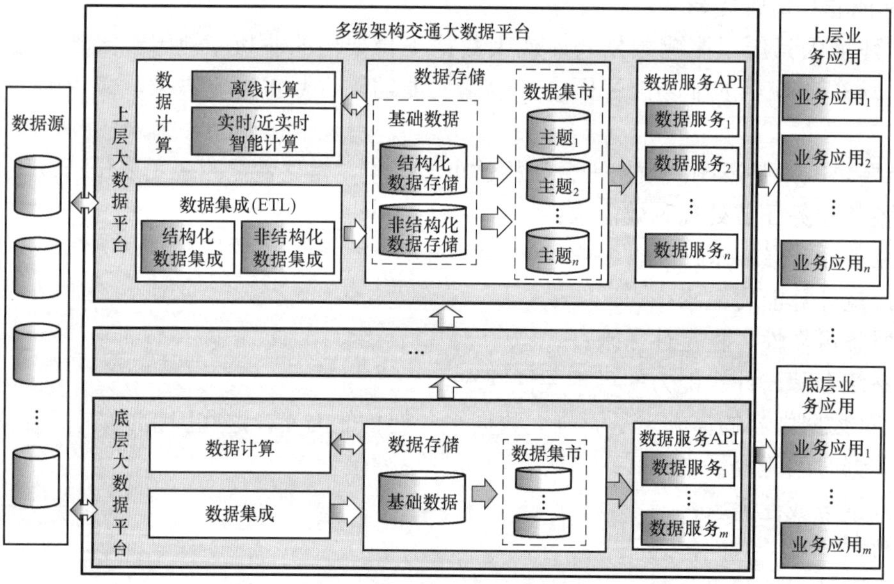

图 3－6 多级交通大数据平台通用架构示例

数据集成单元的作用是从数据源采集结构化和非结构化的数据，进行数据集成与清洗，将数据存储到数据存储单元中。数据存储单元的作用是实现数据持久化，目的在于长期、安全、可靠地保存数据。数据计算单元的作用是对存储的数据进行再加工，得到导出数据后再存储到数据存储单元中。最后是数据服务单元，直接面向外部应用，提供数据服务。

1）铁路公司大数据平台架构

根据铁路公司规模与企业架构的不同，铁路公司大数据平台可能会采用不同的架构。中小型铁路公司一般会采用单级架构。大型、超大型铁路公司则可能会采用两级或两级以上的架构。以国铁集团为例，整个公司的大数据平台总体上采用两级架构。国铁集团公布的大数据平台的架构如图 3－7 所示。

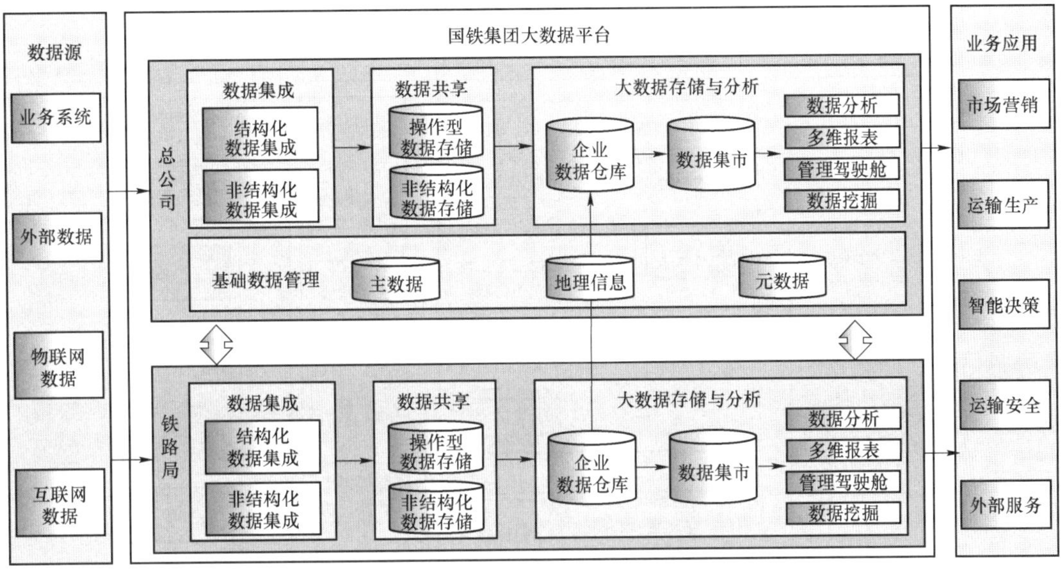

图 3－7　国铁集团大数据平台架构

该大数据平台采用两级架构，分别是“总公司级”和“铁路局公司级”。总公司级和铁路局公司级的大数据平台具有相似的结构，彼此提供数据支撑。总公司级大数据平台会对铁路局公司级大数据平台的数据进行汇总处理，并为铁路局公司级的大数据平台提供一定的数据服务。每一级大数据平台的数据源包括铁路相关运营业务系统、外部数据、物联网数据、互联网数据及其他层级的大数据平台。大数据平台支撑的应用包括市场营销、运输生产、智能决策、运输安全、外部服务等。

国铁集团规划实施中大数据平台的两个层级具有相似的结构，其面向的用户也大致相同。平台的用户包括公司的管理人员、营销人员、列车调度指挥人员等，以及基于大数据平台的各类系统。每一级的大数据平台包含如下内容：数据集成单元、数据共享单元及大数据存储与分析单元。除此之外，在总公司级的大数据平台中还有基础数据管理单元。需要说明的是，因国铁集团这样的企业本身规模过于巨大，部分规模比较大的下级部门也可能建设相应专业领域的中小型大数据平台。

2）航空公司大数据平台架构

航空公司大数据平台总体上采用单级架构，其组织架构相比多级的结构要简单一些。一般来说，一个航空公司的业务范围不像中国国内铁路系统那样复杂庞大，因此单级的架构足以支撑其需求。航空公司大数据平台的典型架构如图 3－8 所示。

从图 3－8 中可以看出，其数据源系统包括航空公司的 OLTP 系统、提供舱位控制服务的 ICS 系统，以及其他外部数据。值得注意的是，航空公司的 OLTP 系统会和 ICS 系统进行交互，OLTP 系统中的很多业务包括机票销售、舱位控制等，都需要 ICS 系统的支撑。需要指出的是，各航空公司的舱位控制、票务、离港等核心基础业务支撑一般由民航 GDS 来提供服务。

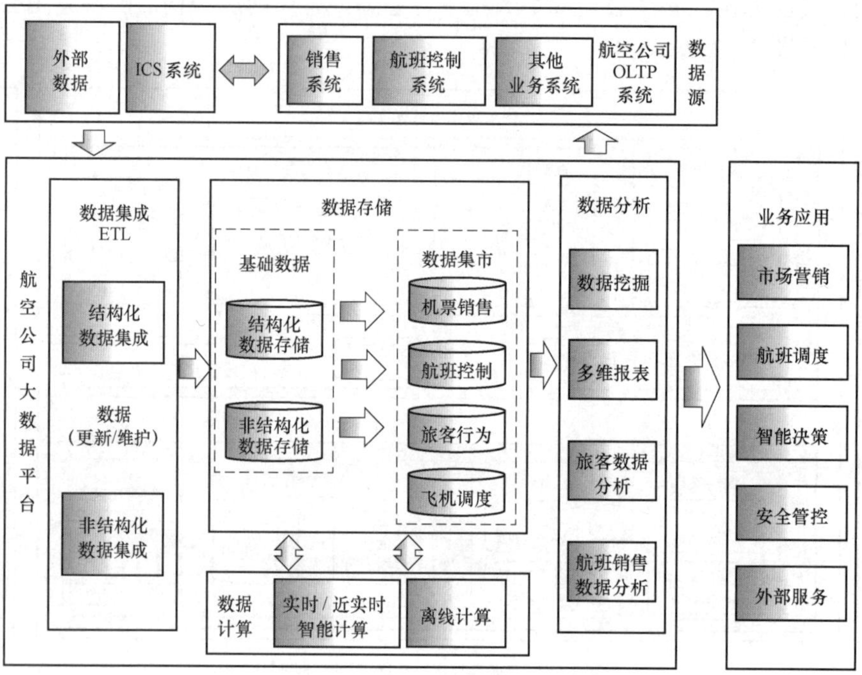

图 3－8　航空公司大数据平台典型架构

航空公司大数据平台的用户一般是航空公司中从事相关业务的员工及相关系统，如部门管理者、航线管理员、在线销售系统等，其所支撑的应用包括市场营销、航班调度、智能决策、安全管控、外部服务等。

航空公司大数据平台内部大体上由 4 部分组成：数据集成单元、数据存储单元、数据计算单元及数据分析单元。数据集成单元的作用是从数据源采集数据，实现结构化和非结构化的数据集成，对大数据平台进行数据的更新和维护。数据存储单元的作用是持久化存储数据，按照不同的主题建立数据集市，数据集市包括机票销售、航班控制、旅客行为、飞机调度等内容。数据计算单元的作用是对数据进行加工处理，并将导出数据存储到数据存储单元中。数据分析单元主要完成数据挖掘、多维报表、旅客数据分析、航班销售数据分析等工作，并为外部应用提供数据支撑。

3）远洋运输企业大数据平台架构

与航空公司的大数据平台类似，远洋运输公司大数据平台一般也采用单级架构。图 3－9 是某远洋运输公司公布的大数据平台架构。该架构图对数据采集与消息队列缓存层做了更为详细的描述。从该架构图中可以看出，该公司大数据平台的数据源的类型多样，包括 Office 文档、视频流数据、船载 AIS 设备数据、互联网数据、物联网数据等。该大数据平台的用户包括公司管理人员、一线业务人员、船舶调库控制系统等，所支撑的应用主要包括船舶废气排放实时计算、海洋气象监测、海上交通流量分析、船舶安全监测、船舶运力调度等。

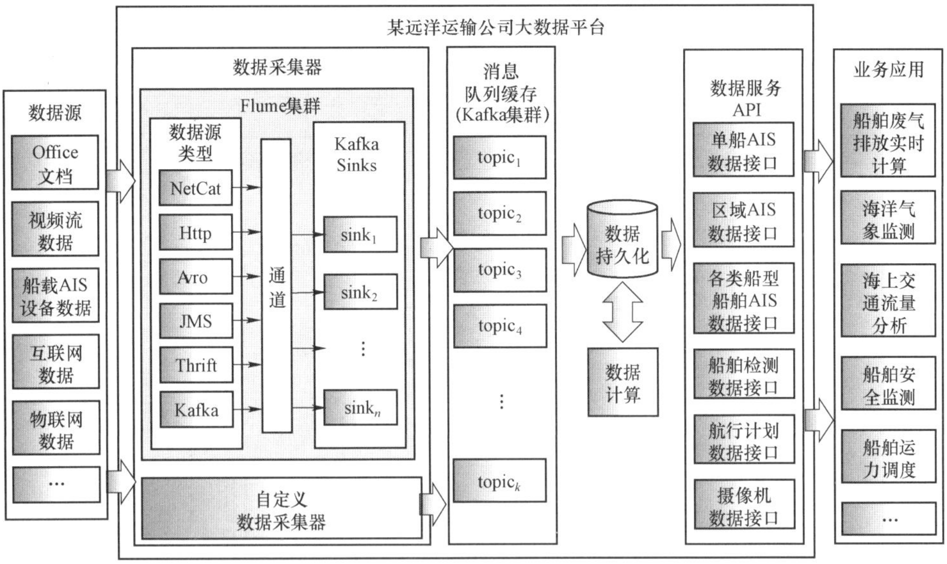

图 3－9　某远洋运输公司大数据平台架构

与其他大数据平台的内部结构类似，该远洋运输大数据平台的内部组成大体上也是由以下几部分组成：数据采集器、消息队列缓存、数据持久化单元、数据计算单元、数据服务 API。数据采集器包含 Flume 集群和自定义数据采集器两部分。Flume 集群负责处理大多数常见的数据输入，对于 Flume 无法处理的某些特殊类型数据由自定义数据采集器负责处理。该架构利用 Kafka 作为消息队列缓存，保证系统内数据流的通畅。然后将数据存储到数据持久化单元即数据存储模块中。该平台通过数据服务 API 对外提供数据服务。数据服务 API 包括单船 AIS 数据接口、区域 AIS 数据接口、各类船型船舶 AIS 数据接口、船舶监测数据接口、航行计划数据接口和摄像机数据接口等。

2. 运输营销与服务信息系统支撑企业大数据平台架构

在交通运输市场上，运输营销与服务信息系统支撑企业是一类面向航空公司或铁路公司提供信息系统支撑服务的企业。以中国民航信息网络股份有限公司（以下简称“中国航信”）与中国铁道科学研究院集团有限公司电子计算技术研究所（以下简称“铁科院电子所”）为例，这两个企业分别针对我国的民航与铁路提供营销与服务支撑信息系统。多年来，这类企业也在建立大数据平台，从而为不同的业务提供服务。

1）中国航信大数据平台架构

中国航信的大数据平台架构如图 3－10 所示，该平台采用单级架构，其数据源主要是为航空公司、机场和渠道等提供服务的各个 OLTP 系统，包括开放系统、ICS、CRS 和 DCS 等。ICS 主要面向航空公司提供库存控制服务，CRS 主要面向代理分销提供订票服务，DCS 主要是面向机场提供旅客离港服务。同时，该平台还引入部分物联网数据、互联网数据和外部数据。

中国航信大数据平台的核心功能定位是面向航空公司和机场提供数据服务，保证航空营销与服务业务系统稳定运行。该大数据平台的直接或间接用户群体主要包括科研开发人员、航空公司、代理分销商、机场等人员与机构，支撑的应用包括面向航空公司的智能决策、市场营销、运力调度，面向机场的安全管控、运输生产，以及面向 OTA 的市场营销、智能决策等。

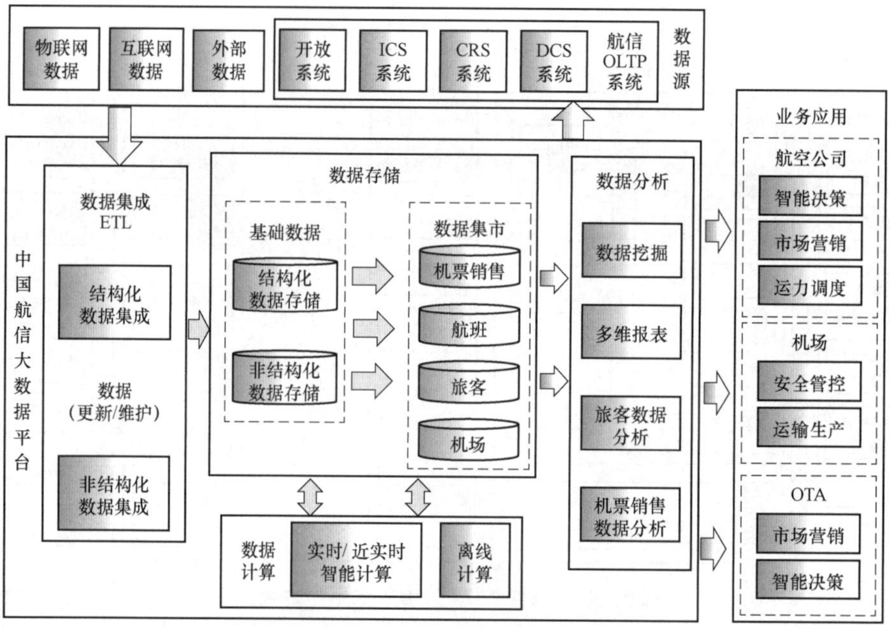

图 3-10　中国航信大数据平台架构

中国航信大数据平台整体上由数据集成单元、数据存储单元、数据计算单元、数据分析单元组成，总体架构和其他大数据平台大体相同。其中，数据存储单元中的数据集市主要包含机票销售、航班、旅客、机场等主题。数据分析单元的分析内容包括数据挖掘、多维报表、旅客数据分析、机票销售数据分析等。

2）铁路营销与服务系统大数据平台架构

在我国，铁路公司运输产品销售及服务支撑信息系统由铁科院电子所承建运营，该平台的目的在于更好地为全国各铁路局公司的客货营销与运输提供服务。图 3-11 是铁路客运营销大数据平台架构。其数据源主要来自 12306 门户网站、手机 App 及底层客票业务系统，数据流以实时方式进入大数据平台，经数据集成环节后进入系统的实时或近实时加工处理过程，之后存储在系统中，最终通过数据分析挖掘，服务于各种业务场景。

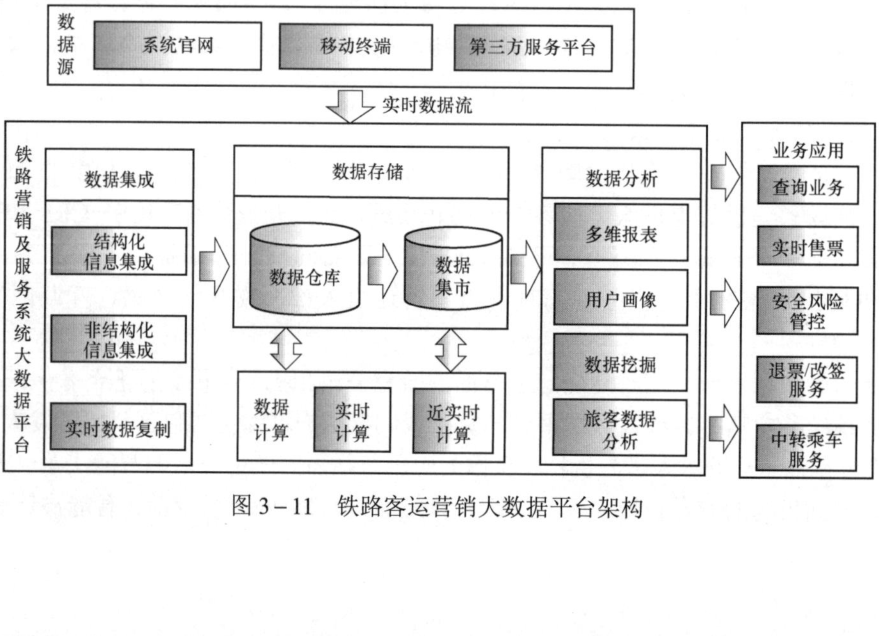

图 3-11　铁路客运营销大数据平台架构

3.2.3　互联网+交通企业典型大数据平台架构

1. 互联网导航服务企业大数据平台架构

如第 2 章所述，当今以谷歌地图、苹果地图、高德地图、百度地图、腾讯地图等为代表的互联网导航服务企业拥有大量的交通导航与移动终端数据。这些企业一般都构建了企业内部的交通大数据平台。如图 3－12 所示。

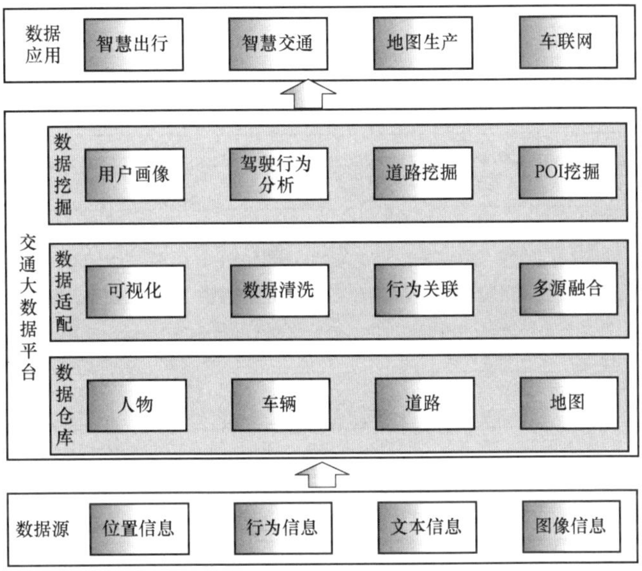

图 3－12　互联网导航服务企业大数据平台架构示例

以高德公布的交通大数据平台大致结构为例，该企业的大数据平台架构为单级架构，主要用户群体是企业内部用户和企业外的社会大众。该平台将数据源抽象为位置、行为、文本和图像 4 类信息，按人物、车辆、道路和地图 4 个主题组织数据，通过数据适配层服务于用户画像、驾驶行为分析、道路挖掘、POI（point of interest，兴趣点）挖掘等，而后应用于智慧出行、智慧交通、地图生产及车联网等诸多业务中。

2. 共享出行企业大数据平台架构

以中国滴滴出行和美国 Uber 等为代表的互联网共享出行企业也非常重视交通大数据平台的建设。这些企业一般都投入了大量的人力、物力建立规模巨大的交通大数据平台，服务于交通中介业务的智慧化运营目标。以滴滴出行科技有限公司为例，该企业属于运输中介服务企业，其业务涵盖出租车、专车、滴滴快车、顺风车、代驾、大巴、货运等多项业务，建设了一站式出行平台。该企业大数据平台架构也为单级架构，主要服务于内部用户和系统。

图 3－13 是共享出行企业大数据平台架构示例。从该架构图中可以看出，其大数据平台的数据主要来自业务数据库、日志埋点、手机 App 等。这些数据以日志数据流的方式进入数据采集层，数据采集层的数据以实时或批量方式进入大数据平台，其大数据平台

采用流行的大数据技术架构，实现实时、近实时和离线数据计算与存储。数据应用层主要面向不同的应用主题，建设主题数据集及应用。从应用方向看，与多数大型互联网企业一样，其大数据平台架构具有闭环特点，直接或间接支撑了许多现场应用的智能化与智慧化。

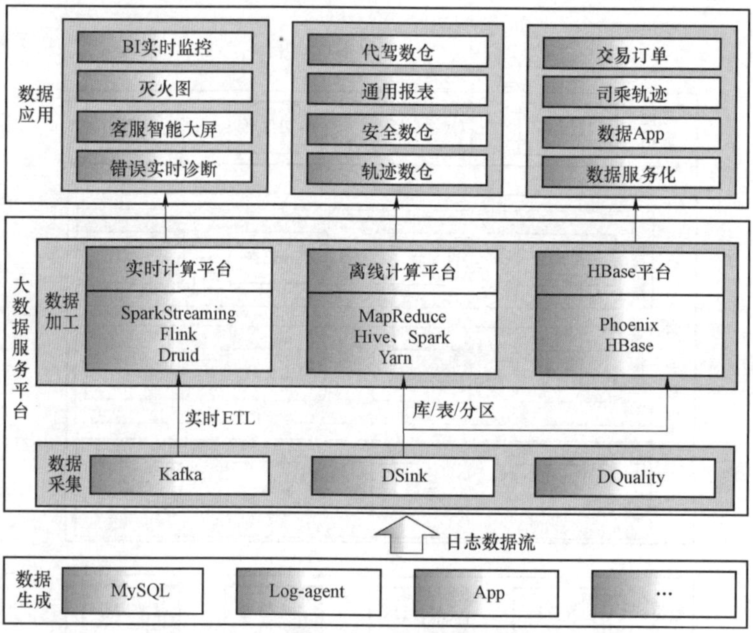

图 3-13　共享出行企业大数据平台架构示例

3. 在线旅行代理大数据平台架构

在当今时代，在线旅行代理（OTA）在旅行市场具有重要的地位。全世界著名的 OTA 企业包括 Priceline、Tripadvisor、Expedia、携程旅行网、去哪儿网、途牛网等。在我国，携程旅行网是目前规模最大的 OTA 企业。从交通运输业角度来看，OTA 是运输企业的中介服务机构或销售渠道之一。对运输企业来说，其客运主产品是座位。然而，对 OTA 来说，运输企业的产品不一定是 OTA 的主要代理产品，OTA 将旅客旅行过程涉及的各个场景的产品串连起来，致力于提供全链条的旅行产品代理服务。因此，OTA 的主要代理产品包括住宿、多式交通产品、各类旅游产品等。这样，OTA 的大数据平台与其他交通大数据平台从内容构成上有所不同，交通大数据是其数据的主要构成成分之一，但不是其全部数据。

以携程公司公布的大数据平台架构为例，图 3-14 给出了一个在线旅行代理大数据平台架构示例。图 3-14 中的大数据平台架构采用单级架构，其组成与其他互联网公司的大数据平台类似。数据采集层从各种数据源采集日志数据，通过 Kafka 接入到大数据平台，大数据平台实现大数据存储、实时计算和离线计算。该架构还明确地标出分布式协调服务和监控系统，并标识出了一般的大数据平台都会有的数据服务层。通过数据服务层，大数据平台向上层各种应用提供服务。

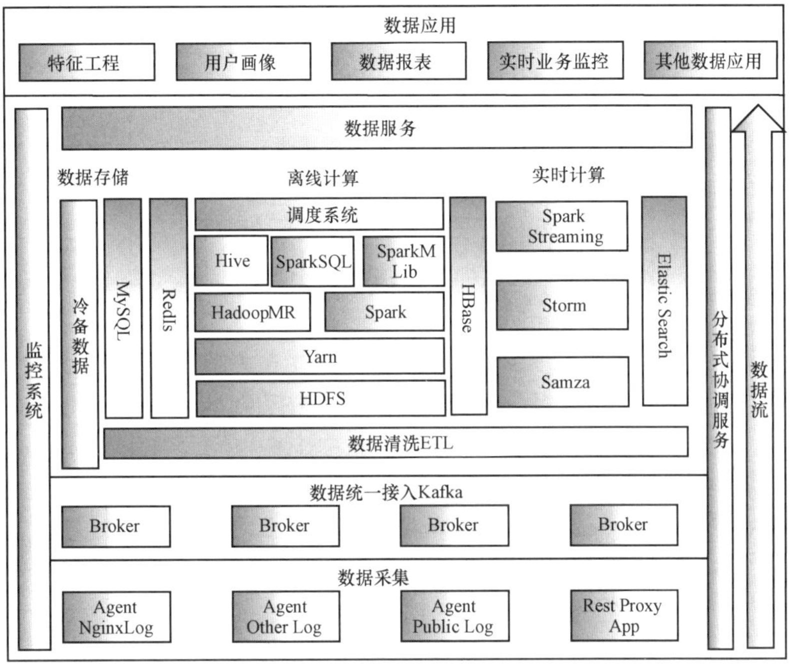

图 3－14　在线旅行代理大数据平台架构示例

3.2.4　交通指挥控制大数据平台架构

1. 公安交通管理大数据平台架构

通过我国公安交通管理部门的多年努力，公安交通集成指挥平台在架构与技术等多方面逐渐实现标准化。在架构中，公安交通管理大数据平台成为公安交通管理集成指挥平台的核心部分。公安交通管理集成指挥平台架构总体分为 3 级，分别为国家级、省级和地市级。部分业务量较小的省份在省以下只设立省级平台，其架构如图 3－15 所示。综合考虑业务需求、网络架构等多方面因素，省、地市级采用双网双平台设计。

该平台的数据源来自道路监控设备、车辆运营定位、互联网数据、民警警务通等。数据一般先进入最低层业务平台，在 3 级架构中先进入地市级，并根据业务规则与业务需要上传到上级架构。

该平台在每一级系统中都有数据集成、数据共享与大数据存储分析层。在国家和省两级设置了基础数据管理模块。国家级基础数据管理需要承担全国交通信息、跨省业务信息和部门交换共享数据管理。省级基础数据管理需要承担本省各地交通信息、跨地业务信息和部门交换共享数据管理。

在应用支撑方面，该平台主要服务于道路交通信息管理、缉查布控、违法管理、应急指挥调度、勤务管理、视频监控巡逻、设备运维管理、图像分析、交通事件采集管理等。

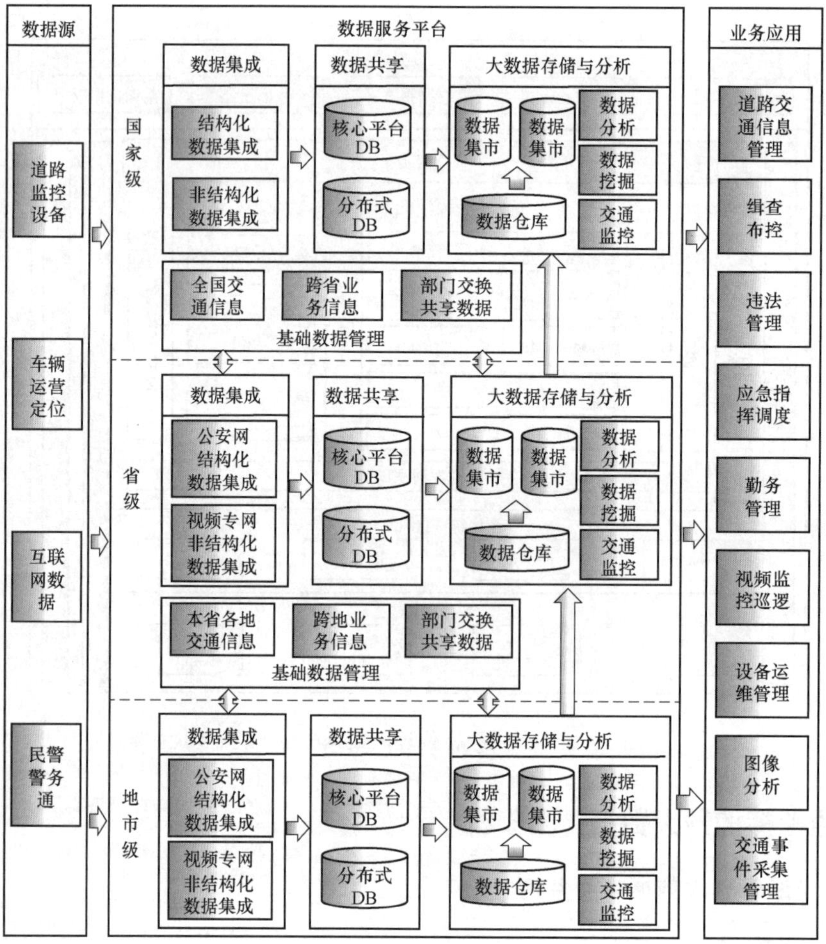

图 3－15　我国公安交通管理集成指挥平台架构

2. 空管大数据平台架构

我国公布的空中交通管制大数据平台总体上采用两级架构，包括总局大数据平台和空管分局大数据平台，两级架构之间设有数据通道实现数据传输，其架构如图 3－16 所示。

在数据来源方面，空管大数据平台的数据来源主要包括陆空通话、空域信息、扇区资源、流控信息、航路航线情况及电子进程单等。各个数据采集模块将获取到的数据送入数据服务平台中进行集成处理，处理后的数据存入由关系型数据库和 MongoDB 构成的数据共享平台。之后再进入大数据存储分析层。

空管大数据存储与分析层由数据仓库与数据集市构成，其中部署有批处理、流处理计算与服务体系。平台中规划有机器学习、深度学习、数据挖掘算法或应用模块。

在业务应用规划方面，空管大数据应用场景主要包括管制指挥、流量管理、冲突预测、场面监视、空域管理等。

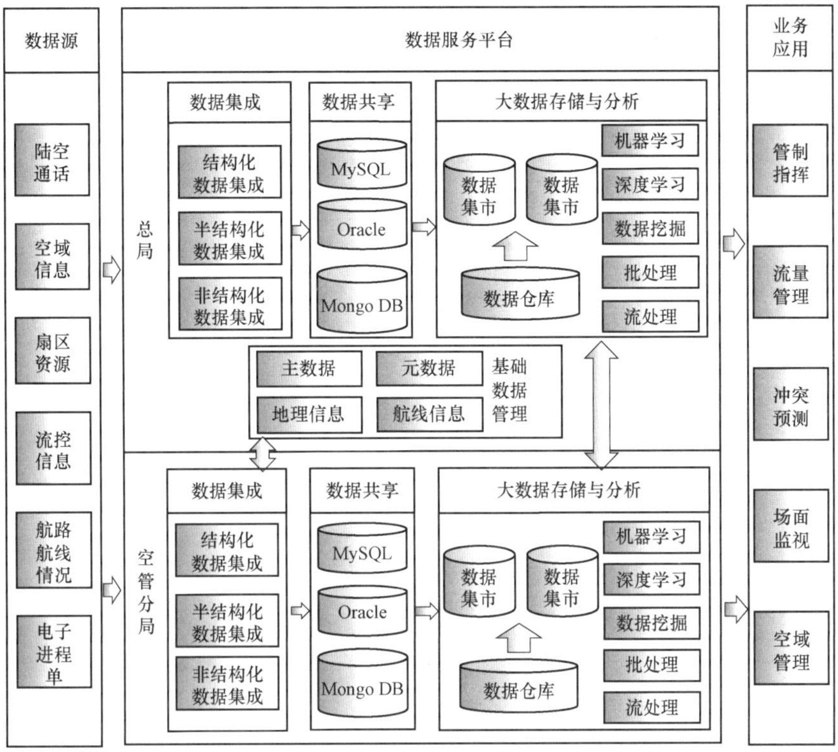

图 3－16　空管大数据平台架构

3.3　交通大数据的生成与采集

交通大数据的原始数据源很多，本节从交通大数据生命周期的起点——数据的生成与采集角度简要介绍交通大数据的生成方式、采集设备与系统。

3.3.1　交通信息系统数据生成与采集

交通信息系统是交通大数据平台最主要、最直接的数据来源，各类交通信息系统通过系统的用户终端、与系统连接的传感器等渠道获取数据，并在系统后台记录交易数据与其他日志记录。

1. 系统用户终端生成与采集

从数据生成模式看，与交通信息系统交互的用户终端是最常见的数据来源地。这些终端类型一般包含 Web 页面、手机端、传统 CS 模式客户端、远程终端和自动服务终端等。

这些终端的用户一般包括交通运输客户（如旅客和货主）、交通运输企业内部工作人员和运输代理人等。在数据获取形式方面，主要包括各类计算机程序界面表单、业务命令行参数、用户操作行为数据采集埋点等形式。

交通信息系统中面向客户或代理人的营销业务终端是最为重要的数据来源地。例如，民航客运中客票查询、预订、退改、单据处理等业务所用的 Web 终端或命令行业务终端。当然，在面向内部运输生产的一些业务系统中，也需要业务人员录入一些数据。这些数据最终会在业务数据库中形成数据记录。

某些交通信息系统会以终端埋点的方式在用户终端获得一些其他信息，包括用户操作行为习惯等。原则上，这些信息采集需要符合国家法律法规的要求，并在用户知情的情况下，征求用户意见并得到认可后方可进行。

2. 传感器设备及交通场景或环境信息采集

在某些交通信息系统中部署有大量的传感器，这些传感器在不同场景中会以不同拓扑结构形成传感器网络，用于采集交通场景或环境中的信息。常见的传感器包括相机、雷达、摄像头、压力传感器、温度传感器、湿度传感器等。

传感器信息采集模式一般有事件触发采集和周期性采集两种模式。以交通路网的相机为例，多数会在车辆通行事件的触发下进行快速抓拍，生成照片上传到上级系统。对于布置在铁路或公路边坡、桥梁、隧道等场景中的安全检测传感器网络，系统一般会采用周期性巡检机制，根据相应策略缓冲、保存与上传检测到的数据。

3. 交通信息系统后台交易和日志数据生成与存储

交通信息系统的后台（数据库端）是生成与存储数据的最基本的平台。如第 2 章所述，数据的分类方式很多。在各类交通信息系统中存储的数据总体上分成业务数据、业务日志数据、系统日志数据和用户行为数据几大类。

交通信息系统中最主要的一大类业务数据是交易数据，如营销数据。另外一大类业务数据是非交易型的数据，如交通状态记录、交通事件数据等。有些系统中需要将业务事件及内容记录在特定格式的日志文件中形成业务日志。这些业务日志不同于数据库日志，需要由用户根据业务日志的记录需求编写单独的应用程序。而数据库日志是系统日志中的一种，一般由数据库管理系统自动记录，服务于数据库系统在故障情形下的数据恢复。业务日志可以服务于信息系统的安全、审计等多种应用场景。系统日志还包括通过各种手段记录的操作系统运行日志。

用户行为数据含义比较广泛，许多业务数据与业务日志实际上是由用户行为触发的，有时也可以归为用户行为数据。但是，在很多情况下，用户行为还指用户使用信息系统时的行为数据，如用户使用时长、用户点击位置、用户操作序列等。这类用户行为数据需要在终端应用环境中增设埋点程序，用于捕获需要采集的用户行为。

3.3.2 基础采集设备

交通数据的采集离不开一些基础采集设备，本节介绍几种常用的交通数据基础采集设备。

1. 相机

相机是交通场景中最为基础的视觉信息采集设备，输出结果是交通场景照片，可用于记录交通流、交通事件、交通环境状况等。在交通场景中使用的相机一般都是工业相机，工业相机按芯片类型可分为 CCD 相机和 CMOS 相机。

以 CCD 相机为例，典型的 CCD 相机的组成部分有光学镜头、时序及同步信号发生器、垂直驱动器、模拟/数字转换电路、电源等。工业 CCD 相机通过光敏材料接收光学信号，在拍照时快门打开，光线射入 CCD 芯片的感光部分，CCD 芯片将光能转换成电能，最终成为电压信号。在此之后，相机按照不同标准生成制式不同的图像信号，并将此信号输送到相机的下一个模块。

在交通应用场景中，相机需要与终端设备中的图像采集卡相连，终端设备通过图像采集卡采集相机中的图像序列数据，进入后续的处理环节。

2. 摄像头

摄像头也是交通场景中非常重要的视觉设备，在各种交通业务场景有广泛的应用。主要用于治安巡逻、交通安全管理、交通场景记录、自动驾驶等场景。摄像头的使用模式差别很大，有些摄像头需要持续记录数据，有些只工作于事件触发模式。摄像头主要由镜头、图像传感器、电源等部分组成。作为终端传感器的一种，摄像头一般也需要通过终端设备采集其中记录的视频流，以实时、近实时或离线的形式通过通信网络上传到上级系统。

有些摄像头兼具视频记录与高速相机功能。以超速抓拍为例，目前国际主流技术是高速摄像头和雷达组合使用进行超速抓拍。当车辆进入探测范围时，雷达会发出两段波去探测车辆的位置，当两次发出的波都被接收到后，根据三角函数的原理就可以计算出行驶的距离，除以时间就是车辆的速度；当计算结果超出系统规定时，会立刻开启摄像头的拍照模式，进行抓拍。

3. 红外传感器

红外线传感器由发送器、接收器和检测电路等组成，可用在客流统计、障碍物检测等场景中。以客流统计需求为例，常见的人工客流调查方法包括驻点式目测客流调查法和人工跟车统计法。这两种人工客流调查的方法都非常烦琐，耗费大量人力、财力。为了提高效率，在有些场景中会采用红外传感器进行客流检测。

利用红外传感器统计客流量的方式有多种。以公交客流统计应用为例，车上具有红外功能的客流量采集装置通过检测测距传感器回传的测距数据的变化来感知上下客事件，进而可以统计公交车前后车门上下车的乘客人数，并计算出各时段车内乘客总数。客流量采集装置内部一般配置了蓝牙无线传输模块，用于将客流数据以无线的方式上传至客流信息采集处理终端。

4. 扫码器

扫码器是社会生活场景中常见的终端设备。条码扫码器一般由光源、光学透镜、扫描模组、模数转换电路加塑料外壳构成。激光扫码器通过一个激光二极管发出一束光线，照射到一个旋转的棱镜或来回摆动的镜子上，反射后的光线可以穿过阅读窗直接照射到条码表面，光线经过条或空的反射后会返回阅读器，并由一个镜子进行采集、聚焦，然后通过光电转换器转换成电信号，该信号将通过扫描器或终端上的译码软件进行译码。

在交通场景中，扫码器主要用于网络支付、货物识别等场景。以高速公路的收费站为例，为了提高现金收费通道的业务效率，很多收费站的收费通道现在都支持使用条形码或二维码，从而以移动支付代替现金支付，大大提高了人们的工作效率。

5. 地感线圈

地感线圈可用于车辆通行检测，具有检测精度高、配置灵活等优点。地感线圈通过一个电感器件即环形线圈与车辆构成一个调谐电子系统，当车辆通过或停在线圈上时会改变线圈的电感量，激发电路产生一个输出，上级系统根据接收到的信息判定车辆通行情况。

部署线圈时可以根据单方向车道数量灵活配置线圈个数。车流量检测器通过检测每个线圈在一定时间内的车辆通过量，即可得到该路段的车流状况。此外，地感线圈也可用于车速检测、交通信号控制与辅助违章拍照等。

线圈检测技术的优点是相对成熟、计数精确且稳定。不足之处在于：交通流数据单一，安装过程对可靠性和寿命影响很大，修理或安装需要中断交通，影响路面寿命，以及易被重型车辆和路面修理工程等损坏。

6. 雷达

在交通安全监测、交通场景点云数据采集、自动驾驶、驾驶主动安全等领域，雷达是不可或缺的硬件。雷达是利用电磁波的二次辐射、转发或固有辐射来探测、获取目标空间坐标、速度、特征等信息的一种无线电设备。与光和声相比，雷达的作用距离更远，精度更高，也更加方便和灵敏。

雷达在测速场景中是最主要的设备，测速雷达可以固定安装在公路上方或路侧，也可安装在巡逻车上，利用多普勒效应原理，在运动中实现车速检测。

在交通三维场景构建、自动驾驶、驾驶主动安全应用场景中，车辆通过车身上安装的雷达来捕获复杂的交通场景信息。汽车上常见的雷达有两种，分别是激光雷达和毫米波雷达。

以激光雷达为例，激光雷达是雷达技术与激光技术结合的产物，是一种以发射激光束来探测目标的位置、速度等特征量的雷达系统。激光雷达可以精确测量目标的形状、位置和运动状态。

在三维场景构建应用中可以采用激光雷达采集交通环境点云数据，基于点云数据采用智能算法构建交通场景。在自动驾驶或驾驶主动安全应用中，可以通过车载设备实时处理动态点云数据，为自动或人工驾驶决策提供帮助。例如，给车辆或驾驶员下达加速、减速、停车、变道等指令，减少交通事故的发生，提高驾驶安全性。

7. 射频天线与 ETC

射频识别技术是指通过无线射频方式进行双向数据通信实现对记录媒体（电子标签或射频卡）的非接触式读写，从而达到识别目标和数据交换的目的。在交通领域主要应用于道路电子收费系统（ETC）管理、货物识别、出入门禁管理、铁路机车车辆识别与跟踪、商用车队管理等。

以 ETC 为例，ETC 系统通过路侧天线与车载电子标签之间的专用短程通信，进行车辆自动识别和收费数据的交换，通过计算机网络对收费数据进行实时处理，实现不停车自动收费，从而大幅提高收费通道的通行效率。

8. 信号应答器

在铁路交通网络中，信号应答器是一种用于地面与列车间进行信息传输的点式设备。这种传输设备能向车载子系统发送报文信息，常见的应答器既可以传送固定信息，也可以连接轨旁单元传送可变信息。

应答器一般可分为无源应答器、有源应答器、轨旁电子单元等。例如，有源应答器可设置于车站的进、出站端。当列车通过应答器时，应答器向列车提供接车进路参数、临时限速等信息。图 3 – 17 是应答器的一个简要示意图。

随着轨道交通的发展，行车速度越来越快，行车间隔越来越短，对列车定位精度要求越来越高，应答器系统作为轨道交通中重要的基础设备，具有广泛的应用前景，对我国轨道交通发展具有重要的意义。

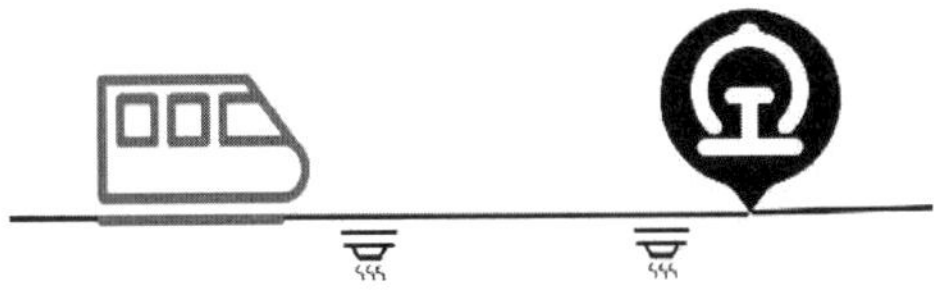

图 3－17　应答器示意图

3.3.3　专用采集系统

在许多交通业务领域，为了实现综合的数据采集功能，人们设计制造了一些专用采集系统，面向不同的采集对象采集数据。常见专用采集系统包括具有采集检测功能的车辆、信息系统等。本节简要介绍线路检测车和交通路网视频采集系统。

1. 线路检测车

线路检测车集成和应用现代信息技术，用于自动完成公路、轨道等交通线路的表面图像、表面形状、线路设施立体图像、电子电气设备状态等数据采集、分析、分类与存储，从而及时了解被检测线路的工况。根据应用场景的不同，线路检测车主要分为公路检测车和铁路检测车。

1）公路检测车

公路状态检测对公路养护与管理具有重要的意义。通过养护工人进行人工检查的传统作业方式存在效率低、成本高、覆盖面有限等诸多问题。公路检测车可以更准确、全面地对道路路况、道路路面形状和图像进行掌控，更有助于高效、低成本地发现道路中存在的安全隐患。

公路检测车一般需要配备许多子系统，检测时通过各种传感器来检测路面平整度、路面破损、车辙、路况、三维形变等。公路检测车配置的设备一般包括防振工业控制计算机、各种高速高精度摄像机、激光发生器、激光传感器、纵向距离传感器、垂直加速度传感器、三维惯性系统、高精度定位 GPS、光电编码器等。根据各种公路检测功能定位的不同，不同型号的公路检测车一般会搭配不同的设备及子系统。例如，公路病害检测车一般会在前面安装车辙检测仪器和平整度检测仪器，后面安装路面破损检测仪器。检测车在行驶过程中将检测到的数据传到车上的数据存储处理计算机，生成检测报告。检测数据可以上传至相应的数据库或大数据平台做进一步的处理。

2）铁路检测车

轨道作为铁路的重要组成部分，其运行状况直接决定着铁路运输的安全。由于轨道里程较长，对轨道检测的精度和效率就有着更严格的要求，仅靠人工检测远远不能达到要求。各种铁路检测车主要用于对轨道及环境状况进行全方位检测，采集到的检测数据通过实时和离线两种模式处理。

2. 交通路网视频采集系统

交通路网视频采集系统主要包括视频图像采集设备、视频传输网络、交通视频检测器等，主要采集道路的微观交通信息，如流量、车速、占有率、车辆间距、交通事件等。对交通路网的采集主要分为固定摄像头采集和移动摄像头采集两种方式。

1）基于固定摄像头的交通路网视频采集系统

固定摄像头采集模式需要将每一个摄像头固定在特有的位置，不同的摄像头之间进行信息交互，从而形成一个交通视频采集网络。以我国公安交通管理领域的路网视频采集为例，该视频采集处理系统总体架构如图 3－18 所示。该系统总体由 3 层架构组成，是我国公安交通管理指挥系统的视频子系统。

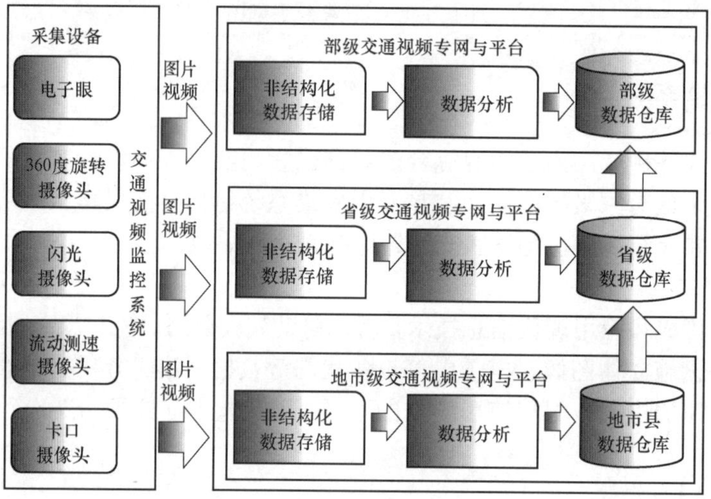

图 3－18　公安交通管理视频采集处理系统架构

通过摄像头采集得到的数据主要分为图像和视频两种。摄像头通过拍摄图像和视频可以获取道路的静态和动态信息。在图 3－18 中，各种摄像头拍摄到的数据通过视频采集终端和视频通信网络，以非结构化形式进入基层交通视频监控系统中。根据业务需要，基层交通视频监控系统的数据可以接入任意一级平台。一般情况下，基层交通视频监控系统采集的数据一般先进入地市级交通视频专网，并存储在相应平台中做进一步的处理。而后再根据业务需要把必要的数据上传至不同级别的数据仓库或大数据平台进行长期存储。根据交通管理部门的权限规定，上级交通部门可以访问下级交通部门的现场视频信息，服务于调度和应急指挥等业务场景。

2）交通路网视频移动采集系统

在实际业务场景中，有时需要采用车载摄像头，结合车载设备、车辆本身及后台处理系统构成交通路网视频移动采集系统。这种系统能以移动方式采集交通路网环境状况。前述的以摄像头为主的线路检测车就属于此类系统。互联网地图服务公司经常需要通过移动路网环境采集车采集道路环境视频信息，应用于道路环境建模、地图数据更新、高精地图构建、三维视景服务等场景。

3.4　交通大数据集成

作为交通大数据生命周期中的一环，数据集成扮演着重要的角色。本节将从数据集成方法、实时与近实时集成技术、异常值检测方法和缺失值处理方法 4 个方面，介绍大数据集成技术。当然，交通大数据集成与其他行业的数据集成在方法论上是相同的。为此，本节的介绍以通用大数据集成的基本概念、方法和技术为主。

3.4.1　数据集成方法

数据集成（data integration）是指根据数据仓库或大数据平台的主题数据集的要求，将多个数据源的数据通过 ETL（extract-transform-load，抽取、转换、装载）过程载入数据仓库或大数据平台的过程。ETL 用来描述将业务系统中的数据经过抽取、转换，最后装载入数据仓库或大数据平台的过程。ETL 目的是将分散、凌乱、标准不一的数据按后端数据模型的要求整合到一起，为后续的应用提供一致的主题数据集。ETL 功能在整个企业信息系统架构中的示意图如图 3－19 所示，位于 OLTP 系统与数据仓库或大数据平台之间。

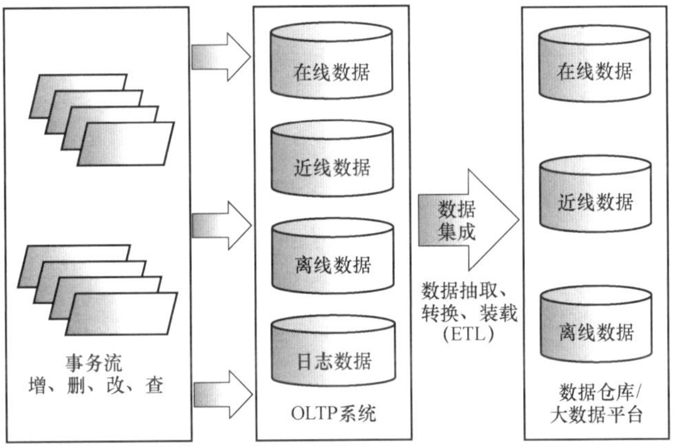

图 3－19　企业信息系统架构中 ETL 的功能位置

1. 数据抽取

数据抽取是指从不同的数据源抽取所需数据的过程。数据抽取一般需要涉及的步骤如下。

① 确定数据源：即确定需要从中抽取数据的系统及涉及的数据范围。

② 定义数据接口：调查源系统，根据数据需求确定从源系统获得数据的接口。

③ 确定数据抽取方式：数据抽取频率、全量或增量抽取、抽取任务发起模式等。

需要注意的是，数据抽取是指从已知的数据集或数据平台中采集数据。因此，数据抽取也是数据采集的一种。3.3 节的数据采集，主要指生产系统从生产现场采集数据。

2. 数据转换

数据转换是指按照预先设计的规则，对抽取得到的数据进行加工转换。通常包含两类：一类是简单的数据名称和格式的统一，包括按业务规则换算、统一命名、统一单位等；另一类是相对复杂一些的转换操作，一般需要根据目标数据模型要求对源数据字段进行组合、分割和计算等，生成目标模型需要的数据。

常见的数据转换操作包含以下几类。

① 空值处理：对空值字段进行删除或填充为其他含义数据。

② 数据标准化：按照数据标准对原始数据进行标准化转换。

③ 数据拆分：依据实际业务需求进行数据的拆分操作。

④ 数据验证：即验证数据是否满足特定的验证规则。

⑤ 数据替换：对有问题的数据进行替换操作，如缺失数据填补。

⑥ 数据关联：关联其他数据，保证数据的完整性。

此外，在数据转换之前，有时需要根据实际业务情况对异常数据进行清洗，其主要目的是对具有二义性的数据、不完整的数据和重复的数据进行相应的处理，以保证数据质量。

3. 数据装载

数据装载的主要任务是将转换后的数据集载入目标数据仓库或大数据平台中，数据载入操作分成批量模式和增量模式两种。数据装载一般被作为数据集成最后的步骤，传统上功能边界可以有两种模式。第一种模式是指将待装载的数据装入后台的缓冲环节后即认为完成装载任务。第二种模式是指将待装载的数据装入缓冲区后，启动后续的后台数据更新维护过程，待更新维护完成才认为装载过程结束。在第二种模式中，数据载入过程涉及对数据仓库或大数据平台中的细节数据载入以及载入后相应导出数据的计算问题。本章将这种数据载入工作归入 3.5.5 节的交通大数据载入、更新与维护技术。

在现代流行的技术架构中，通过新的集群式数据集成架构，多数场景下都能实时、近实时进行数据集成。实时、近实时集成技术解决了传统数据集成技术的性能瓶颈，解决了大数据平台的入口瓶颈问题。在新技术架构中，把源数据转换后载入集群式数据缓冲队列和从缓冲队列获取数据载入大数据平台这两项工作可以划出清晰的边界。本节所指的数据载入仅限于指将数据载入集群式数据缓冲队列的任务。

3.4.2 实时、近实时集成技术

1. 实时、近实时集成需求

随着社会与企业信息化、业务互联网化的发展，企业掌握的数据的规模越来越大，而传统单 ETL 服务器或简单的 ETL 服务器集群处理模式存在致命的数据集成效率问题。在大数据技术出现之前，数据集成环节是传统数据仓库的瓶颈，数据很难以实时、近实时的模式进入数据仓库，且建立实时、近实时数据集成平台成本高昂。

为此，多数传统数据仓库数据集成解决方案只能采用快照式集成方案，即允许数据仓库中的数据有几个小时甚至 1 天的延迟。最为经典的数据集成模式就是在晚间选定一个时间窗口，在 OLTP 系统不繁忙的时段集中进行 ETL 业务。

这种模式带来的数据时间差会大大降低数据仓库的功用，使数据仓库中的数据统计、分析挖掘结果不具有实时性，无法有效地与现场业务结合。在采用这种数据集成模式的企业中，该模式有时会带来许多业务问题。例如，以 1 天前的快照数据为基础的推荐系统，会给用户反复推荐当天刚加过的好友。再如，当今许多网上银行系统中的用户资产统计仍然只能反映当天 0 点之前的资产情况。

目前，数据仓库或大数据平台的实时、近实时数据更新是互联网企业的刚性需求。实时、近实时性数据集成技术解决方案一直是数据工程领域的核心问题。在此背景下，业界通过多年的努力，基于子系统间业务解耦合、消息队列缓冲、集成服务并行化、集群服务负载均衡、集成任务管理等核心技术实现了有效实用的实时、近实时数据集成。

本节以当今先进的交通大数据平台中常用的 Kafka 和 Flume 框架为例，介绍这类集成架构的组成、工作原理及特点等，以加深读者对实时、近实时集成技术的理解。

2. Kafka 架构

Kafka 最初是由 Linkedin 公司开发的一个分布式、分区的、多副本的、多订阅者、基于 Zookeeper 协调的分布式日志系统。Kafka 常用于 Web/Nginx 日志、访问日志采集与消息服务，具有强大的实时数据缓冲服务能力，其整体框架如图 3－20 所示。

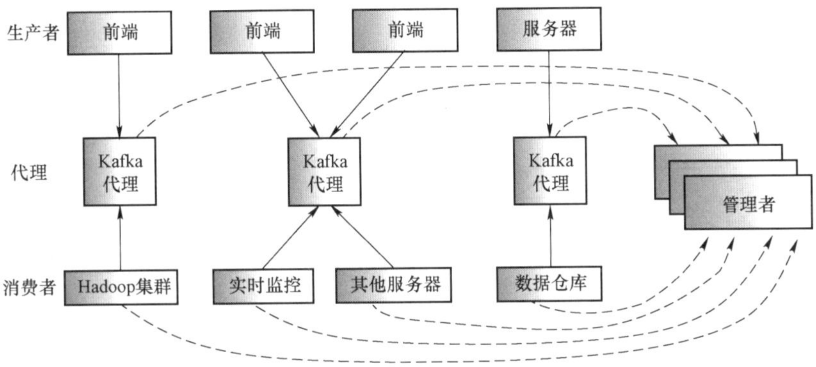

图 3－20　Kafka 集群架构

为便于读者的理解，简单介绍一下 Kafka 中的基本术语。

① 主题（topic）：Kafka 用于区分所发布消息的类别，即一个主题包含一类信息。

② 代理（broker）：组成 Kafka 集群的单元。Kafka 集群是一个分布式集群，其中包含一台或多台服务器，每一台服务器称为 broker。代理的本质含义为负责在数据源（producer，生产者）与数据目标存储（consumer，消费者）之间搬运数据的中间者，类似于现实物流系统中的快递服务商。

③ 生产者（producer）：数据生产者即为数据源，是向 Kafka 发布消息，即向代理推送消息的一系列进程。生产者负责决定某一条消息该被发往选定主题的哪一个分区。

④ 消费者（consumer）：即消费一类消息的进程或集群，消费者需要向主题注册并获得数据获取权限，能接收发布到这些主题的消息。消费者即数据目标存储，如数据仓库或大数据平台。

⑤ 分区（partition）：分区是 Kafka 中比较有特色的部分，一个主题可以分为多个分区，每个分区是一个有序写入、不可变的消息队列。

⑥ 消息偏移量（offset）：Kafka 赋予每个分区内的每条消息一个唯一的递增序列号。

⑦ 消费者群组（consumer group）：由若干个消费者组成的集合。每个消费者可以属于一个特定的消费者群组。建立群组的目的在于方便消息的通知。

⑧ 副本（replications）：即分区的备份，以便容错，分布在其他代理上，每个代理上最多只能有一个副本。

图 3－21 给出了一个数据仓库或大数据平台的数据集成场景下采用 Kafka 的集成架构，供读者理解与参考。

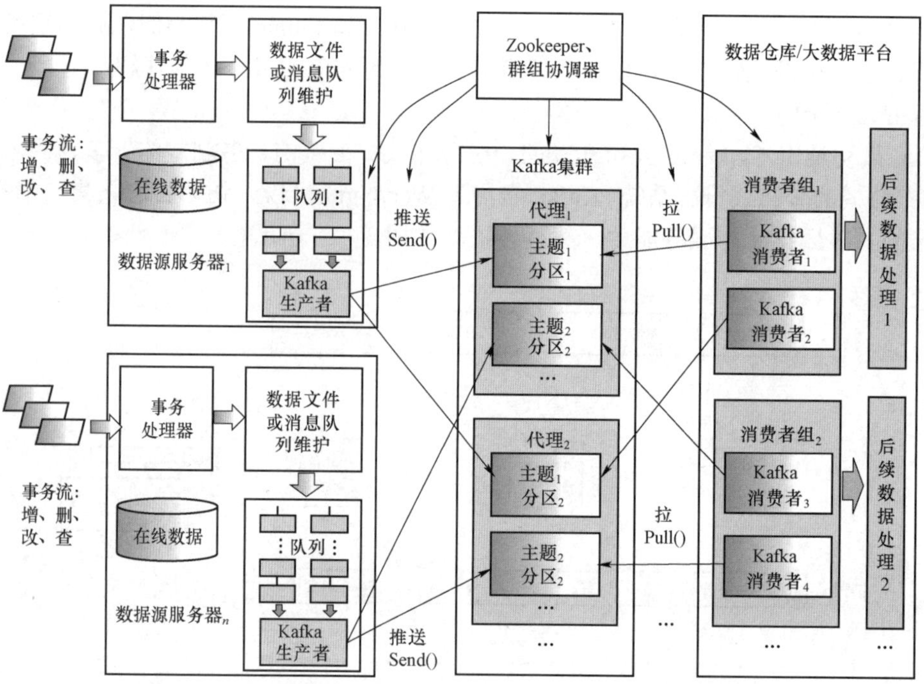

图 3－21　数据仓库或大数据平台采用 Kafka 的集成架构

Kafka 在数据采集领域有着极为广泛的应用，通过可线性扩展的分布式集群，能够针对超大型数据集成需求提供实时、近实时数据集成解决方案。Kafka 拥有的这个能力主要归功于其拥有的如下特点。

① 解耦：Kafka 是一种分布式消息处理系统，它继承了消息系统中的特点。只要生产者和消费者遵守同样的接口约束，就允许二者间进行独立的功能扩展或修改两边的数据处理过程，进而减少了两端系统之间的耦合。

② 高吞吐率：这是 Kafka 具有的重要性能，即使在廉价的机器上也能实现单机支持每秒 10 万条以上消息的传输能力。通过集群式服务，吞吐率还能进一步得到线性提升，使 Kafka 具备超大规模数据集成的能力。

③ 低延迟：Kafka 以时间复杂度为 $O(1)$的方式提供消息在集群中的持久化能力，即使对 TB 级以上数据也能保证常数级时间复杂度的数据访问性能。写入与读取操作只有常数级时间复杂度是其具有实时、近实时数据集成能力的重要原因。

④ 可扩展性：Kafka 支持在线水平扩展，即在集群启动后，用户可直接向集群添加设备。这个特性使得 Kafka 集群可以在工作过程中根据业务需求线性扩展设备与应用。

⑤ 负载均衡：Kafka 可以给特定的主题指定多个分区，而每个分区可以分布在不同的代理上，使系统整体上具有负载均衡能力。

Kafka 具有的以上这些特性使其具有高效的消息处理能力，配置良好的 Kafka 集群甚至可以做到每秒几十万、上百万的超高并发处理，这也是 Kafka 的魅力所在，使其在大数据集成领域得到广泛应用。

3. Flume 架构

Flume 是一个基于流式架构的海量日志的采集、聚合和传输的日志处理系统，具有高可用、高可靠和分布式的特点。Flume 架构也可以用来解决传统 ETL 在进行数据处理时所面临的各种困难。Flume 最初是由 Cloudera 公司提出的，后来 Flume 被纳入 Apache 旗下，并改名叫 Apache Flume。Flume 的使用场景不仅限于日志数据聚合。由于数据源是可定制的，Flume 可以用来传输大量的事件数据，包括网络流量数据、社交媒体生成的数据、电子邮件消息，以及几乎任何可能的数据源。Flume 的新版本 Flume NG 的框架如图 3－22 所示。

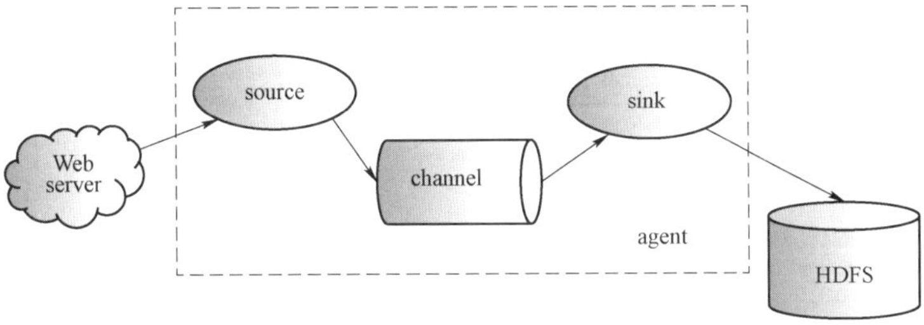

图 3－22　Flume NG 框架

Flume 框架中的组件包括代理、数据源、通道和接收器。

① 代理（agent）：代理是一个 jvm 进程，它以事件的形式将数据从源头送至目的地，是 Flume 数据传输的基本单元。代理主要由 source、channel 和 sink 3 个部分组成。

② 数据源（source）：数据源是负责接收数据到 Flume 代理的组件。数据源组件可以处理各种类型、各种格式的日志数据。

③ 通道（channel）：通道是位于数据源和接收器（sink）之间的缓冲区。通道的缓冲功能使数据源和接收器可以以不同的速度运作。通道支持多线程安全并发访问操作，可以同时处理多个数据源端的并发写入操作和多个接收器端的并发读取操作。Flume 的通道可以分成内存式通道（memory channel）和文件式通道（file channel）两种。

由于内存式通道是在内存维护的数据队列，发生系统故障时会导致队列内容丢失。因此，内存式通道只适用于那些不必顾虑潜在的数据丢失的应用场景。如果不允许数据丢失，则只能采用文件式通道。文件式通道将所有事件都写到磁盘里，因此在发生程序关闭或机器宕机等系统故障时，队列数据不会丢失。

④ 接收器（sink）：接收器不断以轮询方式感知通道中的事件，以批量的方式移除这些事件，并将这些事件数据批量写入存储或索引系统中，或者将这些批量事件数据发送到另一个 Flume 代理中。

接收器完全以事务模式工作，在执行从通道中批量移走数据的任务之前，每个接收器需要在通道中启动一个事务。批量事件一旦成功写入到存储系统或下一个 Flume 代理中，接收器就在通道中提交事务，只有提交一个事务，通道才会从自己的内部缓冲区删除事件。显然，如果该事务执行中因各种原因未提交，则通道中对应的事件将保留在通道中。

⑤ 事件（event）：事件是 Flume 数据传输的基本单元，以事件的形式将数据从源头送至目的地。

Flume 的工作流程如图 3－23 所示。在整个 Flume 架构中，最先接收到外部数据的是数据源组件。在接收到数据后，数据源组件会把数据包装成事件，并交给通道处理器进行处理。然后由通道处理器（channel processor）决定具体如何传递给通道以及传递给哪个通道。在通道处理器处理的过程中，先将事件提取出来发送给拦截器，再由拦截器对不合格的数据进行清洗。通道处理器将经拦截器处理过的事件交给通道选择器（channel selector），根据事件的属性决定当前事件应该送往的通道。待通道选择器都处理完后，再将事件重新发送给通道处理器。通道处理器根据通道选择器的选择结果将事件写入对应的通道。每个通道都有一个独立的接收器处理器（sink processor），接收器处理器决定接收器以何种行为模式从通道中拉取数据。

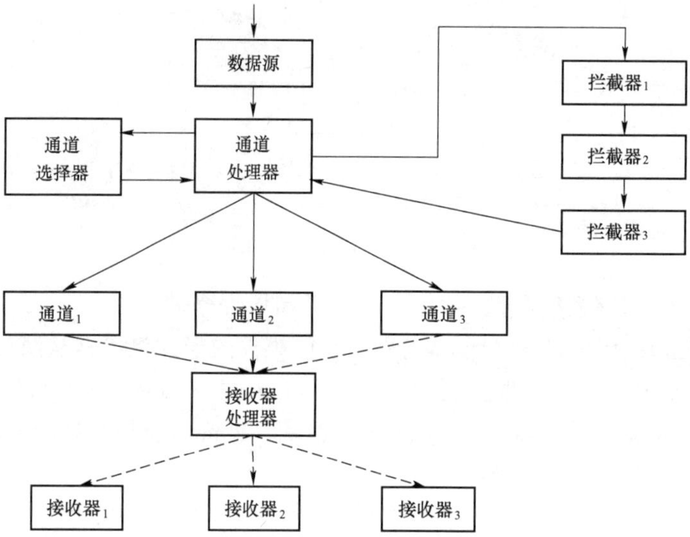

图 3－23　Flume 的工作流程

Flume 架构具有以下特点。

① 故障容忍性：当节点出现故障时，Flume 会将日志分配给其他节点，从而保证日志的完整性。

② 多应用场景：Flume 可以将业务中产生的数据存储到各种各样的存储器中，如 RDBMS、HDFS、HBase 等。

③ 基于事务的一致性：由于 Flume 的通道是基于事务机制来工作的，从而可以保证数据在传送和接收时的一致性。

④ 弹性缓冲性能：Flume 能及时在数据生产者和数据收容地之间做出调整，既避免了数据过载情况的发生，也保证了在两者之间能够提供平稳的数据通信。

由于 Flume 架构具有的这些特点，以及在新版本中的简化架构，越来越多的企业的大数据平台选择 Flume 为日志数据的采集集成工具。

3.4.3　异常值检测方法

在数据集成或应用过程中，往往会出现数据存在异常值的现象。以交通流量数据为例，往往会由于传感器的损坏、数据传输过程中的丢失、存储设备的老化或人为操作失误等因素，造成数据中存在异常值。毫无疑问，异常值会对数据分析和数据挖掘任务的结果造成干扰。

数据中的异常值又称离群值，是指样本中存在的其数值明显偏离所属样本绝大部分观测值的数据个体。忽视异常值的存在是十分危险的，若不加剔除地把其加入数据的计算分析过程中，会对结果造成不良的影响。相反，若对异常值加以重视的话，往往会成为发现问题进而改进决策的契机。因此，对异常值的处理是十分必要的。

异常值检测是处理异常值的前序步骤。异常值检测方法大致可以分为传统统计方法、机器学习方法和深度学习方法。本节分别介绍几类方法中的典型方法。

1. 传统统计方法

（1）3σ准则（拉依达准则）

3σ准则借助正态分布中数据分布关于均值μ对称的特点去检测数据是否存在异常值。3σ准则所依据的正态分布的 3 个基本特征为：数值分布在（$\mu-\sigma$，$\mu+\sigma$）中的概率为 0.682 7；数值分布在（$\mu-2\sigma$，$\mu+2\sigma$）中的概率为 0.954 5；数值分布在（$\mu-3\sigma$，$\mu+3\sigma$）中的概率为 0.997 3。

由图 3－24 可知，数据的取值几乎全部集中在（$\mu-3\sigma$，$\mu+3\sigma$）区间，即超出这个范围的可能性仅占 0.27%，属于小概率事件。因此，如果有任何数据点超过标准差的 3 倍，那么这些点是异常值点的概率很大。因为该准则的前提是假定数据服从正态分布，所以此准则有一定的局限性。

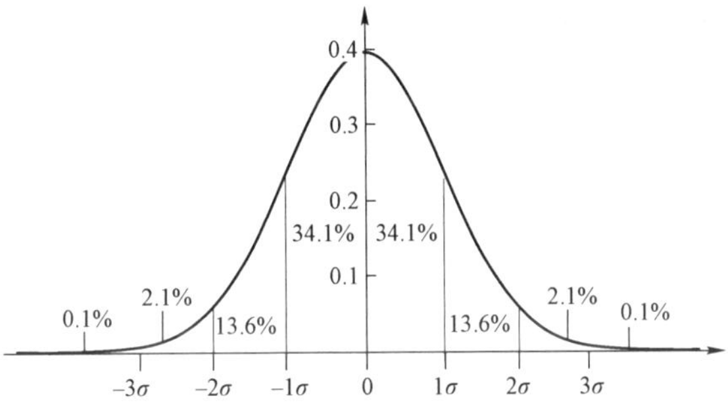

图 3－24　3σ准则

（2）箱形图（四分位图）

箱形图是一种简单却十分有效的可视化异常值方法。该方法提供了一个识别异常值的标准（经验值）：小于 minimum（QL－1.5IQR）的值或大于 maximum（QU+1.5IQR）的值被定义为异常值。其中，QL 称为下四分位数，表示全部观测值中有四分之一的数据取值比它小，如图 3－25 中的 first quartile 所示；QU 称为上四分位数，表示全部观测值中有四分之一的数据取值比它大，如图 3－25 中的 third quartile 所示；IQR 称为四分位数的间距，是上四分位数 QU 与下四分位数 QL 之差，其间包含了全部观察值的一半，如图 3－25 中 first quartile 和 third quartile 中间包含的两个方块长度所示。

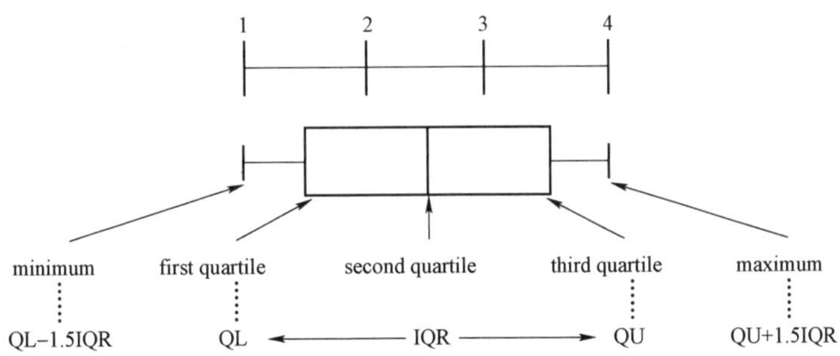

图 3－25　箱形图

箱形图依据实际数据绘制，没有对数据做任何限制性的要求，即没有要求数据服从某种特定的分布。它是原始数据分布最真实的写照。此外，箱形图判断异常值的标准是以四分位数和四分位距为基础的，且四分位数具有一定的鲁棒性。多达25%的数据可以变得任意远且不会扰动四分位数，所以异常值的存在不会对这一标准造成影响。因此，箱形图识别异常值的结果比较客观，相较于 3σ 准则，有一定的优越性。

2. 机器学习方法

（1）孤立森林法（isolation forest）

孤立森林法是一种具有线性时间复杂度、高精度的高效异常值检测方法，其原理主要是通过计算根节点与叶子节点之间的路径长度来检测异常值。这种方法适用于连续数据的异常检测，检测分布稀疏且离稠密群体较远的离群点。

在孤立森林中，样本所在的叶子节点距根节点的路径长度越短，意味着该样本离主要样本点中心的距离越远，则该样本越可能被判断为异常点。

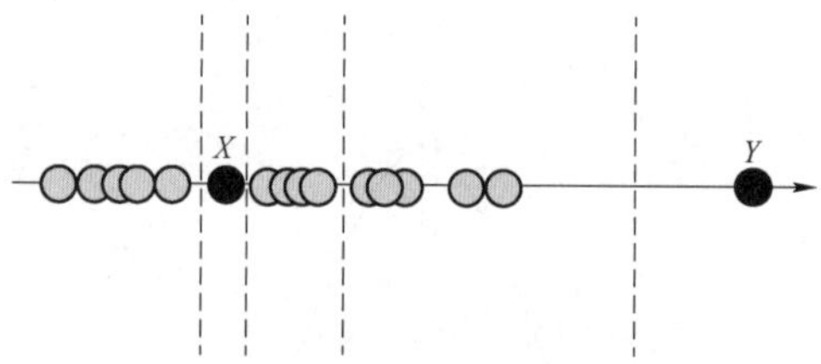

图 3－26　孤立森林法示意

孤立森林法递归随机地分割数据，直到所有的样本点都是孤立的。孤立森林法既适用于一维数据，也适用于多维数据。为便于理解，以如图 3－26 所示的一组一维数据为例，在建树过程中，首先随机选择一个位于数据中的最大值和最小值之间的分割值 P，并按照小于 P 和大于等于 P 的方式将数据分为左右两组。然后，在这两组数据中分别递归重复这个步骤，直至数据不可再分。显然，图 3－26 中所示的点 Y 所处区域的点数比较稀疏，只用很少的次数就可以把 Y 切分出来，即根节点与叶子节点 Y 的路径长度很短。而图 3－26 中点 X 周围许多点聚集在一起，需要用更多的次数才能把它切分出来，即根节点到 X 对应的叶子节点的路径长度较长。然后，可根据一定的规则计算异常分值，判断 Y 是否为异常点。

（2）DBSCAN

DBSCAN（density-based spatial clustering of applications with noise）是一种基于密度的聚类方法，常用于在单维或多维数据中实现基于密度的异常检测。该方法的核心思想是判断样本点的 ε 邻域（以样本点为球心，半径为 ε 的 n 维球体）内的点密度是否超过给定阈值（MinPts，最少点数），进而判断异常点。在 DBSCAN 中，定义了以下 3 种不同类型的点。

① 核心点（core points）：如图 3－27 所示，图中 A 点是一个位于稠密区域的核心点，核心点必须满足一个条件：在该点的半径为 ε 的邻域内至少有 MinPts 个点。位于核心点的 ε 邻域内的点称为该点的"直接密度可达"点。基于直接密度可达关系也可定义任意两个点间的"密度可达"关系。对于一个对象链的 P_1，P_2，…，P_i，P_{i+1}，…，P_n，如果任取 P_i 到 P_{i+1} 都是直接密度可达的，则 P_1 到 P_n 是"密度可达"的。对任意两个点 P_1 和点 P_2，若存在某一个点 P，从该点到点 P_1 和点 P_2 都是密度可达的，则认为点 P_1 和点 P_2 是"密度相连"的。

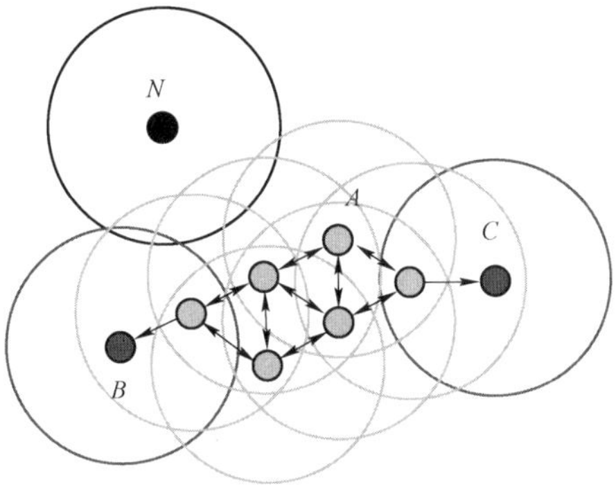

图 3－27　DBSCAN 示意图

② 边界点（border points）：边界点是指 ε 邻域内的点数不超过 MinPts 的点，但该点位于其他核心点的 ε 邻域内，即该点仍然是其他点的“密度可达”点。如图 3－27 的 B 点和 C 点。

③ 噪声点（noise points）：如果一个点既不是核心点，也不与任何其他点密度可达或密度相连，则该点为离群点或噪声点。如图 3－27 中的 N 点就是一个噪声点。

DBSCAN 方法非常适用于样本特征空间为多维的场景。然而，DBSCAN 模型是一个无监督的模型，该模型有一个明显缺点就是缺乏自适应性。每当有新的数据输入时，模型都需要重新训练。

3. 深度学习方法

（1）自编码器（autoencoder，AE）

AE 的基本原理是用神经网络来产生一个高维输入的低维表示，是一种无监督式模型。该模型主要包含编码器（encoder）和解码器（decoder）两个部分。编码器的作用是将输入数据压缩成隐空间中的表示向量，解码器是用来解析压缩后的表示向量，重构原始输入。

以图 3－28 为例，输入的原始数据的维度为 8 维，经过编码器的编码，将其压缩为 2 维，解码器对压缩后的 2 维数据进行解码，重构原始的 8 维输出。在这个过程中，AE 实际上也起到了降噪的作用。

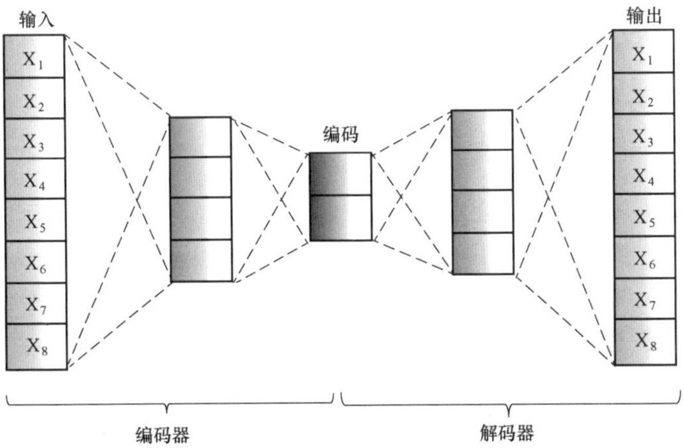

图 3－28　自编码器功能

从异常值检测机理上，根据正常数据训练出的 AE 能够很好地将正常样本进行重建还原。但是，当 AE 碰到异常值时，AE 却无法较好地将异于正常分布的数据点进行还原，进而会使还原产生的误差较大。因此，该方法的基本检测策略是将还原误差比给定阈值大的值标记为异常值。

（2）变分自编码器（variational autoencoder，VAE）

变分自编码器模型属于生成模型，其目的在于通过训练得到训练数据的分布，而后用该分布来生成数据。虽然形式上 VAE 与 AE 相似，但 VAE 学习到的是隐变量的分布，它允许隐变量存在噪声和随机性，进而有防止过拟合的作用。变分自编码器的总体构架如图 3－29 所示。

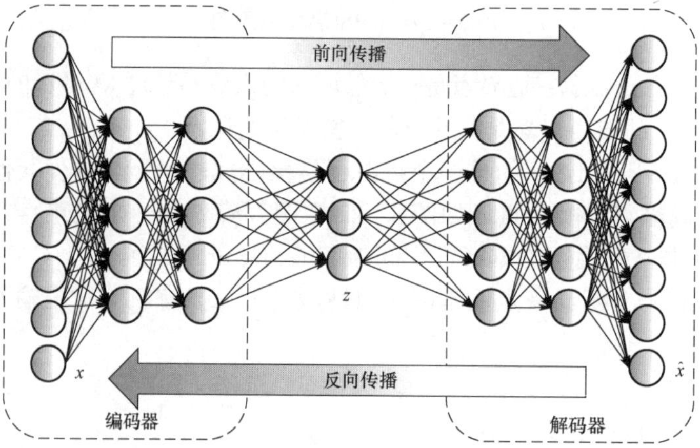

图 3－29　变分自编码器的总体架构

在异常检测机理方面，VAE 通过学习正常数据的生成分布，找出无法很好地拟合该分布的数据，将该数据标记为异常数据，进而达到异常检测的目的。在结构上，VAE 也是采用了编码器和解码器的框架。首先通过编码器对输入的 x 进行编码，映射成隐变量 z。然后通过解码器将隐变量 z 再映射回 x。不同于 AE 利用重构误差进行异常判断，VAE 采用计算重构概率的方式来判断数据是否异常，即编码器和解码器会分别对原始输入变量空间和潜在变量空间中的正态分布进行参数化。针对来自编码器的每个样本，解码器输出均值和方差参数，利用这些参数计算出从分布生成原始数据的概率，具有低重构概率的数据点为异常数据。

3.4.4　缺失值处理方法

数据序列中常常会出现缺失值，例如，在道路交通场景中，一个通道的地感线圈若被损坏，会导致原来一直有通行数据的线圈在修复前出现数据缺失问题。再如，在交通信息系统业务日志记录场景中，有时会因为日志记录服务出现系统故障而重启，从而导致故障期间的数据缺失。又如，在一些需要记录用户移动轨迹的交通场景（如“两客一危”场景），有时会因用户故意关停位置信息设备、设备临时故障或网络通道临时故障等导致用户轨迹序列数据出现部分或全部缺失。

1. 缺失值处理问题与场景

本节针对缺失值处理问题介绍几种常见的处理方法。缺失值处理涉及不完整元组或数据序列的判断和发现缺失数据后的处理问题。

在大数据架构中，缺失值发现可以在数据集成环节开展，也可以在数据集成完成以后，在数据仓库或大数据环境中去做。有些缺失值判断工作在数据集成环节很容易实现。例如，判断某些元组缺少某个应该具有的数据项，或判断某个数据包是否符合某个正则表达式的要求等。但是，有些序列性的数据缺失需要根据前后数据单元的逻辑关系来做判断，可能会涉及比较复杂的、需要附加缓冲设施和额外计算成本的判断方法。

因此，在许多场景中，缺失数据处理工作会推迟到数据仓库或大数据平台端进行。第一种方式是在数据仓库或大数据平台端的入口处，收到数据集成系统载入的数据以后（例如，从 Kafka 的代理集群队列中拉到相应的数据后），在实时、近实时地处理新数据序列的过程中，顺便判断当前数据的完整性，并根据需要给不完整的数据打上标签或单独存到不完整的数据集中。第二种方式是将缺失数据判断的工作放到后期再做，以适当的时机对已经存入基础事实数据集中的未处理过的数据进行完整性判断，判断其中存在的数据缺失情形，根据业务需要给数据打上数据缺失或不完整标记，然后做后续处理。第三种方式是干脆不做数据的完整性判断，保留基础事实数据的原状，在应用层根据需要再进行数据完整性判断。

对于已发现的缺失值的后续处理方式，总体上可以分为删除和填补两大类。

首先，在此先介绍不同场景下的数据删除策略。顾名思义，数据删除策略是直接将存在缺失值的数据元组或数据序列剔除，以损失部分历史事实数据来换取信息的完备性。

潜在需要删除数据的场景一般有两种。一种场景是要将从基础事实数据中选出的样本数据集中的不完整样本删除。在多数场景中，样本集一般以数据副本的形式出现，在其中删除不完整数据对基础事实数据没有任何影响。另外一种场景是将基础事实数据中的不完整数据彻底删除。但是，需要注意的是，在一些业务场景中，基础事实数据不允许彻底删除。例如，在“两客一危”业务场景中，部分司机可能为躲避监管，故意关停定位设备，导致其车辆轨迹序列出现部分缺失。这种缺失数据在监管业务场景中可能恰恰是重要的潜在违法违规证据。为此，这类带缺失的基础事实数据是不能删除的。

在数据删除处理技术方面，对于小规模数据集来说，定位与删除这些带缺失的数据一般较为容易，甚至直接采用普通的电子报表或统计软件（如 Microsoft Excel、SPSS 等）手工进行数据定位与删除处理即可。但是，针对大数据而言，特别是在流水线式的数据采集或数据集成环节，手工方式发现和删除缺失序列几乎是不可能的，必须需要通过软件自动完成。

另外，在基础事实之上的应用层上，如果缺失数据具有标记，完全可以在获得数据时根据缺失标记忽略这些数据，实际达到数据剔除的效果。

在缺失率较高的情形中，实际删除会导致大量信息的丢失，进而使得数据分析不准确，甚至引出错误结论等问题。此外，如前所述，有些数据不允许删除。因此，在许多处理领域，需要研究实现有效方法，以对缺失数据进行尽可能逼真的填补，服务于不同的目的。例如，对“两客一危”司机故意隐藏的行程轨迹，想办法采用智能算法对缺失轨迹进行填补，再配合其他业务数据（例如，推测路段的视频监控或卡口数据）融合取证，实现准确补全，服务于一些潜在违法违规行为的识别。

数据填补的主要思想是使用最可能的值对缺失值进行填补，从而弥补信息缺失带来的问题。数据填补的方法很多，一般可以分成基于统计的数据填补方法、基于经典机器学习的数据填补方法和基于深度学习的数据填补方法。本节后续重点针对最常见的时序数据缺失问题中涉及的这三类数据填补方法简要介绍一些典型实例。

2. 基于统计的数据填补方法

该类方法按照统计学思路实现缺失数据填补。根据实际缺失情况的不同，选择填补的方式也有所不同。

① 均值填充法：即计算数据集的平均值，用该值填充缺失值。

② 众数填充法：即根据统计学中的众数原理，用数据集中出现次数最多的值进行缺失值填充。

③ 中位数填充法：即用数据集中居于中间位置的数值去填充缺失值。

④ 0 值填充法：即利用 0 值对缺失值进行填充。

⑤ 热卡填充（hot deck imputation）法：热卡填充法广泛用于社会调查中对调查对象未反馈的值进行填充。这种方法按一定准则在对象集中寻找与缺失数据的对象最相似的对象，而后用最相似对象的相应值来填充缺失项。其中，相似性标准在不同场景下可能会有所不同。

⑥ 首次观测值填充法：即利用出现值缺失后首次可观测到的值进行填充。

⑦ 最后观测值填充法：即利用值缺失前最后一个观测到的值进行填充。

这类方法简单易行，但最主要问题在于这些方法低估了实际中存在的数据不确定性。即当数据没有显而易见的规律、数据间缺少共同特征或前后数据关联不大时，采用基于统计学的思路来填补数据往往精度较低。

3. 基于经典机器学习方法的数据填补方法

除了上述基于统计学的缺失值填补方法之外，一些基于经典机器学习算法（分类、回归、聚类等）的缺失值填补模型也受到人们的关注和应用。最常见的方法有 k–最近邻算法（k–nearest neighbors，KNN）和期望值最大化算法（expectation maximization，EM）两种方法。

（1）k–最近邻算法

KNN 是一种基于相似度度量策略的聚类方法。该方法之所以能用于缺失值填补领域中，主要原因在于该方法可以通过度量不同数据项之间的相似度高低来分析数据项之间的距离关系，再根据不同数据项之间的距离，估计出缺失项的值。对于具有缺失值的数据集而言，含缺失值的数据对象往往是部分属性可观测、部分属性缺失。用 KNN 处理缺失值填充问题时，首先会选定一个最大近邻数目 k，然后根据含缺失值对象的可观测属性与其他不含缺失值对象的观测属性之间的关系，再利用近邻数据的观测值来对缺失项数据进行填补。

该算法的主要思想是利用缺失数据对象与完整数据对象之间的相似性来选择填补数据集合。设两个数据样本分别为 x 和 y，则两个样本之间的距离表达式 $d(x, y)$可以表示为：

$$d(x,y)=\left(\|x_1-y_1\|^p+\|x_2-y_2\|^p+\cdots+\|x_k-y_k\|^p\right)^{1/p} \tag{3-1}$$

式中，x_k、y_k 为 x 和 y 的各维分量，根据 p 取值的不同，相似度度量方式也不同，如：当 p=1 时，为曼哈顿距离；当 p=2 时，为欧氏距离。其具体流程如下：

① 设置最大邻近数 k；

② 拆分数据集，使一部分只含有缺失项数据，称为 D_{miss}，另一部分不含缺失项数据，称为 D_{complete}；

③ 对于每一个数据样本 $\boldsymbol{x} \in D_{\text{miss}}$，根据式（3–1）定义的具体的距离度量函数，在 D_{complete}

中寻找 x 的 k 个最邻近的数据项，并令 x 的缺失项分量 $x_j = \frac{1}{k}\sum_{i=1}^{k} y_{ij}$ （对于数值型数据），若 x_j 为类别型数据分量，则将其设为离 x 最近的数据元的类别；

④ 将 x 加入 D_{complete}；

⑤ 重复第 3 步，直至 D_{miss} 为空集。

KNN 是一种简单而有效的策略，但其也有一定的弊端。主要原因在于 k 值是人为设定的，缺乏一定的说服力，这也是 KNN 在机器学习中被人诟病的地方。

（2）期望值最大化算法（EM 算法）

在机器学习领域中，未观测到的变量又被称为“隐变量”。假设 X 为已观测到的变量集，W 为隐变量集，$\boldsymbol{\theta}$ 为模型的参数。EM 算法是一种在数据有缺失（或存在隐变量）的情况下，求解概率模型参数的极大似然估计算法。在每一轮的迭代过程中，该算法会交替执行 E 步（expectation step，期望步）和 M 步（maximization step，极大化步）。这两个步骤直至收敛，收敛条件一般为两轮迭代之间的参数变化小于预先给定的阈值。

具体而言，若想对概率模型的参数 $\boldsymbol{\theta}$ 进行极大似然估计，就需要寻找能使对数似然函数 $LL(\boldsymbol{\theta} \mid X,W)$ 最大化的参数值 $\boldsymbol{\theta}$。对数似然函数 $LL(\boldsymbol{\theta} \mid X,W)$ 定义为：

$$LL(\boldsymbol{\theta}|X,W) = \ln P(X,W|\boldsymbol{\theta}) \tag{3-2}$$

式中，P 为似然函数，对数似然函数的含义就是对似然函数取自然对数。

在具体的实现过程中，首先要初始化 $\boldsymbol{\theta}^{(0)}$，接着交替执行以下两个步骤，直至收敛：

• E 步：以当前给出的参数 $\boldsymbol{\theta}^{(t)}$ 和已观测变量集 X 来推断隐变量集 W 的分布 $P(W \mid X,\boldsymbol{\theta}^{(t)})$，并计算对数似然函数 $LL(\boldsymbol{\theta} \mid X,W)$ 关于 W 的期望 $Q(\boldsymbol{\theta} \mid \boldsymbol{\theta}^{(t)})$。

$$Q(\boldsymbol{\theta}|\boldsymbol{\theta}^{(t)}) = \mathbb{E}_{W|X,\boldsymbol{\theta}} LL(\boldsymbol{\theta} \mid X,W) \tag{3-3}$$

• M 步：寻找能使 E 步求取的期望 $Q(\boldsymbol{\theta} \mid \boldsymbol{\theta}^{(t)})$ 最大化的参数值。

$$\boldsymbol{\theta}^{(t+1)} = \arg\max_{\boldsymbol{\theta}} Q(\boldsymbol{\theta} \mid \boldsymbol{\theta}^{(t)}) \tag{3-4}$$

利用上述步骤得到参数，构造完整的数据分布，进而达到数据填补的效果。利用 EM 算法填补缺失值鲁棒性较好，插补精度较高。但是 EM 算法也存在一些缺陷，比如该方法可能会陷入局部最优，且收敛的速度较慢，计算较为复杂等。

4. 基于深度学习的数据填补方法

伴随着深度学习热潮，2014 年 Ian Goodfellow 等人提出了生成对抗网络（generative adversarial networks，GAN）。渐渐地，国内外诸多学者对生成对抗模型展开了深入的研究。从本质上看，缺失值填补任务也是数据生成的过程。此外，鉴于 GAN 在图像生成和语句生成上的成功应用，不少研究将生成对抗模型迁移到缺失值填补工作中。本节简要介绍几种基于生成对抗网络思想的数据填补方法。

（1）GAIN 模型

生成对抗插补网络（generative adversarial imputation networks，GAIN）是由加州大学、牛津大学和阿兰 • 图灵研究所共同提出，发表在 2018 年国际会议 ICML 上。GAIN 是一种基于生成对抗网络的改进方法，目的是对缺失数据进行填补。GAIN 整体框架如图 3－30 所示。

该模型主要包含生成器（generator）、鉴别器（discriminator）和提示向量生成器（hint）

3 部分。其详细介绍如下：

生成器（G）：生成器负责观察真实数据，根据观察结果对缺失数据进行填补，生成完整的数据。G 的输入包含 3 部分，分别为 $\tilde{\boldsymbol{X}}$，Z 和 $\boldsymbol{M}$。其中 $\tilde{\boldsymbol{X}}$ 为带有缺失的真实数据，Z 为噪声向量，$\boldsymbol{M}$ 为掩盖矩阵，对应于图中的数据矩阵、随机矩阵和掩盖矩阵部分。此外，在对抗训练的过程中，生成器还会接收反馈信息进行自我更新。反馈信息主要来自两部分：一部分反馈来自真实数据与生成的完整数据，另一部分反馈来自鉴别结果。G 的输出仅包含对缺失数据进行填补后的完整向量 $\hat{\boldsymbol{X}}$，对应于图中的填补矩阵。

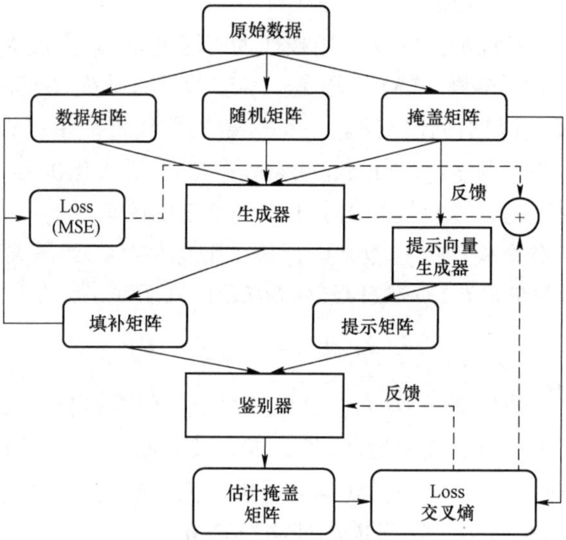

图 3－30　GAIN 整体框架

鉴别器（D）：鉴别器负责鉴别输入的完整数据中的真实数据和生成数据。鉴别器的输入包括 G 生成的完整数据 $\hat{\boldsymbol{X}}$ 以及提示向量生成器生成的提示矩阵 $\boldsymbol{H}$。同样地，鉴别器在对抗训练中也会接收鉴别结果的反馈信息，并进行更新。鉴别器的输出为估计掩盖矩阵 $\hat{\boldsymbol{M}}$，其值代表每个位置为真的概率。

提示向量生成器（hint）：为了使 D 能更好地鉴别真实数据和生成数据，以使 G 能生成更为真实的数据，人们提出了一种提示向量机制。提示向量生成器生成的提示信息能让 D 获得有关真实样本的缺失信息，使得 D 对于输入的数据有更加准确的判断。后续再经过计算损失函数，将反馈信息告知 G，使其生成的数据更加贴近真实值。该部分的输入来自掩盖矩阵 $\boldsymbol{M}$，输出为一个提示矩阵 $\boldsymbol{H}$，$\boldsymbol{H}$ 也是鉴别器的输入。

该模型整体目标是让鉴别器最小化分类误差率，让生成器最大化判别器的分类误差率。简单来说，就是让鉴别器尽可能区分出真实数据和生成数据，让生成器生成的数据尽可能骗过鉴别器。故总体目标函数为：

$$\min_G \max_D V(D,G) \tag{3-5}$$

式中，

$$V(D,G)=\mathbb{E}_{\hat{X},M,H}\left[\boldsymbol{M}^{\mathrm{T}}\log D(\hat{\boldsymbol{X}},\boldsymbol{H})+(1-\boldsymbol{M})^{\mathrm{T}}\log(1-D(\hat{\boldsymbol{X}},\boldsymbol{H}))\right] \tag{3-6}$$

在训练过程中，鉴别器使用的损失函数如下：

$$\mathcal{L}_D(\boldsymbol{m},\hat{\boldsymbol{m}},b)=\sum_{i:b=0}[m_i\log(\hat{m}_i)+(1-m_i)\log(1-\hat{m}_i)] \tag{3-7}$$

式中，b 为计算 $\boldsymbol{H}$ 时用到的参数，详细计算和证明过程这里不再赘述，感兴趣的读者可以自行阅读参考文献。目标函数为：

$$\min_D -\sum_{j=1}^{k_D}\mathcal{L}_D\left(m(j),\hat{m}(j),b(j)\right) \tag{3-8}$$

在生成器的训练过程中，不仅要确保缺失部分（$m_j=0$）的插补值能成功骗过鉴别器，还要保证可观测到分量（$m_j=1$）的输出值接近真实值。因此，需要采用以下两个不同的损失函数：

$$\mathcal{L}_G(\boldsymbol{m},\hat{\boldsymbol{m}},\boldsymbol{b})=-\sum_{i:b_i=0}(1-m_i)\log(\hat{m}_i) \tag{3-9}$$

$$\mathcal{L}_M(\boldsymbol{x},\boldsymbol{x}')=\sum_{i=1}^{d}m_i L_M(x_i,x_i') \tag{3-10}$$

式中，

$$\mathcal{L}_M(\boldsymbol{x}_i,\boldsymbol{x}_i')=\begin{cases}(x_i'-x_i)^2 & x_i\ \text{是连续值}\\ -x_i\log x_i' & x_i\ \text{为逻辑值}\end{cases} \tag{3-11}$$

目标函数为：

$$\min_G \sum_{j=1}^{k_G}\mathcal{L}_G(m(j),\hat{m}(j),b(j))+\alpha\mathcal{L}_M(\tilde{x}(j),\hat{x}(j)) \tag{3-12}$$

式中，α 为超参。

根据上述给出的生成器和鉴别器的损失函数及目标函数，将二者进行对抗训练，力图达到精准填补的效果。该模型沿用了 GAN 的框架，在训练过程中考虑了提示机制，使得鉴别器更加关注真实数据中有缺失的单元，生成的数据也更加贴近真实值。

（2）LGnet 模型

该模型是由美国宾夕法尼亚州立大学科学与信息技术学院提出的，论文在 2020 年人工智能领域会议 AAAI 上发表。主要解决的是带有缺失值的多元时间序列预测（multivariate time series forecasting with missing value）问题。由于该模型建模了局部（local）和全局（global）时间动态联合信息，故起名为 LGnet。

图 3－31 给出了 LGnet 的整体框架，虽然模型使用了用于预测的长短期记忆网络（LSTM），但实际上借鉴了生成对抗网络的思想，能对缺失值进行填补处理。由图 3－31 可知，在输入模块中，考虑了局部统计特征及全局动态特征，对输入中含有缺失值的数据进行填补。在进行预测之后，采用了 GAN 的思路，把预测结果看作生成数据，再和真实数据一同放入鉴别器中。鉴别器再将鉴别结果反馈给生成器（即 LSTM），二者进行对抗训练，生成与原始数据最为相似的数据，从而力图达到精准填补的效果。

模型的输入为一个长度为 n 的多元时间序列 $\boldsymbol{X}=\{\boldsymbol{x}_1,\boldsymbol{x}_2,\cdots,\boldsymbol{x}_i,\cdots,\boldsymbol{x}_n\}$。其中，第 i 个时间片上的观测值表示为 $\boldsymbol{x}_i$，$\boldsymbol{x}_i$ 的第 j 个变量表示为 x_i^j。此外，模型中还定义了一个掩盖矩阵 $\boldsymbol{M}$。$\boldsymbol{M}=\{\boldsymbol{m}_1,\boldsymbol{m}_2,\cdots,\boldsymbol{m}_n\}$，$\boldsymbol{m}_i\in\{0,1\}$，代表着每个变量的缺失情况。如果 x_i^j 为缺失，则 $m_i^j=0$，反之为 1。模型的整体任务为：对于任何一个新的多元时间序列，给定历史 n 个时间步的观测

值 $\boldsymbol{X}$ 及掩盖矩阵 $\boldsymbol{M}$，去预测未来 k 个时间步的值 $\{\boldsymbol{x}_{n+1},\boldsymbol{x}_{n+2},\cdots,\boldsymbol{x}_{n+k}\}$。

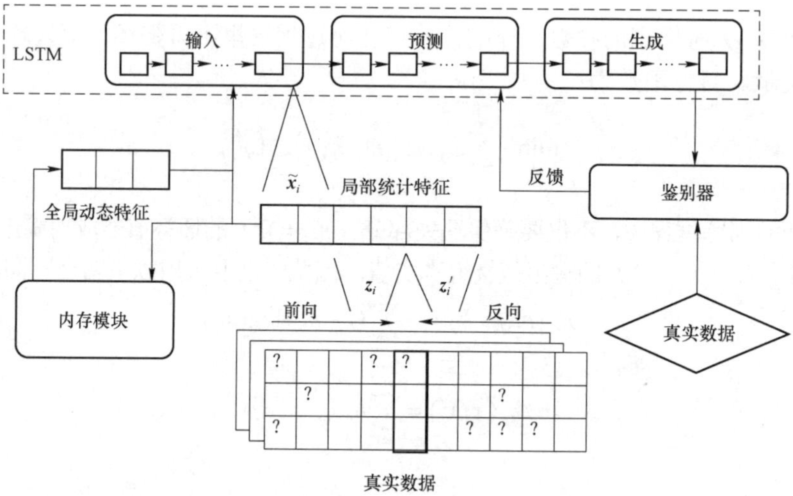

图 3－31　LGnet 的整体框架

有关长短期记忆网络（LSTM）的解释，具体详见 4.4 节，这里着重介绍一下模型中另外几个重要的模块。

① 记忆模块：其基本思想是学习一个参数化记忆模块，用来缓存全局时间模式，并将每个变量映射到记忆模块的特征空间中。针对多元时间序列中的每一个变量，首先从该时间序列数据的局部上下文信息中捕获局部统计特征，再把局部统计特征作为键值在记忆模块中查找具有全局时间动态特征的表示向量。

② 局部统计特征捕获模块：该模块从观测到的时间序列数据的上下文信息中提取一些有用的局部统计特征，用于填补缺失值。

该模型首先需要计算出每个时间片的经验平均值和最后观察值。

- 经验平均值：对于变量 x_i^j 而言，使用时间 i 之前的所有观测值 x_*^j 来构造经验平均值，公式如下：

$$\overline{x}_i^j = \sum_{l=1}^{i-1} m_l^j x_l^j \Big/ \sum_{l=1}^{i-1} m_l^j \tag{3-13}$$

- 最后观察值：x_i^j 的最后观察值等价于时间片 i 之前首个可用的第 j 个变量，也是时间上的最近邻变量，用 $\dot{x}_i^j$ 表示。这里还引入了一个新的指标 δ，来记录每个 x_i^j 与其最后观察值的时间间隔，反映了历史值的可信度。

$$\delta_i^j = \begin{cases} 0 & i=1 \text{ 或 } m_i^j = 1 \\ \delta_{i-1}^j + 1 & m_i^j = 0 \end{cases} \tag{3-14}$$

假设当 δ_i^j 值小的时候，更倾向于选择 $\dot{x}_i^j$；反之，更倾向于选择 $\overline{x}_i^j$。故模型中提出如下衰减机制实现二者间的平衡：

$$\gamma(\delta_i^j) = \exp(-\max(0, w^j \delta_i^j + b^j))$$

$$z_i^j \leftarrow m_i^j x_i^j + (1-m_i^j)\left[\gamma(\delta_i^j)\dot{x}_i^j + (1-(\delta_i^j))\right]\overline{x}_i^j \tag{3-15}$$

$z_i=\left[z_i^1,z_i^2,\cdots,z_i^d\right]$ 就是 x_i 的局部统计特征。此外，把最后第 n 个时间片看成起始点，把第 $i+1$ 个时间片看成终止点，可以利用相同的方法，提取到局部统计特征 z_i'。

除了前向和反向局部特征以外，LSTM 能自然地提供对缺失变量的估计。因此，再结合由 LSTM 提供的缺失变量估计值 $\tilde{x}_i$，三者共同组成局部统计特征。

③ 全局动态特征建模模块：该模块主要采用记忆网络的方法，来捕获全局时间动态信息。具体做法如下：

首先初始化一个参数化记忆模块 $\mathcal{G}$，然后使用 z_i、z_i' 和 $\tilde{x}_i$ 组成的局部统计特征当作键来查询记忆模块 $\mathcal{G}$。构建查询的公式如下：

$$q_i=W_q\left[z_i\|z_i'\|\tilde{x}_i\right]+b_q \tag{3-16}$$

式中，$\|$ 代表列拼接，W_q 和 b_q 为参数。然后计算 q_i 和 $\mathcal{G}$ 的相似性 s_i：

$$s_i=\mathrm{Softmax}(\mathcal{G}\cdot q_i) \tag{3-17}$$

该相似性分数用于衡量记忆模块中每个时间模式的重要性。再对 $\mathcal{G}$ 中所有时间模式进行加权求和：

$$a_i=\sum_{l=1}^{L}s_i^l\mathcal{G}(l) \tag{3-18}$$

式中，$\mathcal{G}(l)$ 代表记忆缓存的第 l 行。结合局部特征 z_i、z_i' 和 $\tilde{x}_i$ 以及全局表示 a_i，当作 LSTM 的输入并进行预测，预测结果为 $X_p=\left\{\tilde{x}_{n+1},\cdots,\tilde{x}_{n+k}\right\}$。真实数据为 $\hat{X}_p$，其中包含缺失值。因此，需要将掩盖矩阵 M 合并到均方误差中，并提出以下目标函数来训练 LGnet。

$$\min_{\theta}\mathcal{L}_p(\theta)=\frac{1}{N}\sum_{j=1}^{N}\left\|(X_p^j-\hat{X}_p^j)\odot M_p^j\right\|_2 \tag{3-19}$$

④ 对抗训练模块：通过引入鉴别器 D，再将 LSTM 看成生成器 G，二者构成对抗训练模块。通过这种迭代式的对抗训练，LSTM 更能生成符合原始分布的时间序列。

具体而言，在预测部分之后，生成一个长度为 k' 的假时间序列，如下所示：

$$\mathcal{X}=\{[\tilde{X}_{n+k+1},\cdots,\tilde{X}_{n+k+k'}]\}$$

再从原始数据集中采样等长的时间序列，记为 $\mathcal{S}$。将 $\mathcal{S}$ 和 $\mathcal{X}$ 共同当作鉴别器 D 的输入。则鉴别器 D 和生成器（LSTM）的目标函数分别为：

$$\min_{\theta_D}\mathcal{L}_D=\min_{\theta_D}-\mathop{\mathbb{E}}_{s\sim\mathcal{S}}D(s)+\mathop{\mathbb{E}}_{s\sim\mathcal{X}}D(s) \tag{3-20}$$

$$\min_{\theta}\mathcal{L}_a=\min_{\theta}-\mathop{\mathbb{E}}_{s\sim\mathcal{X}}D(s) \tag{3-21}$$

式中，～表示“采样自”，θ_D 和 θ 分别表示 D 和 LSTM 的参数。

为了更好地在对抗训练下进行准确的多元时间序列预测，该模型定义了如下的整体目标函数去学习模型的参数，并采用随机梯度下降的方法进行参数的更新。

$$\theta,\theta_D=\min_{\theta}\mathcal{L}_p+\lambda\left[\max_{\theta_D}\mathop{\mathbb{E}}_{s\sim\mathcal{S}}D(s)-\mathop{\mathbb{E}}_{s\sim\mathcal{X}}D(s)\right] \tag{3-22}$$

该模型在考虑了局部统计特征和全局动态时间特征下，对缺失数据能进行高精度的填补，解决了在多元时间序列预测任务中的输入数据存在缺失值的问题。此外，模型还借鉴了 GAN 的思路，加入了鉴别器，构成对抗训练模型，二者共同作用，使得模型效果得以提升。

3.5 交通大数据组织、存储与维护

本节将介绍数据仓库或大数据平台中重要的数据组织、存储与维护相关的方法与技术。本节首先重点介绍数据仓库、大数据平台中经常采用的大数据应用主题与数据组织方法、多粒度级数据组织策略和操作型数据存储的有关内容，其次介绍交通大数据存储技术和大数据的载入、更新与维护技术。

3.5.1 大数据应用主题与数据组织方法

在数据仓库的 4 个基本特征中，面向主题是其首要特征。面向主题指明了数据仓库建立的目的。在大数据时代，许多企业在规划与建设大数据平台时，仍然采用面向主题的思路去构建数据架构和组织数据。本节结合交通场景，介绍数据仓库或大数据平台中主题的内涵、面向主题的数据组织方法及交通大数据应用场景中常见的应用主题。

1. 主题相关概念

主题（subject）是对企业数据进行分析利用的功能集的抽象，是指在较高层次上将企业信息系统中的数据进行综合、归类并进行分析利用的抽象。因此，主题可以指数据分析的关注范围、分析需求集或数据利用需求集。主题域或主题区域（subject area）是指一个主题所涉及的决策支持需求领域或范围。显然，范围明确的决策支持需求集合需要与之相应的一定范围内的数据集合来支撑。因此，主题域有时也指与该主题决策支持需求相关的数据构成的数据区域或数据范围，即主题数据区域。

对企业数据仓库或大数据平台来说，划定主题区域时应把握一定的原则。一般情况下要求主题具有一定的独立性和完备性。独立性是指一个主题区域所界定的主题应该有相对独立的内涵和明确的界限，但也允许与其他主题区域有小范围的交叉。完备性是指对于任何一个主题内的决策支持需求，都应能在该主题数据区域中找到需要的数据。显然，一个主题所对应的主题数据区域的数据构成有一个逐步完善的过程。

2. 面向主题的数据组织方法

在传统数据仓库方法论中，面向主题是指在数据仓库中规划与设计数据集时，需要按照面向主题的方法进行数据组织。面向主题的数据组织方法就是指规划或设计数据仓库的数据集的构成时，应该首先考虑数据仓库需要支撑的主题集，之后根据每个主题中包含的决策支持需求来确定每个主题对应的数据范围，并根据主题数据区域中明确出来的数据需求进行后续的数据组织与设计工作。

从面向主题的数据组织方法中可以看出，该方法的起点是数据利用需求或决策支持需求。每个主题数据区域对应于相对独立的决策支持需求集合。因此，面向主题的数据组织方法要求企业做好数据利用需求的收集和发现工作。在当今企业大数据架构中，除了类似于“数据湖”这种纯粹用于存储历史原始数据、可暂不考虑未来数据利用场景的原始数据存储子环境之外，面向主题的数据组织方法同样符合大数据平台的数据组织与设计要求。

在数据仓库或大数据平台规划设计中，需要解决主题规划问题，即如何发现、总结出企业的数据利用需求，规划出平台需要支撑的主题集的问题。一般可以采用如下过程进行主题规划和数据组织。

① 收集企业决策支持需求；

② 将决策支持需求按一定原则进行分组归类；

③ 用一个主题名称对归类出的不同需求集进行命名；

④ 根据主题内的每项分析需求，确定该需求所涉及的数据，划定主题数据边界，确定出主题数据区域。

3. 主题数据集数据构成

一个主题数据区域所包含的数据可以称为主题数据集。一个主题的数据集主要由原始数据集、导出数据集和元数据构成，如图 3－32 所示。原始数据有时又被称为细节数据，细节数据根据数据时间的不同，又可以分成不同时段的细节数据，不同时段细节数据根据各个平台的存储与处理能力的不同，有可能会被组织、存储在不同的环境中。

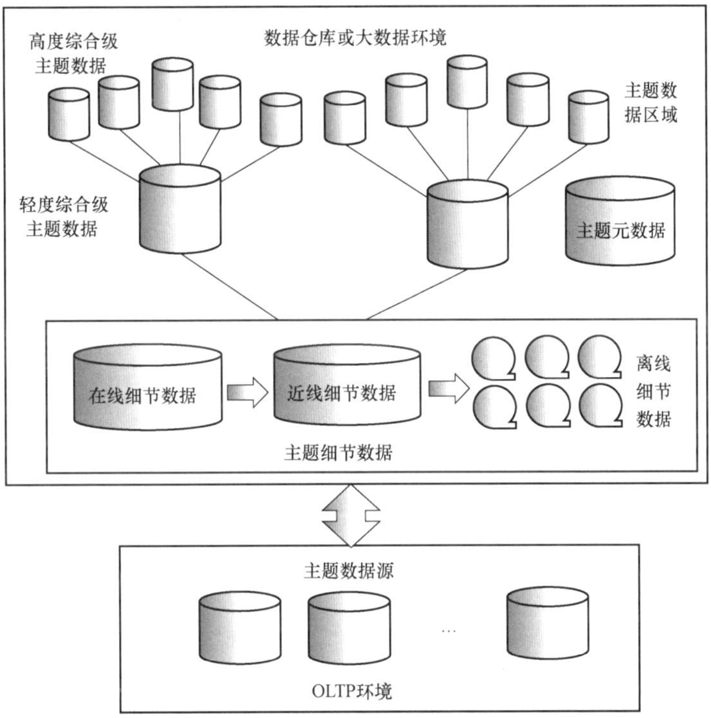

图 3－32　主题数据集构成

在图 3－32 所示的主题数据集中，该主题的细节数据包括在线细节数据、近线细节数据和离线细节数据。在线细节数据可以保存在高速存储介质上，提供高速数据服务。随着访问频率的变低，在线细节数据可以迁移到近线细节数据层或离线细节层。近线细节数据一般因访问频率不高，所以也是一类温数据，一般只需保存在较低速的廉价存储体系中。离线细节数据一般是由在线细节数据或近线细节数据迁移进来的数据。一般情况下，离线细节数据访问频率极低，主要是因为涉及法律法规的数据留存时间要求保存在系统的冷存储体系中。冷存储体系的存储介质可以包括磁盘、光盘和磁带等。为此，因业务需求要访问冷存储体系中的离线细节数据时，需要将数据重新载入系统环境中。

在线、近线与离线这 3 级细节数据的划分标准可以是数据时间、使用热度和有用性。为此，在企业数据仓库或大数据平台的数据管理体系中，需要建立起 3 级数据体系间的数据流动解决方案。

主题数据集中的导出数据（derived data）是指由主题细节数据计算生成的数据，导出数据的数据规模一般会小于细节数据。导出数据的时间跨度可以与原始数据的时间跨度不同，根据需要，不同时期或使用频度的导出数据也可以归入热、温或冷数据体系。我们将在 3.5.2 节对多粒度级导出数据做进一步介绍。

4. 面向主题的数据组织方法与 OLTP 系统数据库组织方法的区别

显然，面向主题的数据组织策略与面向企业基础业务的 OLTP 系统中数据库的数据组织策略是大不相同的。面向业务的数据组织方法主要有以下 3 个特点。

① 需要对企业中相关的组织、部门等进行详细调查，收集企业的业务功能需求，收集基础数据，并设计数据模型。调查的重点为数据以及对数据的处理。在调查过程中，要充分考虑企业的部门组织结构，充分考虑企业各部门的业务活动特点。

② 面向业务应用进行数据组织时，应考虑一个企业内数据的动态特征，在设计中需要考虑各部门内的数据的流动情况，以及各部门间的数据输入输出关系，需要表达每个部门的实际业务处理流程。组织数据的主要目的在于实现在线事务处理（OLTP），提高日常业务处理的速度和准确性，进而提高服务质量。

③ 各项数据库模式与企业实际的业务处理流程中所涉及的单据或文档一般有较好的对应关系，如领料单、进料单等各种单据或者报表。这使得数据库模式必须具有很强的操作性，能较好地在这些数据库模式上建立起各项实际的应用处理。

例如，我国的铁路客票销售业务系统经过不断的优化升级，构建了双中心互联网售票架构，形成了高峰期 1 000 万张的日售票能力。整个核心系统包含车站服务子系统、列车服务子系统、互联网/手机/延伸渠道售票子系统等。这些系统在设计数据和组织数据时，主要考虑售票和查询余票额等核心业务能否快速、准确地完成，并围绕这些业务去设计符合业务流程与功能要求的数据模型，并恰当地组织数据，确保各项基础业务在相应的数据之上能安全、稳定、高效地运行。例如，面向售票业务应用，一般需要组织产品（车次、车辆、座位）、库存（余票）、用户、旅客、销售渠道、售票记录、支付记录等基础数据，在组织旅客数据时，一般只需要跟售票业务有关的旅客基础信息，主要以用户信息、旅客身份证证件信息和相关的支付账户信息为主。

然而，在铁路客票大数据平台中，经常会设立用户/旅客分析主题、大客户分析主题、客票销售渠道分析主题、产品分析主题等，并按照这些主题去组织各个主题需要的数据。

例如，对于用户/旅客分析主题，除了旅客基础信息以外，则可能需要组织旅客历史购票数据、旅客旅行行为数据、旅客附加产品消费数据、用户查询数据、旅客支付记录、旅客信用数据等。对于产品分析主题，则需要组织产品基础数据、产品销售数据、产品被查询数据等。产品分析主要服务于产品的优化，以便提供更好的服务，满足旅客需求，提高运输企业的效率。

组织这类数据时，不再需要保存 OLTP 系统中只与售票业务性能有关的数据，数据模型设计与组织优化目标不再是售票业务流程的合理性，用户视图的快速生成，以及业务吞吐率、系统平均响应时间等指标，更多的是大规模数据处理的能力、数据分析支持能力，分析结果的准确性，以及客货营销能力的提升、用户服务体验的提升、运输组织效率的提升等。

从该例中可以看出，旅客历史购票数据与产品销售数据之间存在数据重叠。两个主题数据的重叠情况说明这两个主题之间有一定的联系，如果不重叠说明两者之间没有直接的联系。需要注意的是，两个主题之间的数据重叠一般只发生在细节数据级别。换个角度说，一个细节数据集可能会属于多个不同的主题。对涉及同一细节数据集的两个主题来说，一般情况不需要构建两个备份，也就是这种数据重叠只是逻辑上的重叠，并不是物理上的重叠。

同一个主题区域的数据一般也需要满足一些共同特征。同一主题区域内的任一数据集合一般应与主题内的一个或多个数据集之间存在某种形式的关系，也就是主题内的任一数据集不应该是孤立的。主题区域内的许多数据表经常拥有相同的属性，甚至拥有相关的主键。另外，主题域的数据一般也具有时间属性。

5. 交通大数据应用主题及主题数据区域实例

交通大数据的应用场景非常多，应用主题也很多，不同类别的交通参与企业的主题需求可能会有很大的区别。以运输企业为例，常见主题包括旅客分析应用主题、运输网络运营分析应用主题、销售渠道分析应用主题、运输产品分析应用主题、货主分析应用主题等。

以航空公司旅客分析应用主题为例，主题内包含的常见分析需求包括旅客出行行为分析、旅客画像、旅客流失分析、旅客团体分析、旅客价值分析、高价值旅客团体分析和旅客产品推荐等。民航旅客出行行为分析子主题中，又可以包含旅客查询、购票、退改签、到港、离港、中转、客服等系列行为分析。在理想情况下，为了支撑这些行为分析，民航旅客出行行为分析子主题的数据区域内应包含 2.3.1 节客运营销大数据中的许多数据，包括旅客基础数据，旅客各种行为数据（查询、预订、呼叫、自助服务、值机、通关、等候、退改、附加产品订购、支付、点评、投诉等），旅客行程及轨迹数据（行程数据、行李数据、座位数据、行程轨迹数据、行程标签等）等。然而，对航空公司来说，不可能有能力或有条件掌握分散在航空旅行产业链上的各个主体所拥有的数据。为此，航空公司旅客出行行为分析主题数据区域一般局限于公司本身能掌握的旅客出行行为数据，构成该主题的数据区域。为此，在多数情况下，航空公司旅客行为分析主题区域所包含的基础数据如下：

① 旅客基础数据；

② 直销网站旅客查询、预订、支付等行为数据；

③ 旅客购票行为数据；

④ 旅客退改签行为数据；

⑤ 旅客值机行为数据；

⑥ 旅客行李托运行为数据；

⑦ 旅客历史行程数据；

⑧ 旅客客服行为数据等。

显然，旅客在机场的到达和离开机场、安检、机场购物行为数据，在 OTA 网站上的查询、支付和其他相关产品订购行为数据，其他航空公司所掌握的各种行为数据等，都不在特定航空公司的掌控范围之内。

3.5.2 多粒度级数据组织策略

1. 粒度的概念

数据管理与数据环境中有一个重要的概念——粒度（granularity）。粒度是指数据环境中所保存数据的细节程度或综合程度的级别。在数据仓库或大数据环境中，粒度设计也是一个重要的设计问题，粒度级设计结果会影响整个系统架构。粒度级设计结果不仅会影响平台存放的数据规模，也会影响平台所能回答的查询的类型。总体来说，数据的粒度越小，数据的细节程度就越高，综合程度就越低，数据能支持的查询种类就越多。反之，数据的粒度越大，数据的综合程度就越高，综合过的数据无法支持涉及细节数据的查询。细节数据一般被称为低粒度级数据，大数据场景下低粒度级数据一般规模大。轻度综合级、中度综合级、高级综合级数据的粒度级依次提高，相应数据的规模依次变小。

数据环境中的粒度概念与现实环境中刚性物体的粒度概念基本上是一致的。图 3－33 给出的是一个现实生活中粒度概念的示例。如图 3－33 所示，粒度级低的细沙粒数目很多，每个颗粒都很小；如果通过某种手段将这些细粒黏合起来，形成的小沙粒的粒度变大，但是相应的沙粒集的规模变小；若进一步像和面似的将小沙粒黏合成小石头，则小石头的粒度进一步变大，但小石头的数目相比小沙粒数目进一步变少；如果所有小石头可以黏合在一起，则最终可形成唯一的一个石头，且粒度级达到最大。

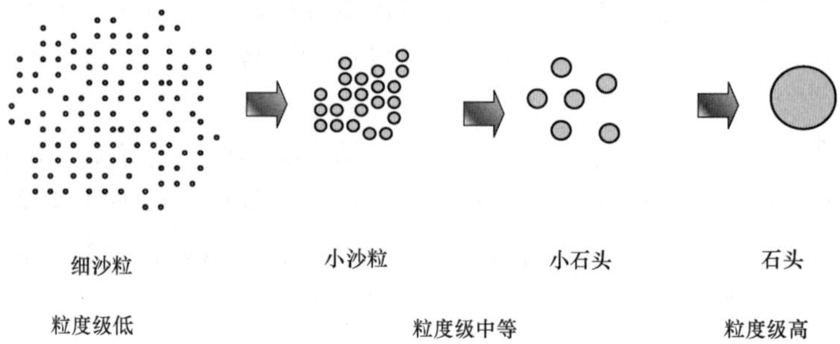

图 3－33 粒度的比拟

以交通客运销售数据为例，每一笔客票的业务细节数据是最低粒度级数据，而按月汇总的各车次客票销售量数据则属于中高粒度级数据，如图 3－34 所示。

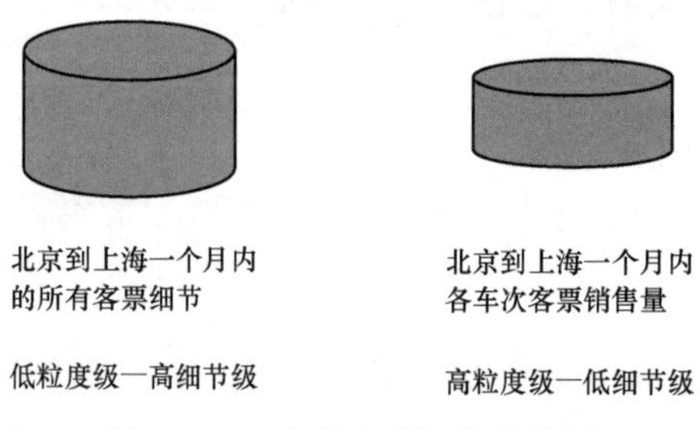

图 3－34 客票数据的粒度举例

2. 粒度级设计及影响因素

在 OLTP 环境中，数据一般都以最低粒度级的方式保存在系统中，即主要考虑最低粒度级数据设计的问题。然而，在数据仓库或大数据环境中不能做这个假定。在数据仓库或大数据环境中粒度级之所以是主要的设计问题，是因为它既会影响数据占用的存储空间，也会影响平台所能回答的查询类型。设计者一般必须在数据量大小与能支持的查询的详细程度之间做出权衡，如图 3－35 所示。

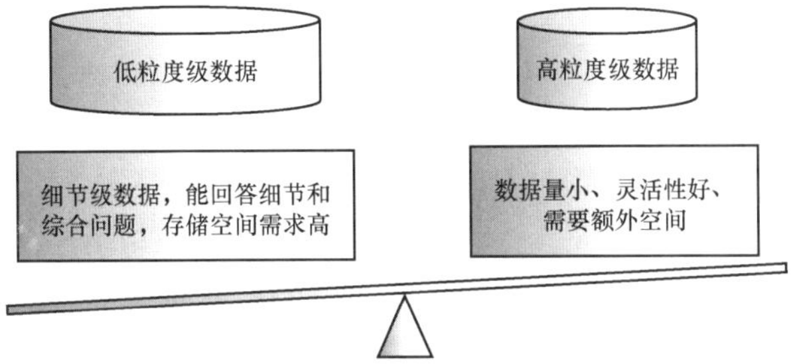

图 3－35　粒度级设计时需权衡的因素

通常情况下，如果具有细节数据，则通过汇总（或称 roll up、卷起、上钻、上卷）操作就能得到高粒度级的数据。但是，如果当前视图中没有细节数据，却又需要这些细节数据，则需要解决如何通过钻取（或称 drill down、下钻）操作，从某个高粒度级数据出发，获得对应的细节数据的问题。

另外，由于同一组数据可能具有不同的用户群体，不同用户群体需要从不同的角度来观察数据，例如，车站会观察每天本站到达和发送的旅客量；铁路局级集团公司（简称“铁路局”）则需要从全局出发查看各站、各线路、各区域、各时段客流情况；铁路局财务部门则可能想了解每天发出的各个旅客列车的营业收入情况；在需要为客户直接提供查询服务的平台上，则一般需要同时为细节数据查询和中高粒度级数据查询提供支持，比如为旅客提供历史详细旅程查询功能和旅客消费统计等功能。

数据系统常见的设计目标包括业务吞吐量、查询效率、存储空间占用量、能支撑的查询范围等。粒度级设计时需要考虑的因素常常包括空间约束、时间约束、业务要求和其他要求（如法律、法规）等。如果平台中数据基础结构设计得好，即灵活性高、可用性高，就能为各种不同的应用建立良好的、可重用的数据基础。

在数据仓库或大数据平台主题数据模型设计中，多重粒度级设计是最常见的做法。多重粒度级的设计能使决策支持人员或应用可以从不同的角度来观察数据，进行多维分析，灵活、方便地变换分析角度。由于同一主题下不同粒度级数据依赖的数据源相同，通过多重粒度级设计，有助于优化查询服务策略，提升主题数据集的总体查询效率。同时，通过在同一主题内对细节数据进行集成处理，可以很好地解决同一主题内不同粒度级数据间的数据一致性问题。另外，一个主题内如果具有足够细、足够多的数据，可以随时重新构造本主题内的高层导出数据模型及数据实例，以满足变化的需求。也就是说，如果有新的需求出现，企业可以快速地根据主题内的细节数据，设计新的处理，满足新的要求。

3. 主题内多粒度级数据间关系

在同一个主题内，不同粒度级数据之间会存在不同类型的关系，这些关系包括计算关系、一对多细化分析关系和查询负载分担关系。

1）计算关系

计算关系（或称数据依赖关系），是一种从细节数据到高粒度级数据的多对一汇总关系。也就是说，高粒度级数据依赖于低粒度级数据。图 3－36 给出了低粒度级数据到高粒度级数据计算关系的简单示意，其中箭头表示计算关系的方向。需要注意的是，这种关系一般是一个偏序，也就是说，同一主题的不同粒度级数据中，并不是任意两个数据集都一定存在计算关系。但是，一般要求从主题的最低细节级数据出发，总是可以计算出主题内任意其他粒度级的数据。

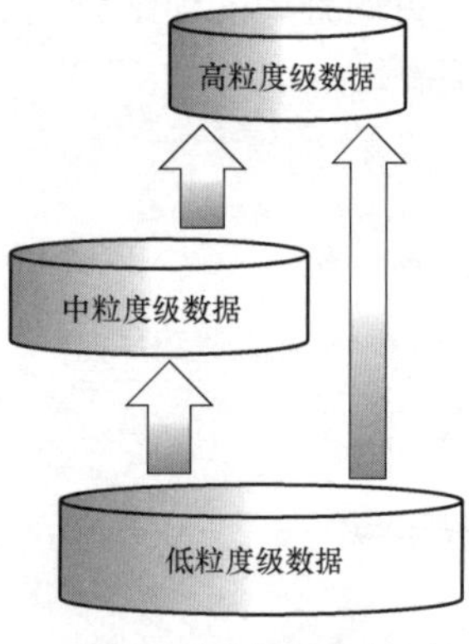

图 3－36　主题数据计算关系示意

在这里举个例子说明应用场景中不同粒度级的数据间计算关系的意义。设在民航旅客分析主题数据集中有下列不同粒度级的数据：

数据模式 1（出发省份，到达省份，月份，旅客数量）

数据模式 2（出发城市，到达城市，日期，旅客数量）

数据模式 3（出发机场，到达机场，日期，舱位类别，旅客数量）

数据模式 4（出发机场，到达机场，航班号，舱位类别，旅客数量，航班日期）

显然，在这个主题数据集中，根据数据模式 4 的数据可以计算出其他 3 个模式的数据，根据数据模型 3 的数据可以计算数据模式 1 和数据模式 2 的数据，根据数据模式 2 的数据可以计算数据模式 1 的数据。换个角度来说，在这个场景中，一个高粒度级数据模式的数据可以根据任意一个比其粒度级低的数据模式的数据集计算得到。如图 3－37 所示。

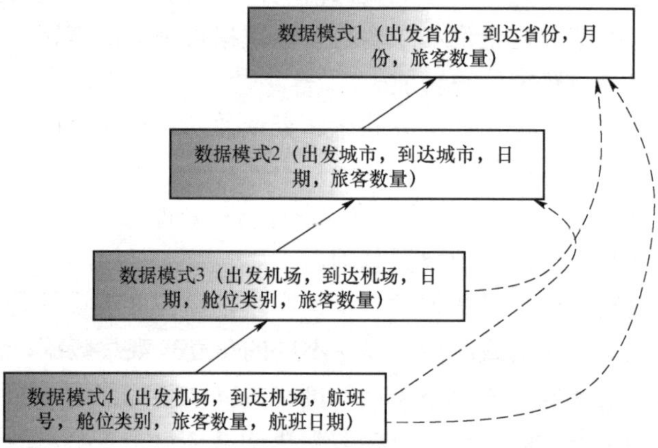

图 3－37　不同粒度级数据间计算关系及计算数据源的选择示例

为此，假定当前需要计算数据模式 1 对应的数据集，而数据模式 2、3、4 对应的数据集都已经计算完成。此时，可以从数据模式 2、3、4 对应的数据集中任选一个作为数据源。但是，利用不同数据源进行计算存在效率差异问题。显然，粒度级越高数据量越小，而计算成本一般又与所用数据源的数据量成正比。为此，该例中，选择数据模式 2 的数据集作为计算数据源是最划算的。选定计算数据源后，在自动工具（如一些 BI 工具）或数据工程中就可以根据确定的计算关系自动生成或手工编写计算代码。因此，图 3－37 的实线箭头代表了被实际选择且实现的计算关系，而虚线箭头则代表了存在但没有被选择实现的计算关系。

此外，在商业智能（business intelligence，BI）软件工具内，从低粒度级数据视图切换到高粒度级数据视图的操作被称为卷起（roll up）操作，或称为上卷、上钻或汇总操作。

2）一对多细化分析关系

对于一个主题内存在计算关系的两个不同粒度级的数据集来说，相应地存在高粒度级数据中的一条数据对应于低粒度级数据中的多条数据的关系，我们称其为一对多细化分析关系。这种关系存在的原因在于高粒度级数据原本就是根据低粒度级数据汇总计算而来的。图 3－38 给出了不同粒度级数据间的计算关系与一对多细化分析关系示意。图中不同粒度级间右边向下的箭头指代一对多细化分析关系。在 BI 工具中，这个关系体现为用户从高粒度级数据视图出发切换到另外一个粒度级较低的数据视图的操作，这种操作一般被称为钻取（drill down）或下钻，即从某个高粒度的数据项出发，进而了解对应的细节数据。

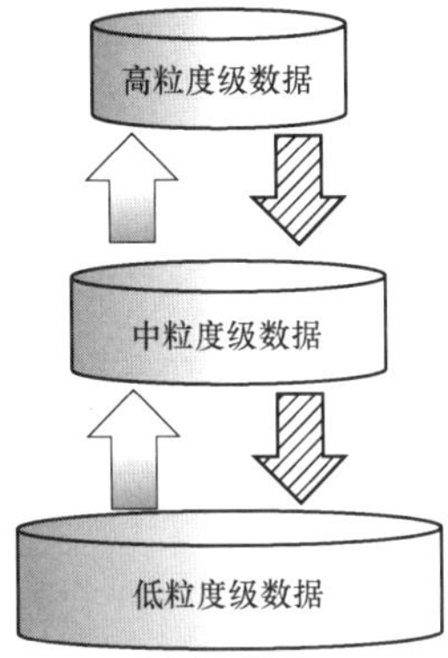

图 3－38　不同粒度级数据间的计算关系与一对多细化分析关系示意

再以前面民航旅客分析主题数据集为例。设在某个业务分析或决策场景中，用户界面数据视图（起点视图）数据模式与数据模式 1 一致，即用户正在关注各省间每个月的旅客量。假设用户发现 5 月份省份 A 到省份 B 的旅客量大增，即用户发现了一个异常事件并产生疑惑。此时，用户想看看到底是省份 A 的哪些城市到省份 B 的哪些城市的 5 月份的客流量出现大幅增长，即用户的目标视图的数据模式为（出发城市，到达城市，月份，旅客数量），且限定只关注从省份 A 出发到达省份 B 的城市。这种决策支持需求对应于对发现的业务异常情况进行的细节探查，即钻取分析，以期通过不断深入找到发生异常的原因。即用户在给定的数据集中观察一些异常信息后，进一步提出更详细的业务细节数据需求，用于原因分析。

在这个场景中，数据模式（出发城市，到达城市，月份，旅客数量）对应于针对主题数据集的数据查询需求，其查询模式为（出发城市，到达城市，月份，旅客数量）。然而，如图 3－39 所示，主题数据集中并不存在与该查询模式结构完全相同的数据模式。此时，就存在一个如何响应这个数据钻取（数据探查）需求的问题。

仔细分析一下查询需求，可以发现，如果假定数据模式 2、3、4 对应的数据集通过更新维护已经达到一致，那么，主题数据集中的数据模型 2、3、4 对应的数据集都可以通过聚集运算（汇总）来回答这个查询，如图 3－39 中由查询模式到数据模式 2、3、4 之间的箭头所示。显然，因数据模型 2 对应的数据集的数据规模最小，在同等技术条件下，用该数据集回答时查询效率是最高的。为此，在 BI 工具的查询数据源自动选择决策或设计人员的选择决策中，选择数据模式 2 对应的数据集来回答该查询是最优方案。在图 3－39 中的实线箭头所指向的数据源表示实际选用的数据源，虚线所指向的数据源表示该数据源可以选用但实际未被选用。

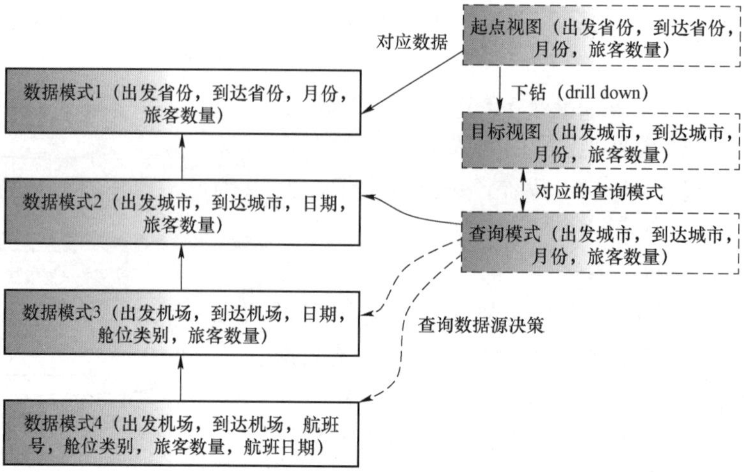

图 3－39　主题数据集中的数据钻取操作中数据源选择问题场景 1

继续讨论前面这个案例，若用户界面已经切换到 A 省的各出发城市到 B 省各到达城市 5 月份的民航客流量界面。结果用户发现 A 省 C 城到 B 省 D 城间的 5 月份的流量比平常明显偏高。此时，用户的疑惑得到阶段性的解答。

假设，此时用户想看看到底是 5 月份的哪些时段 A 省 C 城到 B 省 D 城间的旅客量有大的提升。此时，进一步的查询需求结果模式为（出发城市，到达城市，日期，旅客数量）。此时，同样存在一个在主题数据集选择查询数据源的问题。显然，在这个问题中，该查询模式对应的数据是主题数据集中现有的数据，直接使用数据模式 2 对应的数据集就可以回答这个查询。当然，用数据模式 3 和数据模式 4 对应的数据集也能回答这个查询，但是，其效率显然都要比用数据模式 2 对应的数据集来计算的效率要低。图 3－40 描述了这个案例中的进一步的数据钻取操作带来的相应数据源选择问题与结果。

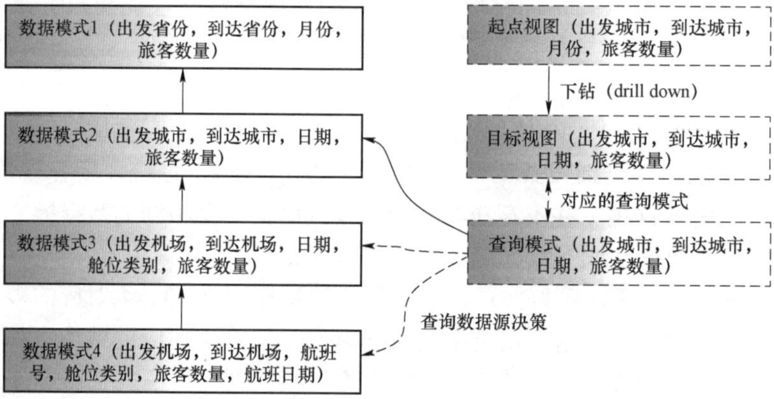

图 3－40　主题数据集中的数据钻取操作中数据源选择问题场景 2

3）查询负载分担关系

在主题数据集之间的关系中，除了计算关系与一对多细化分析关系之外，实际中还存在多个数据集之间的查询负载分担关系。实际上，建立主题数据集的多粒度级数据的根本原因在于力图通过用空间换时间的方法来提高整个系统的查询服务能力。通过高粒度级数据来支撑粒度级在其之上的查询请求，来降低相应的低粒度级数据层的查询支撑压力。

因此，在实际系统中，在数据一致的情况下，优先选择可以用来回答查询的高粒度级数据来回答查询。

对于同一或相关主题数据集来说，不同子应用场景中的查询集合所对应的数据粒度级分布一般情况是不相同的。有些系统中的查询主要涉及低粒度级数据，例如，交通场景中的 2C（面向终端客户）服务中的客票查询和历史行程查询等场景中，一般多数用户的查询涉及的数据为细节数据。然而，在更多的企业内部决策支持场景中，多数查询不是针对细节数据的，相应的数据粒度级至少是轻度汇总的数据。数据仓库之父 Inmon 在其著作中认为，许多企业决策支持领域的数据查询 95%都发生在轻度汇总级。

当然，每个企业的情景各有不同。而且，在当今大数据时代，随着大数据平台更加重视面向最终客户的应用支撑，某些大数据平台的数据查询对象的粒度级分布形态可能会发生根本性变化，基于细节数据的查询与计算反而有可能成为平台的核心能力目标。

为此，如何合理设计好特定的交通大数据平台的主题数据集的粒度级，并相应地设计查询服务分布具有重要意义。同时，设计时应考虑大批量细节数据计算的成本，需要小心安排好上层查询需求与主题数据集之间的支撑关系，即主题数据集内部的查询负载分担关系，如图 3－41 所示。

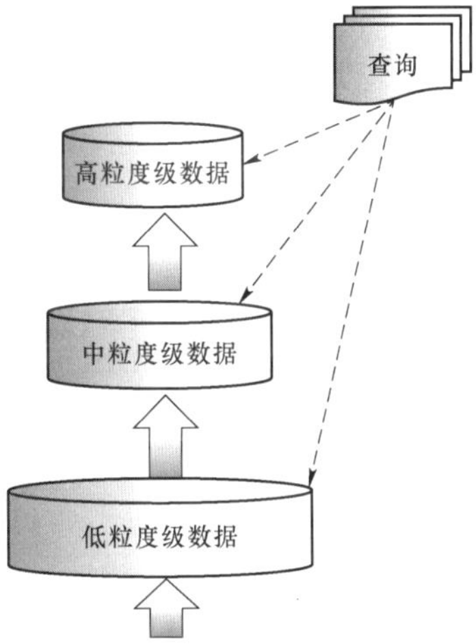

图 3－41　主题数据集内查询负载分担关系

4）主题数据集之间的关系深层含义

读者需要注意的是，在本节所举的这些案例的背后，其实还有一系列数据工程和 BI 工具技术问题，包括谁能知道哪些数据可以回答，如何才能知道哪些数据可以回答，如何实现自动计算等系列问题。这些问题都涉及数据仓库、大数据平台和 BI 工具底层技术问题，由于篇幅所限，本书不再详述。

但是，作为需要进行交通大数据平台设计或使用的工程师来说，必须知道这些关系的存在，知道这些关系的用途，这样才可能实现对交通大数据平台的优化设计。只有更好地理解这些关系的内涵，才能真正理解市面上的 BI 工具各种核心功能的含义及背后的实现逻辑。

当然，如前所述，一对多细化分析关系和查询负载分担关系的成立还需要有一个重要的前提条件，即必须保证计算关系在特定时机得到实现。也就是说，主题数据集内的不同粒度级的数据层之间的更新计算任务必须得到执行，以保证实现数据集之间的数据一致性，相关问题将在 3.5.5 节介绍。

4. 主题粒度级设计相关指标间关系

数据仓库或大数据平台的性能指标和存储空间需求是一对矛盾。如果系统设计中包含大量低粒度级数据集，则存储这些低粒度级数据所需要的空间可能会很大。但是，若为了降低存储空间需求，系统中尽可能只考虑存储高粒度级的数据集，存储低粒度级的细节数据或轻度汇总数据的存储空间需求虽然能得以减少，但是可能会导致用户无法获取细节数据甚至低粒度级的轻度汇总数据。

在满足应用需求的前提下，如何实现空间代价、维护代价、平均查询效率之间的平衡，成为进行数据环境主题数据设计需要解决的主要问题。

图 3－42 是与粒度级设计紧密相关的经典代价关系图。如图 3－42 所示，给定主题数据模型，给定数据查询集合，平均查询代价是指查询集合在实际查询频率分布下统计出的平均查询响应时间，空间代价是指为数据仓库或大数据平台投入的存储空间总量，维护代价是指集成与更新这些主题数据所需的代价，一般可以假定维护代价与空间代价成正比。

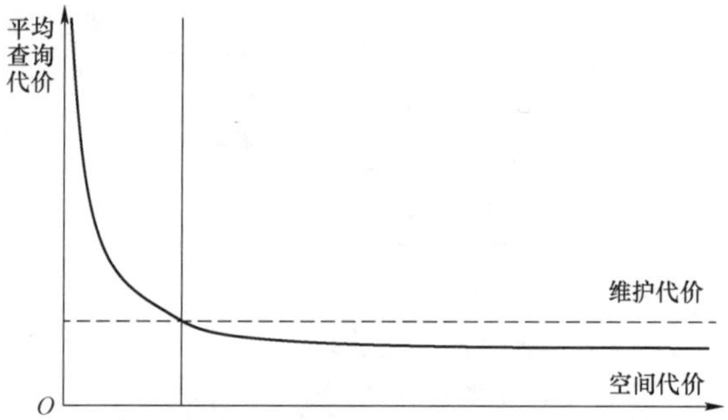

图 3－42　空间代价、维护代价和查询代价的关系

图 3－42 表明，随着空间代价的提升，平均查询代价初期呈幂率下降趋势。然而，空间代价达到一定的程度后，平均查询代价不再有大幅的降低。图 3－42 对实际数据系统的粒度级设计非常有指导意义。也就是说，在实际中只需要选择性地做好预计算就可以，不需要把所有可能的粒度级数据集都提前计算并保存起来，这样的预计算操作一般被称为数据视图的实体化或物化（materialize）。

这个规律要求设计人员必须做好需要预计算的各粒度级数据的选择工作，以确保在投入相同空间的情况下，更好地满足大多数查询的需求，总体上提高系统的查询效率。

3.5.3　操作型数据存储

在传统的企业数据仓库架构中，一般都有一个被称为操作型数据存储（ODS）的数据层，如图 3－43 所示，ODS 在系统架构中一般位于数据源系统与数据仓库之间。在企业的系统架构实践中，ODS 层具有不同的形式。

在当今互联网企业的整体系统架构中，一种流行的架构分层方法将整体业务系统分成在线（online）系统、近线（nearline）系统和离线（offline）系统 3 层，如图 3－43 所示。需要注意的是，这种分层方法是从应用架构或功能架构的角度对系统进行划分的，其分类对象是系统，而不是大数据平台中细节数据的 3 级存储层次，即在线、近线和离线存储层。

在互联网企业的业务系统架构中，在线系统一般指 OLTP 系统。近线系统是以近实时（或称为准实时）的形式处理源自在线系统的数据的系统，其主要目的在于为在线系统提供部分数据或决策支撑信息。近线系统中保存的数据集可以看成是一种操作型数据存储。离线系统则是指传统的数据仓库或大数据平台，其数据直接或间接地来自近线系统和在线系统。

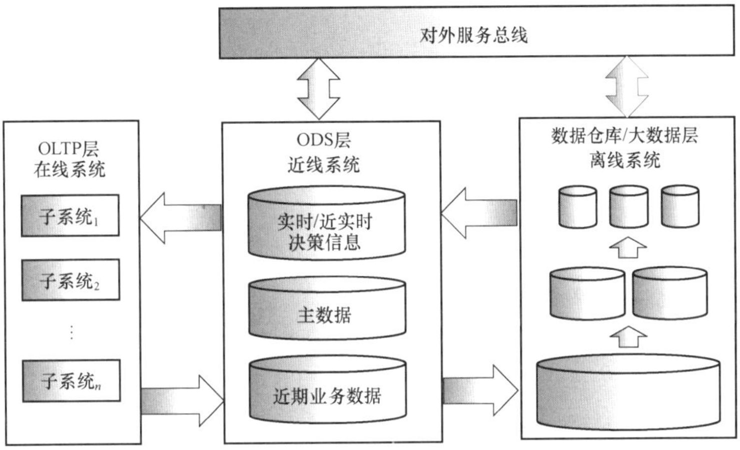

图 3－43　包含 ODS 的 3 层架构

1. ODS 与实时、近实时决策支持

在实践中，之所以出现以 ODS 为基础的具有实时、近实时特点的近线系统，基于以下几个重要的原因。

首先，数据仓库或大数据平台中的数据规模大，一般比较适合开展中长期规律性、趋势性的分析与相应的决策支持应用。这些业务与 OLTP 在业务上一般不会进行实时的联动和耦合，因此也被称为离线体系。其次，如前所述，近年来企业业务决策需求中面向中下层管理人员和自动决策程序的决策支持需求越来越多，对决策支持的实时性要求也越来越高。其中，提高实时性的目的在于提升服务提供商的反应能力，满足市场中的客户需求，提高服务质量和经营效率。

例如，在各类交通运营企业的查票、购票和购票后的旅行服务环节中，各层旅行服务商会根据用户在界面上的操作及进程，适时推荐各种附加产品与服务。这种典型的推荐业务一般都以实时、近实时的方式开展。在所需的数据方面，除了由离线平台生成并返回的用户长期偏好数据以外，这类推荐业务更需要用户近期各方面的行为数据，以便系统的推荐结果能更好地满足用户的实际需求。

此外，在数据组织形式方面，这类实时、近实时的决策支持类应用同样要求数据平台能按照面向决策支持主题、集成的方式去构建数据集，且其数据体系中的数据主要包括近期的业务细节数据和离线平台返回的决策支持数据。在数据组成与规模方面，不同于离线环境，这类平台中保存的数据主要以近期的细节数据及相应的轻度汇总数据为主，数据规模相对较小。

2. ODS 与主数据

在许多系统架构中，ODS 是企业主数据的存储平台。主数据（master data）是指企业的公共基础数据，例如企业中人员、机构、资产等涉及多部门、多领域的基础数据。从信息系统相关性的角度来看，主数据是企业内与多个信息系统相关的公共数据。在交通行业中，各类交通运营企业的信息系统架构具有许多子系统，这些子系统经常会引用或管理相同的数据集合。例如，铁路的客运站、货运站、用户、旅客、货主的信息等。

在企业的信息系统架构中，主数据的一致性维护策略、维护机制和实现途径一直是一个难题。以客票系统中的旅客信息为例，在业务开展过程中，旅客名单基础数据会发生变化，为了确保业务上的一致性，有些变化后的数据需要扩散到各个子系统中。再如，随着铁路系统的建设，开通新的高铁线路后，必然需要在各类系统中增加一系列新开通线路与站点相关的数据。这类数据更新带来了典型的联动式数据更新需求，常常会涉及企业内多个子系统间的主数据维护、共享与一致性维护。为此，对主数据的管理维护需要建立全局一致的数据标准，建立相应的数据共享与发布平台。理想情况下，在某个主数据项发生变化时，需要生成变化内容，建立实时、近实时变化数据扩散机制及相应的系统。

这种主数据更新维护业务需要涉及多个企业信息系统，因此，也属于企业级 OLTP 业务或全局型事务处理业务。这种全局型事务处理业务涉及多个系统的数据修改、更新，要求平台能保存最新的、集成的、一致的业务数据，特别是主数据。人们提出 ODS 系统的重要目标之一就是支撑这类业务需求。为此，在许多企业的信息系统架构中，都将主数据作为 ODS 的核心数据之一，并在 ODS 层实现主数据的管理和全局一致性维护业务。

3. ODS 与实时、近实时基础数据服务

在许多企业的信息系统架构中，ODS 经常需要承担基础业务数据的实时、近实时数据服务功能。即 ODS 层通过数据采集和数据集成从 OLTP 层获取数据后，需要承担两大类实时、近实时基础数据服务功能：第一类数据服务功能是向企业内部的数据仓库或大数据层提供数据；第二类数据服务功能是向企业外部提供实时、近实时或请求响应式数据服务。如图 3－43 所示。交通信息系统运营支撑企业的大数据平台一般需要建立具有这种功能的 ODS 系统。有些企业将这类系统称为数据共享系统或数据服务系统。在中国航信最新的大数据平台中，设计、实施的 ODS 系统的重要功能就是根据合约要求，为外部单位特别是航空公司、机场、上级管理部门等，提供实时、近实时数据服务。

4. ODS 层数据的特性

ODS 系统的上述 3 种定位总体上都属于企业全局性应用，因此，操作型数据存储有时也被称为用于支持企业日常全局应用的数据集合。为此，ODS 中的数据一般具有面向主题、集成、可变和数据较新 4 个基本特征。

ODS 是介于 OLTP 系统和数据仓库或大数据平台环境之间的一种数据存储。为了实现决策支持的需要，ODS 中的数据组织方式一般也采用面向主题和集成的方式进行组织。所以，对进入 ODS 的数据也需要像进入数据仓库或大数据平台的数据一样进行转换和集成处理。

不同于数据仓库或大数据平台层，ODS 一般只存放当前或接近当前的数据，根据需要还可以对 ODS 中的数据进行增、删、改等操作。所以，ODS 和数据仓库或大数据平台的区别主要体现在数据的可变性和时间特性上。

5. ODS 系统分类

根据 OLTP 系统中的数据进入 ODS 的时效不同，可以将 ODS 分成以下 3 类。

第一类是实时、近实时 ODS，即数据以实时或近实时的方式从 OLTP 系统中进入 ODS 环境中。这类 ODS 的建设难度与成本是最高的，也是大型互联网公司采用的一般构架。中国航信等现代的核心交通系统运营支撑企业一般都按实时、近实时的要求建成了 ODS。

第二类 ODS 是小时级的 ODS，即其中的数据与 OLTP 环境中的时间差为小时级。

第三类 ODS 的数据与 OLTP 环境中的数据是隔夜的，最多相隔 24 个小时。

另外，从 ODS 是否与数据仓库或大数据平台进行交互的角度，可将其分成两种。一种 ODS 只单向地往数据仓库或大数据平台层传送数据，不从数据仓库或大数据平台接收分析结果。这种 ODS 构建难度较低，功能定位比较单纯。另一种 ODS 则是闭环式的 ODS，需要与数据仓库或大数据平台层做更紧密的对接，在架构上接收来自离线层的分析结果，服务于 ODS 层的应用，同时也会向 OLTP 层返回数据。

以互联网企业的产品推荐应用场景为例，数据仓库或大数据平台通过分析用户或用户群的长期行为与偏好规律，将分析结果在恰当的时机推送给 ODS 层，并与 ODS 层的数据经算法融合后反馈给 OLTP 层。这样，OLTP 层的实时、近实时推荐算法就可以结合用户近期行为和长期规律进行更为精确的推荐。图 3－43 给出的 ODS 层就属第一类 ODS，而且是接收大数据平台的反馈并向 OLTP 系统反馈数据的闭环式的 ODS。

3.5.4 交通大数据存储技术

在存储技术方面，除时空数据以外，其他类型交通大数据存储技术大都属于通用的大数据存储技术范畴。但是，交通大数据中常见的时空栅格数据、时空图数据与轨迹数据的存储处理技术具有一定的独特性，为此，这些年学术界与工业界在时空数据的存储与处理技术方面有不少的研究与实践。本节将结合交通大数据的特点介绍大数据存储技术相关的需求、存储架构、分布式存储平台、硬件架构、图数据库、时序数据库、时空数据存储检索等。

1. 交通大数据存储与相关性能需求

在设计交通大数据平台的存储体系及相关处理技术前，首先需要考虑大数据平台与存储有关的各类需求，大数据存储体系设计需要考虑的需求主要包括数据存储时长、功能需求、性能需求等。

1）不同类别数据存储时长需求

在任意一个数据环境特别是数据仓库与大数据环境中，数据集中的数据一般都具有时间属性，如数据的生成时间或业务时间。数据存储时长是指一个数据集在给定数据环境中允许保存的最旧数据的时间与当前时间的差距，如 5 年、10 年等。数据存储时长需求主要受法律、法规及业务需求的影响。此外，对于具体某一类别的大规模数据集，其存储时长需求决定了数据的存储量，相应地会影响总体存储构架及成本。为此，在设计企业数据架构之前，对于中大规模的数据集，包括细节数据和导出数据，一般都必须明确其存储时长。

在企业数据架构中，对同一类型的细节数据，存储时长需求可以细化为 OLTP 环境中的存储时长需求、数据仓库或大数据平台的存储时长需求等。在数据仓库或大数据平台中，又可以进一步细化为各数据层次架构中的存储时长需求，包括 ODS 层、核心存储层、数据湖、温数据层、冷数据层等。每个层次一般要有较为明确的数据保存时长。

对于导出数据或派生数据，一般也要确定能够提供在线服务的导出数据的数据时长，导出数据的数据时长参数是导出数据存储体系的设计输入，也规定了应用端可访问到的导出数据时间范围。需要注意的是，导出数据的保存时长可以与细节数据保存时长不同。在许多实践中，因导出数据规模一般小于细节数据，为此，提供在线服务的导出数据的时间跨度要大于提供在线服务的细节数据的时间跨度。

2）大数据平台的功能及性能需求

存储平台所需支撑的应用功能类型及相应的性能需求是决定数据存储体系设计的重要因素。从功能角度来看，外部应用对大数据平台的访问功能主要体现为针对特定数据集的写入、查询和计算结果导出等基本操作。

在数据写入方面，应该从大数据平台数据架构的数据流角度考虑问题。从数据流角度看，数据写入功能表现为数据从一个数据层写入或流入下一个数据层。在层间的数据写入任务一般涉及单次写入量、写入频率、写入机制、数据变化捕获机制等性能指标或机制的选择。数据的写入模式与目标存储体系的设计和实现密切相关。在大数据平台中，常见写入目标可以包括关系型数据库、高速缓存、搜索引擎、非结构化大数据存储、结构化大数据存储、异步缓冲队列、对外数据服务接口文件等。

从查询的角度来看，大数据平台所需支持的查询功能类型及频率直接影响了平台的存储体系组成、技术与性能设计。针对平台中数据集的查询类型，一般可以分成点查询、范围查询、顺序扫描和模糊查询，不同类别的查询所需的支撑技术不尽相同。查询的触发来源也是多种多样的，可以是不同类别的批量计算任务、流式计算任务或前端应用触发服务事务等。在设计存储体系时，必须重点考虑每个数据集涉及的查询集合及各查询的可能发生频率，并主要面向发生频率高、计算成本高的查询来设计或优化存储体系。

存储平台的性能需求主要体现为写入和查询所涉及的业务吞吐量需求。另外，还包括可扩展性需求、安全性需求和分级分布式存储需求等，在此不再赘述。

从交通大数据的角度来看，大规模的地理信息、时空数据的存储需求对存储平台与技术选型有一定的影响。感兴趣的读者可以了解大型地理信息数据库、图数据库、时序数据库等领域的前沿研究与技术实践。

2. 交通大数据混合存储架构及存储策略

从存储技术角度来看，对典型的交通大数据来说，传统的基于关系型数据库的存储系统一般无法满足其容量与服务性能需求。因此，在 3.2 节介绍的各类交通大数据平台架构中，我们可以发现，当前流行的交通大数据平台存储架构基本都采用混合存储架构。这些存储架构容纳了传统关系型数据库、内存数据库，以及非结构化大数据存储、结构化大数据存储、搜索引擎存储、冷数据备份存储等技术。这些混合存储架构支撑了交通大数据平台不同类型的功能与性能需求。

对交通大数据平台需要支撑的一些查询服务性能要求较高、规模可控的数据集来说，可以采用传统的关系型数据，并充分利用关系型数据库的优化技术特别是索引技术来保证系统服务性能。对于一些读写服务性能要求很高的数据集，许多平台甚至建立内存数据库来实现高性能数据处理与服务。

对于结构化的大规模交通业务或日志数据，可采用 Hadoop 的 HDFS 或类似的存储架构存储原始文件，使用 HBase 存储细节数据，用 Hive 来存储中高级粒度的数据，如报表数据等。

当然，对于结构化的大规模数据存储问题，市场上有许多可选的解决方案可用于存储结构化交通大数据。

对于交通图片及视频数据这类典型的非结构化大数据，可采用 Hadoop 的 HDFS 或以纯文件格式存储原始数据，使用 RDBMS、HBase 或 Cassandra 等平台存储图片及视频元数据。同时，交通图片、视频数据可采用分级分布式存储策略，划定上下级数据存储职责，减少数据传输和存储压力。如今也有许多厂商推出对象存储服务技术解决大规模非结构化数据存储问题。

对于交通大数据平台提供的一些搜索引擎服务，一般都需要建立和维护大规模索引数据平台。因为不同场景的搜索服务差别很大，不同平台所用的搜索引擎及存储体系有很大的不同。有些平台直接采用类似 Elasticsearch、Opensearch 等通用或开源技术。有些大型企业特别是大型互联网+交通服务企业，则自己研发、建立搜索引擎存储与应用技术。主要原因在于这些企业面向公众的出行服务搜索引擎具有至关重要的地位，其涉及的搜索引擎技术也与通用搜索引擎技术有很大的不同，需要重点面向 POI 搜索、OD 搜索、交通产品与服务搜索进行优化设计。

3. 常见大数据分布式存储平台简介

在大数据存储技术上，交通大数据平台与其他行业的大数据平台并没有本质差别。在当今实践中，一般也采用关系型系统数据平台与 NoSQL 数据库平台混合的架构。本节简单介绍大数据相关的分布式存储平台与技术，更多详细的技术内容建议参考各类技术资料。

1）HDFS

针对交通大数据平台中大规模的结构化或非结构的数据集，当前的交通大数据平台经常采用分布式文件系统 HDFS（Hadoop distributed file system）或同类系统来存储原始文件数据。

Apache 推出的 HDFS 是一个开源的、具有高度容错性的分布式存储系统。HDFS 借鉴了谷歌的 GFS（Google file system），在物理上是一个分布式文件系统，在逻辑上能使得用户在使用一个集群时与使用一台机器具有相同的操作逻辑。HDFS 可以部署在廉价的机器上，能提供高吞吐量的数据访问，非常适合存储大规模数据集。

更重要的是，HDFS 允许在不宕机的情况下实现无缝容量扩充，满足开发人员随时对系统进行扩容，以保存更长历史数据的需求。HDFS 对文件实行一次性写、多次读的访问模式，文件一旦建立写入后，就不需要再更改。这样的假定简化了数据一致性问题并使高数据吞吐量成为可能。此外，HDFS 采用以固定大小的块作为数据存储单位的数据分割机制，每个数据块一般至少在不同的数据节点保存 3 份以上。这种数据分割机制具有以下优点。

① 能够支持更大规模文件的存储：大规模文件可以被拆为若干小块分发至不同的节点。这样，超大型文件就不会再受限于单个节点的存储空间，通过存储集群可以存储超大文件。

② 便于管理和计算：文件块的大小固定使系统很容易计算出一个节点所能存储的块数，同时也方便了元数据的管理，使元数据不需要和文件块一起存储，可以由专门系统负责管理元数据，实现管理与存储解耦合。

③ 有利于系统容错：每个文件块都被存储到多个节点上，即使有部分节点宕机，也不会影响系统性能和数据安全，大大提高了系统的容错性。

HDFS 总体上由命名节点（name node）和数据节点（data node）组成。命名节点负责管理文件系统的命名空间、集群配置信息、数据块与数据节点间的对应关系等主要的元数据，并负责维护整个文件系统、接收用户的操作请求、处理事务日志等。数据节点负责提供文件数据块存储服务，保存本地数据块的元数据，并与命名节点进行周期性的沟通。

如今，以 GFS 与 HDFS 为代表的分布式文件系统取得了巨大的成功，使得超大规模数据集能以廉价、安全和可扩展的方式得到存储和应用。同时，Google 提出的 MapReduce 计算模型为大规模分布式集群的使用透明化和高效化奠定了重要基础。MapReduce 将分布式计算任务划分为两个执行阶段：第一个阶段 Map 是指计算任务的映射操作或分解操作，即将一个总体计算任务转换成该计算所涉及的数据节点上的计算任务的过程；第二阶段 Reduce 则对应于收集各个节点的计算任务的结果，并将其汇总成总体结果的过程。

MapReduce 计算模型通过计算的去中心化，使各个数据节点能同步进行计算，解决了中心化系统的计算瓶颈问题。同时，这种计算模型用计算迁移代替了数据迁移，将计算任务分配给各个节点去完成，集群通信网络上只需要传输协作指令、计算任务和计算结果，大大降低了集群数据通信压力，解决了分布式集群在并行计算中常见的数据通信瓶颈问题。

2）HBase

在交通大数据的很多应用场景中都涉及针对大规模数据的实时统计和查询。传统用分布式关系型数据库进行中大规模数据实时统计与查询时，存在基础软硬件成本高、并行计算架构复杂、系统实现成本高、可扩展性差等问题。HBase 是建立在 Hadoop HDFS 文件系统之上的高可靠、高性能及面向列、可伸缩的分布式数据库，采用横向扩展的方式，通过多台廉价服务器实现海量数据的存储，尤其适合存储海量半结构化或非结构化数据。HBase 中的数据以键值对的形式存储，支持实时查询和随机读写操作，解决了 HDFS 随机查询效率低下的问题。

为此，许多交通大数据平台采用交互访问效率较高的 HBase 来存储一些类型的交通大数据，如动态时序数据、细粒度数据等。现实实践中常用 HDFS 加 HBase 的混合存储架构实现交通大数据的持久化存储，同时配合 MapReduce 或 Spark 等计算框架进行数据的分布式并行计算。另外，在市场上，Cassandra 是 Apache 的另一款非常流行的与 HBase 的数据模型、功能和定位极为相似的数据库平台，且具有自己的查询语言 CQL（Cassandra query language），篇幅有限不再介绍。

3）Hive

Hive 是基于 HDFS 的类关系型数据库工具，Hive 利用 HDFS 实现结构化数据存储，以传统数据库工程师熟悉的表的形式面向应用提供服务，提供类 SQL 查询功能。Hive 系统具有将 SQL 语句转换为 MapReduce 任务运行的能力。与 HBase 具有近实时查询能力不同，Hive 在数据处理时最终需要转换为 MapReduce 任务计算，无法及时提供查询结果。所以，Hive 并不适合实时计算场景，主要用于离线数据的分析和统计。在交通大数据平台中，常使用 Hive 做海量数据的批任务处理，例如基于历史数据的挖掘和分析，以预计算模式生成数据报表等。

4）Redis

在大数据时代，Redis 数据库在交通信息系统中得到了广泛使用。对于经常变化的、访问性能要求高的数据，例如热门搜索等，通常存储在 Redis 数据库中。Redis 是一个高性能 Key-Value 数据库，基于内存运行，性能高效。Redis 可以用作数据库、缓存或消息代理。虽然 Redis 运行在内存中，但数据也可以持久化到磁盘。Redis 会周期性地把更新的数据写入磁盘或者把修改操作写入附加的记录文件中，并在此基础上实现主从同步。在实践中，既可以构建 Redis 集群，集群节点间实现数据共享，也可以通过构建主从模式的集群提高系统的容错性。

4. 3 种常见的存储系统

1）DAS（direct-attached storage）

DAS 也称为直连存储，其外部存储设备是通过电缆（通常是 SCSI 接口电缆）直接挂到服务器内部总线上，如图 3－44 所示。DAS 外接式存储设备目前主要是指 RAID 盘阵或 JBOD(just a bunch of disk)等。由于这种存储技术是把设备直接挂在服务器上，随着信息系统的增多，存储需求不断增大，越来越多的 DAS 设备可能会添加到企业网络环境中，最终会导致具有独立服务器的数量较多，资源利用率低下，数据共享受到严重的限制。

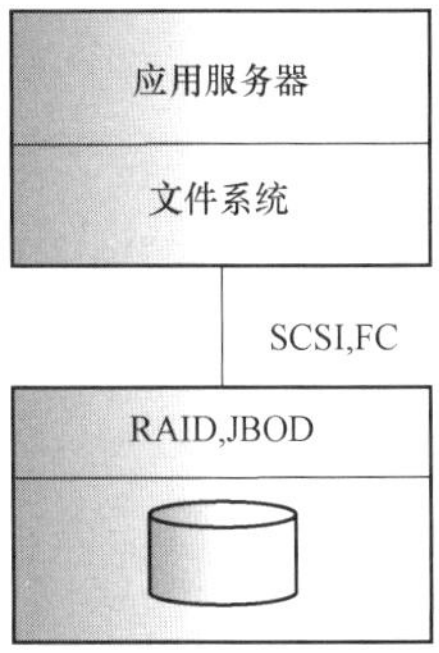

图 3－44　DAS 架构

传统上，DAS 适用于单机关系型数据库，数据规模大的单机关系型数据库有时会采用磁盘阵列柜。考虑到 DAS 模式下存储设备本身产生单点故障时会带来的严重安全问题，为此，安全性与可用性要求高的系统一般较少采用 DAS 模式构建存储体系，或者即使采用，一般也需要采用 RAID 技术（如 RAID1 或 RAID5）或数据库镜像技术等冗余措施来保证或提高安全性。

但是，随着谷歌 Bigtable 分布式文件系统的出现及相类似的大数据生态的不断成熟，越来越多的大数据平台转而采用 DAS 这种简单的直连式廉价存储体系，通过大数据分布式文件系统本身的跨机柜、跨机房的数据多备份冗余和故障情形下自动恢复机制保证数据的安全。另外，在大数据时代，随着硬盘容量的迅速增长和单服务器可容纳磁盘个数的大幅增长，传统的磁盘阵列柜逐渐失去了市场。为此，采用 Hadoop 或类 Hadoop 技术的集群中所用服务器经常采用廉价服务器中的内置硬盘，很少采用磁盘阵列柜。

此外，考虑到分布式文件系统本身具有的强大故障自愈能力，使得单个服务器的介质故障对整个分布式文件系统不会带来影响。因此，大数据处理集群中的服务器一般也不再需要采用 RAID 等冗余技术，在节省硬件成本的同时也能提高硬盘读写效率。

2）NAS（network-attached storage）

NAS 存储也称为网络挂接存储或网络附属存储，这种存储技术在网络中设置一个单独的存储服务器，此类存储服务器采用标准的网络拓扑结构与协议在网络上提供共享文件存储。NAS 存储服务器无须直接与目标服务器连接，不依赖于通用的操作系统，所以存储容量较易扩展。并且对于原来的网络服务器的性能无过多影响，是一种非常好的文件级的存储方法，其架构如图 3－45 所示。

NAS 的重点在于解决迅速增加的存储容量的需求，一般支持多机平台或计算集群，如 Hadoop 集群。但是，NAS 的不足之处也很明显，其数据访问、备份、恢复等业务都需要占用公用网络通道，容易导致网络带宽消耗过高。

3）SAN（storage area network）

SAN 也称为存储区域网，SAN 存储技术通过光纤通道交换机连接存储阵列和服务器，形成一个以光纤通道为数据通道的存储专用网络，服务器群集与存储设备之间的通信只发生于专用存储区域网内，不挤占公共 IP 通信网络，为此，SAN 具有更高 I/O 通信带宽。SAN 的架构如图 3－46 所示。

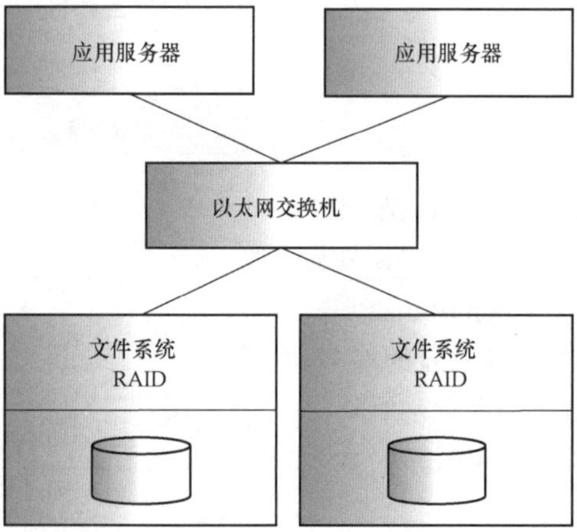

图 3－45　NAS 架构

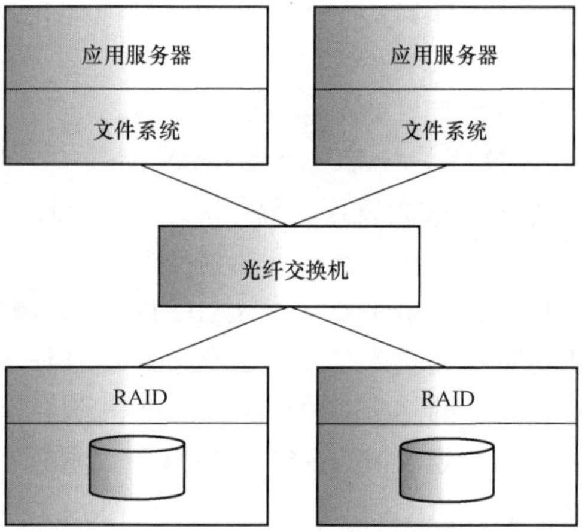

图 3－46　SAN 架构

SAN 的优势在于将存储设备架构在专用的通信网络上，与公共通信网络隔离，并允许连接在 SAN 上的各个服务器访问共享 SAN 内的各种磁盘阵列，访问时直接通过专用网络存取所需的数据，具有很高的效率。SAN 适用于集中式存储结构，适用于传统高性能 OLTP 系统的存储环境建设，不适用于在 SAN 之外的更大范围内的可共享存储结构。另外，SAN 硬件成本相对较高，对于非结构化数据的存储比较麻烦，一般还需要与 NAS 结合，用 NAS 来存储非结构化数据。

5. 图数据库

图是一种二元关系，由节点和边构成，节点和边上可以有属性。根据图的结构，可以分为有向图/无向图、有权图/无权图、异质图/同质图等多种类型。如前所述，在交通业务场景存在许多时空数据，许多类型的时空数据本质上属于图数据。例如路网数据、航空网络数据、铁路网络数据、旅客社交网络数据等。

在选择图数据存储平台时，需要权衡成本和性能两方面因素，其中，成本包括存储空间、磁盘 I/O、维护成本等，性能主要是读写性能。图的不规则数据结构通常会导致访问存储系统时产生随机 I/O，并且大规模图需要占用大量的磁盘空间。如果采用关系型数据库（RDBMS）来存储大规模图数据，并使用复杂的 SQL 语句进行图查询，在读写性能上很难满足快速响应的需求。

为此，对于大规模图数据，可以考虑采用图数据库进行存储。图数据库（graph database）是四大非关系型（NoSQL）数据库之一，目的在于实现图数据的高效存储和查询。在图数据库产品中，Neo4j 是当前一种流行的图数据库。Neo4j 具有一个高性能的图引擎，其中只存在节点和关系两种数据类型。每个节点有零或多个属性，这些属性以 Key－Value 对的形式存储。关系指图中的边，通过起始节点和终止节点来表示。同样，关系也有自己的属性，通过关系可以找到相互关联的数据。Neo4j 可以在节点的一个或多个属性上创建索引，在索引创建完成之后，当图数据发生更新时，系统能自动更新索引，Neo4j 能自动分析查询并决定是否使用索引以提高查询性能。

除了 Neo4j，还有其他常用的图数据库，如 DEX、Infinite Graph、HyperGraphDB 等，这

里就不做详细介绍，感兴趣的读者可以自行了解。

6. 时序数据库

在交通大数据场景中，如何存储大规模时序数据是一个重要问题。时序数据类型多种多样，包括普通时序数据、图片、声音、视频等。这些数据的共同特点就是数据中包含时间属性，因此称之为时序数据。时序数据中的数据点有两种模型，一种是时间戳和数值分别各为一个数组，例如，[2017－09－03－21：24：44，2017－09－03－21：24：45]，[0.1002，0.1012]。另一种是时间戳和数值组成一个数组，例如 [{t：2017－09－03－21：24：44，v：0.1002}，{t：2017－09－03－21：24：45，v：0.1012}]，前者对应于列存储，后者对应于行存储。时序数据库要求能有效实现时序数据存储与查询。

传统上，时序数据经常以普通数据文件的形式存储在操作系统中，或者采用传统关系型数据库以行存储或二进制字段等方式保存时序数据。鉴于列式存储数据库的特点，在有些应用场景中，直接将列式数据库作为时间数据库使用。例如，面向 OLAP 的列式存储数据库 ClickHouse 在一些应用场景中就被当作时序数据库使用。

为解决时序数据的快速读写、持久化、多维聚合查询，数据分层管理、基于时间线的多粒度级时序数据生命周期管理等问题，出现了各种各样的时序数据库。

最初的时序数据库主要以专用时序数据库或实时数据库的形式出现，数据库运行于单机服务器，主要用于处理股市、传感器检测数据等类似的中小型时序数据处理场景。这类时序数据库的典型代表包括 InfluxDB、Graphite Whisper、Prometheus、KDB+、RRDTool 等。这类时序数据库在技术上抛弃了关系型数据库具有的大量的关系模型数据的处理功能，主要面向时序数据的访问处理进行优化。因为这些数据库一般只以单机的形式使用，所以这类时序数据库一般定位于中小型应用场景，或作为时序数据的现场采集终端设备或分级缓存设备。为了解决存储容量的限制，这些单机式时序数据库经常需要采用分级存储、降低精度、压缩等策略处理时序数据。例如，考虑到新鲜时序数据的访问频率高，这类数据库经常将以无损的形式将最新的数据缓冲在内存队列或持久化在硬盘上。而对于访问频率较低的历史时序数据，经常以降低采样精度、压缩等方式处理后再存储。同时，为防止存储空间溢出，一般也需要通过设置保存时长、轮转覆盖、按期转出归档等方式进行时序数据的生命周期管理。

为了解决单机存储能力有限的问题，有些厂商推出了具有集群处理能力的时序数据库。这些数据库有些采用自研集群架构，有些则依托于大数据存储集群架构。例如，2018 年推出的 DolphinDB 是一种追求高性能时序处理能力的数据库，它既支持单机模式，也支持专用集群模式，其专用服务器集群中需要设置控制器（controller）、代理（agent）和数据节点（data node）3 类节点，控制器和代理负责集群管理与任务协同管理，数据节点主要负责存储数据。

为了降低底层数据管理开发负担，充分利用现有底层数据库平台的能力，许多时序数据库基于现有成熟或流行的数据库平台，通过在其上增加时序数据组件的方式构造时序数据库。例如，TimescaleDB 就是基于关系型数据库 PostgreSQL 扩展而来的时序数据库，专门对时序数据处理进行了优化，并能充分利用 PostgreSQL 本身的关系型数据处理能力，方便用户以 SQL 语句操纵数据。同样，鉴于大数据存储平台所具有的大规模数据集群式存储与处理能力，结合 HBase、Cassandra 等平台所具有的列式存储特点，这几年开始出现基于大数据平台的开源时序数据库。OpenTSDB 就是一种基于 HDFS 和 HBase 架构生态的开源时序数据库，

OpenTSDB 基于 HBase 扩展而来，具有海量数据实时读写能力和聚合计算能力。在继承了 HBase 的通用列存储优势的基础上，OpenTSDB 利用时序数据的特性规避了 HBase 的部分劣势。在数据模型和聚合分析方面，OpenTSDB 做了贴合时序的大量创新。KairosDB 则是与 OpenTSDB 类似的架构在 Cassandra 基础之上的时序数据库。显然，这两类时序数据库都适用于超大型时序数据的存储与处理，适合具有交通时序大数据的应用场景。

为了减轻时序数据库构建与管理压力，著名云计算厂商陆续推出了云时序数据库产品，最典型的为 Alibaba Cloud TSDB 和 Amazon Timestream，这种时序数据云端存储服务产品面向各类时序数据存储与处理服务需求，在后台架构大规模时序数据库技术平台，将时序数据存储、处理和管理功能透明化，卸除用户的软硬件平台搭建、数据建模、存储、处理、管理等压力，用户只需直接使用云平台提供的云化时序数据服务即可实现时序数据的存储、应用和管理。

7. 地理信息与 POI 大数据存储技术

随着地理信息数据种类的增多、采集形式的多样化，许多交通大数据平台的 POI 数据量增长迅速。一个兴趣点（POI）可以是一栋房子、一个公交站等，属于矢量数据，即借助于坐标点标注的数据，也是电子地图上较为常用的数据图层。

目前，交通大数据平台中 POI 数据常见的存储架构总体上依托于 Hadoop 架构，将大量数据和算法分布到多台计算机上，图 3－47 给出了一种交通大数据平台 POI 大数据的实际架构。在这个架构中，POI 数据文件存储于 HDFS 中，数据处理结果可以存储到 Hive 中，分析任务结果可以存储于扩展了 PostGIS 插件后的 PostgreSQL 中。PostGIS 的 SQL 语法可以便捷地操纵装载着空间信息的数据框（数据表），这些二维数据表一般设置了一些特殊的空间地理信息字段（带有空间投影信息、经纬度信息等）。除此之外的其他字段与主流数据管理系统所定义的字段相同。

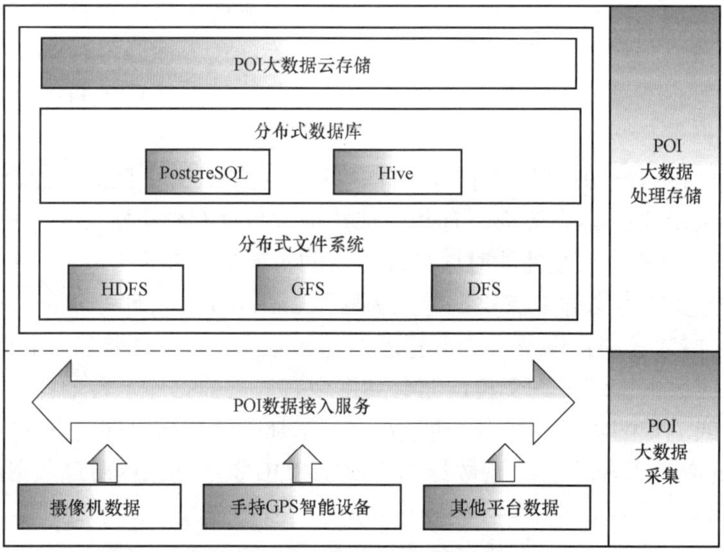

图 3－47　POI 大数据存储架构

8. 时空数据的存储、检索技术

时空数据包含时间和空间两个维度。时间维度的历史性导致数据规模大，空间维度的多变性会带来数据索引与检索方面的诸多挑战。为了存储规模巨大的时空数据，多数交通大数据平台通过 Hive、HBase、Cassandra 等分布式数据库，或使用在这些平台之上进行扩展后的数据库来存储管理时空数据，构成时空数据库。在各种时空数据中，交通对象在时空图上移动构成的轨迹数据的存储管理最为复杂。时空轨迹中的位置点本身拥有较多的属性，且位置点与位置点之间通过时间前后关联。在时空数据库系统中，通常将轨迹检索需求分为 3 种类型，即 P－Query、R－Query 和 T－Query。

① P－Query：可称为点—轨迹查询，给定 POI，检索与该 POI 最近的时空轨迹。

② R－Query：可称为区域—轨迹查询，一种任务是检索某时段通过区域 R 的时空轨迹；另一种任务是检索给定时间段内的特定轨迹频繁通过或重叠通过的区域。

③ T－Query：可称为轨迹间查询，在一组轨迹中找出符合某种指标要求的轨迹对或轨迹组。例如，单点距离最近轨迹对，点间距离之和最近轨迹对。

显然，除时空约束外，轨迹数据库中的检索问题还可能有其他查询条件。

时空轨迹数据在存储时需要重点考虑两方面问题：一方面是存储空间问题，另一方面是数据访问效率问题。例如，对于相似轨迹数据的查询，如果不同数据的物理存储相距甚远，物理存取路径复杂，则在整合的过程中会消耗大量的时间。因此，针对复杂的大规模轨迹数据，如何确保轨迹数据的检索效率是一个至关重要的问题，而检索效率关键取决于是否有恰当的轨迹数据索引。

鉴于轨迹数据的独特性，轨迹数据的索引技术有相应的独特性，也是目前本领域研究的热点之一。时空轨迹数据库经常需要在瞬时或连续时间窗口中查询信息，时空轨迹索引技术主要采用在 R 树基础上进行扩充后的索引树结构。R 树是一种高度平衡的数据结构，其上的每个节点代表一个最小边界矩形区域，一个节点的矩形区域应包含该节点的所有子节点的矩形边界。每个区域标识作为 R 树的搜索键。搜索的过程从 R 树的根节点开始，逐层向下进行节点查询，只有当节点的最小边界框与被查询区域相关时，才会访问节点。当查询节点为与检索区域相关的叶子节点时算检索成功。

常见的轨迹索引树主要分为以下 3 种。

① 增广 R 树：增广 R 树为 R 树增加瞬时维度，以满足在瞬时时间窗口中查询信息的需求。增广 R 树的例子有 3D R 树、tr 树等。

② 多版本 R 树：这类树为历史中的每个时间戳构建一个单独的 R 树，并在两个连续的 R 树之间共享公共部分，以满足在连续时间窗口中查询信息的需求。常见的多版本 R 树有 MR 树、HR 树、HR+树和 MV3R－树等。

③ 基于网格的索引 GBI（grid based index）：这种树按空间维度将地理划分为网格，然后为每个网格建立单独的时间索引，如 SETI 树和 MTSB 树。

3.5.5　交通大数据载入、更新与维护技术

大数据载入与更新是指在新的或全量细节数据到达大数据平台入口处后，按目标数据模型要求，将细节数据载入大数据平台的目标存储，并更新其他相关导出数据或派生数据的过程或任务。

1. 交通大数据载入与更新概述

1）细节数据载入问题

大数据的载入任务可以看成是 ETL 工作的一部分，但也可以将其作为 ETL 处理之后的独立过程。在大数据载入任务方面，需要考虑的问题主要包括数据载入任务与前序数据集成任务的耦合问题、数据载入的触发时机问题、数据载入任务执行模式选择问题、数据载入任务性能问题、数据载入任务与后续多级更新任务的耦合问题、数据载入任务调度与执行监控问题等。

总体上，OLTP 系统中的细节数据进入数据仓库或大数据平台的组织形式大致分成增量式与快照式两种。

增量式策略仅将新生成的数据本身按一定的时机策略传送到数据仓库或大数据平台。这种策略适用于 OLTP 环境中数据生成频率非常高的数据集。例如，各类交通系统的客票销售记录、通信公司 BOSS 系统中的各类用户通信记录、银行系统的用户存取款流水记录等。在不同的数据仓库或大数据平台中，一般会根据不同的时间策略以增量的方式将新生成的这类数据通过一定的渠道和策略载入大数据平台。

快照式策略将新数据所涉及的相关数据单元整体上以快照的形式按一定的策略传送到数据仓库或大数据平台。快照式一般适用于数据量变化频率不高且数据规模不大的数据集。这类数据因变化不大，一般数据规模也有限，在技术上适合采用快照方式进入数据仓库或大数据环境。例如，新开通一个车站或其他业务引起 OLTP 环境中的车站表发生变更，在将这些变更信息反映到大数据平台时，因为车站表本身数据量并不大，可以采用快照方式将整个表传送过去。

需要注意的是，以上两种组织形式所适用的数据类型并不具有绝对性。例如，在有些平台中，有些数据的变化频率虽然相对而言不是很高，但由于数据表规模比较大，也不一定适宜采用快照方式进行载入。

2）导出数据更新问题

导出数据更新是指根据载入后的细节数据的变化，按照一定的策略对后续相关的导出数据进行更新的过程。在实际企业的大数据平台中，导出数据更新及任务组织是非常重要的问题。给定源数据集 DSS 和导出数据集 DDS，设在 t_i 时刻，DSS 的当前值为 DSS_{t_i}，DDS 的当前值为 DDS_{t_i}，两个数据集数据具有一致性，即在该时刻的两个数据集符合两者间的导出计算关系要求。设在下一时刻 t_{i+1}，系统捕获到 DSS 的新的变化数据集 $\Delta_{\mathrm{DSS}}^{t_{i+1}}$，且 DSS 的当前值已经更新为 $\mathrm{DDS}_{t_{i+1}}$，则导出数据更新任务可以抽象表示为：

$$\mathrm{DDS}_{t_{i+1}} = \mathrm{Update}\left(\mathrm{DDS}_{t_i}, \mathrm{DSS}_{t_{i+1}}, \Delta_{\mathrm{DSS}}^{t_{i+1}}\right) \tag{3-23}$$

从该任务可以看出，式（3－23）所描述的更新任务并不包含源数据集 DSS 的更新任务，即源数据集与导出数据集的更新任务是不耦合的。同时，需要注意的是，以关系型数据模型为例，对于单个导出更新任务，DDS 和 DSS 两个数据集中可以包含多个表。在式（3－23）中表达的更新任务涉及一系列的问题。

首先是变化数据捕获与缓冲问题，有人称之为变化数据捕获（changed data capture，CDC）能力问题，即如何捕获 $\Delta_{\mathrm{DSS}}^{t_{i+1}}$。CDC 问题存在于各种数据环境或环节中，采用的主要方法包括数据源主动记录法、数据源日志分析法、快照对比法等。数据源主动记录法是最常见、最简单的方法，即数据源本身在生成新数据的过程中，数据源将新生成数据 $\Delta_{\mathrm{DSS}}^{t_{i+1}}$ 保存在变化文件、变化表、变化缓存或缓存队列中，等待后续处理。在一些大型架构中，甚至同样采用类似 Kafka 这样的群集式缓冲队列来缓冲细节变化数据。数据源日志分析法则通过解析 DDS 数据源层日志来得到 $\Delta_{\mathrm{DSS}}^{t_{i+1}}$。快照对比法则根据保存在系统中的两个前后数据快照计算得到 $\Delta_{\mathrm{DSS}}^{t_{i+1}}$。

从更新计算策略实现方面，有全量重计算方法和增量计算方法。全量重计算方法是指计算 $\mathrm{DTS}_{t_{i+1}}$ 中的某个具体数据对象 $\mathrm{DT}\in\mathrm{DTS}_{t_{i+1}}$ 时（在关系型系统中 DT 可以是一个表或实体化视图），根据 DT 在 $\mathrm{DSS}_{t_{i+1}}$ 中的相应数据源对象子集 $\mathrm{DS}\subset\mathrm{DSS}_{t_{i+1}}$ 的全量数据，重新按计算方法得到 $\mathrm{DT}_{t_{i+1}}$。显然，如果 $\mathrm{DS}_{t_{i+1}}$ 数据规模很大，这种方案是不可行的。在增量计算方法中，针对前面的 DT 的计算问题，只根据 $\Delta_{\mathrm{DS}}^{t_{i+1}}\subset\Delta_{\mathrm{DSS}}^{t_{i+1}}$ 和 DT_{t_i} 来计算得到 $\mathrm{DT}_{t_{i+1}}$。显然，增量计算方法效率明显要高于全量重计算方法。

然而，在一些导出数据计算问题中，有些计算指标只能基于全量源数据重新计算。此时，包含这种计算指标的导出数据则不可能采用增量计算方法，只能采用全量重计算方法。为此，在设计大数据处理导出数据模型时，要慎重考虑是否设置那些只能根据数据源全量数据重计算的指标。

在导出更新时机方面，分成实时流水线式更新、定时流水线式更新和延迟式更新等方案。实时流水线式更新方案是当前最流行、最先进的方案，数据源变化数据到达以后，采用该方案的系统会实时生成流水作业任务，完成后续各层的导出数据计算任务。采用定时流水线式更新方案的系统会按一定的时间间隔，根据变化数据形成一个更新作业流水任务。采用延迟式更新方案的系统则是在用户查询发现导出数据已经陈旧的时候，由查询任务触发导出数据的更新。

2. 大数据平台细节数据载入策略

数据载入任务分成全量载入与增量载入两种模式。全量载入是指将某个历史数据集一次性批量载入数据仓库或大数据平台的过程。增量载入则是指将新生成的数据载入平台的过程。

在现代的大数据环境中，增量载入又可以分成批量式增量载入模式和实时、近实时增量载入模式。批量式增量载入模式属于传统的增量更新模式，指前后两次数据载入任务之间有一个相对较长的时间间隔，如 10 分钟、1 个小时、半天或 1 天。每次载入时都需要将上次载入完成后到新任务执行时积累的新数据载入系统中。在实时、近实时增量载入模式下，载入任务对实时到达或近实时定时主动取到的待载入数据以并行流水作业的方式执行载入任务，这种模式是大数据时代增量载入的最主要且最常见的模式。

显然，在同一业务场景下，相对于批量式增量载入模式，实时、近实时增量载入模式单次需要处理的数据量小。但是，整个处理流中一般还需要考虑后续关联的导出更新任务，实时、近实时增长载入模式对计算任务并行化和任务管理控制策略要求高，实现更为复杂。在批量式增量载入模式下，数据集成模块与数据仓库或大数据平台之间的业务耦合度低，软件实现较为简单。但是，该模式会导致平台中的数据内容与业务系统之间有一定的时延。同时，经过一段时间的积累，批量式增量载入模式单次需要处理的数据量可能会很大。在实际中，因为传统技术方案的大规模并行处理能力有限，所以批量式增量载入模式很难适应真正的大数据场景，大多用于传统的以存储和处理结构化业务数据为主的数据仓库架构中。

3. 导出数据的组织策略

细节数据进入数据仓库或大数据平台后还存在导出数据组织策略问题，对于这个问题，人们提出了一些常见的组织方式，包括简单累积策略、轮转综合策略、快照拼接策略等。

在简单累积策略下，细节数据到达大数据平台后，系统根据导出数据模型的要求，不断生成导出数据，并在系统中进行累积，直至导出数据达到生命周期的终点才清理出系统。

例如，假设铁路客票系统产生的新销售记录每天会按一定的时间间隔分批次进入客运大数据平台，系统除了需要将新销售记录存储到细节数据存储平台以外，还需要根据销售记录进行每日售票统计，如按模式 1(车次,发站,到站,发车日期,座位级别,销售日期,销量)生成各车次分 OD、分类别的座位销售情况数据。

在这个例子中，导出数据简单累积策略根据原始客票销售数据与模式 1 之间的计算关系，采用一定的计算策略，生成模式 1 所对应的数据，在平台中不断累积并保存导出数据。直到数据达到较长的年限（如 5 年或 10 年以后）才可能被清理出平台。

显然，导出数据的简单累积策略要求数据仓库或大数据平台具有足够大的存储容量和相应的处理能力。图 3－48 给出了一个导出数据简单累积策略的示意图。

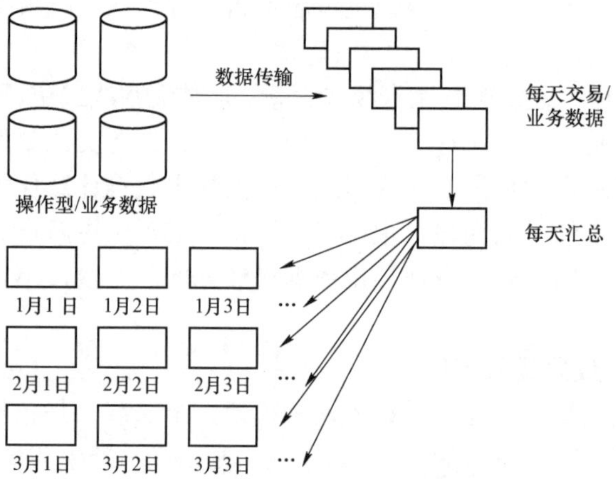

图 3－48　导出数据简单累积策略示意图

在有些应用背景中，特别是存储空间有限的情况下，也可能会采用轮转综合策略。轮转综合策略在存储空间有限且应用需求允许的情况下，将有限的存储空间划分给一组彼此相关的、不同层次的导出数据使用。每层只保留时长固定的数据。例如，将系统中某个主题紧密相关的导出数据划分为日、周、月、年 4 个级别。“日级别的”最多保存最近 15 天的数据，“周级别的”最多保存最近 10 周的数据，“月级别的”最多保存最近 24 个月的数据，“年级别的”最多保存最近 5 年的数据。并根据这个原则以轮转覆盖的方式将各时间级别的最老数据清理出平台。图 3－49 给出了一个导出数据的轮转综合策略的示意图。

在现实环境中，轮转综合策略是一种很有用的策略，特别是在低粒度级数据的规模巨大、存储空间有限且各层级数据时间窗口的设计满足应用要求的情况下。但是其缺点也很明显，在按设定的时间周期对各粒度级数据进行轮转的过程中，各层级都会以轮转方式抛弃历史数据。每层的时间窗口设得越窄，相应层级缺失的历史数据就越多。

当然，细心的读者会发现，在简单累积策略中，因为所有层级的导出数据达到一定的时长（如 T）后也会被清理出平台。因此，在轮转综合策略中，极端情况下如果将所有层的导出数据的时长都设置成 T，则该策略等价于简单累积策略。

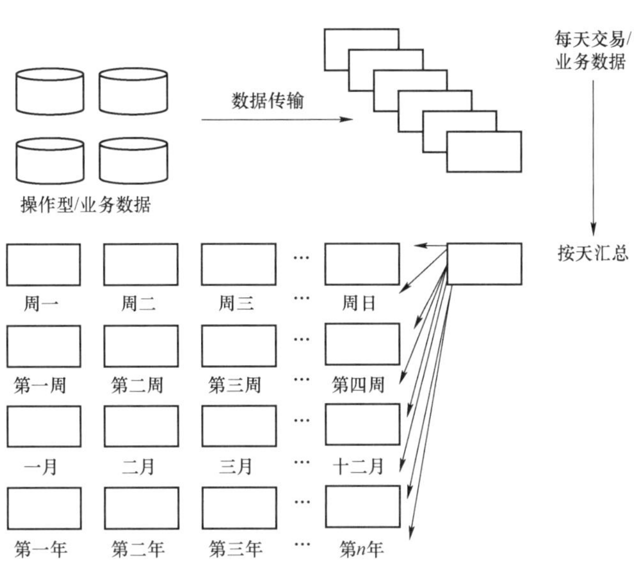

图 3－49　轮转综合策略示意图

在实际交通大数据平台中，这两种导出数据组织策略都是可能存在的常见策略。

快照拼接策略是指根据同一个数据集不同时间点上的快照数据集或新增变化数据，生成反映事物状态变化的连续数据项，形成连续数据文件的策略。例如，设某交通大数据平台中的用户数据以快照的形式进入平台，则可以针对按时间顺序生成的快照集合执行拼接操作，形成连续数据文件，反映每个用户属性的状态变化。再如，假设铁路客票系统会根据旅客的消费历史及旅行记录进行部分旅客信用评级，每次评级后将评级有变化的旅客数据发送到大数据平台，此时就可以根据原有旅客信用历史数据，结合新的用户信用变化数据，形成新的旅客连续信用记录，如图 3－50 所示。

旅客 ID	信用级别	开始时间	结束时间
ID_1	C	2016.6.1	2019.7.31
ID_1	B	2019.8.1	2021.1.10
ID_1	A	2021.1.11	
ID_2	B	2018.7.1	2020.12.1
ID_2	A	2020.12.2	
ID_3	B	2020.5.31	
⋮			

图 3－50　旅客信用连续文件示意

显然，在以快照的形式从数据源获取变化数据时，实施拼接策略后，将不断地根据连续文件和新的快照进行拼接。完成拼接后，若新快照的变化内容都已经反映到相应的连续数据中，则原始快照数据原则上就可以删除了。因此，快照拼接策略实际上也是一种压缩操作。当然，如果业务规则要求或空间允许的话，也可以将这些快照以原始备份数据的形式保存下来。

4. 交通大数据实时、近实时流式计算框架

1）实时、近实时流式计算模型简介

如前所述，在交通大数据平台数据载入任务中，许多场景要求大数据处理技术具有低延迟、高实时的特性，并以流水线的模式执行细节数据载入及后续的导出数据更新任务。相较于批处理数据系统，流式计算框架能实现对数据的实时分析处理，数据延迟往往较短，实时性较强，有利于充分利用计算资源，满足实时、近实时更新数据的需求。

早期的数据流处理系统（stream processing system，SPS）大多采用集中式架构，读写操作全都在一个节点上，一旦这个节点的 CPU 或内存资源达到饱和，则读写延迟就会变长。后来伴随 Bigtable 存储与计算模式的出现，并行与分布流处理技术逐渐成为大数据时代的焦点，S4、Storm、Spark Streaming 等面向流处理的平台相继推出。与以往的数据流管理系统不同的是，这些平台都面向分布式架构实现并行处理，其处理能力可以随着计算节点数量的增长而线性扩展，具有良好的伸缩性。

分布式流处理系统需要处理的数据源是源源不断的数据流，可以看成是一个带有时间戳的多维数据点集合 $x_1,x_2,\cdots,x_k$，每个数据点 x_i 是一个 d 维的数据记录。数据流是一个无穷的数据序列，具有快速性、连续性、变化性等特点。由于数据源源不断地产生，不能一次性将所有的数据读入系统中。现有的流式计算框架在处理数据上有两种方式：一种为原生流处理，即所有输入的记录一旦到达就以实时模式一个接着一个进行处理，例如 Storm 采取的就是这种方式；另一种称为微批处理，把输入的数据按照某种预先定义的时间间隔（例如 5 秒）分成小批量数据，再进行处理，如 Spark Streaming 采取的方式。

在分布式流式计算框架中，常使用有向无环图（directed acyclic graph，DAG）描述数据流在不同操作间的流动，如图 3－51 所示。图中节点表示一个算子或某种运算，边为数据间的相互依赖关系或数据的流动方向。多个相互独立 DAG 表达的计算任务可以简单并行执行，单个 DAG 内部的任务并行执行机制稍微复杂一些，但是也可以采用一定策略并行地调度前序计算任务都已经完成的计算任务。

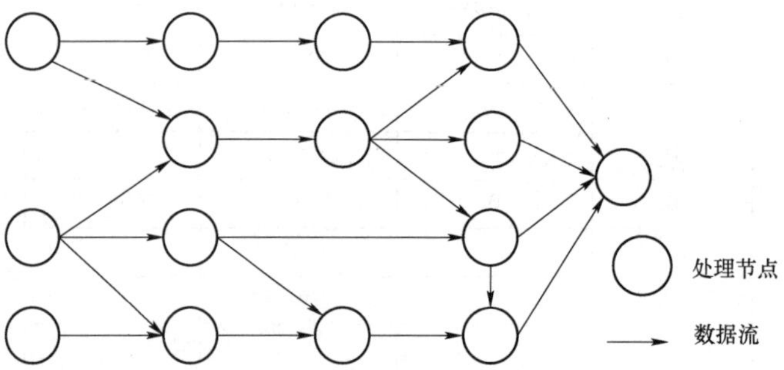

图 3－51　流式计算 DAG 图示意图

从图 3－51 可以看出，在流式计算中数据会进行跨节点传输，为了实现高吞吐和低延迟，数据的传输方式分为主动推送方式（基于 push 方式）和被动拉取方式（基于 pull 方式）。

主动推送方式指在上游节点产生或计算完数据后，主动将数据发送到相应的下游节点。其本质是让数据主动寻找下游的计算节点，当下游节点报告发生故障或负载过重时，将后续数据流推送到其他相应节点。主动推送方式的优势在于数据计算的主动性和及时性，但由于数据是主动推送到下游节点，往往不会过多考虑下游节点的负载状态、工作状态等，可能会导致下游部分节点负载不均衡。

被动拉取方式指只有当下游节点显式地进行数据请求时，上游节点才会将数据传输到下游节点。其本质是让相关数据被动地传输到下游节点。被动拉取方式的优势在于下游节点可以根据自身的负载状态、工作状态适时地进行数据请求。

在大数据流式处理中，一般实时性要求较高，往往选择主动推送的数据传输方式。当然，也可以将两者进行融合，实现更好的效果。

在流式数据处理过程中，分布式流处理系统需要具有一定的语义保证能力。语义保证是指数据处理工具在完成数据处理工作后能否确保数据具有语义一致性。在数据流处理工具的语义保证能力分类方面，一般按照每条记录被完整处理的次数将语义保障分为以下 3 类。

① 至多处理一次（at most once）：每条记录最多被处理一次。

② 至少处理一次（at least once）：每条记录至少能被处理一次。

③ 精确一次（exactly once）：每条记录会被且仅会被正确处理一次。

至多处理一次模式只能保证数据最多被所有算子处理一次，换个角度看，这意味着如果这条数据在处理过程中出现故障或数据发生丢失，则不会被重新处理。这种语义保证要求适用于对数据完整性要求不高的场景。例如，微博这样的社交媒体数据在处理过程中，偶尔的记录丢失并不会给用户带来太大的影响。

至少处理一次语义保证机制是指系统能保证每条记录一定会被完整处理。如果处理过程中发生错误或丢失，该记录将重新进入流处理系统，所以，这种语义保证机制可能会带来重复处理的现象。这种做法通常要求对流入的数据进行持久化存储，或依赖可重复获取数据的数据源（如 Kafka）来保证可再得到数据。这种做法本质上以牺牲效率为代价，但能解决流数据“一经处理就很难再次获取”的问题。

精确处理一次语义保证机制是所有语义保障中最严格的一种，该机制需要系统保证对每条记录完整处理且仅处理一次。在技术上，通常采用两种流行的机制实现：一种是分布式快照结合状态检查点机制，另一种是两阶段提交机制。具体机制不再详述。

2）主流的分布式流式计算框架简介

Spark Streaming 是基于 Spark 生态的一种近实时（准实时）计算引擎，可实现可扩展、高吞吐量、容错能力强等特性的近实时数据流式处理。Spark Streaming 提供了一种高级的抽象，叫作 DStream，是 Spark Streaming 的基本单位，表示一个持续不断的数据流。在 Spark Streaming 中数据采集是逐条进行的，数据处理是按照批次进行的，因此，Spark Streaming 会先设置批处理间隔，如图 3－52 所示。DStream 会按照时间间隔将数据分批，每个批次的数据都会转换成弹性分布式数据集（resilient distributed datasets，RDD），使用 RDD 进行并行批处理。由于 RDD 可以将数据保存在内存中，避免磁盘读写的时间，因此可提高计算速度。

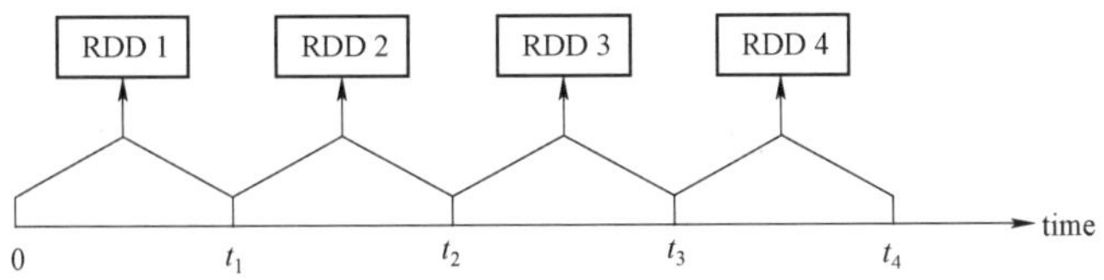

图 3－52　Spark Streaming 数据处理过程

Storm 流式计算框架是由 BackType 公司开发并被 Twitter 于 2011 年开源的分布式实时计算系统，能够可靠地处理无边界持续的流式数据，实现实时计算。Storm 系统接收的数据直接在内存中进行计算，没有数据传输和磁盘读写的延迟问题，满足分布式流式计算中的高实时性要求。Storm 采用主从架构模式，系统包含主节点（master）和工作节点（worker）。主节点是系统的中心，负责接收用户提交的作业，向工作节点分配处理任务和传输作业副本。系统还需要依赖协调节点来提供集群运行状态监控服务，并为其提供状态获取接口。工作节点运行服务程序用来执行后台服务程序提交的任务，启动、暂停或撤销任务的工作进程及其线程。

在数据处理时间间隔方面，Storm 是纯实时流式计算框架，来一条数据就立即处理一条。而 Spark Streaming 是准实时流式计算框架，将一个时间间隔内的数据收集起来，然后进行并行批处理。因此，Storm 更适合纯实时、不能忍受 1 秒以上延迟的应用场景中。当然，如果把 Spark Streaming 的时间间隔设短一些，其处理时效将达到与 Storm 类似的实时效果。

在数据容错和语义保证方面，Storm 采取的是至少处理一次机制。在 Storm 中每一条消息从创建开始就会被跟踪，通过确认机制保证消息的完整性，即能够保证消息肯定能被处理一次，但不保证是否重复。当返回失败消息时，消息会被重新发送。Spark Streaming 采取的是精确一次机制，因为 Spark Streaming 只在批处理级别对记录进行跟踪处理，通过存储 RDD 的转化逻辑进行容错。当在计算过程中出现错误时，只需要读取原先 RDD 间的计算逻辑重新计算即可。

以上两种流行的流式计算框架都运行在分布式系统上，都需要依赖可靠的、可扩展的、分布式的协调机制来统一系统的状态。ZooKeeper 是专门为分布式应用系统所设计的分布式开源协调服务，为分布式环境中的应用提供统一命名、状态同步、集群管理、分布式应用配置项等管理服务。ZooKeeper 主要用来维护和监控存储数据的状态变化，通过监控这些数据状态的变化，达到基于数据的集群管理的目的。在分布式系统中，经常会出现硬件故障、软件故障、网络故障等问题导致服务器宕机。当出现这些情况时，ZooKeeper 通过监听所有节点的状态，实现对数据更新的实时处理，从而不影响整个集群对外提供服务，保证分布式系统的稳定性。

5. 交通大数据平台监控与运维技术

交通大数据平台稳定运行具有重要的意义，交通大数据平台监控是指通过线上线下的手段监控平台的运行情况，发现整个系统中不同对象的潜在问题与故障，是运维的基本手段。

除监控之外，交通大数据平台的运维内容包括集群管理、故障处理、变更管理、容量管理、性能调优及架构优化等多个方面。这些运维任务及技术跟其他大数据平台的运维问题并无差异，因篇幅所限，本书不再详述。

3.6 交通大数据典型应用系统模式

交通大数据可以服务于众多的应用场景。随着大数据战略的推进，出现了越来越多的大数据实际应用案例。本节将总结实际中常见的交通大数据应用模式，介绍常见的交通大数据服务系统范式。需要注意的是，本节介绍的各类系统在许多场景中并不一定是独立的，有些系统共处于一个大系统架构中，彼此存在相互关联性。

3.6.1 交通大数据服务系统

交通大数据平台的数据服务是指面向平台之外的各类系统或用户提供的各类数据服务。数据服务对象可以是企业内部的信息系统或用户，也可以是企业外部信息系统或用户。大数据服务是交通大数据平台最为典型的应用系统模式。在我国交通业务运营支撑信息系统企业中，交通大数据平台最为重要的功能就是数据服务功能。例如，中国航信大数据平台核心功能之一就是为航空公司、机场等数据需求主体提供实时、近实时的数据服务。图 3－53 给出了一个典型交通大数据平台为内部和外部系统提供数据服务的系统架构。图 3－53 的架构中具有统一的对外数据服务总线，对外部系统或用户提供实时、近实时数据转发服务、请求响应式数据服务等。

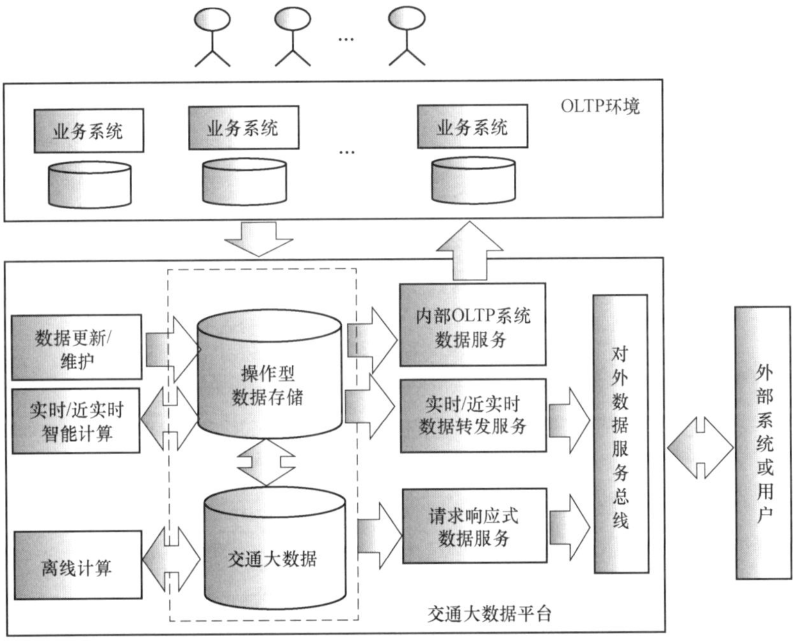

图 3－53　交通大数据平台数据服务总体架构

除了对外部企业的数据服务之外，交通大数据平台对内部业务系统的数据服务也是属于平台对外数据服务的功能。对于企业内部 OLTP 系统的数据服务，主要可分成全局主数据服务和业务决策支持信息回写服务。

图 3－54 给出了交通大数据平台对内部 OLTP 系统提供全局主数据管理服务功能的一种典型架构。在该架构中，数据集成模块通过从 OLTP 系统获取数据，在平台中建立全局主数据存储，通过全局型事务处理引擎与在线业务环境中的各个 OLTP 系统进行交互，实现全局主数据更新功能。

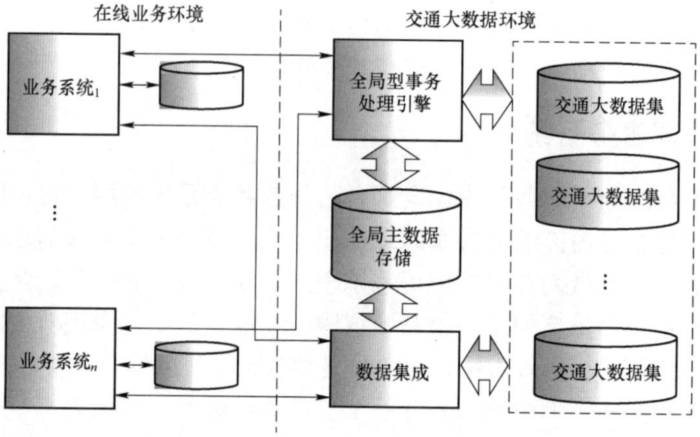

图 3-54　交通大数据平台主数据管理服务架构

3.6.2　交通大数据驱动智慧业务系统

交通大数据驱动智慧业务系统是另一种重要的典型应用模式。图 3-55 描述的是交通大数据驱动智慧业务系统的抽象架构。这种架构在互联网企业得到广泛应用。在这个架构中，业务场景决策信息融合计算模块根据场景决策需求，融合不同层面的交通大数据数据分析挖掘的结果，生成业务场景决策支持主题信息，缓冲到业务场景决策支持主题信息存储中，并通过决策支持信息同步模块将场景决策支持信息反馈给交通生产业务系统，服务于各类业务系统的各种决策支持业务能力提升。

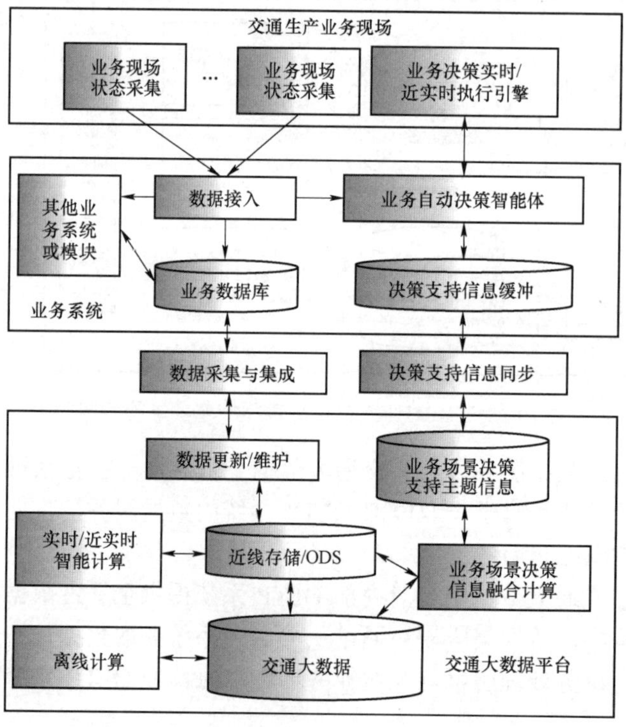

图 3-55　交通大数据驱动智慧业务系统的抽象架构

这类先进的智慧交通业务系统架构已经在许多交通业务场景中得到实践，服务于交通产品搜索推荐、服务成本预测、运输优化调度、派单决策、红绿灯配时优化等重要业务。

图 3–56 给出的是面向共享出行供需对接业务现场的交通大数据智慧共享出行系统架构示例。该系统中路网状态、乘客状态与需求、车辆运营状态等信息实时进入业务数据库中，业务系统中的调度派单决策智能体需要以实时/近实时的模式进行业务决策，决策结果再发给调度派单决策实时/近实时执行引擎，由其负责执行派单。为了保证决策效率与效果，决策智能体还需要依赖交通大数据平台返回的有关该业务场景的决策支持信息进行决策，如图 3–56 所示。

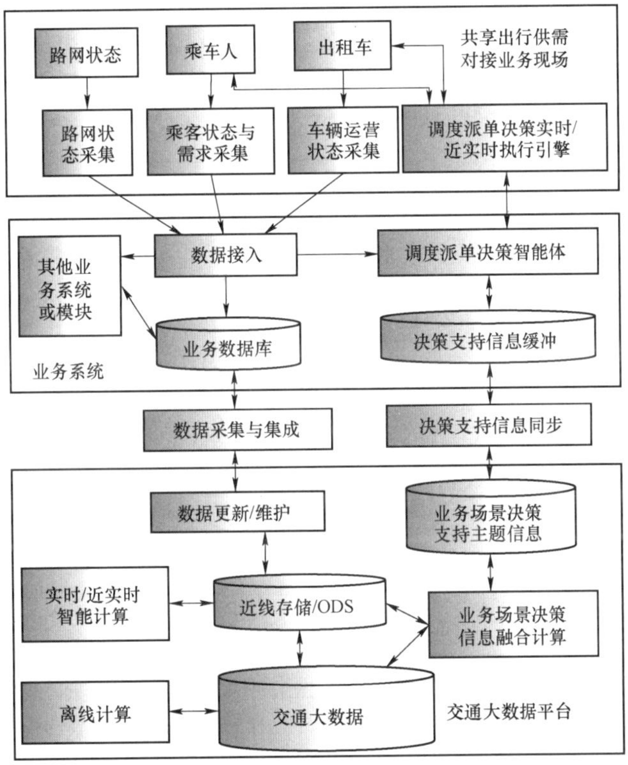

图 3–56　交通大数据驱动智慧共享出行系统架构示例

3.6.3　数据驱动交通企业生产运营管理决策支持系统

数据驱动交通企业生产运营管理决策支持系统是基于数据仓库或大数据平台的最为基础、建设实施最早、最成熟的应用模式。这类系统主要面向企业内部不同层次、不同部门、不同岗位的管理决策场景，力图满足决策场景中的信息需求，提升决策科学性、有效性和合理性。典型的决策场景包括运输产品销售决策、交通产品计划决策、客户服务业务决策、企业行政业务决策、日常管理决策等。其典型架构如图 3–57 所示。

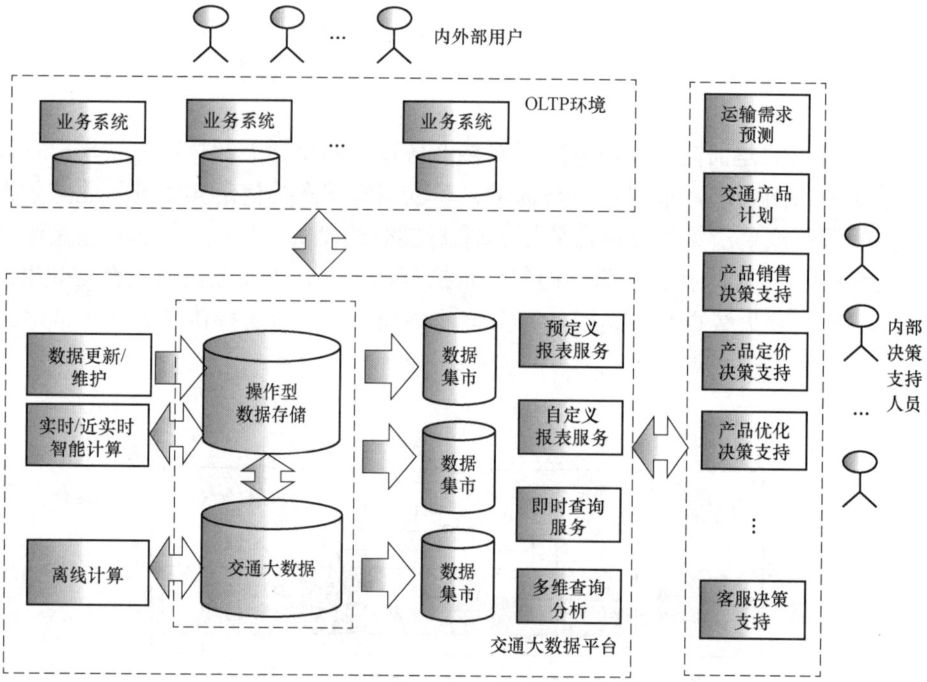

图 3－57　数据驱动交通企业生产运营管理决策支持系统架构

3.6.4　大数据驱动交通客户决策支持系统

大数据驱动交通客户决策支持系统是互联网时代典型而重要的一大类系统，也代表了交通业务发展的重要方向，大致架构如图 3－58 所示。这类系统面向旅客、货主等交通运输的客户提供实时/近实时决策支持服务。此类系统一般都有直接面向客户的用户界面，通过界面和前端应用收集业务现场的状态信息，进入业务系统数据库。业务系统中的交通用户决策支持信息推送模块以实时/近实时模式向用户端应用和界面推送决策支持信息。交通大数据平台则同样需要面向决策支持场景，加工并推送各种业务场景所需的决策支持主题信息。

面向交通客户的决策支持应用实例在现实生活中非常多。例如，导航服务系统中的路径规划与推荐、到达时间预测、交通导引等都属于面向出行者的决策支持服务。交通出行领域的司机派单推荐、车辆推荐、机票推荐、火车票推荐等都属于这类决策支持服务。从广义上讲，这类系统与交通大数据驱动的智慧业务系统在架构上总体相似，但是又有所不同。这类系统主要面向客户的决策提供信息服务，而交通大数据驱动的智慧业务系统则一般不要求用户参与，最终的业务决策是由交通大数据支撑的智能系统自动进行的，如红绿灯自动配时调整、供需双方自动对接等。

图 3－59 给出了大数据驱动的交通导航系统的大致架构。系统实时获得用户界面输入内容和用户当前位置，感知并加工路网的状态，业务系统中的导航用户决策支持信息实时融合生成与推送引擎负责实时/近实时地与导航应用进行交互，在用户界面上显示路网信息、推荐的路径信息、路况信息、POI 信息、预计到达时间（estimated time of arrival，ETA）、里程收费等，并通过软件界面与语音播报的形式为用户提供决策支持信息推送服务。

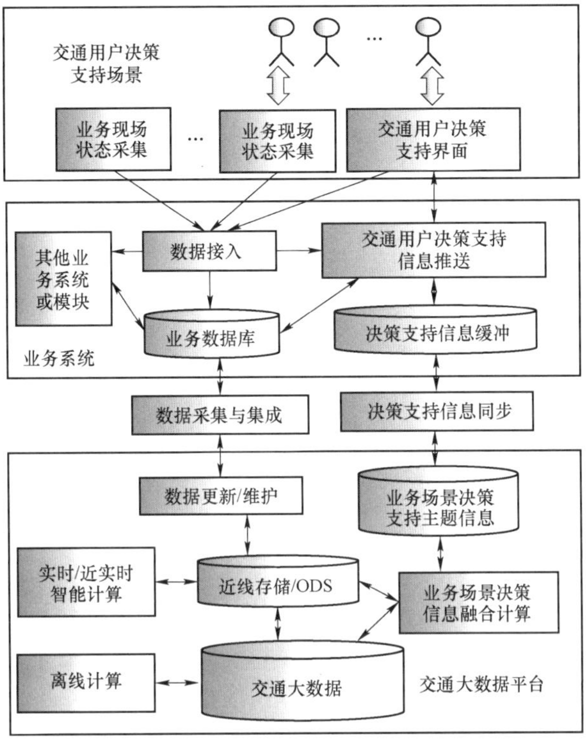

图 3-58　大数据驱动交通客户决策支持系统架构

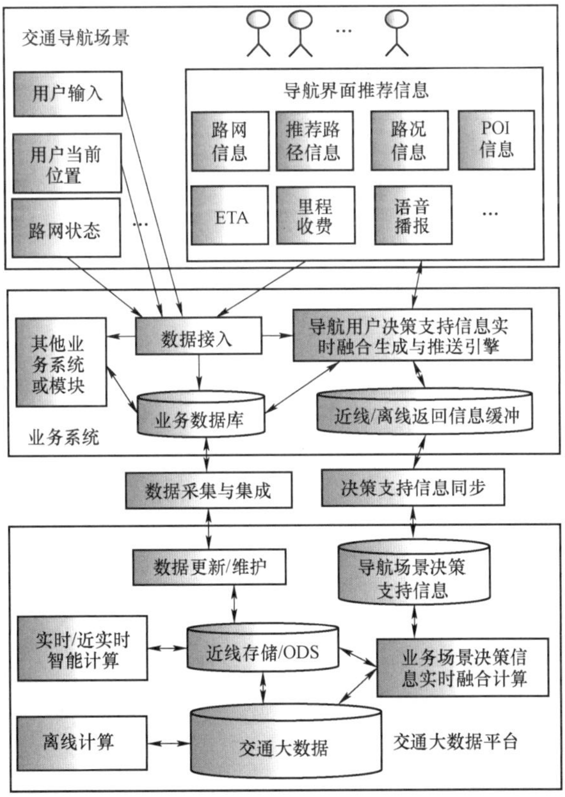

图 3-59　大数据驱动的交通导航系统架构

3.6.5 基于交通大数据的智能算法训练及应用系统研发平台

为基于交通大数据的智能算法训练及应用系统研发提供服务是一些大型交通大平台的重要定位。为此，这类交通大数据平台需要构建相对独立的大数据与智能应用研发平台，以数据驱动的智能算法孵化、优化与部署实施为目标，服务于交通运输业务的智慧化成长。互联网交通出行领域的许多企业在这些方面已经有多年的成功实践。

图 3-60 给出了这种平台的大致架构。图中架构展示了一个相对独立于交通大数据平台的大数据与智能应用研发平台。这个平台需要存储交通大数据样本数据，这些样本数据服务于机器学习模型的训练、算法的验证与测试、自动决策智能体的训练等。

大数据与智能应用研发平台可以有不同的形式与整体企业系统架构关联。在与交通大数据平台的关联方面，一方面大数据平台是其样本数据的来源，两者之间需要有数据通路；另一方面，训练好的算法模型或最新的模型参数可能需要部署或更新到大数据平台。

另外，大数据与智能应用研发平台的一些智能体训练任务中，有些可能需要与业务系统甚至是业务生产现场实现互连互通，以便在智能体或算法训练的过程中获取现场的实时状态信息，服务于各种形式的实测验证。此外，也可以将在大数据与智能应用研发平台中训练好的模型或模型参数更新到业务系统的智能体或算法模型中。

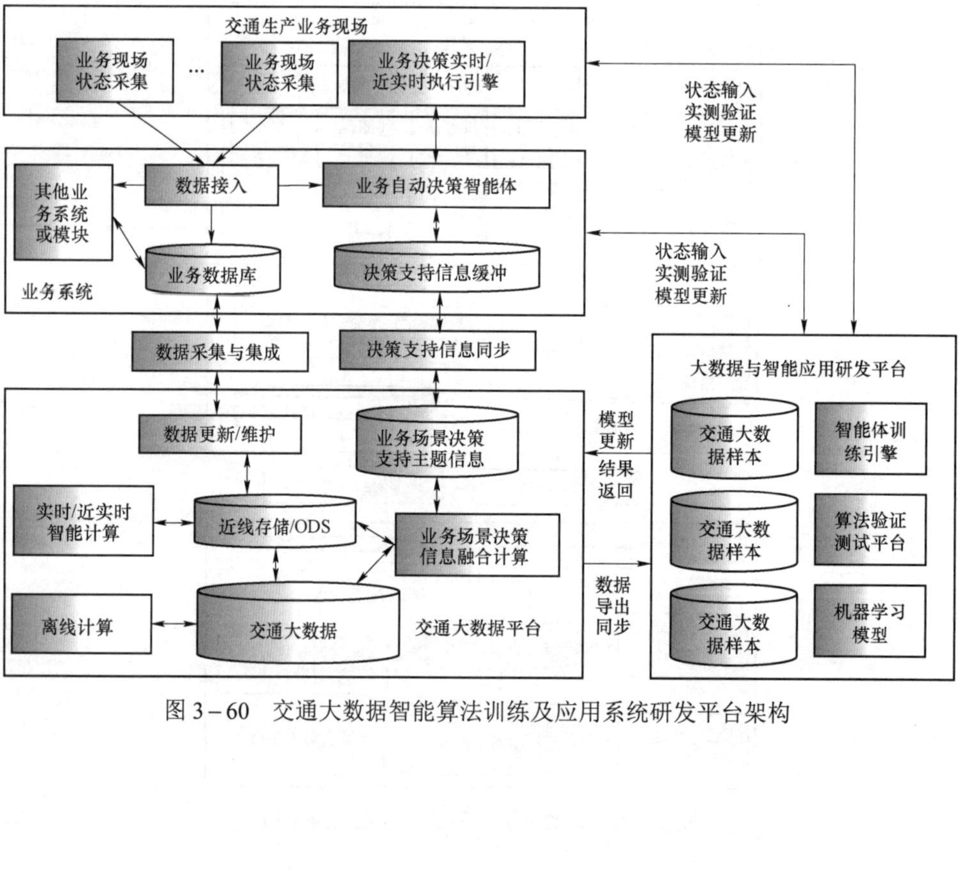

图 3-60 交通大数据智能算法训练及应用系统研发平台架构

3.7 本章小结

本章针对交通大数据处理技术的各个方面做了较为全面的介绍。介绍了大数据及处理的基本概念，交通大数据系统的常见架构，交通大数据的生成与采集，交通大数据集成，交通大数据的组织、存储与维护，交通大数据的典型应用系统模式。考虑到各行各业大数据平台都有一定的共性，因此，本章内容既强调通用的大数据处理技术，也重点尝试结合交通行业的特点叙述相关内容。

第4章

时空交通大数据预测

交通大数据是一类典型的时空数据（spatial-temporal data）。从空间维度来看，不同的交通参与对象（如人、车辆、移动设备、传感器等），动态地分布在复杂的交通地理空间之中（如城市区域、城市路网、高速公路网络、铁路网络、航线网络等），在空间维度上不断地发生着运动，且呈现出复杂的空间相关性；从时间维度来看，人类的交通行为呈现出强烈的时间序列特性，包括随机性、周期性（如潮汐性、季节性）、趋势性和复合性等。

交通数据预测（traffic data prediction）是指以历史交通数据为基础，采用统计或学习模型，对数据中隐藏的模式或趋势进行建模，从而预测未来一段时间内的某个或某些交通量的值。交通数据预测是现代智能交通系统（intelligent transportation systems，ITS）中必不可少的一个环节。准确的交通数据预测可以辅助提高交通系统的运行安全性和运行效率，提高交通资源的利用效率，降低交通运行成本，提升乘客出行体验。

本章将介绍时空交通大数据的预测技术。首先，对时空交通数据的类型和特征进行简要概述。然后，对实际应用场景中的时空交通数据预测任务进行总结。最后，详细介绍时空交通数据的预测方法，包括传统时间序列预测方法和传统机器学习预测方法，以及最新的基于深度学习预测方法。

4.1 时空交通大数据概述

时空交通大数据可从不同的视角划分为不同的数据类型，且具有多种典型的数据特点。本节首先对时空交通数据按照组织结构进行分类，然后分析时空交通数据的典型特征。

4.1.1 时空交通数据的类型

按照不同的分类标准，可将时空交通数据划分为不同的类型。例如，根据具体交通领域的不同，可分为时空高铁数据、时空公路数据、时空民航数据、时空公交数据等；根据数据生成对象的不同，可分为时空用户数据、时空车辆数据、时空传感数据、时空视频数据等；根据分析目的或视角的不同，可分为时空需求数据、时空流量数据、时空行为数据等。

本章面向数据预测任务，根据时空交通数据的组织结构的不同，将其划分为时空网格数据、时空图数据、时空轨迹数据及其他结构时空数据。对于不同结构类型的时空交通数据，其预测方法的选择将会有所不同。

1. 时空网格数据

当分析对象为一片连续区域的某个交通指标的密度分布情况时，通常可以将这片区域划分为若干等长等宽的网格（grid）或栅格（raster），然后以固定的时间频率采集每个网格内的交通指标的均值或总值，形成时空网格数据（spatial-temporal grid data）。例如，对整个城市区域的人口密度、车辆密度、出租车需求密度、共享单车需求密度等交通指标的分布情况进行分析或预测，就可以采用时空网格数据来进行形式化描述。图 4－1 给出了时空网格数据的一个简单示例。

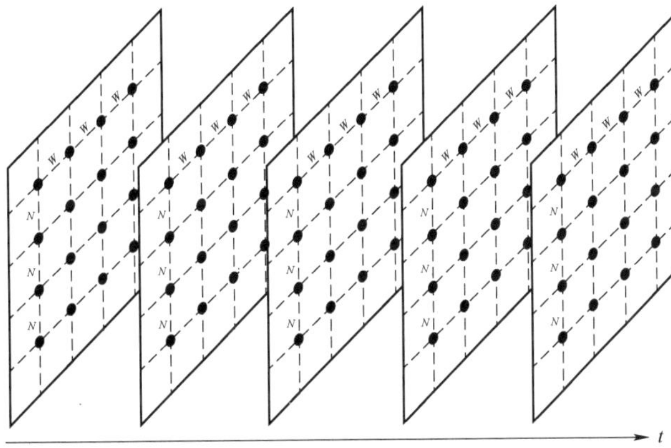

图 4－1　时空网格数据示例

时空网格数据是一种排列规则的欧几里得数据（简称欧氏数据），可以很好地用三维或者更高维的张量进行表示。因此，一些适合欧氏数据的分析和建模方法，如二维卷积、三维卷积等，也适合于时空网格数据的分析和预测任务，4.4.1 节将给出更多时空网格数据预测方法的详细介绍。

2. 时空图数据

与上述时空网格数据在空间维度上的规则分布不同，还有一类时空交通数据，其在空间维度的分布是不规则的，这样的数据在现实世界中更为普遍。例如，在高速公路场景中，以进出口和交叉口为节点，高速线路为边，可以形成复杂的高速公路网络。这种网络结构是不规则的，是一种典型的非欧氏结构，因此在高速公路网络上对某种交通指标按照一定频率采样得到的时空交通数据也是一种不规则的时空数据，我们称之为时空图数据（spatial-temporal graph data）。类似的场景还有很多，比如由铁路站点和铁路线路构成的铁路网络、由机场和航空线路构成的航线网络、由地铁站点和地铁线路构成的地铁网络、由公交站点和公交线路构成的公交网络、由港口和水上航路构成的水运网络等。图 4－2 给出了时空图数据的一个简单示例。

时空图数据的空间不规则网络结构天然适合采用图的形式来描述。同时，由于图结构的不规则性和复杂性，使得我们分析此类时空数据的空间相关性也变得困难。例如，考虑相邻站点之间的相互影响时，有些站点的相邻站点较多，有些站点则比较孤立；相邻站点之间的相互影响程度有的比较大，有的则比较小；某些离得较远的站点还会沿着某条路径产生较强的相关性；等等。

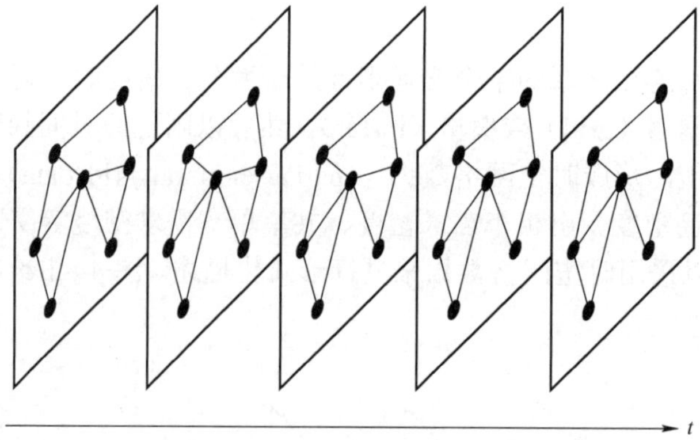

图 4－2　时空图数据示例

随着图学习（graph learning）研究的不断深入，尤其是针对图数据的深度学习模型的不断发展，图神经网络（graph neural networks）被引入时空图数据学习领域，用来捕获图结构的空间相关性。4.4.2 节将会详细介绍基于图神经网络的时空图数据预测方法。

3. 时空轨迹数据

从更微观的视角来观察单个的交通对象，如用户和车辆等，在其运动的过程中，随着时间的推移，会在空间维度上形成位置序列（即路径），如移动 App 用户的签到位置点（check-in point）序列、出租车的行驶位置点序列、共享单车的骑行位置点序列等。我们称这类由交通对象在运动过程中形成的带有时间信息的空间位置序列数据为时空轨迹数据（spatial-temporal trajectory data）。时空轨迹数据通常采集自运动对象所装备的传感器。图 4－3 给出了一个简单的时空轨迹数据示例，其中 u_1、u_2 和 u_3 代表 3 个用户，l_1、l_2 和 l_3 代表 3 个位置，t_1、t_2、t_3 和 t_4 代表 4 个采样时间点。

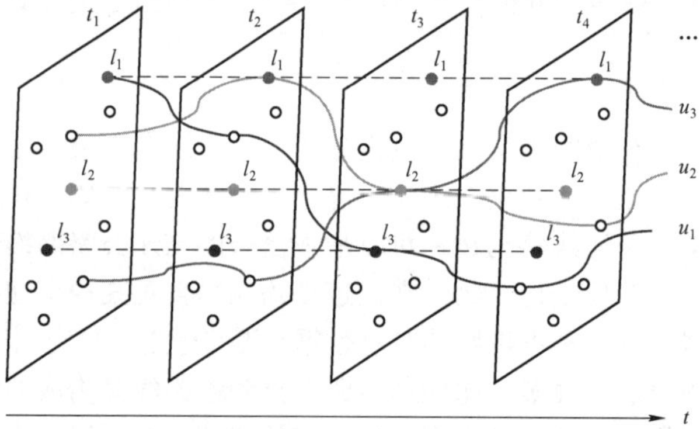

图 4－3　时空轨迹数据示例

前面描述的时空网格数据和时空图数据，其采样频率一般是固定的，因此数据在时间维度上是规则的，每个网格或图节点的时间维度的长度是相等的。与此不同，时空轨迹数据在空间维度和时间维度上都是不规则的，均呈现出随机性。此外，由于时空轨迹数据是由单个交通对象生成的微观数据，因此还具有个性化特征。例如，不同的用户可能具有不同的出行路径偏好或出行时间偏好。

时空轨迹数据的预测本质上是一个位置点序列的预测问题，包含单个轨迹点预测（即预测运动对象的下一个位置）和轨迹序列预测（即预测运动对象在未来一段时间内的路径）等预测任务。我们将在 4.4.3 节详细介绍基于循环神经网络等模型的时空轨迹数据预测方法。

4. 其他结构时空数据

除了以上 3 种常见的时空交通数据类型，还有一些其他结构的时空交通数据，如时空事件数据（spatial-temporal event data）。时空事件数据是指在特定时空范围内发生的特定交通事件，如交通事故、出租车载客（pick-up）事件、移动用户的驻留事件等。时空事件数据的特点是它包含更丰富的语义信息，比如事件的类型或主题。我们可以用四元组 (o, e, l, t) 或五元组 (o, e, l, t, d) 来表示时空事件，其中 o 代表事件发生对象，e 代表事件类型或主题，l 代表事件发生位置，t 代表事件发生时间，d 代表事件持续时长。

4.1.2　时空交通数据的典型特征

不同类型的交通数据具有不同的特点，如时空轨迹数据每个样本的长度不固定，且每个数据点之间具有序列关系；时空网格数据可以很好地用高维张量进行表示；时空图数据的节点之间具有明确的关系，可以用图数据结构进行建模。但是，几乎所有的时空交通数据均具有 3 个典型特征，即时空相关性、时间序列性及空间异质性。也正是这 3 个特性使得时空交通数据挖掘任务有别于传统的数据挖掘任务。

1. 时空相关性

在时空交通数据挖掘领域，邻近位置、邻近时间得到的观测数据是相互关联的。这种相关性导致了连续空间范围上观测的数据存在很强的一致性（如某区域的出租车需求量很高，则其相邻区域的出租车需求量可能也会较高）；相邻时间片内观测的数据也存在很强的连续性（如路段上的交通拥堵是逐步形成的）。因此，传统数据挖掘任务中的数据独立性假设在时空交通数据挖掘领域已不再适用；此外，传统数据挖掘中经常用到的随机交叉验证方法也会在时空数据挖掘任务中遇到问题，因为随机采样得到的样本很可能与测试集数据紧密关联。因此，在分析时空交通数据时，需要重点考虑数据之间存在的相关性。

此外，更需要注意的是，交通数据中蕴含的时空相关性是动态变化的。图 4－4 所展示的高速公路流量数据所具有的动态时间相关性和空间相关性。图中节点代表高速公路流量检测器，节点构成的图表达了这些检测器在高速路网上的位置关系。图中右边图例的颜色反映了检测器节点之间相关性的强度。可以看到，同一个节点上检测到的流量时间序列数据中，不同时间间隔的数据点之间的影响不同；此外，不同时段、节点对之间的相关性强弱也不同。

2. 时间序列性

时空交通数据本质上是一种特殊的时间序列数据，所以仍然具有时间序列中普遍存在的特性——周期性和趋势性。时空交通数据的周期性指的是交通数据由于外部影响随着自然季节的交替呈现高峰与低谷的规律。如图 4－5 所展示的高速公路流量数据，呈现出明显的以日、周为周期的周期模式。这是因为，交通数据本质上是由于人类活动而产生的。人的作息规律影响着交通数据的变化。在研究时空交通数据时，考虑气候、人类活动等外部因素，将有助于理解和分析交通数据的变化模式。

时空交通数据的趋势性指的是交通数据随着时间的推移呈现一种比较缓慢而长期的持续上升、下降、停留的同性质变动趋向。如随着冬天的到来，气温下降，日出时间推迟，导致城市的早高峰也会逐渐推迟。

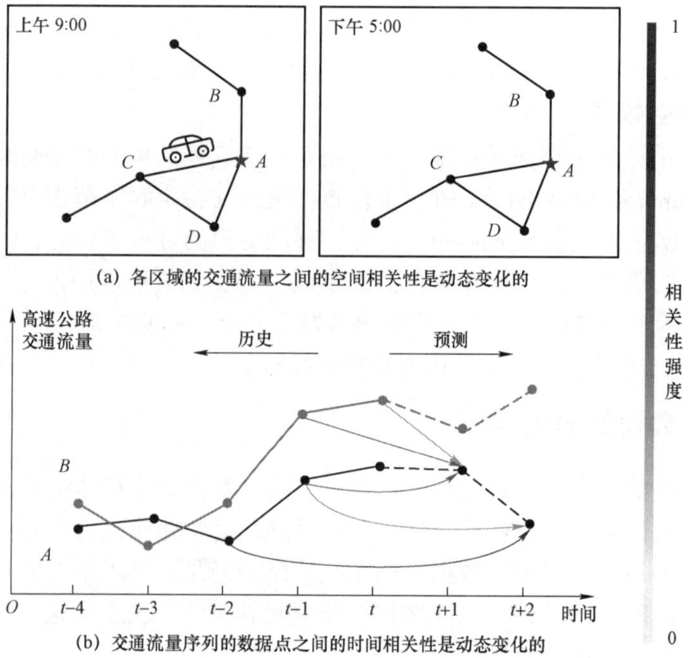

图 4-4　高速公路上的交通流量数据同时具有动态的时间维度相关性和空间维度相关性

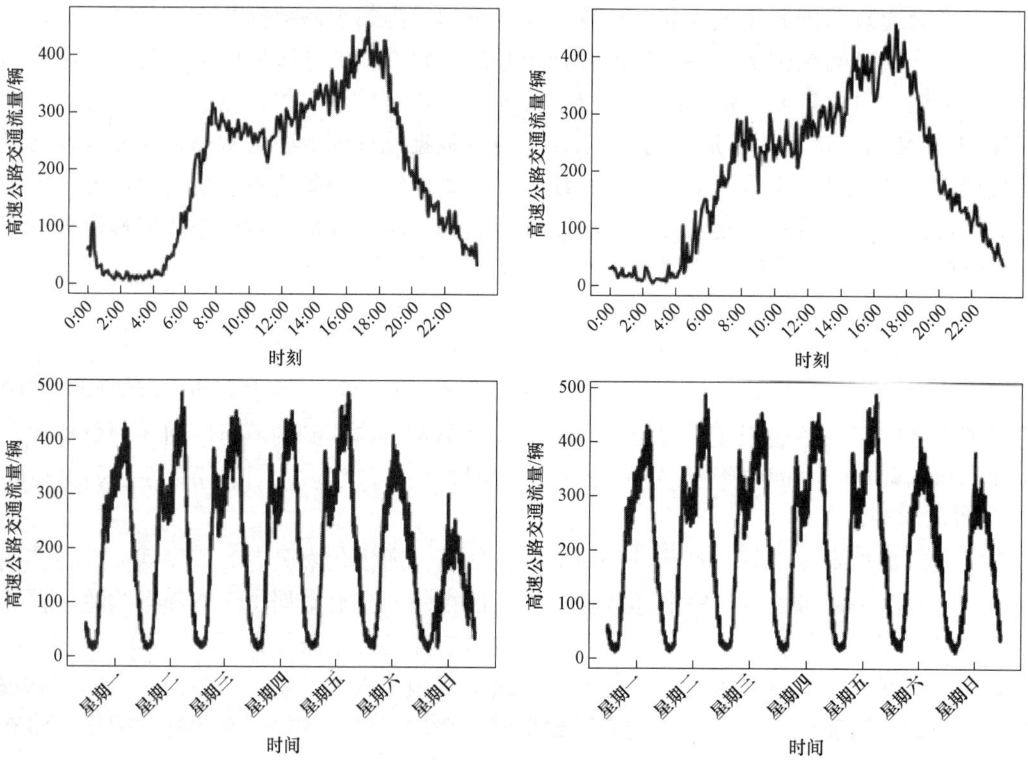

图 4-5　高速公路的交通流量数据呈现明显的日、周周期模式

时空数据在时间维度上呈现的周期性、趋势性使其不再拥有恒定不变的模式，也为时空交通数据挖掘任务带来了新的挑战。

3. 空间异质性

时空交通数据是不同地理区域上时间序列的集合。不同地理区域有着不同的区域特点，例如从全国视角出发，发达城市和不发达城市的交通数据呈现不同的规律；从某个城市的视角出发，不同区域有着不同的功能，因此商业区、住宅区、行政区等不同区域的交通数据也呈现不同的规律。在时空数据挖掘任务中，对空间异质性建模，有助于更全面的分析和更准确的预测。

4.2　时空交通数据预测任务

在不同的交通场景或者交通业务中，智能交通系统可能面临着不同的交通数据预测任务。本节将从行业应用的角度，介绍几种常见的交通数据预测任务。

4.2.1　交通流量预测

交通流量预测（traffic flow prediction）是指对某个空间范围在未来某段时间内的交通对象的数量统计值（即流量）进行预测。

从预测对象的角度来看，交通流量预测包括车流量预测和客流量预测。其中，车流量预测又可细分为总体车流量预测、出租车流量预测、共享单车流量预测等；客流量预测又可细分为公交客流量预测、地铁客流量预测、民航客流量预测、铁路客流量预测等。

从预测范围来看，交通流量预测包括区域流量预测、线路流量预测和 OD（origin-destination）流量预测等。区域流量预测是指将整个城市范围按照一定的方式（如规则网格、泰森多边形或道路切分）划分为不同的区域，然后对区域内的交通流入量和流出量进行预测；线路流量预测是指对整个交通路网的各条线路上的交通流量（无向或有向的）进行预测；OD 流量预测是指对不同的出发地—目的地对（OD pairs）之间的交通流量（无向或有向的）进行预测。

4.2.2　交通需求预测

交通需求预测（traffic demand prediction）是指对某个空间范围在未来某段时间内的乘客出行需求量或货物运输需求量进行预测。

通常情况下，交通需求预测与交通流量预测存在紧密的相关性，二者之间存在一种转化关系。用户的交通需求一旦得到满足和实施，就转化为交通流量，所以通常情况下交通需求越大，带来的交通流量也越大。但是，二者之间也存在一定的差别，如果交通需求因为资源有限或其他原因而得不到满足，就不会转化为交通流量。在预测任务中，如果交通需求和流量数据都是可获取的，我们可以尝试去捕获它们之间的相关性。

同样地，交通需求预测也可根据预测对象分为公交需求预测、地铁需求预测、民航需求预测、出租车需求预测、共享单车需求预测、高铁需求预测等；也可根据预测范围分为区域需求预测、线路需求预测和 OD 需求预测等。

在实际应用场景中，获取交通需求数据通常存在一定的困难。以客运需求为例，在其转化为出行流量之前，我们无法得知用户是否存在出行需求。所幸的是，随着大量在线出行服务系统的诞生，我们可以通过用户的查询数据客观地反映用户的需求。例如，用户的机票查询数据可以反映出民航出行需求，用户在打车平台的查询数据可以反映出租车出行需求等。

4.2.3 交通状态预测

交通状态预测（traffic state prediction）是指对某个空间范围在未来某段时间内的交通运行状态进行预测。

交通状态预测通常都是针对交通线路的状态进行预测，比如公路或城市道路的路况（拥堵状态）预测、车速（道路上的车辆平均速度）预测、车道占用率预测等。

交通状态跟交通需求和流量之间也存在一定的相关性。一般情况下，交通需求量和流量越大，相应的道路拥堵可能就越严重，平均车速就越慢，车道占用率就越高。当然，交通状态还受到其他各种因素的影响，比如路网结构、道路条件、天气状态、偶发事件等。

4.2.4 通行时间预测

通行时间预测（estimated time of arrival）是指对某个交通对象在不同的地理目标间的通行时间预测。

从交通对象的角度来看，通行时间预测可以分为航班通行时间预测、汽车通行时间预测、外卖员通行时间预测等。

从地理目标的角度来看，通行时间预测主要分为一对一通行时间预测和一对多通行时间预测。一对一通行时间预测值是指给定一个起点和一个目标点，对起点到目标点的通行时间进行预测；一对多通行时间预测是指给定一个起点和多个目标点，对起点到所有目标点的通行时间同时进行预测。

4.2.5 交通事故风险预测

交通事故风险预测（traffic accident risk prediction）是指对某个空间范围在未来某段时间发生交通事故的风险进行预测。

交通事故风险预测任务包括回归预测和分类预测两类。其中，回归预测任务具体包括交通事故发生次数预测和交通事故风险值预测，分类预测任务具体包括交通事故发生可能性（二分类问题）预测和交通事故的严重程度预测（多分类问题）。

从预测时长来看，交通事故风险预测主要分为三类：天级别、小时级别和分钟级别。通常情况下，时间粒度划分越细，该时间段内发生交通事故的次数越少，训练样本越稀疏，预测难度越大。

在实际场景中，交通事故预测是一个非常有挑战的问题。首先影响交通事故发生的因素非常复杂，比如天气、交通流量、道路状况等因素。其次，与用户出行数据相比，交通事故数据相对稀少，在训练过程中会造成样本稀疏或样本不均衡的问题。

4.2.6 用户位置预测

用户位置预测（user location prediction）是指对某用户群体在未来某段时间内的地理位置或访问目标进行预测。

交通流量预测、交通需求预测和交通状态预测等任务主要是对交通统计信息的动态性进行建模，用于为决策者或决策平台提供信息，辅助宏观调控；相比之下，用户位置预测更加关注用户个人的出行偏好或移动轨迹，可用于为用户提供出行建议，或是挖掘个人的行动特征。同时，用户位置预测也可为交通流量预测和交通需求预测等任务提供用户未来的出行规划信息，进而服务于交通统计量预测。

根据具体预测目标的不同，用户位置预测可分为未来地理位置预测和未来兴趣点推荐。其中，前者注重对个体移动模式的建模，可辅助智能交通系统进行更精确的路况预警和资源调度等；后者更加关注用户对地点的动态偏好，可应用于基于位置的社交平台，为用户提供量身打造的出行建议。

另外，根据移动行为主体的不同，位置预测也可拓展为旅客位置预测、货车位置预测和快递员位置预测等，适用于不同场景下的行为特征挖掘任务。例如，为旅客推荐性价比较高的旅途规划，帮助快递平台实现更精确的送货时间预测等。

4.2.7　出行路径预测

出行路径预测（travel route prediction）是指对某个交通对象在不同地理目标间的访问顺序进行预测。

根据交通对象的不同，出行路径预测可分为出租车路径预测、私家车路径预测、共享单车路径预测、即时配送服务中的服务人员路径预测等。其中，即时配送服务中的服务人员路径预测又可细分为外卖场景下骑手配送路径预测和快递场景下快递员上门揽件路径预测等。

以外卖场景下骑手配送路径预测为例，给定某个时刻骑手未访问的地点集合，路径预测需要结合骑手当前情况（如位置）和其受到的时空约束（如外卖的取餐、送餐地点和承诺时间），来预测该骑手对这些地点的访问顺序。

出行路径预测和通行时间预测存在紧密的相关性，准确的路径预测能够提升通行时间预测的性能。因此，在预测通行时间时可以将问题核心转化为对交通对象的路径进行预测。

4.3　传统时间序列预测方法

在深度学习获得快速发展并引起广泛关注之前，人们主要采用基于统计的时间序列预测方法和基于传统机器学习的时间序列预测方法来进行交通数据的预测。这些传统的方法大多都是针对单个交通变量的研究，极少关注多变量之间的空间相关性。本节将对这两类传统时间序列预测方法进行简单的回顾，它们可作为时空交通数据预测研究和应用中的基准方法来使用。

4.3.1　传统统计预测方法

时间序列（time series）是一系列按照发生的时间顺序依次排列起来的数值。时间序列的采样间隔通常都是相同的，所以时间序列能够反映其所代表的随机变量随着时间的推移而发生变化的规律。时间序列通常包含 4 个重要的特征，即长期趋势性（trend）、循环变动周期性（cyclicity）、季节性变化（seasonal variation）及不规则变化（irregular movement），即著名的 T、C、S、I 四要素。其中，长期趋势性（T）是指研究对象在长时间内受到某种根本性因素影响而形成的时间序列总体变动方向的总体走势；循环变动周期性（C）是指研究对象以若干时间单位为周期所呈现出的有规律的变动；季节性变化（S）是指研究对象随着季节的变化而呈现出差异的规律性变动，此处所指“季节”可以是季度，也可以是其他时间单位；不规则变化（I）是一种受外部因素影响而出现的无明显规律可循的变动，此类变动包括严格的随机变动和突发性的不规则变动。

基于统计的时间序列预测方法，是从过去的时间序列中找到预测对象的演变模式，建立统计模型，对其未来发展趋势做出定量估计。这里假设时间序列中的变化会以较小的幅度进行，而不会发生跳跃式的大幅度变化，且序列中已发生过的情况可能会在未来重现，或者能够展示出未来的变化趋势。基于上述特征，传统统计时间序列预测方法对于短期、近期现象的预测具有比较明显的效果，而在进行长期预测时可能会有所局限。

时间序列从类别上可分为平稳时间序列和非平稳时间序列两大类。平稳序列（stationary series）是指序列中的各个时刻数据值的大小会在某一固定值附近波动，在不同时间段这种波动的大小程度可能会不同，但不存在明显的随机波动。非平稳序列（non-stationary series）是指包含趋势性、季节性和周期性这 3 种特性中一种或多种成分组合的时间序列，包括有趋势序列、有周期性序列、多特性组合序列等多种形式。传统统计时间序列预测方法大多是针对平稳时间序列的，对于非平稳时间序列，需要先对其进行差分运算，转化为平稳时间序列，再进行预测。

1. 自回归模型

自回归模型（auto regressive model，简称 AR 模型）是一种利用研究对象序列自身的历史值对其未来数据进行预测的模型，用以描述未来数值与历史数值间的关系。如果某个时间序列的任意数值可以表示成如下的回归方程，那么该时间序列服从 p 阶的自回归过程，可表示为 $AR_{(p)}$：

$$x_t=\phi_1 x_{t-1}+\phi_2 x_{t-2}+\cdots+\phi_p x_{t-p}+u_t \tag{4-1}$$

式中，$x_t, x_{t-1}, x_{t-2}, \ldots, x_{t-p}$ 为不同时间点的数值，$\phi_1, \phi_2, \cdots, \phi_p$ 为自回归系数，u_t 为该时间序列的白噪声。$x_t=\phi_1 x_{t-1}+u_t$ 称为 1 阶自回归过程，记为 $AR_{(1)}$，$x_t=\phi_1 x_{t-1}+\phi_2 x_{t-2}+u_t$ 称为 2 阶自回归过程，记为 $AR_{(2)}$。

白噪声序列是指白噪声过程的样本实例。如果随机变量 $Z_{(t)}(t=1, 2, 3, \cdots)$ 是由一组不相关的随机变量的序列构成的，即对于所有 $s \neq t$，随机变量 Z_s 和 Z_t 的协方差为零，则称其为纯随机过程。对于一个纯随机过程来说，若其期望为 0、方差为常数，则称之为白噪声过程。

本质上，AR 模型利用前期数值与后期数值之间的相关性（称为自相关），建立包含前期数值和后期数值的回归方程，达到预测的目的，因此称为自回归过程。

2. 滑动平均模型

滑动平均模型（moving average model，简称 MA 模型）是一种使用历史值预测未来值的简单平滑预测方法，其基本思想为：随着时间的发展，序列逐项推移，依次计算若干数据项的平均值用以预测未来数值。如果某个时间序列的任意数值可以表示成如下的回归方程：

$$x_t=u_t+\theta_1 u_{t-1}+\theta_2 u_{t-2}+\cdots+\theta_q u_{t-q} \tag{4-2}$$

那么该时间序列服从 q 阶滑动平均过程，记为 $MA_{(q)}$，其中 $u_t, u_{t-1}, u_{t-2}, \cdots, u_{t-q}$ 为不同时间点的白噪声项，$\theta_1, \theta_2, \cdots, \theta_q$ 为滑动回归方差系数，x_t 表示时间点 t 对应的数值。也就是说，

滑动平均模型假设某个时间点的数值等于前 q 个时间点的白噪声序列的加权和。如果 $q=2$，即白噪声序列长度为 2，那么该滑动平均过程为 2 阶滑动平均过程，记为 $MA_{(2)}$。

滑动平均模型能够对预测过程中的随机波动进行有效的消除。

3. 自回归滑动平均模型

自回归滑动平均模型（auto regressive and moving average model，简称 ARMA 模型）是自回归模型与滑动平均模型的结合，兼具 AR 模型和 MA 模型的优势和特点。ARMA 模型由两部分组成：自回归部分和滑动平均部分，因此包含两个阶数，可以表示为 $\text{ARMA}_{(p,q)}$，p 为自回归阶数，q 为滑动平均阶数，回归方程表示为：

$$x_t=\phi_1 x_{t-1}+\phi_2 x_{t-2}+\cdots+\phi_p x_{t-p}+u_t+\theta_1 u_{t-1}+\theta_2 u_{t-2}+\cdots+\theta_q u_{t-q} \tag{4-3}$$

比较自回归过程和滑动平均过程可知，滑动平均过程其实可以作为自回归过程的补充，解决自回归方差中白噪声的求解问题，两者的组合就成为自回归滑动平均过程。从式（4－3）可知，ARMA 模型综合了 AR 和 MA 两个模型的优势，其中自回归过程负责量化当前数据与前期数据之间的关系，滑动平均过程负责解决随机变动项的求解问题，因此模型更为有效。

在现实的交通大数据中，存在很多非平稳的时间序列，它们的均值和方差是随着时间的变化而变化的。事实上，很多时间序列虽然是不平稳的，但是经过差分运算之后，就会变成新的平稳时间序列，然后就可以采用 ARMA 模型进行预测，这就是差分自回归滑动平均模型（auto regressive integrate moving average model，简称 ARIMA 模型）。ARIMA 模型可表示为 $\text{ARIMA}_{(p,d,q)}$，其中 p 为自回归项数，q 为滑动平均项数，d 为时间序列由非平稳序列转化成为平稳序列的过程中所需差分运算的次数。

ARIMA 模型的基本原理是，首先将非平稳时间序列转化为平稳序列，并对因变量的滞后值和随机误差项的相应值进行回归，从而预测出时间序列的未来值。ARIMA 模型相比 ARMA 模型而言多了一个差分变换过程。差分变换是最常用的平稳化方法，参数 d 定义了需要对原时间序列所做差分运算的次数。

4.3.2　传统机器学习预测方法

传统机器学习中的各种回归方法（如线性回归、岭回归、Lasso 回归、支持向量回归等）和集成学习方法（如随机森林、AdaBoost、Bagging、XGBoost 等）都可以用来进行交通量的预测。本小节将对其中的两种代表性方法——支持向量回归和 XGBoost 进行简要介绍。

1. 支持向量回归预测

支持向量回归（support vector regression，SVR）是支持向量机（support vector machine，SVM）针对回归问题的一种运用。SVM 是一种分类模型，其基本模型是一个线性分类器，可以看作是特征空间中的一个超平面。SVM 的学习目标是找到一个最佳的分离超平面，使得类间隔最大化。与此类似，SVR 也是要找到一个超平面，使得所有数据点到这个超平面的距离最小。

（1）线性支持向量回归

给定训练样本 $D=\{(x_1,y_1),(x_2,y_2),\cdots,(x_m,y_m)\}, y_i\in\mathbb{R}$，线性 SVR 希望学到一个形如 $f(\boldsymbol{x})=\boldsymbol{w}^{\mathrm{T}}\boldsymbol{x}+b$ 的回归模型，使得 $f(\boldsymbol{x})$ 和 $\boldsymbol{y}$ 尽可能地接近，其中 $\boldsymbol{w}$ 和 b 是待确定的参数。

不同于分类问题，回归问题的输出是一个连续空间的实数，是无限的，所以在回归问题中可以根据实际场景设置一个允许的误差边界 ε，即当预测值与真实值的差别绝对值大于 ε

时才计算误差。又由于可能不存在在所有样本点上都满足约束（误差在ε内）的函数$f(\boldsymbol{x})$，因此我们为每一个训练样本引入两个松弛变量ξ_i和ξ_i^*，如图 4－6 所示。该做法和 SVM 分类器中的“软间隔”概念相似，引入松弛变量意味着允许回归误差存在。

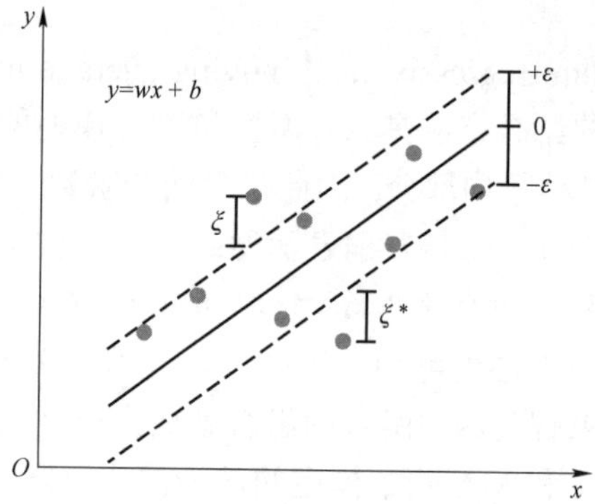

图 4－6　线性支持向量回归图示

由此，线性 SVR 回归问题被转化为以下优化问题：

$$
\begin{aligned}
&\min \frac{1}{2}\|w\|^2 + C\sum_{i=1}^{N}(\xi_i+\xi_i^*)\\
&\text{s.t. } y_i-\boldsymbol{w}\boldsymbol{x}_i-b\leqslant \varepsilon+\xi_i\\
&\quad\ \boldsymbol{w}\boldsymbol{x}_i+b-y_i\leqslant \varepsilon+\xi_i^*\\
&\quad\ \xi_i,\xi_i^*\geqslant 0,\ i=1,2,\cdots,N
\end{aligned}
\tag{4-4}
$$

目标函数（4－4）中的参数$C>0$为惩罚参数，用于控制对超出ε－边界的观测值施加的惩罚，有助于防止过度拟合。C的大小代表对超出边界的惩罚力度，C值越大则惩罚力度越大，C值越小则惩罚力度越小。

由于以上优化问题的对偶形式更好求解，所以通常构造其对偶形式并进行求解。为了构造对偶形式，引入非负松弛变量a_n和a_n^*，得到拉格朗日函数：

$$
L(\alpha)=\frac{1}{2}\sum_{i=1}^{N}\sum_{j=1}^{N}(\alpha_i-\alpha_i^*)(\alpha_j-\alpha_j^*)\boldsymbol{x}_i^{\mathrm{T}}x_j+\varepsilon\sum_{i=1}^{N}(\alpha_i+\alpha_i^*)+\sum_{i=1}^{N}y_i(\alpha_i^*-\alpha_i) \tag{4-5}
$$

对应的约束条件为：

$$
\begin{aligned}
&\sum_{n=1}^{N}(\alpha_n-\alpha_n^*)=0\\
&\forall n: 0\leqslant \alpha_n\leqslant C\\
&\forall n: 0\leqslant \alpha_n^*\leqslant C
\end{aligned}
\tag{4-6}
$$

最终，用于预测的函数如下：

$$
y=\sum_{i=1}^{N}(\alpha_i-\alpha_i^*)\boldsymbol{x}_i^{\mathrm{T}}x+b \tag{4-7}
$$

（2）非线性支持向量回归

当数据是非线性的，线性 SVR 模型难以达到理想的预测效果。此时我们可以使用核函数将数据从原始空间投影到高维空间，在高维空间进行线性 SVR 回归，如图 4－7 所示，即非线性 SVR。

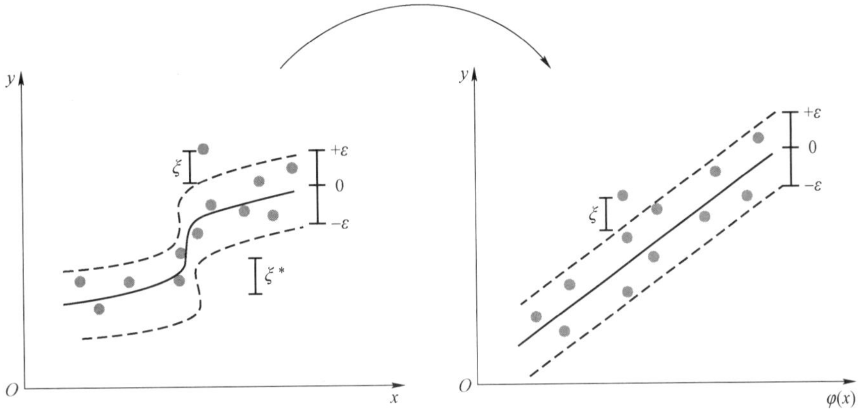

图 4－7　非线性支持向量回归图示

非线性 SVR 的预测函数如下：

$$
\begin{aligned}
y &= \sum_{i=1}^{N}(\alpha_i - \alpha_i^*)\,\varphi(\boldsymbol{x}_i)^{\mathrm{T}}\varphi(\boldsymbol{x}) + b \\
y &= \sum_{i=1}^{N}(\alpha_i - \alpha_i^*)K(\boldsymbol{x}_i, \boldsymbol{x}) + b
\end{aligned}
\tag{4-8}
$$

式中，$\varphi(\bullet)$ 表示将原始数据映射到高维空间的函数，$K(\bullet)$ 表示核函数。常用的核函数包括线性核 $K(\boldsymbol{x}_i, \boldsymbol{x}_j) = \boldsymbol{x}_i^{\mathrm{T}}\boldsymbol{x}_j$、多项式核 $K(\boldsymbol{x}_i, \boldsymbol{x}_j) = (\boldsymbol{x}_i^{\mathrm{T}}\boldsymbol{x}_j)^d$ 和高斯核 $K(\boldsymbol{x}_i, \boldsymbol{x}_j) = \exp(-\|\boldsymbol{x}_i - \boldsymbol{x}_j\|^2 / 2\sigma^2)$ 等，其中 d 为多项式系数，σ 为高斯核带宽。

2. XGBoost 预测

集成学习（ensemble learning）构建并结合多个学习器，以获得更好的泛化性能。其中的单个学习器被称为“基学习器”，一般由现有的学习算法从所给的训练数据中学习得到，如 C4.5 决策树算法等。目前的集成学习大致可以分为两类：一类以 Boosting 为代表，个体学习器之间存在强依赖关系、必须串行生成的序列化方法；另一类以 Bagging 和随机森林为代表，个体学习器间不存在强依赖关系，可同时生成的并行化方法。

本小节主要介绍集成学习中的一个经典模型 XGBoost。XGBoost 是一种可扩展的端到端的提升树模型，该模型在数据挖掘领域具有广泛的影响力，被应用到了众多场景中，如网页文本分类、顾客行为预测、情感挖掘、广告点击率预测等。如图 4－8 所示。

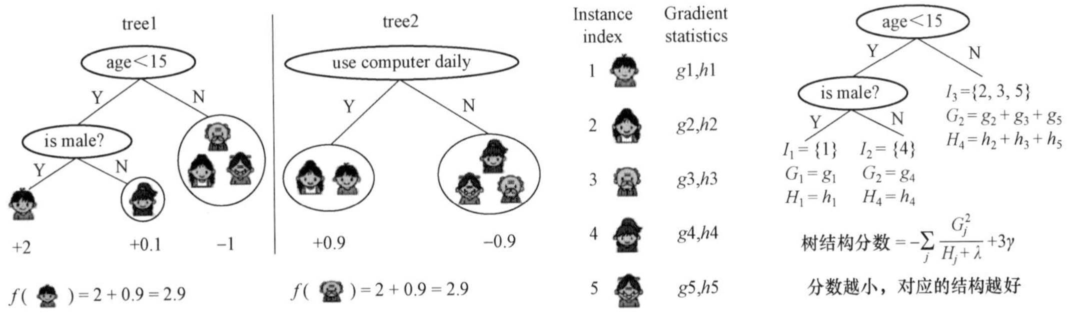

(a) 树集成模型示意图　　(b) 树结构分数计算示意图

图 4－8　树集成模型&树结构分数计算图示

对于有 n 个样本 m 个特征的数据集，$\mathcal{D}=\{(\boldsymbol{x}_i, y_i)\}(|\mathcal{D}|=n, \boldsymbol{x}_i\in\mathbb{R}^m, y_i\in\mathbb{R})$，树集成算法使用个数为 K 的加法模型（如图 4－8（a））来预测输出，公式如下：

$$\hat{y}_i=\phi(\boldsymbol{x}_i)=\sum_{k=1}^{K}f_k(\boldsymbol{x}_i),\quad f_k\in\mathcal{F} \tag{4-9}$$

式中，$\mathcal{F}=\{f(\boldsymbol{x})=w_{q(\boldsymbol{x})}\}(q:\mathbb{R}^m\to T, w\in\mathbb{R}^T)$ 是回归树（也叫作 CART）空间。q 表示将样本映射到叶节点的树结构。T 是每棵树叶子节点的数量。每个 f_k 对应了其单独的树结构 q 和叶节点权值 w。如图 4－8（b）所示，每棵回归树的每个叶子节点上包含连续值打分，用 w_i 表示第 i 个叶子节点的打分。对于一个给定的例子，XGBoost 使用树中的决策规则（由 q 给出）将其分类到叶子节点中，并通过对相应叶子中的分数求和来计算最终预测值（由 w 给出）。为了学习模型中使用的函数集合，XGBoost 最小化以下损失函数：

$$\begin{aligned}&\mathcal{L}(\phi)=\sum_i l(\hat{y}_i, y_i)+\sum_k \varOmega(f_k)\\&\varOmega(f)=\gamma T+\frac{1}{2}\lambda\|w\|^2\end{aligned} \tag{4-10}$$

式中，损失函数 $\mathcal{L}(\phi)$ 是一个可微分的凸函数，由两部分组成：一部分表示预测值 y_i 和目标值 y 之间的误差；另一部分 $\varOmega(f)$ 是正则化惩罚项，用于控制模型的复杂度。添加正则化项有助于控制叶子节点数量 T，同时使最终学习到的权值 w 更加平滑，避免过拟合。

XGBoost 以迭代的方式进行训练。每一次迭代时，都希望找到一个能使得模型整体性能提升最大的函数 f_t。该函数加入集成模型后，整个模型的损失函数 $\mathcal{L}(\phi)$ 下降得最多。在第 t 次迭代时，将 f_t 加入整个模型后的损失函数如下：

$$\mathcal{L}^{(t)}=\sum_{i=1}^{n}l(y_i, \hat{y}_i^{(t-1)}+f_t(\boldsymbol{x}_i))+\varOmega(f_t)+\text{constant} \tag{4-11}$$

式中，$\hat{y}_i^{(t-1)}$ 是经过 $t-1$ 次迭代后，所得集成模型对第 i 个实例的预测值。constant 是一个常数。为了简化计算，快速优化以上目标函数，对损失函数进行泰勒展开（二阶近似），得到如下公式：

$$\mathcal{L}^{(t)}\simeq\sum_{i=1}^{n}\left[l(y_i, \hat{y}_i^{(t-1)})+g_i f_t(\boldsymbol{x}_i)+\frac{1}{2}h_i f_t^2(\boldsymbol{x}_i)\right]+\varOmega(f_t)+\text{constant} \tag{4-12}$$

式中，$g_i=\partial_{\hat{y}_i^{(t-1)}}l(y_i, \hat{y}_i^{(t-1)}), h_i=\partial^2_{\hat{y}_i^{(t-1)}}l(y_i, \hat{y}_i^{(t-1)})$ 分别为损失函数的一阶梯度值和二阶梯度值。

由于在第 t 步迭代时，前 $t-1$ 轮的模型已经固定，故此时预测值 $\hat{y}_i^{(t-1)}$ 为一个定值；又由于样本标签 y_i 也为定值，故在第 t 步时，$l(y_i, \hat{y}_i^{(t-1)})$ 是一个常数，可以在式（4－12）的目标函数中去掉，由此得到简化后的目标函数如下：

$$\widetilde{\mathcal{L}}^{(t)}=\sum_{i=1}^{n}\left[g_i f_t(\boldsymbol{x}_i)+\frac{1}{2}h_i f_t^2(\boldsymbol{x}_i)\right]+\varOmega(f_t) \tag{4-13}$$

定义 $I_j=\{i|\ q(\boldsymbol{x}_i)=j\}$ 为叶子节点 j 里的样本，通过扩展 $\varOmega(f_t)$ 来重写式（4－13）中的损失函数：

$$\begin{aligned}\widetilde{\mathcal{L}}^{(t)} &= \sum_{i=1}^{n}\left[g_i f_t(\boldsymbol{x}_i)+\frac{1}{2}h_i f_t^2(\boldsymbol{x}_i)\right]+\gamma T+\frac{1}{2}\lambda\sum_{j=1}^{T}w_j^2 \\ &= \sum_{j=1}^{T}\left[\left(\sum\nolimits_{i\in I_j} g_i\right)w_j+\frac{1}{2}\left(\sum\nolimits_{i\in I_j} h_i+\lambda\right)w_j^2\right]+\gamma T\end{aligned} \tag{4-14}$$

对于一个固定的树结构 $q(x)$，可以计算叶节点 j 的最优权重 w_j^*，在该权重下，损失函数能够取得最小值：

$$w_j^* = -\frac{\sum_{i\in I_j} g_i}{\sum_{i\in I_j} h_i+\lambda} \tag{4-15}$$

将 w_j^* 代入式（4－14），可以得到损失函数的最小值：

$$\widetilde{\mathcal{L}}^{(t)}(q) = -\frac{1}{2}\sum_{j=1}^{T}\frac{\left(\sum_{i\in I_j} g_i\right)^2}{\sum_{i\in I_j} h_i+\lambda}+\gamma T = -\frac{1}{2}\sum_{j=1}^{T}\frac{G_j^2}{H_j+\lambda}+\gamma T \tag{4-16}$$

式（4－16）可以作为一个评估方程去评价一棵树的结构 q，其中 $G_j=\sum_{i\in I_j} g_i$，$H_j=\sum_{i\in I_j} h_i$。可理解为评估一个决策树好坏的打分函数，分数越小，表示对应的树结构越好。图 4－8（b）展示了如何计算该分数。

在实际运行中，通常来说不可能枚举出所有的树结构 q，而是使用贪心算法，从一个叶子开始分裂，反复给树添加分支。假设 I_L 和 I_R 是分裂后左右节点中包含的样本集合，令 $I=I_L\cup I_R$，那么通过分裂之后会使损失函数降低：

$$\text{Gain}_{\text{split}} = \frac{1}{2}\left[\frac{\left(\sum_{i\in I_L} g_i\right)^2}{\sum_{i\in I_L} h_i+\lambda}+\frac{\left(\sum_{i\in I_R} g_i\right)^2}{\sum_{i\in I_R} h_i+\lambda}-\frac{\left(\sum_{i\in I} g_i\right)^2}{\sum_{i\in I} h_i+\lambda}\right]-\gamma \tag{4-17}$$

式（4－17）可以评价候选分裂节点的好坏，$\text{Gain}_{\text{split}}$ 越大，说明分裂该节点能使损失函数下降得更多，从而在每一次选出最佳的分裂节点。

XGBoost 的核心思想在于，每添加一棵树，都能使模型整体性能有所提升。性能提升幅度通过损失函数下降多少来衡量。在实际操作中，由于不可能枚举所有树结构，所以一般是从一个叶子节点开始分裂，每次找到使得损失函数下降最多的分裂节点，反复给树添加分支。

4.4　深度学习预测方法

由于深度学习强大的表示能力，其在时空交通数据预测领域得到了广泛的重视和深入的研究。在很多预测任务中，深度学习模型的预测效果远远超过了传统的统计预测方法和机器学习预测方法。本节将针对时空网格数据、时空图数据和时空轨迹数据这三种典型的时空数据类型，分别详细介绍几种近年来被提出的优秀的深度学习模型。

4.4.1 时空网格数据预测

时空网格数据是一种规则的欧氏数据。卷积结构在建模欧氏数据方面具有强大的优势，本节将介绍几个以卷积结构为基础的时空网格数据预测模型，包括卷积长短期记忆网络模型、时空残差网络模型、时空三维卷积网络模型等。

1. 卷积长短期记忆网络模型

长短期记忆（long short-term memory，LSTM）神经网络在处理时间序列数据问题中有很好的表现，它能够有效捕获序列数据中的规律模式，但并不像卷积神经网络（convolutional neural networks，CNN）能够利用数据的空间信息。卷积长短期记忆网络（convolutional LSTM，ConvLSTM）将 LSTM 和 CNN 相结合，能够更好地捕获时空相关性。

假设观察对象为一个动力学系统，通过把空间区域划分为 $M\times N$ 个网格，也就是 M 行和 N 列，则可以以每个网格为对象进行观察。在每个网格中，将观测到随时间变化的 P 个测量值。因此，在每次观察中都将获得形式为 $X\in\mathbb{R}^{P\times M\times N}$ 的张量数据。每隔固定时间采集一次数据，并将这些数据串接起来，就得到了形如 $\hat{X}_1,\hat{X}_2,\cdots,\hat{X}_t$ 的张量序列。时空序列预测问题就是在给定 J 个历史观测值（包括当前的观测值）的情况下，预测未来 K 个时间步最可能观测到的序列：

$$\tilde{X}_{t+1},\cdots,\tilde{X}_{t+K}=\underset{X_{t+1},\cdots,X_{t+K}}{\arg\max}\ p(X_{t+1},\cdots,X_{t+K}\mid\hat{X}_{t-J+1},\hat{X}_{t-J+2},\cdots,\hat{X}_t)\tag{4-18}$$

如果将观测区域如上所述划分为 $M\times N$ 的网格，并将每个网格中的 P 个观测值作为 P 个特征值保存，将得到 P 张 $M\times N$ 的特征图，其形式为 $X\in\mathbb{R}^{P\times M\times N}$。

在过往研究中，LSTM 作为一种特殊的循环神经网络（RNN）对捕获数据的远程依赖关系有着强大的能力。它的主要创新在于其记忆单元 c_t，通过几个控制门，记忆单元能够被获取、写入和清空。每次有新的输入时，如果输入门 i_t 被激活，则其信息将被累积到记忆单元中。如果遗忘门 f_t 被激活，则上一个单元状态 c_{t-1} 就会被“遗忘”。而最新的单元状态 c_t 是否被传播到最终状态 h_t 则是受到输出门 o_t 控制的。将 ConvLSTM 与另外一种 LSTM 模型 FC-LSTM 对比，FC-LSTM 的关键公式如下所示：

$$\boldsymbol{i}_t=\sigma(W_{xi}\boldsymbol{X}_t+W_{hi}\boldsymbol{H}_{t-1}+W_{ci}\boldsymbol{C}_{t-1}+b_i)\tag{4-19}$$

$$\boldsymbol{f}_t=\sigma(W_{xf}\boldsymbol{X}_t+W_{hf}\boldsymbol{H}_{t-1}+W_{cf}\boldsymbol{C}_{t-1}+b_f)\tag{4-20}$$

$$\boldsymbol{C}_t=f_t\circ\boldsymbol{C}_{t-1}+i_t\circ\tanh(W_{xc}\boldsymbol{X}_t+W_{hc}\boldsymbol{H}_{t-1}+b_c)\tag{4-21}$$

$$\boldsymbol{o}_t=\sigma(W_{xo}\boldsymbol{X}_t+W_{ho}\boldsymbol{H}_{t-1}+W_{co}\boldsymbol{C}_{t-1}+b_o)\tag{4-22}$$

$$\boldsymbol{H}_t=o_t\circ\tanh(\boldsymbol{C}_t)\tag{4-23}$$

式中，“∘”表示哈达玛积。

FC-LSTM 的主要缺陷是必须将输入数据展开成一维向量，而这会导致数据中的空间信息丢失。为了解决这个问题，ConvLSTM 的一个显著特征就是所有的输入 $\boldsymbol{X}_1,\cdots,\boldsymbol{X}_t$，单元输出 $\boldsymbol{C}_1,\cdots,\boldsymbol{C}_t$，隐藏状态 $\boldsymbol{H}_1,\cdots,\boldsymbol{H}_t$ 以及三种门 $\boldsymbol{i}_t$，$\boldsymbol{f}_t$，$\boldsymbol{o}_t$ 都是三维张量，其最后两个维度是空间维度（行和列）。为了更好地理解输入和状态，我们可以将它们想象为坐落于空间网格上的向量。通过在输入–状态和状态–状态的转换中使用卷积操作，ConvLSTM 能够轻松根据某个网格周围邻居的输入和历史状态来确定它的未来状态，如图 4–9 所示。

ConvLSTM 的主要公式如下所示，其中“∗”表示卷积操作，而“∘”像之前一样表示哈达玛积：

$$\boldsymbol{i}_t = \sigma(W_{xi} * \boldsymbol{X}_t + W_{hi} * \boldsymbol{H}_{t-1} + W_{ci} \circ \boldsymbol{C}_{t-1} + b_i) \tag{4-24}$$

$$\boldsymbol{f}_t = \sigma(W_{xf} * \boldsymbol{X}_t + W_{hf} * \boldsymbol{H}_{t-1} + W_{cf} \circ \boldsymbol{C}_{t-1} + b_f) \tag{4-25}$$

$$\boldsymbol{C}_t = f_t \circ \boldsymbol{C}_{t-1} + i_t \circ \tanh(W_{xc}\boldsymbol{X}_t + W_{hc}\boldsymbol{H}_{t-1} + b_c) \tag{4-26}$$

$$\boldsymbol{o}_t = \sigma(W_{xo} * \boldsymbol{X}_t + W_{ho} * \boldsymbol{H}_{t-1} + W_{co} \circ \boldsymbol{C}_{t-1} + b_o) \tag{4-27}$$

$$\boldsymbol{H}_t = o_t \circ \tanh(\boldsymbol{C}_t) \tag{4-28}$$

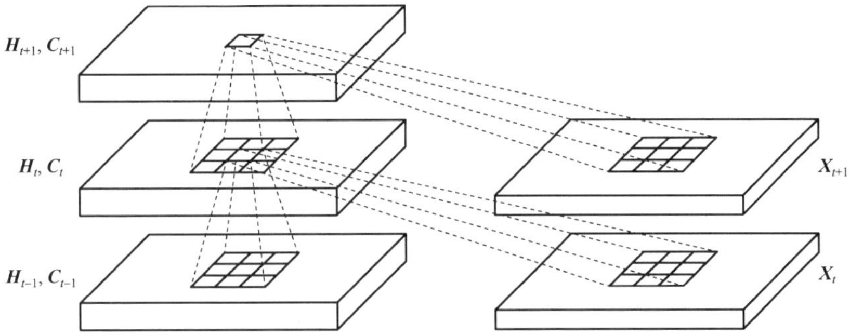

图 4－9　ConvLSTM 的内部结构

与 FC-LSTM 相同，ConvLSTM 也可以作为基础构建块组成更为复杂的模型结构。对于时空序列预测问题，使用如图 4－10 所示的模型结构。该模型由两部分组成，一个编码网络和一个预测网络。预测网络的初始单元和状态是从编码网络最终的状态复制来的。这两个网络都是通过堆叠几层 ConvLSTM 而成。因为任务预测目标与输入数据的维数相同，所以可以将预测网络中的所有状态拼接起来，并将其送入一层 1 × 1 卷积，从而生成最终的预测结果。

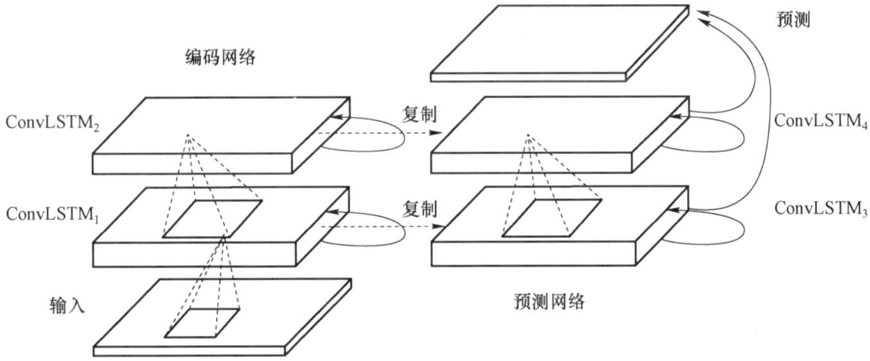

图 4－10　ConvLSTM 的编码－预测结构

编码网络将整个输入序列压缩为隐藏状态张量，而预测网络展开该隐藏状态以给出最终预测结果：

$$\begin{aligned} \tilde{\boldsymbol{X}}_{t+1}, \cdots, \tilde{\boldsymbol{X}}_{t+K} &= \underset{X_{t+1},\cdots,X_{t+K}}{\arg\max}\; p(\boldsymbol{X}_{t+1}, \cdots, \boldsymbol{X}_{t+K} \mid \hat{\boldsymbol{X}}_{t-J+1}, \hat{\boldsymbol{X}}_{t-J+2}, \cdots, \hat{\boldsymbol{X}}_t) \\ &\approx \underset{X_{t+1},\cdots,X_{t+K}}{\arg\max}\; p(\boldsymbol{X}_{t+1}, \cdots, \boldsymbol{X}_{t+K} \mid f_{\text{encoding}}(\hat{\boldsymbol{X}}_{t-J+1}, \hat{\boldsymbol{X}}_{t-J+2}, \cdots, \hat{\boldsymbol{X}}_t)) \\ &\approx g_{\text{forecasting}}(f_{\text{encoding}}(\hat{\boldsymbol{X}}_{t-J+1}, \hat{\boldsymbol{X}}_{t-J+2}, \cdots, \hat{\boldsymbol{X}}_t)) \end{aligned} \tag{4-29}$$

模型的输入和输出都是保留空间信息的三维张量。由于该网络具有多个堆叠的ConvLSTM结构，因此它具有强大的表示能力，非常适合在复杂的动态系统中进行预测。

ConvLSTM不仅保留了FC-LSTM处理时间序列能力强的优点，而且由于其自身的卷积结构，还能适用于时空数据，捕获其中的空间信息。但值得注意的是，ConvLSTM不能堆叠过多层，层数过多会导致模型性能下降、训练变慢等问题，同时容易出现过拟合。

2. 时空残差网络模型

时空残差网络（ST-ResNet）模型也是一种时空网络数据预测模型，最初被提出用于预测一段时间内流入及流出城市中各个区域的人群流量。人群流量预测受到多种复杂因素的影响，如区域间交通能力、大事件的发生及天气等，因此非常具有挑战性。影响人群流量预测的主要因素有3个方面：空间依赖性、时间依赖性和外部因素。为了解决上述问题，ST-ResNet使用基于卷积的残差网络对城市中任何两个区域中的近距离和远距离空间依赖关系进行建模。它将人群流量数据的时间依赖关系归纳为3类，即近邻性、趋势性、周期性，并在模型中使用了3个残差网络分别对这些特性进行建模。通过为不同分支和区域分配不同的权重，模型能够对上述3个网络的输出进行动态聚合。此外，聚合的过程还结合了外部因素（如天气）。

根据经纬度可将城市划分为$I \times J$的网格地图，每个网格表示一个区域。在第t个时间间隔，所有$I \times J$个区域的流量数据可以表示为一个张量$\boldsymbol{X}_t \in \mathbb{R}^{2\times I\times J}$，其中$(\boldsymbol{X}_t)_{0,i,j} = x_t^{\text{in},i,j}$，$(\boldsymbol{X}_t)_{1,i,j} = x_t^{\text{out},i,j}$。预测任务是给定历史采集数据$\{\boldsymbol{X}_t \mid t = 0, \cdots, n-1\}$，预测$\boldsymbol{X}_n$。

图4–11展示了ST-ResNet的模型结构，由4个主要部分组成，分别对时间依赖关系中的近邻性、周期性、趋势性和外部因素进行建模。前3个组件的网络结构是相同的，都应用了具有卷积层的残差单元。这种结构能够捕获短距离区域间和长距离区域间的空间依赖关系。

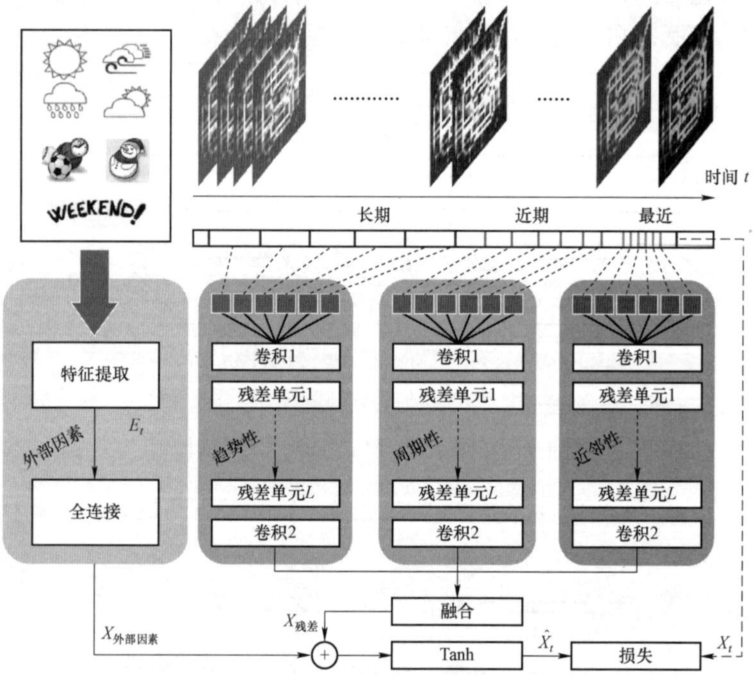

图4–11　ST-ResNet模型结构

在外部因素组件中，ST-ResNet 从附加数据中手动提取一些特征，如天气条件和事件，然后把它们送入一个两层全连接神经网络中。前 3 个组件的输出通过一个参数矩阵融合成为 $\boldsymbol{X}_{\mathrm{Res}}$，参数矩阵分别对前 3 个组件的输出中不同区域的结果分配不同的权重。接下来 $\boldsymbol{X}_{\mathrm{Res}}$ 与外部组件的输出结果 $\boldsymbol{X}_{\mathrm{Ext}}$ 融合在一起，最终通过一个激活函数 Tanh 映射到 $[-1,1]$。

前 3 个组件（近邻性、周期性、趋势性）使用相同的网络结构，该结构由两个子结构组成——卷积单元和残差单元，如图 4－12 所示。

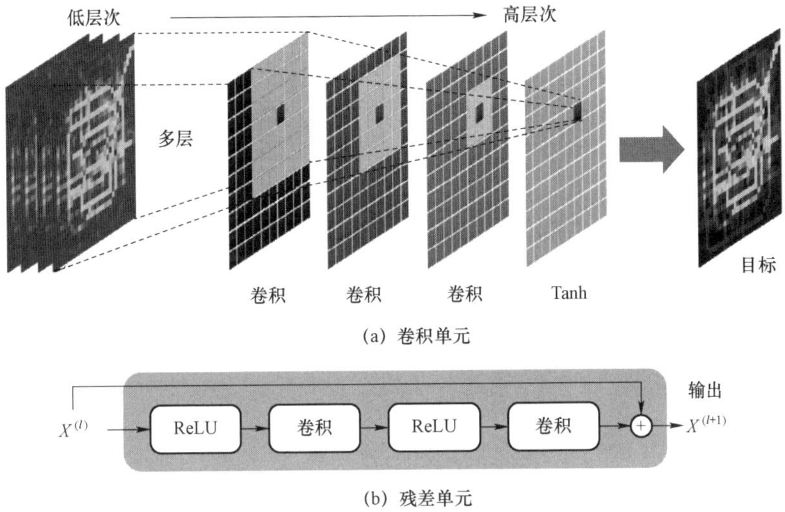

图 4－12　卷积和残差单元

为了捕获任何长短距离区域之间的空间相关性，需要设计一个具有多层卷积的网络结构，如图 4－12（a）所示。与经典的 CNN 不同，ST-ResNet 不使用子采样，而仅使用卷积。图 4－11 中的近邻性组件采用了最近几个时间间隔的两通道流量矩阵来对时间依赖关系中的近邻性建模。令最近时间段的数据表示为 $[\boldsymbol{X}_{t-l_c}, \boldsymbol{X}_{t-(l_c-1)}, \cdots, \boldsymbol{X}_{t-1}]$，这也被称为近邻性依赖关系序列。ST-ResNet 首先将它们沿着第一个维度（即时间维度）拼接成一个张量 $\boldsymbol{X}_c^{(0)} \in \mathbb{R}^{2l_c \times I \times J}$，然后使用卷积（即图 4－11 中所示的“卷积 1”）如下：

$$\boldsymbol{X}_c^{(1)} = f(W_c^{(1)} * \boldsymbol{X}_c^{(0)} + b_c^{(1)}) \tag{4-30}$$

式中，$*$表示卷积；f 是激活函数；$W_c^{(1)}$，$b_c^{(1)}$ 是第一层的可学习参数。

为了使得网络结构更深，从而增大卷积层能够捕获空间信息的范围，ST-ResNet 在“卷积 1”中堆叠了 L 个残差单元（参见图 4－11），如下所示：

$$\boldsymbol{X}_c^{(l+1)} = \boldsymbol{X}_c^{(l)} + F(\boldsymbol{X}_c^{(l)}; \theta_c^{(l)}), l = 1, 2, 3, \cdots, L \tag{4-31}$$

式中，F 是残差函数（即“ReLU＋卷积”的组合，如图 4－12（b））所示，$\theta_c^{(l)}$ 包含第l个残差单元中的所有可学习参数。模型中同样尝试使用了批归一化（BN），放在 ReLU 之前。在第 L 个残差单元之后，模型放置了一层卷积（即图 4－11 中的“卷积 2”）。经过两层卷积和 L 个残差单元，图 4－11 中近邻性组件的输出结果表示为 $\boldsymbol{X}_c^{(L+2)}$。

同样地，使用上述操作可以构建图 4－11 中的周期性和趋势性组件。假定周期性部分的数据中有 l_p 个时间间隔，并且有 p 个周期，那么周期性依赖的序列就是 $[\boldsymbol{X}_{t-l_p \cdot p}, \boldsymbol{X}_{t-(l_p-1) \cdot p}, \cdots, \boldsymbol{X}_{t-p}]$。

经过前述的卷积操作及 L 个残差单元后，周期性组件的输出可以表示为 $\boldsymbol{X}_p^{(L+2)}$。同时，趋势性组件的输出就可以表示为 $\boldsymbol{X}_q^{(L+2)}$，其中 l_q 是趋势性依赖的序列长度，q 表示一个趋势的时间跨度。这里要注意 p 和 q 是两种不同类型的周期，在 ST-ResNet 的细节实现中，p 表示日周期中的一天，而 q 表示周周期中的一周。

交通流量可能会受到许多复杂的外部因素的影响，例如天气和事件。设 E_t 表示在待预测的时间间隔 t 的这些外部因素的特征向量。对于输入的 E_t 使用两层全连接，从而得到与 X_t 相同的形状。图 4－11 中外部因素组件的输出表示为 $\boldsymbol{X}_{\text{Ext}}$，其中参数为 θ_{Ext}。

在 ST-ResNet 中，首先使用了基于参数矩阵的融合方法融合了前 3 个组件，然后再将融合结果与外部因素组件的结果融合。

考虑到各个地区都受到近邻性、周期性、趋势性的时间依赖的影响，ST-ResNet 将图 4－11 中的前 3 个组件按照如下方式融合：

$$\boldsymbol{X}_{\text{Res}} = W_c \circ \boldsymbol{X}_c^{(L+2)} + W_p \circ \boldsymbol{X}_p^{(L+2)} + W_q \circ \boldsymbol{X}_q^{(L+2)} \tag{4-32}$$

式中，“∘”表示哈达玛积（逐元素乘法），W_c，W_p 和 W_q 是可学习参数，分别对应近邻性、周期性和趋势性的影响程度。

如图 4－11 所示，这里直接将前 3 个组件融合输出的结果与外部因素组件的输出合并。最终第 t 个时间间隔的预测值 $\hat{\boldsymbol{X}}_t$ 的定义如下：

$$\hat{\boldsymbol{X}}_t = \tanh(\boldsymbol{X}_{\text{Res}} + \boldsymbol{X}_{\text{Ext}}) \tag{4-33}$$

式中，tanh 是激活函数，保证输出结果在 -1 到 1 之间。

ST-ResNet 模型使用残差单元堆叠更深层的网络，使得卷积能捕获更大范围的空间依赖关系。模型通过将近邻性、周期性、趋势性组件融合，从而能够对时间相关性进行学习。但 ST-ResNet 中也存在一些缺陷，比如模型虽然使用了 3 个时间相关性组件，但是对于数据时间维度的信息挖掘还是不够充分。另外，受到卷积核大小的限制，模型只有堆叠多层具有残差单元的卷积才能捕获大范围的空间信息，其效率比较低下。

3. 时空三维卷积网络模型

时空三维卷积网络（ST-3DNet）模型首次将三维卷积操作引入时空交通数据挖掘领域。ST-3DNet 首先借助 3D 卷积同时捕获交通数据在时间、空间维度上的相关性。为了对交通数据的异质性进行建模，ST-3DNet 设计了一种校准模块（recalibration block，简称 Rc 模块）来考虑时空数据的异质性特点，当模型对不同区域进行预测时，校准模块自动调节已捕获的各时空特征的重要性，进而实现准确的时空网格数据预测。

考虑在空间均匀分布的固定区域集合 $S=\{s_1, s_2, s_3, \cdots, s_n\}$，每个区域类似于图像数据中的像素点，坐标 (i, j) 确定一个网格区域。在时间步 t，所有 $n=I\times J$ 个网格区域的观测值可表示为张量 $\boldsymbol{X}_t \in \mathbb{R}^{C\times I\times J}$，其中 $(\boldsymbol{X}_t)_{c,i,j} = x_t^{c,i,j}$ 表示 (i, j) 区域在时间步 t 的第 c 类观测量的值。预测目标仍然是基于历史时空网格数据，预测未来 $t+\Delta t$ 内所有区域的某种交通指标的值。在实际中，当我们关注城市范围的人群转移模式时，可以把城市按着经纬度划分成均匀的网格，每个网格的流入、流出人群量用不同的数据通道表示。网格化的交通数据按着时间轴排列起来，形成了一个类似于视频流数据的张量。

针对上述形式化定义的时空网格数据预测问题，ST-3DNet 的整体网络结构如图 4－13 所示，主要由两部分子网络组成，分别用于描述交通数据的近期模式和周期模式。近期模式，主要指交通数据在临近时间步上的相关性。显然交通数据的变化是连续的，相邻时间步的数据可以为未来短期预测提供很有价值的信息。周期模式指的是交通数据受到人类活动影响而呈现的明显的以周为周期的模式。在对未来交通数据进行预测时，考虑周周期模式更有利于长期预测。最后模型利用两个子网络分别捕获的近期时空模式和周期时空模式实现最终的预测输出。考虑到不同区域有着不同的地理、功能特点，如一些办公区域呈现明显的周期模式，在预测时，周周期组件起到较大的作用；而对一些休闲娱乐区未来交通情况做预测时，则近期组件起着更大的作用。对此，ST-3DNet 采用一个融合模块，来自动学习不同位置、不同组件的重要性。

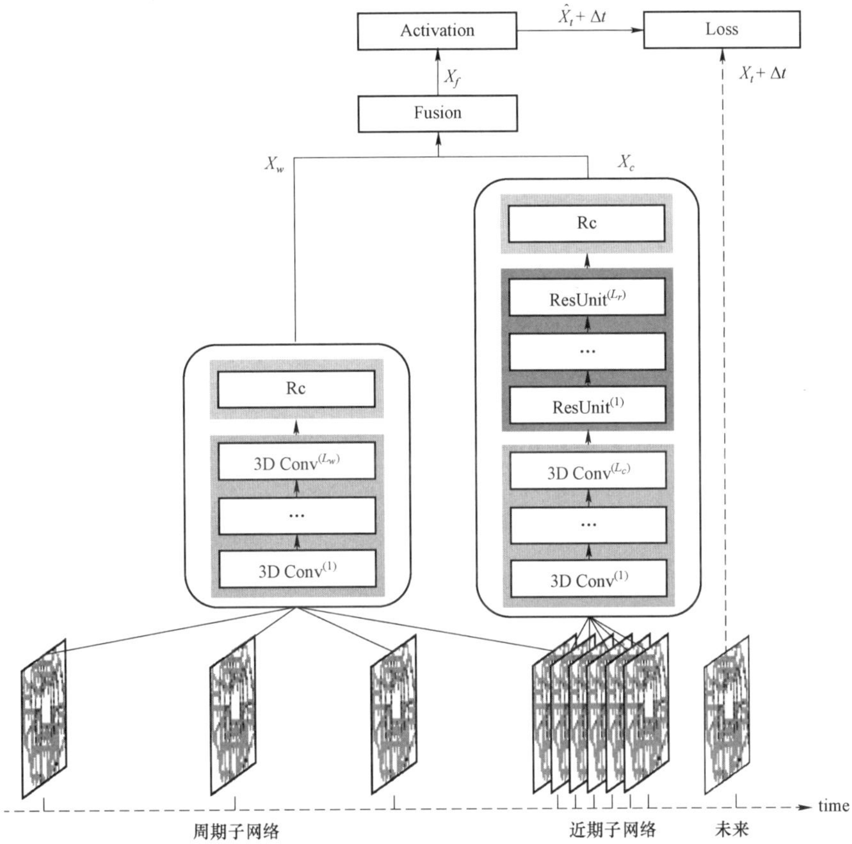

3D Conv—三维卷积；ResUnit—二维残差；Rc—校准模块

图 4－13　ST－3DNet 模型结构

近期子网络的输入是当前时间步的邻近时间范围内的数据，它主要由 3 类子模块组成，包括三维卷积模块、二维残差模块、校准模块。

时空交通数据中，在附近位置和相邻时间间隔获得的观测值不是独立的，而是相互关联的。以交通拥堵状况为例，我们经常可以观察到交通拥堵通常会覆盖连续区域。此类空间相关性可以通过二维卷积来捕获。但是，随着时间的推移，拥堵可能会传播到周围较远的区域。如图 4－14 所示，在高峰时段，许多人去了位于城市东北部的核心商业区。假设在时间 t，A，B 和 C 路段发生了拥堵，这三个路段上的大多数车辆都向东北行驶，那么拥堵也会向东北传播。在这种情况下，仅利用二维卷积对空间特征进行建模是远远不够的。只有全面捕获拥堵在相邻区域随着时间的推移进行传播的模式，才能为未来的交通预测提供有价值的信息。在计算机视觉领域的视频理解任务上，与传统的二维卷积相比，三维卷积可以有效地同时从空间和时间维度捕获数据的变化模式。因此，在近期子网络中，我们首先堆叠 L_c 个三维卷积模块（如图 4－13 中所示的 3D Conv）。

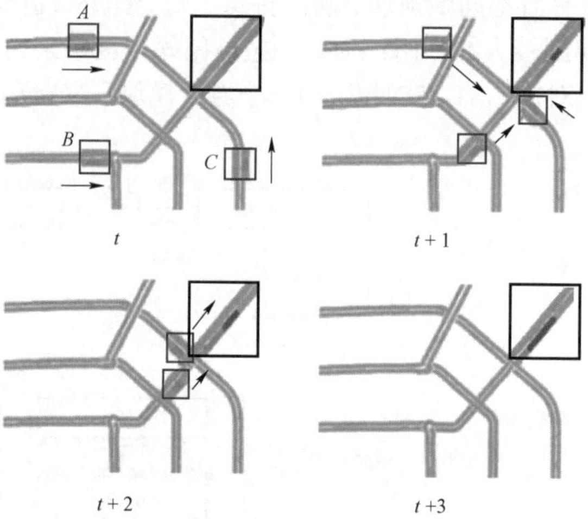

图 4－14　交通拥堵传播示例图

三维卷积模块对交通数据在时间和空间维度上的变化模式进行了建模。由于在实际情况下，时间维度的长度远远小于空间维度的长和宽，因此堆叠了多层三维卷积模块后，时间维度的数据相关性已经被充分建模，但交通数据在空间维度的信息还没有被充分利用。因此，可以继续堆叠二维卷积模块来进一步捕获更大局部范围内的空间相关性。随着二维卷积模块的增多，网络层数变深，网络变得更难训练。为了克服这个问题并使深度神经网络更容易优化，模型采用了残差连接。

时空交通数据普遍具有空间异质性，即不同地理区域的交通数据是由多种不同的时空模式混合而成的。且对于不同区域而言，不同时空模式占有不同的比重。我们以北京的交通状况预测问题为例来说明该现象。如图 4－15 所示，路段 r_1 的车流量为从东北到西南，而路段 r_2 的方向相反。图中的方框抽象地表示一个局部二维卷积核。图 4－15（a）中的卷积核用于探测东北角有拥堵这一特征。由于 r_1 上的车辆向西南行驶并且拥堵区域与路段 r_1 直接相连，因此上述卷积核捕获的特征在预测 t+1 时刻 r_1 的交通情况时起着重要作用，如图 4－15（b）所示；相比之下，r_2 路段上的车辆向东北行驶，并且拥堵区域未与 r_2 直接相连，因此，上述卷积核探测到的特征在预测 t+1 时刻 r_2 的交通情况时，起到的作用较小，如图 4－15（b）所示。图 4－15（c）和图 4－15（d）展示了另一个例子。图 4－15（c）中的卷积核捕获到了“西南角出现拥堵”的特征。同样，该特征对于预测 r_3 下一时刻的交通情况起着重要的作用，而对预测 r_4 下一时刻的交通情况起到的作用极其有限。以上两个例子表明，通过卷积操作捕获到的同一时空特征，对于预测不同区域（路段）未来交通情况起着不同的作用。

由此可见，显式建模捕获的时空特征对于预测不同空间区域的未来交通情况至关重要。因此，ST－3DNet 提出了校准（Rc）模块，如图 4－16 所示，该模块调整了由神经网络捕获到的不同通道的时空特征对于不同空间区域的重要性，提高了模型的表达能力和预测性能。

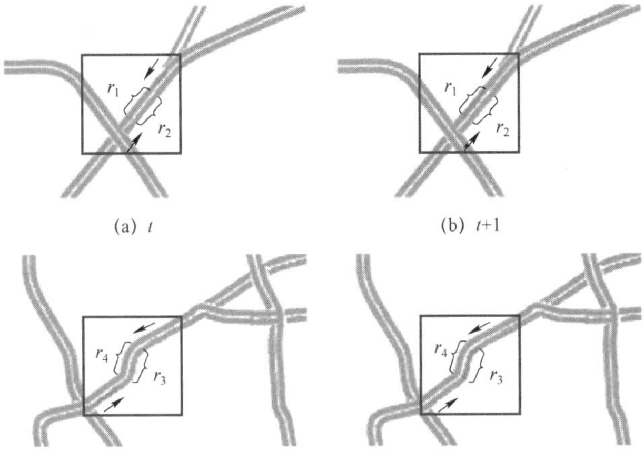

(a) t　　(b) t+1

(c) t　　(d) t+1

图 4－15　卷积核探测到的相同特征对不同路段的影响不同

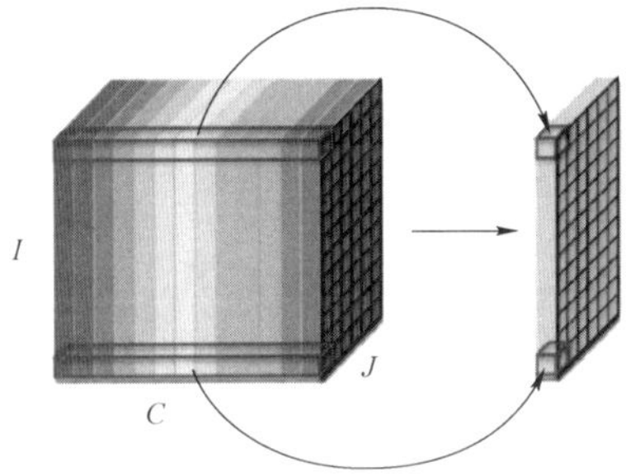

I，J—城市的长、宽；C—卷积核的通道数

图 4－16　校准模块示意图

周期子网络可以在预测中充分利用交通数据的周期性特点。周期子网络的输入是与预测目标具有相同星期属性的历史数据。周期子网络使用沿时间维度的卷积操作，捕获交通数据的周期性和趋势性。沿时间维度的卷积操作，相当于将三维卷积的沿空间维度的卷积核大小设置为 1。

4. 其他时空网格数据预测模型

由于时空网格交通数据的数据结构特点，使得采用二维卷积操作捕获交通数据的空间相关性成为一种必然选择。然而，受限于卷积核大小，每次二维卷积操作只能捕获临近空间区域的相关性。连续堆叠多层二维卷积，虽然可以进一步捕获更大范围的空间相关性，也会使神经网络变得过于复杂，难以训练。所以，一些研究尝试设计更简单、高效的机制来捕获长距离空间相关性，这里进行简单介绍。

Lin 等人提出一种 DeepSTN+模型，其模型结构如图 4－17 所示。相比于 ST-ResNet，DeepSTN+主要做了如下改进。

ST-ResNet 的残差网络是由传统的二维卷积层构成，很难捕获长距离空间相关性。所以，DeepSTN+设计了一个新的残差模块 ResPlus，如图 4－18 所示。ResPlus 由左侧的 ConvPlus 模块和右侧的传统的二维卷积模块 Conv 组成。ConvPlus 模块中，交通数据在通道维度分成了两个部分。在其中一部分通道的数据上执行传统的二维卷积操作，以捕获数据的局部空间相关性；在另一部分通道的数据上执行池化操作和全连接操作，以便直接捕获空间上远距离的任意两个区域之间的相关性。

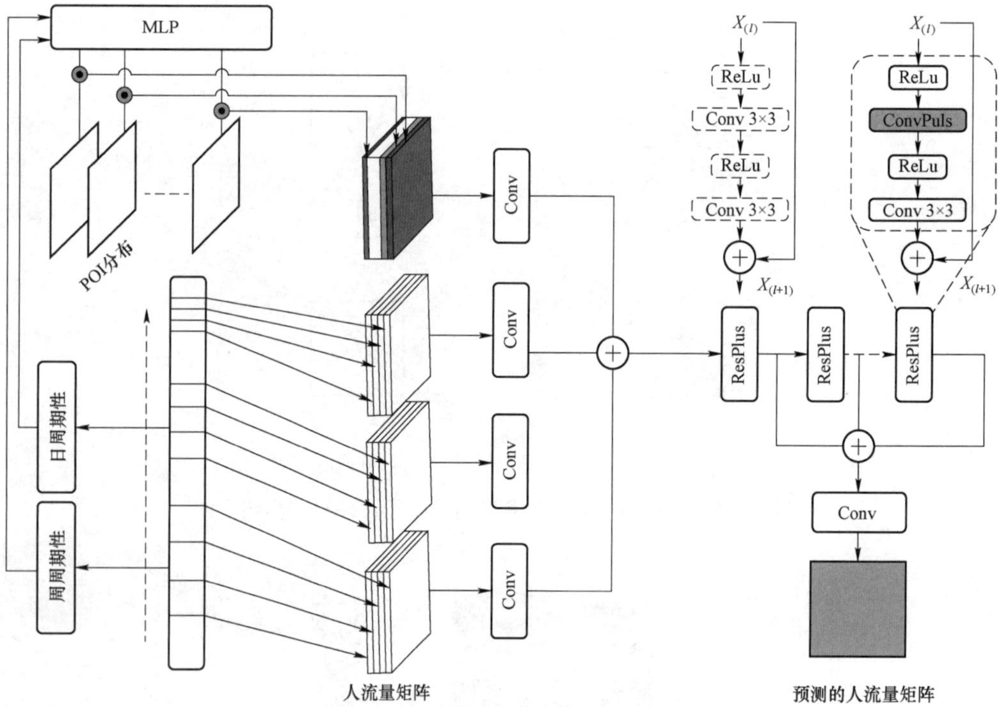

Conv—卷积操作；ResPlus—残差模块；MLP—多层感知机

图 4－17 DeepSTN+结构图

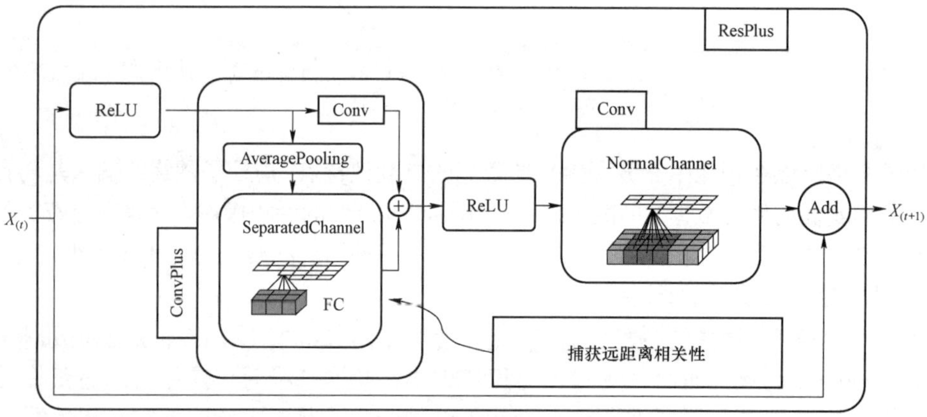

FC—全连接网络层

图 4－18 ResPlus 模块

考虑到不同城市区域的交通数据会受到城市区域功能的影响，且城市的功能会随着时间而变化，DeepSTN+设计了 SemanyicPlus 模块，捕获城市区域不同 POI 在不同时间对区域交通情况的影响。

与 ST-ResNet 在最后阶段才进行各类信息的融合不同，DeepSTN+采用了一种早期融合机制，即在每一层都将各类时间维度子网络和 POI 子网络进行融合，以便更好地捕获各个子网络捕获的特征之间的交互关系。

Zhang 等人将城市范围内多个区域的交通数据预测问题转换成一个多任务学习问题，并提出了基于多任务学习框架的 MTL-TCNN 模型，其模型结构图如图 4－19 所示。MTL-TCNN 利用

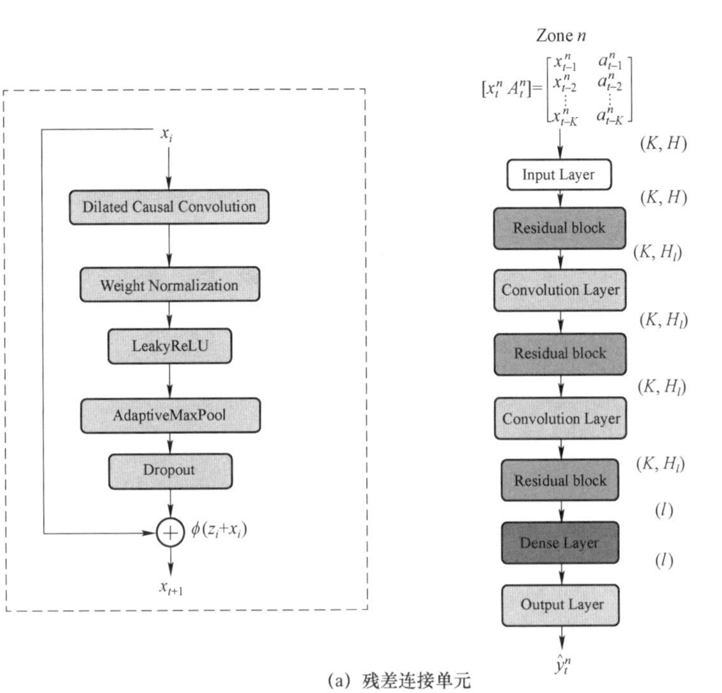

(a) 残差连接单元

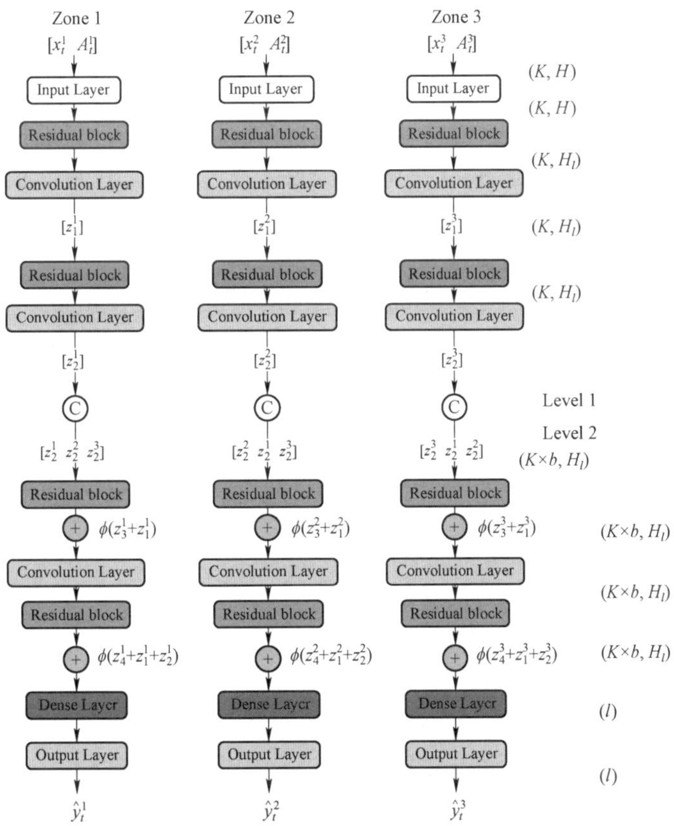

(b) 单任务STL-TCNN框架　　(c) 多任务MTL-TCNN框架

图 4－19　基于多任务学习框架的 MTL-TCNN 模型结构

相同的子网络，同时实现多个区域的预测。子网络仍然采用残差连接模式。与经典的 ST-ResNet 网络相比，为了捕获更大范围的空间相关性，MTL-TCNN 的子网络将二维卷积操作替换成了空洞因果卷积操作。图 4－20 对比了因果卷积与空洞因果卷积。相比于传统的因果卷积，空洞因果卷积堆叠更少的层数即可捕获全局空间相关性。

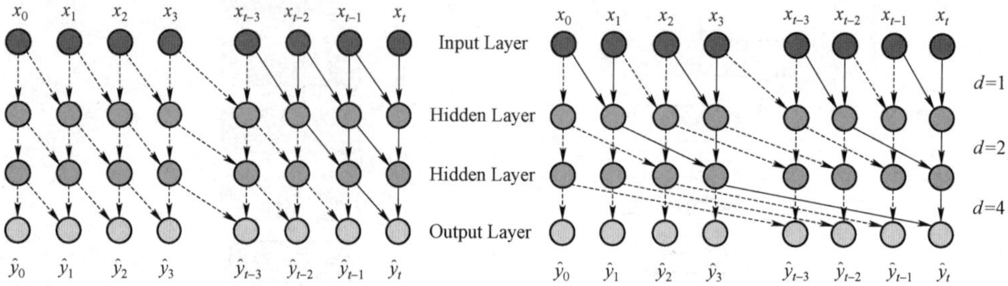

图 4－20 因果卷积（左）与空洞因果卷积（右）的对比

此外，受到利用注意力机制的神经网络在自然语言处理领域、图像领域取得了很好效果的启发，学者们开始考虑利用注意力机制来捕获交通数据在时间、空间维度上的动态相关性，进一步提升了时空交通网格数据预测的准确性。

4.4.2 时空图数据预测

时空图数据是一种非欧氏数据，普通的卷积结构难以处理这种不规则结构的数据。自然地，人们开始研究使用图卷积来描述时空图数据中的空间结构，探索基于图卷积的时空深度模型。本小节将介绍几个基于图卷积的时空图数据预测模型，包括扩散卷积循环神经网络模型、时空图卷积网络模型、Grahp WaveNet 模型等。

1. 扩散卷积循环神经网络模型

扩散卷积循环神经网络模型（diffusion convolutional recurrent neural network，DCRNN）最早用于路网上的交通速度预测。交通路网是一种天然的图结构，所以 DCRNN 使用有向图来建模路网结构，并使用扩散卷积循环网络结构来捕获交通流量数据中的时间和空间依赖性。具体地，DCRNN 使用图上的双向随机游走来捕获空间相关性，使用 RNN 与 encoder-decoder 结构来捕获时间相关性。

给定路网上的 N 个传感器节点的历史交通流信息，预测各个节点未来的交通速度。由节点组成的路网可以表示为一个带权的有向图 $\mathcal{G}=(\mathcal{V},\mathcal{E},\boldsymbol{W})$。其中 $\mathcal{V}$ 表示节点的集合，$|\mathcal{V}|=N$；$\mathcal{E}$ 表示图中边的集合；$\boldsymbol{W}\in\mathbb{R}^{N\times N}$ 代表邻接矩阵的权重，表示节点之间的相似性。将在图 $\mathcal{G}$ 上观察到的交通流数据作为图信号矩阵 $\boldsymbol{X}\in\mathbb{R}^{P\times N}$，$P$ 代表每个节点的特征数量。将 $\boldsymbol{X}^{(t)}$ 定义为 t 时刻的图信号矩阵，DCRNN 的目标是学习一个可以将历史 T' 个时间段的图信号矩阵映射为未来 T 个图信号矩阵的函数 $h(\cdot)$，数学表示形式如下：

$$[\boldsymbol{X}^{(t-T'+1)},\cdots,\boldsymbol{X}^{(t)};\mathcal{G}]\xrightarrow{h(\cdot)}[\boldsymbol{X}^{(t+1)},\cdots,\boldsymbol{X}^{(t+T)}] \tag{4－34}$$

DCRNN 将交通流建模为一个扩散过程，以捕获交通数据中的动态空间依赖。扩散过程可以看作在图 $\mathcal{G}$ 上的随机游走过程。以 $\alpha\in[0,1]$ 为重启概率，以 $\boldsymbol{D}_O^{-1}\boldsymbol{W}$ 为状态转移矩阵的随机游走过程。其中 $\boldsymbol{D}_O=\mathrm{diag}(\boldsymbol{W}\mathbf{1})$ 是出度对角矩阵，$\mathbf{1}\in\mathbb{R}^N$ 代表全 1 向量。多个时间步后，马尔可夫过程会收敛到平稳分布 $\mathcal{P}\in\mathbb{R}^{N\times N}$，第 i 行 $\mathcal{P}_{i,:}\in\mathbb{R}^{N}$ 表示从顶点 $v_i\in\mathcal{V}$ 扩散的可能性。扩散过程的平稳分布可以表示为图上的无限随机游走的带权组合，可以通过下式计算：

$$\mathcal{P}=\sum_{k=0}^{\infty}\alpha(1-\alpha)^{k}(\boldsymbol{D}_{O}^{-1}\boldsymbol{W})^{k} \tag{4-35}$$

式中，k 是扩散次数，DCRNN 使用有限的 K 阶扩散过程，并给每一步分配一个可训练的权重。为了让模型可以更加灵活地捕获上游和下游交通带来的影响，DCRNN 也融入了反向扩散的过程，即双向扩散。

依据上述阐述，在 DCRNN 中，图信号 $\boldsymbol{X}\in\mathbb{R}^{N\times P}$ 和滤波器 f_{θ} 的扩散卷积操作结果如下：

$$\boldsymbol{X}_{:,p}\star_{\mathcal{G}}f_{\theta}=\sum_{k=0}^{K-1}(\theta_{k,1}(\boldsymbol{D}_{O}^{-1}\boldsymbol{W})^{k}+\theta_{k,2}(\boldsymbol{D}_{I}^{-1}\boldsymbol{W}^{\mathrm{T}})^{k})\boldsymbol{X}_{:,p},\ \ p\in\{1,2,3,\cdots,P\} \tag{4-36}$$

式中，$\theta\in\mathbb{R}^{K\times 2}$，代表卷积核参数，$\boldsymbol{D}_{O}^{-1}\boldsymbol{W}$ 和 $\boldsymbol{D}_{I}^{-1}\boldsymbol{W}^{\mathrm{T}}$ 表示扩散过程和反向扩散过程的转移概率矩阵。

根据上述的卷积操作，DCRNN 构造了一个扩散卷积层，将 P 维的输入映射到 Q 维输出，将参数表示为 $\boldsymbol{\Theta}\in\mathbb{R}^{Q\times P\times K\times 2}=[\boldsymbol{\theta}]_{q,p}$，其中 $\boldsymbol{\Theta}_{q,p,:,:}\in\mathbb{R}^{K\times 2}$ 是第 p 个输入和 q 个输出的参数，扩散卷积层的公式如下：

$$\boldsymbol{H}_{:,q}=a\left(\sum_{p=1}^{P}\boldsymbol{X}_{:,p}\star_{\mathcal{G}}f_{\boldsymbol{\Theta}_{q,p,:,:}}\right),q\in\{1,2,3,\cdots,Q\} \tag{4-37}$$

式中，$\boldsymbol{X}\in\mathbb{R}^{N\times P}$ 表示输入，$\boldsymbol{H}\in\mathbb{R}^{N\times P}$ 表示输出，$\{f_{\boldsymbol{\Theta}_{q,p,:,:}}\}$ 是滤波器，a 代表激活函数。DCRNN 利用上述扩散图卷积层学习图结构的特征表示。

DCRNN 利用基于 RNN 的结构来捕获时间依赖。具体而言，DCRNN 以 GRU 为基础进行改进，将 GRU 中的矩阵乘法替换成了扩散卷积操作，得到了扩散卷积门控循环单元（diffusion convolutional gated recurrent unit，DCGRU），具体公式如下：

$$\boldsymbol{r}^{(t)}=\sigma(\boldsymbol{\Theta}_{r}\star_{\mathcal{G}}[\boldsymbol{X}^{(t)},\boldsymbol{H}^{(t-1)}]+\boldsymbol{b}_{r}) \tag{4-38}$$

$$\boldsymbol{u}^{(t)}=\sigma(\boldsymbol{\Theta}_{u}\star_{\mathcal{G}}[\boldsymbol{X},\boldsymbol{H}^{(t-1)}]+\boldsymbol{b}_{u}) \tag{4-39}$$

$$\boldsymbol{C}^{(t)}=\tanh(\boldsymbol{\Theta}_{C}\star_{\mathcal{G}}[\boldsymbol{X}^{(t)},(\boldsymbol{r}^{(t)}\odot\boldsymbol{H}^{(t-1)})]+\boldsymbol{b}_{c}) \tag{4-40}$$

$$\boldsymbol{H}^{(t)}=\boldsymbol{u}^{(t)}\odot\boldsymbol{H}^{(t-1)}+(1-\boldsymbol{u}^{(t)})\odot\boldsymbol{C}^{(t)} \tag{4-41}$$

式中，$\boldsymbol{X}^{(t)},\boldsymbol{H}^{(t)}$ 表示时间 t 的输入和输出，$\boldsymbol{r}^{(t)},\boldsymbol{u}^{(t)}$ 表示时间 t 的重置门和更新门。$\star_{\mathcal{G}}$ 表示扩散图卷积中定义的混合卷积，$\boldsymbol{\Theta}_{r},\boldsymbol{\Theta}_{u},\boldsymbol{\Theta}_{C}$ 表示对应的滤波器的参数。

DCRNN 采用编码－解码器的结构来解决多步预测的问题，其中编码器和解码器的组成都是 DCGRU。训练时，DCRNN 将历史序列输入到编码器，使用编码器的最终状态输出初始化解码器，最终生成预测结果。DCRNN 的架构如图 4－21 所示。

DCRNN 属于使用图卷积进行时空预测的经典模型，其使用扩散卷积来捕获非欧氏信息的做法可以让模型轻松地捕获图结构上的空间信息，并且将图卷积与 GRU 相结合构成 DCGRU，使模型可以捕获复杂的动态时间关系。DCRNN 在 METR-A（洛杉矶高速公路数据集）和 PEMS-BAY（加州高速路网交通数据集）两个数据集上进行了实验，在短期预测（15 分钟）和长期预测（1 小时）上都取得了优于当时其他模型的效果。除此之外，DCRNN 在多数交通时空预测问题上也取得了不错的效果。

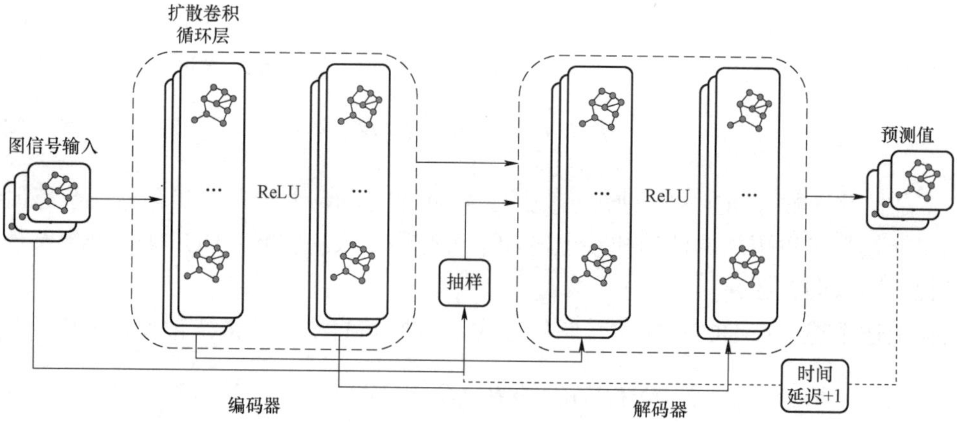

图 4－21　DCRNN 模型图

2. 时空图卷积网络模型

时空图卷积网络模型（spatio-temporal graph convolutional networks，STGCN）的提出同样是为了解决具有交通领域中空间结构为图结构的时间序列预测问题。为了完全利用空间信息，STGCN 通过一个广义图对交通网络建模，而不是将交通流看成各个离散的部分（如网格划分），并且使用切比雪夫多项式作为图卷积的卷积核来捕获空间信息。在捕获时间信息方面，为了处理循环神经网络的缺陷，STGCN 在时间轴上部署了一个全卷积结构来阻止累积效应（cumulative effects）并加速模型的训练过程。最终 STGCN 将图卷积与一维卷积相结合，组成类“三明治”结构的时空块来进行时空预测。

STGCN 将交通预测问题定义为：在给定前 M 个观测样本的情况下，预测未来 H 个时间戳后最可能的交通流指标，如速度、交通流量等。

$$\hat{\boldsymbol{v}}_{t+1},\ldots,\hat{\boldsymbol{v}}_{t+H}=\underset{\boldsymbol{v}_{t+1},\ldots,\boldsymbol{v}_{t+H}}{\arg\min}\log P(\boldsymbol{v}_{t+1},\ldots,\boldsymbol{v}_{t+H}\mid\boldsymbol{v}_{t-M+1},\ldots,\boldsymbol{v}_t) \tag{4-42}$$

式中，$\boldsymbol{v}_t\in\mathbb{R}^n$ 是 n 个路段在时间戳 t 观察到的一个向量，每一个元素记录了一条路段的历史观测数据。STGCN 在图上定义了一个交通网络，网络中观测到的样本 $\boldsymbol{v}_t$ 不是相互独立的，而是在图中通过边两两相互连接的。因此，数据点 $\boldsymbol{v}_t$ 可以被视为定义在权重为 w_{ij}，如图 4－22 所示

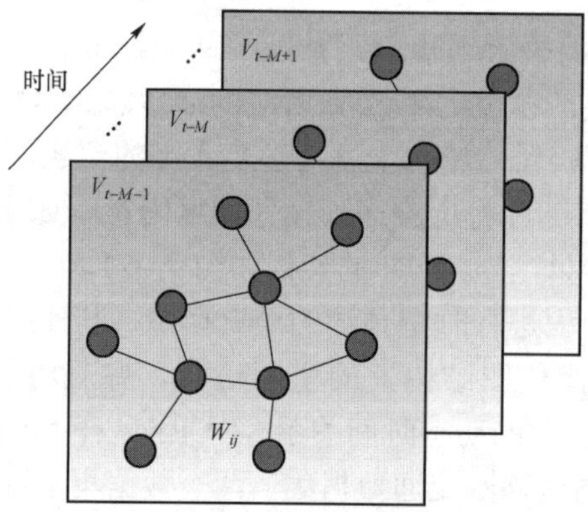

图 4－22　图结构交通数据

的无向图 $\mathcal{G}$ 上的一个信号。在第 t 个时间步，有图 $\mathcal{G}_t=(\mathcal{V}_t,\varepsilon,\boldsymbol{W})$，其中 $\mathcal{V}_t$ 是图的节点集，对应在交通网络中的 n 个监测站；ε 是边集，表示观测站之间的连通性；$\boldsymbol{W}\in\mathbb{R}^{n\times n}$ 表示 $\mathcal{G}_t$ 的邻接矩阵。

STGCN 的模型结构如图 4－23 所示。

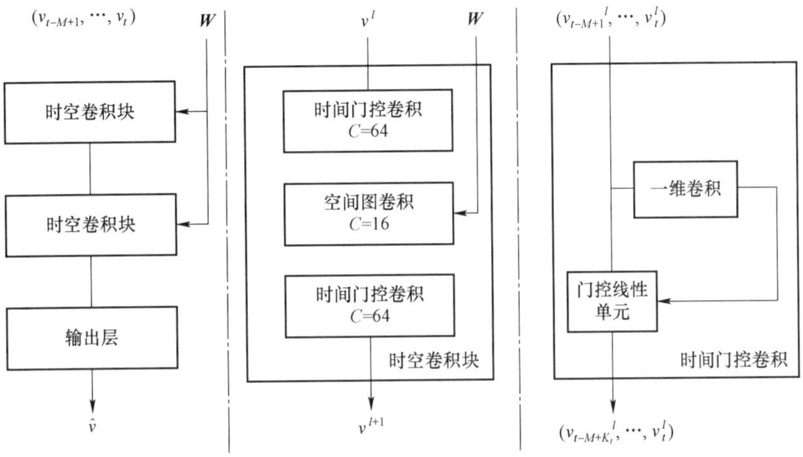

图 4－23　STGCN 模型图

STGCN 使用的图卷积为谱图卷积，基于谱图卷积的定义引入图卷积操作符号 $\star_{\mathcal{G}}$，即卷积核 Θ 和信号 $\boldsymbol{x}\in\mathbb{R}^n$ 的卷积，则有

$$\Theta\star_{\mathcal{G}}\boldsymbol{x}=\Theta(\boldsymbol{L})\boldsymbol{x}=\Theta(\boldsymbol{U}\Lambda\boldsymbol{U}^{\mathrm{T}})\boldsymbol{x}=\boldsymbol{U}\Theta(\Lambda)\boldsymbol{U}^{\mathrm{T}}\boldsymbol{x} \tag{4-43}$$

式中，$\boldsymbol{L}=\boldsymbol{I}_n-\boldsymbol{D}^{-\frac{1}{2}}\boldsymbol{W}\boldsymbol{D}^{-\frac{1}{2}}=\boldsymbol{U}\boldsymbol{\Lambda}\boldsymbol{U}^{\mathrm{T}}\in\mathbb{R}^{n\times n}$ 是归一化的拉普拉斯矩阵，图的傅里叶基 $\boldsymbol{U}\in\mathbb{R}^{n\times n}$ 是 $\boldsymbol{L}$ 的特征向量组成的矩阵，$\boldsymbol{I}_n$ 是单位矩阵，$\boldsymbol{D}\in\mathbb{R}^{n\times n}$ 是对角化的度矩阵 $\boldsymbol{D}_{ii}=\sum_j W_{ij}$；$\boldsymbol{\Lambda}\in\mathbb{R}^{n\times n}$ 为 $\boldsymbol{L}$ 的特征值组成的矩阵，卷积核 $\Theta(\boldsymbol{\Lambda})$ 是一个对角矩阵。

为了使滤波器局部化、减少参数，核 Θ 可以由一个关于 $\boldsymbol{\Lambda}$ 的多项式进行限制，即 $\Theta(\boldsymbol{\Lambda})=\sum_{k=0}^{K-1}\theta_k\boldsymbol{\Lambda}^k$，其中 $\theta\in\mathbb{R}^K$ 是多项式系数向量。K 是图卷积核的阶数，它决定了图卷积从中心节点开始的最大邻域。切比雪夫多项式 $T_k(\boldsymbol{x})$ 被广泛地用于近似核，作为 $K-1$ 阶展开的一部分，即 $\Theta(\boldsymbol{\Lambda})\approx\sum_{k=0}^{K-1}\theta_kT_k(\tilde{\boldsymbol{\Lambda}})$，其中 $\tilde{\boldsymbol{\Lambda}}=2\boldsymbol{\Lambda}/\lambda_{\max}-\boldsymbol{I}_n$（$\lambda_{\max}$ 表示 $\boldsymbol{L}$ 的最大特征值）。图卷积因此可以被写为

$$\Theta\star_{\mathcal{G}}\boldsymbol{x}=\Theta(\boldsymbol{L})x\approx\sum_{k=0}^{K-1}\theta_kT_k(\widetilde{\boldsymbol{L}})\boldsymbol{x} \tag{4-44}$$

式中，$T_k(\tilde{\boldsymbol{L}})\in\mathbb{R}^{n\times n}$ 是经 k 阶切比雪夫多项式进行放缩后的拉普拉斯矩阵 $\tilde{\boldsymbol{L}}=2\boldsymbol{L}/\lambda_{\max}-\boldsymbol{I}_n$。

一层的线性公式可以通过堆叠多个拉普拉斯矩阵的一阶近似局部图卷积构成，这样图卷积就可以表达为

$$\Theta*_{\mathcal{G}}\boldsymbol{x}=\theta(\boldsymbol{I}_n+\boldsymbol{D}^{-\frac{1}{2}}\boldsymbol{W}\boldsymbol{D}^{-\frac{1}{2}})\boldsymbol{x}=\theta\left(\tilde{\boldsymbol{D}}^{-\frac{1}{2}}\tilde{\boldsymbol{W}}\tilde{\boldsymbol{D}}^{-\frac{1}{2}}\right)\boldsymbol{x} \tag{4-45}$$

图卷积操作 $\star_{\mathcal{G}}$ 也可以扩展到多维张量上。对于一个有 C_i 通道的信号 $X \in \mathbb{R}^{n \times C_i}$，图卷积操作可以扩展为 $y_j = \sum_{i=1}^{C_i} \Theta_{i,j}(L)\, \boldsymbol{x}_i \in \mathbb{R}^n, 1 \leqslant j \leqslant C_o$ 其中，$C_i \times C_o$ 向量是切比雪夫系数 $\Theta_{i,j} \in \mathbb{R}^K$（$C_i$ 和 C_o 分别是特征图的输入和输出大小）。二维变量的图卷积可表示为 $\Theta \star_{\mathcal{G}} X$，其中 $\Theta \in \mathbb{R}^{K \times C_i \times C_o}$。需要注意的是，输入的交通预测图由 M 帧路网图构成，如图 4－22 所示。每帧 $\boldsymbol{v}_t$ 可以被视为一个矩阵，它的第 i 列是图 $\mathcal{G}_t$ 中第 i 个顶点的 C_i 维的值，即 $X \in \mathbb{R}^{n \times C_i}$（在这个例子中，$C_i = 1$）。对于 M 中的每个时间步 t，使用相同卷积核的图卷积操作在 $X_t \in \mathbb{R}^{n \times C_i}$ 上进行并行计算。因此，图卷积操作可以推广至三维，记为 $\Theta \star_{\mathcal{G}} \mathcal{X}$，其中 $\mathcal{X} \in \mathbb{R}^{M \times n \times C_i}$。

在时空交通预测问题中，基于循环神经网络的模型广泛用于时间信息的捕获，取得了不错的效果。但是，用于交通预测的循环神经网络仍存在长序列预测迭代耗时、门控机制复杂且参数多、动态变化响应慢等问题。而 CNN 具有训练快、结构简单、且不依赖上一个时间步结果等优点。STGCN 采用一维卷积代替 RNN 来进行时间信息的捕获。

具体而言，如图 4－23 右侧部分所示，时间卷积层包含了一个一维卷积，卷积核的宽度为 K_t，并采用门控线性单元作为激活函数。对于图 $\mathcal{G}$ 中的每个顶点，时间卷积都会对输入元素的 K_t 个邻居进行卷积操作，使得序列长度缩短 $K_t - 1$。因此，每个顶点的时间卷积的输入都可以被看作一个包含 C_i 个通道的长度为 M 的序列，记为 $Y \in \mathbb{R}^{M \times C_i}$。卷积核 $\Gamma \in \mathbf{R}^{K_t \times C_i \times 2C_o}$ 可以将输入 Y 映射到输出 $[PQ] \in \mathbb{R}^{(M-K_t+1) \times (2C_o)}$（$P$ 和 Q 是通道数的一半）。所以，时间门控卷积可以定义为：

$$\Gamma \star_{\tau} Y = P \otimes \sigma(Q) \in \mathbb{R}^{(M-K_t+1) \times C_o} \tag{4-46}$$

式中，P, Q 分别是门控线性单元的输入门，$\otimes$ 代表哈达玛积，σ 表示 sigmoid 函数。除此之外，STGCN 在堆叠时间卷积层时，也实现了残差连接。通过在每个节点 $\mathcal{Y}_i \in \mathbb{R}^{M \times C_i}$（如交通传感器）上都使用相同的卷积核 Γ，时间卷积就可以从一个节点泛化到三维变量上，记为 $\Gamma \star_{\tau} \mathcal{Y}$，其中 $\mathcal{Y} \in \mathbb{R}^{M \times n \times C_i}$。

为了能够同时从空间和时间维度融合特征，STGCN 将上述的图卷积与时间卷积相结合，组成时空卷积模块来处理图结构的时间序列。如图 4－23 中间部分所示，STGCN 将图卷积和时间卷积模块堆叠成“三明治”结构，其中上下两层为时间门控卷积层，中间为空间图卷积层。中间的空间图卷积层可以通过减小通道数 C 来减少训练参数，以及降低减少训练时间开销。除此之外，每一个时空块都使用了层归一化来抑制过拟合。

时空卷积块的输入和输出都是三维张量，$\boldsymbol{v}^l \in \mathbb{R}^{M \times n \times C^l}$ 代表块 l 的输入，则输出 $\boldsymbol{v}^{l+1} \in \mathbb{R}^{(M-2(K_t-1)) \times n \times C^{l+1}}$ 可通过下式计算：

$$\boldsymbol{v}^{l+1} = \Gamma_1^l \star_{\tau} \mathrm{ReLU}(\Theta^l \star_{\mathcal{G}} (\Gamma_0^l \star_{\tau} \boldsymbol{v}^l)) \tag{4-47}$$

式中，Γ_0^l, Γ_1^l 是块 l 的上下两个时间层；Θ^l 是图卷积核；$\mathrm{ReLU}(\cdot)$ 代表 ReLU 激活函数。STGCN 在堆叠两个时空卷积块后，会添加一个额外的时间卷积和全连接层作为最后的输出层（如图 4－23 左侧部分所示）。最终，模型的输出为 $\boldsymbol{Z} \in \mathbb{R}^{n \times c}$，通过一个跨 c 个通道的线性变换 $\hat{\boldsymbol{v}} = \boldsymbol{Z}\boldsymbol{w} + b$ 来预测 n 个节点的速度，其中 $\boldsymbol{w} \in \mathbb{R}^c$ 是权重向量，$b \in \mathbb{R}^n$ 是偏置项。STGCN 的最终损失函数可以写成：

$$L(\hat{v}; W_\theta) = \sum_t \| \hat{v}(v_{t-M+1,\cdots,v_t,W_\theta}) - v_{t+1} \|^2 \tag{4-48}$$

式中，W_θ 是模型中所有的训练参数，v_{t+1} 是真实值，$\hat{v}(\cdot)$ 代表模型的预测值。

STGCN 是处理结构化时间序列的通用框架，不仅可以解决交通网络的建模，还可以应用到其他的时空序列学习的任务中，如社交网络和推荐系统。由于 STGCN 完全由卷积层组成，所以可以在输入序列上并行计算，空间域中参数少且易于训练。更重要的是，这种架构可以使模型更加高效地处理大规模网络。

在 STGCN 的基础上，人们又提出了一些新的基于图卷积的模型，如基于注意力机制的时空图卷积网络（attention based spatial-temporal graph convolutional networks，ASTGCN）和时空同步图卷积网络（spatial-temporal synchronous graph convolutional networks，STSGCN）。

ASTGCN 模型针对交通流预测问题，提出了一种基于注意力机制的时空图卷积结构，由 3 个独立的部分组成。3 个部分别对 3 个时间特性建模，即邻近时间依赖关系、天周期性依赖关系、周周期性依赖关系。其中每个独立的部分包含时空注意力机制和时空卷积两部分。ASTGCN 使用时空注意力机制来研究动态的时空相关性，利用空间注意力机制捕捉不同位置之间的动态空间相关性，利用时间注意力机制捕获不同时间之间的动态时间相关性。同时，ASTGCN 使用由图卷积和标准卷积组成的时空卷积模块来捕捉空间模式与时间特征。

STSGCN 模型针对交通预测问题，提出了时空同步图卷积网络，通过精心设计的时空同步建模机制有效捕获复杂的局部时空相关性。同时，在模型中设计了不同时间段的多个模块，以有效捕获局部时空图中的异质性。STSGCN 首先将每个时间步的图结构根据前后时间邻近关系连接到一起，即将当前节点与其上一个和下一个时间步的节点相连，构造局部时空图。然后利用时空同步图卷积模块来捕获局部的时空相关性。最后通过多个时空图同步卷积层的堆叠进行数据的预测。除此之外 STSGCN 还对每个节点嵌入了时空信息，以区分节点之间的时空异质性；使用掩码矩阵来决定邻接矩阵聚合的权重，以区分不同邻居对目标节点的影响。

3. Graph WaveNet 模型

Graph WaveNet 模型是在 2019 年被提出的一种时空图神经网络模型，在交通速度预测等任务上取得了不错的效果。在时空图数据中，图结构反映了节点间的相互依赖关系，然而这种依赖并不是一成不变的，而是随着时间而变化。为了捕获节点间的动态依赖，Graph WaveNet 模型构建了一种自适应邻接矩阵，该矩阵可从端到端的监督模型中训练得到，从数据中学到从未见过的图结构信息。同时，为了有效捕获长期的时间依赖，Graph WaveNet 模型还使用了空洞卷积。总结起来，Graph WaveNet 模型使用图卷积和空洞卷积同时捕获时间和空间的依赖，因此具有较强的时空图数据建模能力。

使用 $G=(V,E)$ 表示图，其中 V 是节点集合，$|V|=N$，E 是边集合。$\boldsymbol{A}\in\mathbb{R}^{N\times N}$ 表示图 G 的邻接矩阵，如果 $v_i,v_j\in V$ 且 $(v_i,v_j)\in E$，则 $\boldsymbol{A}_{i,j}=1$，否则为 0。使用 $\boldsymbol{X}^{(t)}\in\mathbb{R}^{N\times D}$ 表示图 G 在时间段 t 的图信号矩阵。给定图 G 和历史 S 个时间段的图信号矩阵，预测目标就是学习映射函数 f，用来预测未来 T 个时间段的图信号矩阵，函数映射关系如下所示：

$$[\boldsymbol{X}^{(t-S):\ t},G]\xrightarrow{f}\boldsymbol{X}^{(t+1):\ (t+T)} \tag{4-49}$$

式中，$\boldsymbol{X}^{(t-S):\ t}\in\mathbb{R}^{N\times D\times S}$，$\boldsymbol{X}^{(t+1):\ (t+T)}\in\mathbb{R}^{N\times D\times T}$。

图 4-24 展示了 Graph WaveNet 模型的整体架构。从图中可以看到 Graph WaveNet 模型首先使用时间卷积网络（temporal convolution network，TCN）来捕获长期的时间依赖。然后使用图卷积网络（graph convolution network，GCN）来捕获空间相关性。

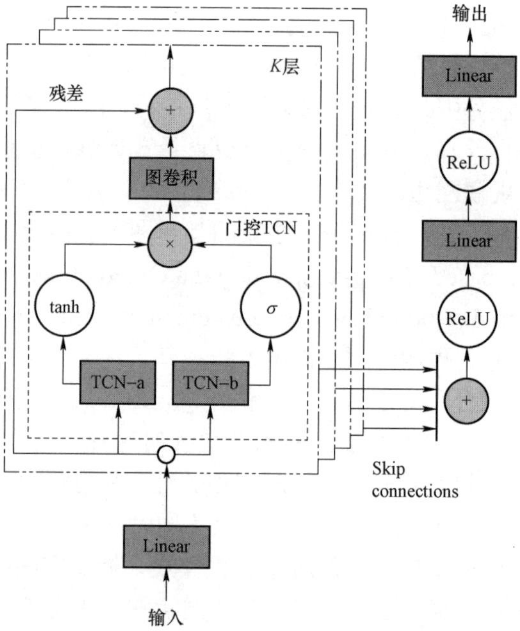

图 4－24　Graph WaveNet 模型整体架构图

时间卷积网络部分采用空洞卷积作为时间卷积层，用来捕获一个节点长期的时间依赖。在对时间建模方面，使用空洞卷积而非基于 RNN 的模型，是因为空洞卷积的感受野随着卷积层的堆叠呈指数增长，即可以捕获长距离的时间依赖，并且卷积操作可以并行计算，大大提升了计算效率。一维空洞卷积作为卷积的一种，在输入时间序列上按照一定的空洞率进行滑动，如图 4－25 所示。3 层一维空洞卷积的空洞率分别是 1、2 和 4，最终输出一个隐藏单元，其感受野是输入中所有的单元，即输出的值捕获到输入数据中所有时间步的信息。

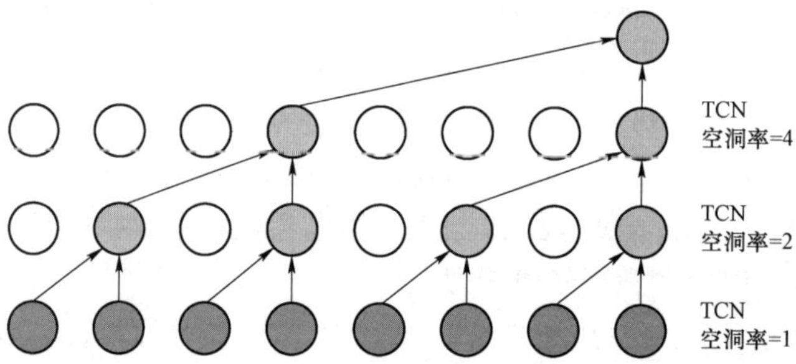

图 4－25　TCN 示例图

假设输入的一维序列为 $\boldsymbol{x} \in \mathbb{R}^{\mathrm{T}}$，卷积核 $\boldsymbol{f} \in \mathbb{R}^{K}$，在时间步 t 的一维空洞卷积操作可表示为：

$$\boldsymbol{x} \star \boldsymbol{f}(t) = \sum_{s=0}^{K-1} \boldsymbol{f}(s)\boldsymbol{x}(t - d \times s) \tag{4-50}$$

式中：d 表示空洞率，s 表示卷积核中元素下标。

空洞卷积层使得模型使用更少的卷积层就能捕获更长的时间依赖，减少模型参数和计算资源占用率。

在循环神经网络中，门控机制是非常重要的，其可以有效控制历史信息保留的程度。Graph

WaveNet 模型参考循环神经网络中的门控机制，设计了门控 TCN：

$$h = g(\Theta_1 \star \mathcal{X} + b) \odot \sigma(\Theta_2 \star \mathcal{X} + c) \tag{4-51}$$

式中，输入 $\mathcal{X} \in \mathbb{R}^{N\times D\times S}$，$\Theta_1, \Theta_2, b, c$ 是可训练参数，$\odot$ 表示逐元素相乘，$g(\cdot)$ 表示输出的激活函数，这里使用 Tanh，$\sigma(\cdot)$ 表示 sigmoid 函数，用来决定信息输入到下一层的比例。

在图卷积网络部分，为了动态捕获节点间的相互依赖，该模型提出自适应邻接矩阵 $\boldsymbol{A}_{\text{adp}}$，该矩阵可通过模型学习得到，计算过程如下：

$$\boldsymbol{A}_{\text{adp}} = \text{Soft}\max(\text{ReLU}(\boldsymbol{E}_1 \boldsymbol{E}_2^{\text{T}})) \tag{4-52}$$

首先初始化两个节点的嵌入矩阵 $\boldsymbol{E}_1, \boldsymbol{E}_2 \in \mathbb{R}^{N\times c}$，$\boldsymbol{E}_1$ 是源节点嵌入，$\boldsymbol{E}_2$ 是目标节点嵌入。通过将 $\boldsymbol{E}_1$ 和 $\boldsymbol{E}_2$ 相乘，可以得到源节点和目标节点的空间依赖权重，再经过 Softmax 函数，即可得到自适应邻接矩阵 $\boldsymbol{A}_{\text{adp}}$。根据 $\boldsymbol{A}_{\text{adp}}$，定义以下 3 种图卷积操作，具体选择哪种图卷积操作可根据实际情况而定。

图卷积操作 1：如果原始时空图的邻接矩阵未知，则使用自适应邻接矩阵实现图卷积操作，如式（4－53）所示：

$$\boldsymbol{Z} = \sum_{k=0}^{K} \boldsymbol{A}_{\text{apt}}^{k} \boldsymbol{X} \boldsymbol{W}_{k} \tag{4-53}$$

图卷积操作 2：如果原始时空图是无向图，且邻接矩阵已知，则参考 DCRNN 中的扩散卷积操作，将自适应邻接矩阵和转移矩阵结合实现图卷积操作，如式（4－54）所示：

$$\boldsymbol{Z} = \sum_{k=0}^{K} \boldsymbol{P}^{k} \boldsymbol{X} \boldsymbol{W}_{k1} + \boldsymbol{A}_{\text{apt}}^{k} \boldsymbol{X} \boldsymbol{W}_{k2} \tag{4-54}$$

式中，转移矩阵 $\boldsymbol{P} = \boldsymbol{A} / \text{rowsum}(\boldsymbol{A})$。

图卷积操作 3：如果原始时空图是有向图，且邻接矩阵已知，则参考 DCRNN 中的扩散卷积操作，将自适应邻接矩阵和转移矩阵结合实现图卷积操作，如式（4－55）所示：

$$\boldsymbol{Z} = \sum_{k=0}^{K} \boldsymbol{P}_{\text{f}}^{k} \boldsymbol{X} \boldsymbol{W}_{k1} + \boldsymbol{P}_{\text{b}}^{k} \boldsymbol{X} \boldsymbol{W}_{k2} + \boldsymbol{A}_{\text{apt}}^{k} \boldsymbol{X} \boldsymbol{W}_{k3} \tag{4-55}$$

式中，前向转移矩阵 $\boldsymbol{P}_{\text{f}} = \boldsymbol{A} / \text{rowsum}(\boldsymbol{A})$，反向转移矩阵 $\boldsymbol{P}_{\text{b}} = \boldsymbol{A}^{\text{T}} / \text{rowsum}(\boldsymbol{A}^{\text{T}})$。

总结起来，Graph WaveNet 模型包含多个时空层和一个输出层，其中时空层包括门控 TCN（TCN-a 和 TCN-b）（如图 4－24 所示）和 GCN。通过堆叠多个时空层，该模型可以处理不同时间级别的空间依赖，浅层的时空层可以捕获短期的时空依赖，而深层的时空层可以捕获长期的时空依赖。

4. 其他时空图数据预测模型

除了上述几个经典的时空图数据预测方法，近期还诞生了一些新的研究工作，这里简单进行介绍。

Chen 等人提出了一种 MRA-BGCN（multi-range attentive bicomponent graph convolutional network）模型，用来预测时空图中节点的交通速度。MRA-BGCN 模型结构如图 4－26 所示，包括 2 个模块：双组图卷积和多范围注意力机制。其中双组图卷积通过构建节点图卷积和边图卷积，同时捕获节点和边的时空相关性。为了对不同范围邻居的重要性进行建模，该模型提出一种多范围注意力机制，在聚合时对 1～k 跳邻居的图信号矩阵学习不同的权重。该模型在交通速度预测任务上取得了较好的效果。

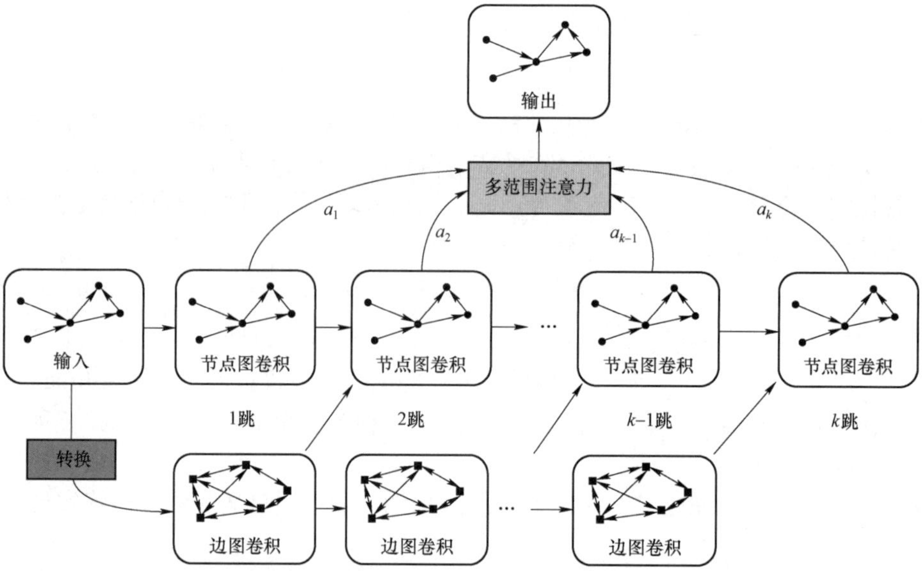

图 4－26　MRA-BGCN 模型框架图

Zheng 等人提出了一种 GMAN（graph multi-attention network）模型，也是一种基于注意力机制的时空图卷积网络。该模型根据历史 P 个时间段的交通状态（速度、车流量等）预测未来 Q 个时间段的交通状态。该模型的整体框架如图 4－27(a)所示，它是一个 encoder-decoder 构架，其中 encoder 和 decoder 中均包含 L 个时空注意力块，每个时空注意力块中包含空间注意力和时间注意力，分别用来捕获时间和空间的相关性，之后使用门控机制对其融合，如图 4－27（c）

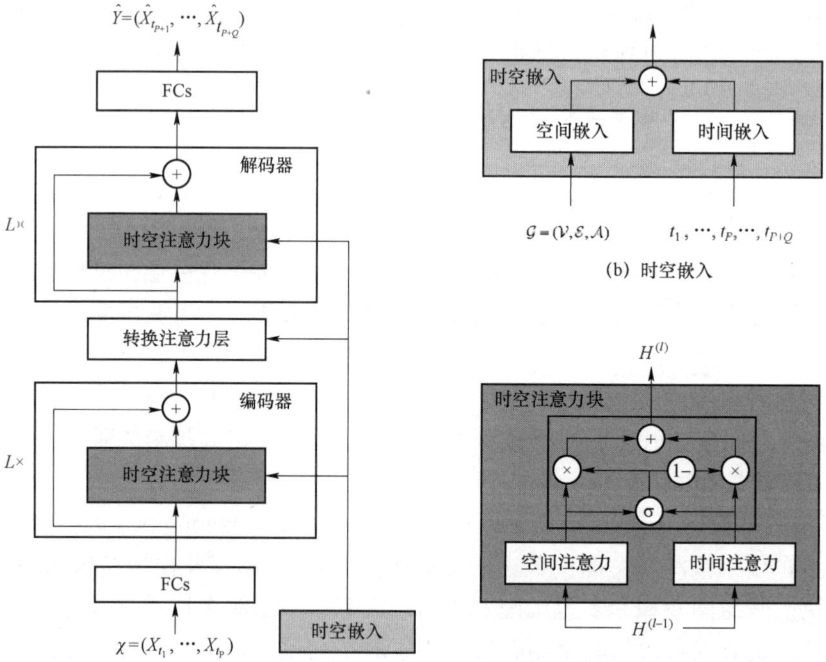

(a) GMAN架构图　(b) 时空嵌入　(c) 时空注意力块

图 4－27　GMAN 模型框架图

所示。除此之外，encoder 和 decoder 之间有一个转换注意力层，其对 encoder 中输出的历史 P 个时间段的嵌入进行编码，作为 decoder 的输入，用来减少错误的传播。输入数据在输入到 encoder 之前，还需要对其进行时间和空间上的编码，如图 4－27（b）所示。在空间上，使用 node2vec 生成图中节点的嵌入；在时间上，使用全连接将 one-hot 向量嵌入为低维向量。该模型可以较好地捕获时空相关性，同时转换注意力层，该模型在长期预测任务中取得了较好的结果。

4.4.3　时空轨迹数据预测

时空轨迹数据一般由用户或传感器的连续时空轨迹点序列组成。为了从轨迹数据的时间和空间信息中挖掘用户的出行习惯和移动规律等信息，目前较为广泛的做法是用序列深度学习模型对时空关联性进行学习。本小节对其中较知名的几种方法进行介绍。

1. 时空循环神经网络模型

循环神经网络（RNN）可用于高效处理序列数据，也适用于时空轨迹预测任务。然而，单纯的循环神经网络仅能对轨迹的序列性进行建模，忽略了时空相关性。时空循环神经网络（STRNN）认为，地点之间的距离和它们被访问的时间差对于建模轨迹数据至关重要。从一方面来说，时空约束与用户下一地点的决策有很大的关联，例如，用户倾向于访问距当前位置较近的地点；从另一方面来说，时空特征能够反映用户对地点的兴趣偏好，例如，我们可以从地点被访问的时间周期中推测用户对其的访问频率。基于以上观察，STRNN 在 RNN 的基础上引入了与时空间隔相关的转移权重；同时，它通过显式地融入时空上下文，加强对邻近的轨迹点的建模。与简单的 RNN 模型对比，STRNN 能够提升轨迹预测的准确率。STRNN 的模型架构如图 4－28 所示。

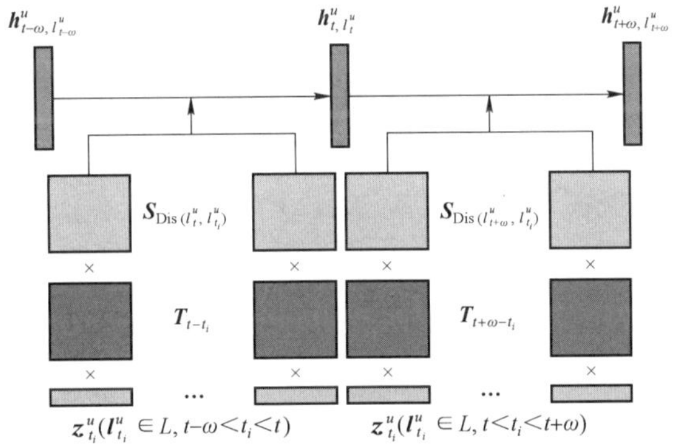

图 4－28　STRNN 的模型架构

首先介绍一些基础定义。一条时空轨迹 s 可被定义为一位用户的一连串地点访问记录 $\{l^u_{t_1}, l^u_{t_2}, \cdots, l^u_{t_n}\}$。其中，$l^u_{t_k}$ 表示用户 u 在时刻 t_k 到访或经过的地点。使用集合 S 表示一个数据集中所有的轨迹，U 和 L 分别为用户和地点的集合。轨迹预测的目标为，给定用户的历史轨迹集合 $S_h \subset S$，预测用户未来一段时间内的轨迹，或是下一个访问的地点。

STRNN 从基础的 RNN 结构出发。对于轨迹序列，RNN 采用循环迭代的方式依次对序列中的每个单元进行处理：

$$h_{t_k}^u = f(Mz_{t_k}^u + Ch_{t_{k-1}}^u), \tag{4-56}$$

其中$h_{t_k}^u$为RNN对用户u在时刻t_k时状态的隐含表示，$z_{t_k}^u$表示地点$l_{t_k}^u$的嵌入向量；M和C均为RNN的可学习参数，分别为输入转移矩阵和循环连接矩阵；f为sigmoid激活函数。RNN的这种计算方式能够在每一步有选择性地引入输入的信息，同时保留一部分历史信息。

为了将轨迹中相邻访问记录的时间差以及地点间的地理距离融入模型，STRNN引入了时间相关的转移矩阵$T_{\Delta t}$和$S_{\Delta d}$，其中$T_{\Delta t}$为时间差Δt对应的转移矩阵，$S_{\Delta d}$为距离Δd对应的转移矩阵。这两个转移矩阵用于替代RNN中原始的输入转移矩阵M。同时，为了能够更直接地考虑轨迹中邻近的历史信息，STRNN引入了时间上下文的概念。给定上下文窗口长度ω，用户u在t时的时间上下文可定义为$\{l_{t_i}^u \mid l_{t_i}^u \in s, t-\omega < t_i < t\}$，即$\omega$长历史内的访问记录集合。综合以上设计，STRNN每步的更新公式为：

$$h_{t,l_t^u}^u = f\left(\sum_{l_{t_i} \in s, 0 < t_i < t}^{u} S_{\mathrm{Dis}(l_t^u, l_{t_i}^u)} T_{t-t_i} z_{t_i}^u + C h_{t-\omega, l_{t-\omega}^u}^u\right) \tag{4-57}$$

式中，$\mathrm{Dis}(l_t^u, l_{t_i}^u)$为$l_t^u$和$l_{t_i}^u$间的地理距离。从上面的计算公式可以看出，STRNN在迭代计算的每一步，显式地将一定时间范围内的历史信息收集起来，并使用与时空特征相关的转移矩阵来处理输入，从而实现了对轨迹中的地点距离及被访问时间差的建模。

在实际计算中，由于时间差和距离均为连续数据，如果对每个不同的Δt和Δd都赋予一组可学习的转移矩阵参数，不仅会造成参数量过于庞大，同时也会带来数据稀疏的问题。STRNN的做法是将连续值离散化，仅为边界值赋予参数，中间值采用线性差分的方式计算。具体来说，时间差Δt对应的转移矩阵$T_{\Delta t}$和距离Δd对应的转移矩阵$S_{\Delta d}$的计算公式为：

$$\begin{aligned} T_{\Delta t} &= \frac{[T_{L(\Delta t)}(U(\Delta t)-\Delta t) + T_{U(\Delta t)}(\Delta t - L(\Delta t))]}{[(U(\Delta t)-\Delta t)+(\Delta t - L(\Delta t)]} \\ S_{\Delta d} &= \frac{[S_{L(\Delta d)}(U(\Delta d)-\Delta d) + S_{U(\Delta d)}(\Delta d - L(\Delta d))]}{[(U(\Delta d)-\Delta d)+(\Delta d - L(\Delta d)]} \end{aligned} \tag{4-58}$$

式中，$U(\Delta t)$和$L(\Delta t)$分别表示Δt的上下界，$U(\Delta d)$和$L(\Delta d)$分别表示Δd的上下界。

和RNN相似，STRNN在整条输入序列上完成递归之后，输出的隐含表示$h_{t_n, l_{t_n}^u}^u$包含了历史轨迹的信息，并可用于进行下一地点的预测。对于用户u在t时刻后下一个访问的地点为l_v的概率，STRNN通过历史隐含表示与地点嵌入向量的内积来计算：

$$o_{u,t,l_v} = (h_{t,l_t}^u + e_u)^{\mathrm{T}} z_v \tag{4-59}$$

式中，e_u为用户u的嵌入向量，用于表示用户对地点的偏好；而h_{t,l_t}^u可以看作对用户近期历史的实时建模。因此，STRNN对未来访问地点的计算融入了用户静态和动态的偏好。

需要留意的是，许多地点预测模型都会将预测未来地点作为多分类问题看待，在预测时计算每个地点被访问的概率，并使用交叉熵目标函数进行参数更新。STRNN则不同，在进行训练时采用了负采样的方式，其目标可表示为：

$$\arg\max p(u,t,l_v \succ l_v') = \arg\max g(o_{u,t,l_v} - o_{u,t,l_v'}) \tag{4-60}$$

式中，l_v'表示负采样得到的地点，g的定义为$g = 1/(1+\mathrm{e}^{-x})$。对应的，我们可以给出STRNN

的目标函数：

$$J = \sum \ln(1 + \mathrm{e}^{-(o_{u,t,l_v} - o_{u,t,l'_v})}) + \frac{\lambda}{2} \| \Theta \|^2 \tag{4-61}$$

式中，Θ 表示模型所有的可学习参数，$\frac{\lambda}{2} \| \Theta \|^2$ 为正则项。

STRNN 在 Gowalla 和 GTD 数据集上进行了测试。Gowalla 数据集由用户在地点的“签到”记录组成，一名用户按时间排列的签到记录被看作是一条轨迹；GTD 数据集记录了全球从 1970 年开始的恐怖组织活动记录，可以反映恐怖组织的行动轨迹。STRNN 在两种数据集上均取得了相较传统 RNN 模型较大的准确率提升。这在一定程度上证明了轨迹数据中时空信息的重要性。同时，STRNN 引入时空相关参数的做法也激发了后续的一些研究。然而，STRNN 由于基于 RNN 架构，在处理较长的序列时可能出现无法维持较远历史信息的问题；同时，其独特的结构也导致在实现时网络难以堆叠多层，限制了表达能力；时空相关的转移矩阵也会在很大程度上增加参数量，加重计算与训练的负担。

2. 层次时空长短期记忆网络模型

层次时空长短期记忆网络（hierarchical spatial-temporal long short-term memory，HST-LSTM）的基本出发点与 STRNN 类似——在轨迹预测问题中将时空信息引入 LSTM，但它的具体做法有所不同。HST-LSTM 在 LSTM 门控机制中加入访问时间间隔和地理距离的嵌入来引入时空信息。同时，HST-LSTM 为了捕获轨迹中的周期性，基于 encoder-decoder 器框架，引入了对轨迹的层次性建模。实验结果表明，HST-LSTM 中 LSTM 的结构优势、引入的时空信息和周期性均能提升轨迹预测的准确率。HST-LSTM 模型的架构如图 4－29 所示。

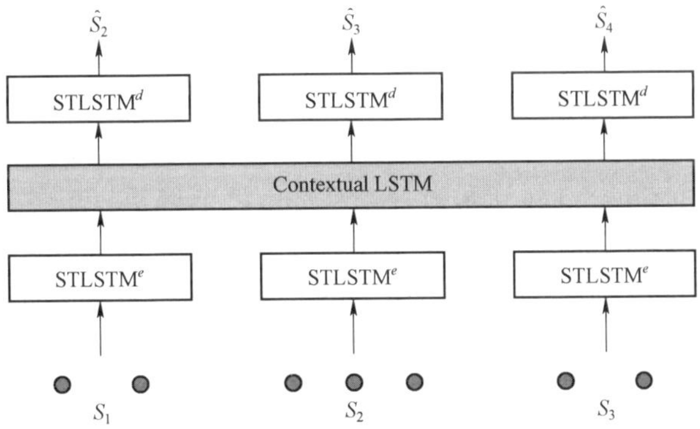

图 4－29　HST-LSTM 模型架构图

HST-LSTM 认为在现实世界中，地点可被进一步聚合为功能区，这些功能区被称为“兴趣区域”（area of interest，AOI），如图 4－30 所示。用户在同一个 AOI 中通常会产生连续的多个地点访问记录，但实际上这些访问的目的性一致，因此 HST-LSTM 将对 AOI 的访问作为轨迹预测的最小单元。为了统一描述，我们依然使用符号 l 来表示 AOI。

另外，考虑到用户行程的周期性，轨迹可被划分为一定长度的子集。HST-LSTM 将子集的时间跨度设定为一天，并将一位用户一天内 AOI 的访问轨迹子集称为一个访问会话（visit session）。假设用户 u 拥有 n 个访问会话，其中会话 S_i $(i \in [1,n])$ 由 AOI 序列 $\{l_1^i, l_2^i, \cdots, l_{m_i}^i\}$ 组成，m_i 为第 i 个会话的长度。用户 u 完整的访问记录 V_n 由顺序相接的 AOI 序列组成，即

$\{\cdots,l_1^i,l_2^i,\cdots l_{m_i}^i,\cdots,l_1^n,l_2^n,\cdots,l_{m_n}^n\}$，简化表示为$V_n=\{l_1^u,l_2^u,\cdots,l_N^u\}$，其中$N$为用户$u$的总记录条数。与 STRNN 仅预测用户访问的下一个地点不同，HST-LSTM 的目标为给定用户的一段历史序列$\{l_1^u,l_2^u,\cdots,l_j^u\}$，预测未来$N-j$长度的轨迹，即$\{l_{j+1},l_{j+2},\cdots,l_N^u\}$。

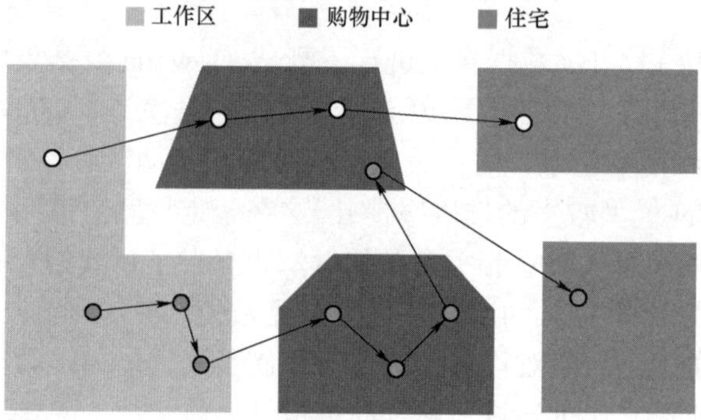

图 4-30 用户在兴趣区域间的移动

HST-LSTM 基于 LSTM 框架。LSTM 与 RNN 类似，采用循环迭代的方式处理轨迹序列，并在每一步使用门控单元来控制信息的输入与更新。对于t时刻给定的输入l_t，LSTM 对隐藏状态的更新可表示为：

$$\begin{aligned}
\boldsymbol{g}_t&=\phi(\boldsymbol{W}_{lg}l_t+\boldsymbol{W}_{hg}h_{t-1}+\boldsymbol{b}_g)\\
\boldsymbol{i}_t&=\sigma(\boldsymbol{W}_{li}l_t+\boldsymbol{W}_{hi}h_{t-1}+\boldsymbol{b}_i)\\
\boldsymbol{f}_t&=\sigma(\boldsymbol{W}_{lf}l_t+\boldsymbol{W}_{hf}h_{t-1}+\boldsymbol{b}_f)\\
\boldsymbol{o}_t&=\sigma(\boldsymbol{W}_{lo}l_t+\boldsymbol{W}_{ho}h_{t-1}+\boldsymbol{b}_o)\\
\boldsymbol{c}_t&=f_t\bullet c_{t-1}+i_t\bullet g_t\\
\boldsymbol{h}_t&=o_t\bullet\phi(c_t)
\end{aligned}\tag{4-62}$$

式中，$\boldsymbol{h}_0=\boldsymbol{0}$；$\sigma(\bullet)$为 sigmoid 激活函数，$\phi$为 tanh 激活函数。$\boldsymbol{i}$，$\boldsymbol{h}$，$\boldsymbol{o}$和$\boldsymbol{c}$分别为输入门、遗忘门、输出门和细胞状态。这些门控单元让 LSTM 能够帮助细胞状态在迭代过程中保持，更新或遗忘历史信息。具体来说，输入门$\boldsymbol{i}$决定是否将输入信息融入细胞状态中，遗忘门$\boldsymbol{f}$决定是否舍弃积累的历史信息，输出门$\boldsymbol{o}$决定如何产生新的状态。相较于 RNN，LSTM 能更好地保留较远历史的信息。

在上一小节中，我们提到相邻访问记录之间的时间差和地点之间的地理距离中包含对地点预测有利的信息。HST-LSTM 认为时间间隔与空间距离能够指导 LSTM 中门控单元的计算，因此将时间差和空间距离值嵌入为隐向量，并将输入门、遗忘门和输出门的计算公式修改为：

$$\begin{aligned}
\boldsymbol{i}_t&=\sigma(\boldsymbol{W}_{li}l_t+\boldsymbol{W}_{hi}h_{t-1}+F_i(\boldsymbol{s}_{t-1},\boldsymbol{q}_{t-1})+\boldsymbol{b}_i)\\
\boldsymbol{f}_t&=\sigma(\boldsymbol{W}_{lf}l_t+\boldsymbol{W}_{hf}h_{t-1}+F_f(\boldsymbol{s}_{t-1},\boldsymbol{q}_{t-1})+\boldsymbol{b}_f)\\
\boldsymbol{o}_t&=\sigma(\boldsymbol{W}_{lo}l_t+\boldsymbol{W}_{ho}h_{t-1}+F_o(\boldsymbol{s}_{t-1},\boldsymbol{q}_{t-1})+\boldsymbol{b}_o)
\end{aligned}\tag{4-63}$$

式中，$\boldsymbol{s},\boldsymbol{q}\in\mathbb{R}^d$分别代表时间和空间的影响因子。具体来说，$\boldsymbol{s}_{t-1},\boldsymbol{q}_{t-1}$分别为 AOI l_{t-1}和l_t被访问的时间差和空间距离的嵌入向量，规定$\boldsymbol{s}_0=\boldsymbol{0}$，$\boldsymbol{q}_0=\boldsymbol{0}$。$F(\bullet)$定义为：

$$F_k(\boldsymbol{s}_{t-1},\boldsymbol{q}_{t-1})=\boldsymbol{W}_{sk}\boldsymbol{s}_{t-1}+\boldsymbol{W}_{qk}\boldsymbol{q}_{t-1},k=i,f,o\tag{4-64}$$

式中，$\boldsymbol{W}_{sk},\boldsymbol{W}_{qk}\in\mathbb{R}^{|c|\times d}$ 为时间和空间嵌入向量对应的线性转移矩阵，$|c|$ 为细胞状态的长度。

可以看到，与 STRNN 将时空值对应到动态的转移矩阵不同，HST-LSTM 融入时空信息的方式为：将时空信息引入输入特征中。在实际计算中，HST-LSTM 也会遇到和 STRNN 类似的问题：如果我们为每个不同的时间差和空间距离值都分配嵌入向量，模型将遇到严重的参数量过多和数据稀疏问题。而 HST-LSTM 的解决方案也和 STRNN 相似：将值划分为离散的边界，仅对边界值进行嵌入，中间值通过差分的方式计算。对于时间差 v_q 和距离 v_s，其嵌入向量的计算公式如下：

$$
\begin{aligned}
\boldsymbol{q}&=\frac{\boldsymbol{Q}_{u(v_q)}[v_q-l(v_q)]+\boldsymbol{Q}_{l(v_q)}[u(v_q)-v_q]}{u(v_q)-l(v_q)},\\
\boldsymbol{s}&=\frac{\boldsymbol{S}_{u(v_s)}[v_s-l(v_s)]+\boldsymbol{S}_{l(v_s)}[u(v_s)-v_s]}{u(v_s)-l(v_s)},
\end{aligned}
\tag{4-65}
$$

式中，$u(v_q)$ 和 $l(v_q)$ 为 v_q 的上、下界，$u(v_s)$ 和 $l(v_s)$ 为 v_s 的上、下界。$\boldsymbol{Q}\in\mathbb{R}^{N_q\times d}$ 和 $\boldsymbol{S}\in\mathbb{R}^{N_s\times d}$ 分别为时间差和距离的嵌入矩阵，N_q 和 N_s 为离散化后边界的个数。

轨迹数据的另一个特征是周期性。例如，我们将用户一天内对 AOI 的访问记录划分为一个会话，不同会话之间的相似性能够体现用户行程的周期性。为了更好地捕获这种性质，HST-LSTM 构建了基于编码器–解码器框架的层次模型，使用多层级网络分别在 AOI 访问记录级别上和会话序列级别上进行建模。下面详细介绍计算方式。

给定用户 u 和其访问记录 $V_u=\{S_1,S_2,\cdots,S_n\}$。对于一个会话 S_i，使用 HST-LSTM 模块对其进行编码：

$$
\begin{aligned}
\boldsymbol{h}_j^{e,i}&=\mathrm{STLSTM}^e(\boldsymbol{h}_{j-1}^{e,i},\boldsymbol{l}_j^i)\\
\boldsymbol{h}_0^{e,i}&=\boldsymbol{0};\ j=1,2,3,\cdots,m_i\\
\boldsymbol{h}_e^i&=\boldsymbol{h}_{m_i}^{e,i};\boldsymbol{h}_e^0=\boldsymbol{0}
\end{aligned}
\tag{4-66}
$$

式中，$\mathrm{STLSTM}^e(\cdot)$ 代表使用 HST-LSTM 进行一步的编码迭代计算，$\boldsymbol{l}_j^i$ 为会话 S_i 中第 j 个 AOI 的嵌入向量。$\boldsymbol{h}_j^i$ 是第 j 步的输出隐状态。我们将最后一步的输出隐状态 $\boldsymbol{h}_{m_i}^i$ 作为 S_i 的表示，记为 $\boldsymbol{h}_e^i$。在对访问记录中包含的所有历史会话进行编码后，我们可以得到其隐状态的序列，即 $\{\boldsymbol{h}_e^0,\boldsymbol{h}_e^1,\cdots,\boldsymbol{h}_e^{n-1}\}$。这条序列随后使用一个全局 LSTM 网络进行处理，作为对长历史的建模。每一步更新的计算公式如下：

$$
\begin{aligned}
\boldsymbol{h}_c^i&=\mathrm{LSTM}^c(\boldsymbol{h}_c^{i-1},\boldsymbol{h}_e^{i-1})\\
\boldsymbol{h}_c^0&=\boldsymbol{0};i=1,2,3,\cdots,n
\end{aligned}
\tag{4-67}
$$

式中，$\boldsymbol{h}_c^i$ 代表全局 LSTM 在第 i 步的输出，理论上包含了会话 S_i 之前的所有历史访问信息。因此，在解码器部分，我们利用 $\boldsymbol{h}_c^i$，对会话 S_i 进行预测。解码器的迭代方式为：

$$
\begin{aligned}
\boldsymbol{h}_j^{d,i}&=\mathrm{STLSTM}^d(\boldsymbol{h}_{j-1}^{d,i},\boldsymbol{l}_j^i)\\
\boldsymbol{h}_0^{d,i}&=\boldsymbol{h}_c^i;\ j=1,2,3,\cdots,m_i
\end{aligned}
\tag{4-68}
$$

式中，$\mathrm{STLSTM}^d(\cdot)$ 表示使用 HST-LSTM 进行一步的解码迭代运算。$\boldsymbol{h}_j^{d,i}$ 是对前 j 个 AOI 访问历史的总结，并可用于对下一个访问的 AOI 进行预测。第 $j+1$ 个被访问的 AOI 的预测分布计算为：

$$\boldsymbol{p}_{j+1}^{i} = \text{Softmax}(\boldsymbol{W}_p \cdot \boldsymbol{h}_j^{d,i} + b_p) \tag{4-69}$$

换言之，HST-LSTM 将轨迹预测任务看作多分类问题，输出多类的分布作为预测值。因此，模型的目标函数可以通过交叉熵实现。

HST-LSTM 在百度地图轨迹数据上进行测试，并与 STRNN 对比。结果表明，HST-LSTM 凭借长短期记忆的结构优势，可以取得比所有基准模型均更优的结果。若使用层次化的结构，则可进一步提升预测效果。与 STRNN 对比，HST-LSTM 还有一些其他的优势。首先，同样是为不同的数值赋予不同的可学习参数，STRNN 为转移矩阵，而 HST-LSTM 为嵌入向量，因此实际上参数量更少，前向传播和反向传播的效率也更高；其次，由于 HST-LSTM 的附加参数是通过扩展 LSTM 的输入融入的，因此在实际实现时，能够实现更高的矩阵运算并行度。同时，HST-LSTM 也存在一些问题，例如，该模型仅在 GPS 轨迹数据这种密集轨迹上进行了实验；而其在稀疏轨迹，如用户签到数据上的效果还需进一步验证。

3. 指针网络模型

指针网络（Pointer Networks，Ptr-Net）模型是 2015 年由 Google 团队提出的，它解决了传统的 Seq2Seq 模型输出词汇表无法随着输入序列长度改变而变化的问题。比如，在旅行商问题（TSP 问题）和寻找凸包问题中，输出应当是输入集合的子集。针对以上要求，指针网络基于 Seq2Seq 和简化注意力机制，在每个解码步输出一个指针，指向输入序列中的某个元素。每一步输出指针的设计使得在模型中无须再设定输出词汇表，实现了模型直接对输入序列的操作。指针网络的精髓在于从输入提取所有或者部分元素来输出。以上特性使得指针网络近年来被应用于文本摘要、推荐排序、路径预测等任务上，并且取得了不错的效果。

给定一个训练样本 $(\mathcal{P},\mathcal{C}^{\mathcal{P}})$，其中 $\mathcal{P}=\{\boldsymbol{P}_1,\boldsymbol{P}_2,\cdots,\boldsymbol{P}_n\}$ 是一个包含 n 个向量的序列，$\mathcal{C}^{\mathcal{P}}=\{C_1,C_2,\cdots,C_{m(\mathcal{P})}\}$ 是一个包含 $m(\mathcal{P})$ 个下标的序列，每个下标的值都在 1 到 $m(\mathcal{P})$ 之间，$m(\mathcal{P})$ 是一个关于 $\mathcal{P}$ 的函数。

Seq2Seq 模型用一个参数化的循环神经网络模型（简称 RNN）来估算条件概率 $p(\mathcal{C}^{\mathcal{P}}|\ \mathcal{P};\theta)$，通过链式法则可以得到：

$$p(\mathcal{C}^{\mathcal{P}}|\ \mathcal{P};\theta) = \prod_{i=1}^{m(\mathcal{P})} p_\theta(C_i|\ C_1,C_2,\cdots,C_{i-1},\mathcal{P};\theta) \tag{4-70}$$

式中，θ 是循环神经网络模型的参数，可以通过最大化训练集上的条件概率学习得到：

$$\theta^* = \arg\max_\theta \sum_{\mathcal{P},\mathcal{C}^{\mathcal{P}}} \log p(\mathcal{C}^{\mathcal{P}}|\ \mathcal{P};\theta) \tag{4-71}$$

在式（4－70）中，使用长短期记忆网络来建模 $p_\theta(C_i|\ C_1,C_2,\cdots,C_{i-1},\mathcal{P};\theta)$。图 4－31（a）给出了 Seq2Seq 模型架构，它使用了两个 RNN：一个 RNN 作为编码器，用于编码输入序列；一个 RNN 作为解码器，用于生成输出结果。首先，编码器 RNN 循环 n 步读取数据，第 i 步的输入是 P_i，直到遇到读取停止符 $\Rightarrow$ 结束。然后，在读取完数据之后，模型开始循环地生成输出序列，直到生成输出停止符 $\Leftarrow$ 结束。给定输入序列 $\mathcal{P}$，学习到的参数 θ^* 用于选择最高概率的下标作为输出 $\hat{\mathcal{C}}^{\mathcal{P}}$，即 $\hat{\mathcal{C}}^{\mathcal{P}} = \arg\max_{\mathcal{C}^{\mathcal{P}}} p(\mathcal{C}^{\mathcal{P}}|\ \mathcal{P};\theta^*)$。由于结果可能的组合数量太大，在实际操作过程中，难以在可接受时间内找到最佳的 $\hat{\mathcal{C}}^{\mathcal{P}}$。故在指针网络中使用了集束搜索（beam search），以便在短时间内尽量找到最佳的解。

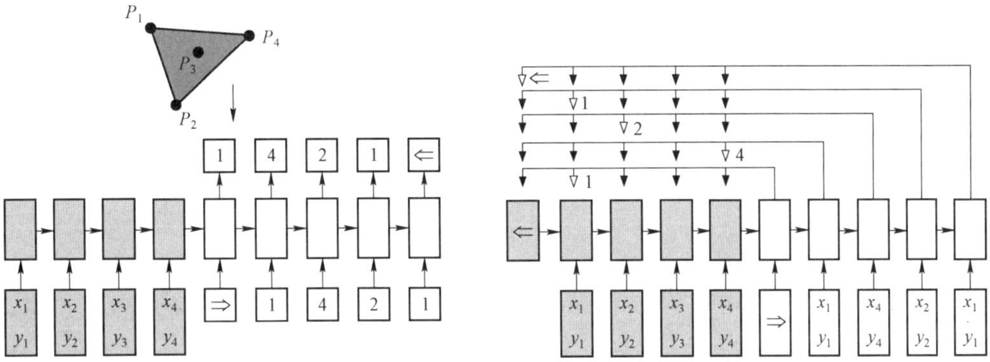

(a) Seq2Seq　　(b) Ptr-Net

图 4－31　Seq2Seq 及 Ptr-Net 模型架构图

在以上的 Seq2Seq 模型中，每一步解码过程中的输出字典大小都是固定的（大小为输入序列长度 n），因为输出是从输入里选择的。在该情况下，每当输入长度 n 发生变化，就需要单独为这个长度下的数据训练一个模型。那么，是否可以只学习一个模型，来应对不同长度的 n，即该模型可以处理不同长度的输入序列？指针网络通过简化注意力机制解决了这一问题。

定义编码器和解码器的隐向量分别为 $(\boldsymbol{e}_1,\boldsymbol{e}_2,\boldsymbol{e}_3,\cdots,\boldsymbol{e}_n)$ 和 $(\boldsymbol{d}_1,\boldsymbol{d}_2,\boldsymbol{d}_3,\cdots,\boldsymbol{d}_{m(\mathcal{P})})$。在每个解码步 i 的注意力分数计算下：

$$
\begin{aligned}
&\boldsymbol{u}_j^i=\boldsymbol{v}^{\mathrm{T}}\tanh(\boldsymbol{W}_1\boldsymbol{e}_j+\boldsymbol{W}_2\boldsymbol{d}_i)\quad j=1,2,3,\cdots,n\\
&\boldsymbol{a}_j^i=\mathrm{Softmax}(\boldsymbol{u}_j^i)\quad j=1,2,3,\cdots,n\\
&\boldsymbol{d}_i'=\sum_{j=1}^{n}\boldsymbol{a}_j^i\boldsymbol{e}_j
\end{aligned}
\tag{4-72}
$$

式中，Softmax 用于对注意力分数进行归一化。$\boldsymbol{v},\boldsymbol{W}_1,\boldsymbol{W}_2$ 是可学习参数，$\boldsymbol{v}$ 是一个向量，$\boldsymbol{W}_1$ 和 $\boldsymbol{W}_2$ 是矩阵。将 $\boldsymbol{d}_i'$ 和 $\boldsymbol{d}_i$ 拼接起来，用于每一步的预测，以及作为下一步解码的输入。

Ptr-Net（结构如图 4－31（b）所示）通过对注意力机制进行修改，来解决输入序列变长的问题。Seq2Seq 模型在每步解码计算 $p(C_i|\ C_1,C_2,C_3,\cdots,C_{i-1},\mathcal{P})$ 时，输出的是固定长度的分布，该分布长度等于输出字典的大小。然而，Seq2Seq 模型并不能用在输出字典大小变化的问题上（如 TSP 问题中，输出字典的大小等于输入序列的长度）。为了解决以上问题，Ptr-Net 提出使用简化的注意力机制来计算分布 $p(C_i|\ C_1,C_2,C_3,\cdots,C_{i-1},\mathcal{P})$，其具体的计算公式如下：

$$
\begin{aligned}
&\boldsymbol{u}_j^i=\boldsymbol{v}^{\mathrm{T}}\tanh(\boldsymbol{W}_1\boldsymbol{e}_j+\boldsymbol{W}_2\boldsymbol{d}_i)\quad j=1,2,3,\cdots,n\\
&p(C_i|\ C_1,C_2,C_3,\cdots,C_{i-1},\mathcal{P})=\mathrm{Softmax}(\boldsymbol{u}^i)
\end{aligned}
\tag{4-73}
$$

式中，Softmax 用于对注意力分数进行归一化。$\boldsymbol{v},\boldsymbol{W}_1,\boldsymbol{W}_2$ 是可学习参数。$\boldsymbol{u}_j^i$ 作为指向输入元素的指针，表示在第 i 步解码输出第 j 个元素的分数。通过归一化之后，可以得到输出第 j 个元素的概率。解码时，根据上一步的输出 $\boldsymbol{C}_{i-1}$，可以得到下一步的输入 $\boldsymbol{P}_{C_{i-1}}$。Ptr-Net 的以上特征，使之尤其适合输出元素是离散的且含义是指向输入元素位置的问题，如 TSP 问题、寻找凸包问题等。

总体来说，Ptr-Net 基于 Seq2Seq 模型，通过简化的注意力机制，将注意力权重作为指向输出的指针，使得在每个解码步时，可以从输入中选取元素进行输出。

4. 其他时空轨迹数据预测模型

序列处理模型在自然语言处理（NLP）和计算机视觉（CV）领域的发展，也得到了时空轨迹建模领域的关注。相应地，近年来也有一些研究通过改进预测模型结构来解决轨迹预测中的一些难点，提高模型鲁棒性和预测准确率。

Feng 等人提出了 DeepMove 模型，考虑到用户未来的轨迹同时受到较近和较远的历史的影响，其中较远的历史轨迹能够反映用户出行的个人偏好或是周期性特征；同时，未来与历史的关系也是复杂且动态的。基于以上观点，DeepMove 模型采用门控循环单元（GRU）来对较近轨迹序列进行建模，使用注意力机制来对较远的历史与未来的关系进行建模。DeepMove 模型的架构如图 4－32 所示。

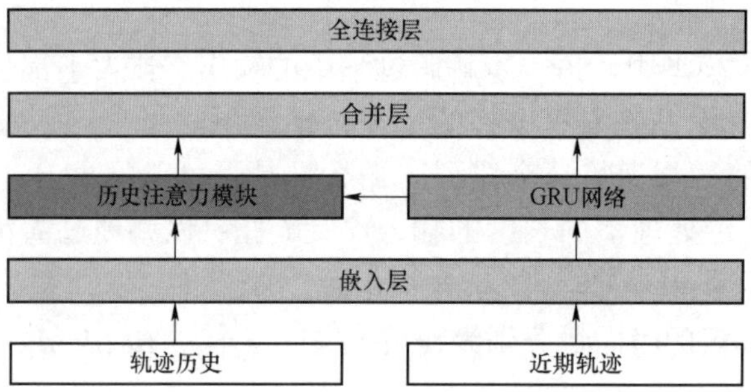

图 4－32　DeepMove 模型架构图

相较于仅依靠循环神经网络的轨迹预测模型，DeepMove 考虑了用户较远的历史轨迹，这样能够更全面地对用户的个人偏好和地点访问的周期性进行建模；同时，注意力机制的应用让模型能够动态地选择与预测最相关的历史。

Guo 等人提出了一种注意力循环神经网络（attentional recurrent neural network，ARNN）模型，认为轨迹预测任务的关键在于对移动对象在地点之间的转移规律进行建模。然而，一些地点存在缺少后续地点的问题。例如，在 FourSquare 用户签到数据中，大部分地点的后续地点数量不超过 5 个。这将为建模转移规律带来很大的困难。为了解决上述数据稀疏的问题，ARNN 构建地点、描述与用户间的知识图谱，并通过随机游走得到元路径来挖掘可能拥有相近转移规律的地点。如此，地点的转移规律信息可由其相似地点辅助补全，进而缓解数据稀疏的问题。

ARNN 中设计的知识图谱定义为 $G=\{U\cup L\cup W, E_{UL}\cup E_{LL}\cup E_{LW}\}$，如图 4－33 所示。其中 U,L,W 分别代表用户、地点和地点描述。E_{LL} 中包含地点间的边，有边相连的地点满足空间距离小于一定阈值。E_{UL} 记录了用户对地点的访问，E_{LW} 记录了与地点相关联的描述。为了对图中多样的关系进行建模，ARNN 通过随机游走得到三种元路径：$L\rightarrow L$，$L\rightarrow W\rightarrow L$ 和 $L\rightarrow U\rightarrow L$，可分别用于挖掘地点间地理、语义和用户偏好层面的相似性。两个地点只要同时出现在任意元路径中，我们就认为它们是相邻的地点。通过构建知识图谱得到各地点的邻居后，ARNN 可通过注意力机制对目标与邻居之间的关系进行建模。

ARNN 通过挖掘地点间转移关系的相似性，有效地解决了地点缺乏转移历史的问题，相较于 STRNN 和 DeepMove 等模型，进一步提升了预测准确率。

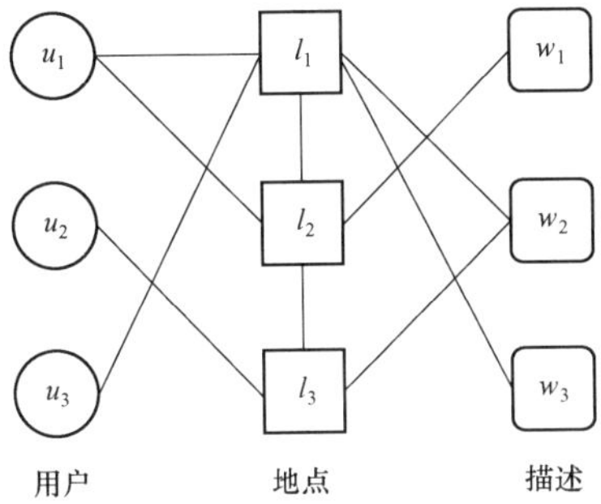

图 4－33　ARNN 构建的知识图谱

4.5　本 章 小 结

本章介绍了交通大数据挖掘领域的重要研究方向之一——时空交通数据预测。首先对时空交通大数据进行了概述，分析了时空交通数据的类型和典型特征；然后简单总结了不同交通场景下的常见预测任务；接下来详细介绍了时空交通大数据的预测方法，包括传统时间序列预测方法和机器学习预测方法，其中重点介绍了最新的深度学习预测方法，分别针对时空网格数据、时空图数据和时空轨迹数据这 3 类数据的最新深度学习预测模型进行了详细的介绍。由于交通数据预测任务在智能交通系统中的重要性，预计它在未来还有非常广阔的探索空间和应用前景。

第5章

视觉交通大数据

作为交通大数据中的重要组成部分，视觉数据主要由相机、摄像机、雷达等不同种类的设备所捕获的图像、视频构成。在交通场景中，这些设备的常见安置地点包括十字路口、交通线路沿线及卡口、交通站场、普通车辆、线路检测车等。随着机器视觉技术的发展，通过对不同设备拍摄的交通场景进行分析和处理，可以获取交通场景中路况、事件、隐患、空间状态等信息。视觉交通大数据的应用领域很多，以道路领域为例，通过对视觉交通大数据的有效处理，可以自动进行违章行为抓拍、行车轨迹恢复、停车收费等相关工作，提高业务效率，对于维护道路通行秩序、保障道路畅通、预防和减少交通事故具有重要意义。在站场管理方面，视觉交通大数据分析挖掘技术可以用于人群及车辆密度估计、异常行为识别、异物入侵识别等，用于维护站场秩序和安全，减少事故发生；视觉交通大数据技术也常被用于城市路况实时计算及高精地图构建等。

本章首先介绍几种常见的交通视觉数据类型；其次根据不同场景，介绍常见的基于视觉交通数据的任务及其基本解决思路；最后对各个任务中常见的人车检测、人车跟踪及交通场景分割等子任务中常用的相关视觉处理方法进行总结和介绍。

5.1 视觉交通大数据概述

根据摄像头所捕获的场景不同，海量的交通视觉数据可以分为线路监控数据、车载视觉数据以及公共场所（广场、停车场）等大范围站场监控数据。

5.1.1 线路监控视觉数据

线路监控视频是最常见的交通视觉数据，采集这些视觉数据的摄像头布置在铁路、高速公路、普通公路、城市道路等交通线路。常见的安装位置包括路口、人行道、天桥、公路沿线、公路上方桥架、铁路沿线等，这些摄像头面向过往车辆及行人进行拍摄和监控。以图5-1所示的道路监控视频为例，利用各个关键道路的监控数据，结合相关机器视觉算法，可以实现行车轨迹恢复、交通违法行为判断、交通拥堵状况判断、车辆跟踪等，为整个城市的公安交通指挥提供重要的数据支撑。

图 5-1　道路监控视频示例

5.1.2　车载视觉数据

车载摄像头作为另一种常见的交通视觉设备，安装在单辆车上。目前常见的车载摄像头按照安装位置的不同，可以分为前视、侧视、后视、内置 4 种，如图 5-2 所示。最常见的前视摄像头（即行车记录仪摄像头）通常用于拍摄车辆行进过程中所经过的道路画面。后视摄像头用于实时拍摄车后画面，通过将车后视频画面显示在车内显示器上，来解决倒车时驾驶员视野缺失的问题，为驾驶员提供帮助。此外，随着摄影成像技术的不断发展，一些车辆上额外配备了侧视、内置等不同的摄像头。这些车载摄像头结合日益成熟的视觉算法，为自动驾驶、辅助驾驶等新兴应用提供重要的信息。例如，通过装备不同方向的摄像头可提供 360° 全景倒车影像，以消除车辆周边驾驶员的视觉盲点；通过内置摄像头可采集并分析驾驶员状态，发现疲劳驾驶、不规范驾驶等危险行为，并进行预警；此外，一些特殊车辆所配备的不同摄像头可服务于高精度地图的构建等。

图 5-2　车载摄像头示例

5.1.3　站场监控数据

站场监控数据主要包括安置在停车场、广场、汽车站、火车站、机场等场合的出入口或场所内部的摄像头所采集的视觉数据，如图 5-3 所示。安放在出入口的摄像头主要对经过出入口的行人、车辆等进行数据采集，通过行人识别、车牌识别等实现人和车的自动卡口、交通流量监控等任务。安放在场所内部的摄像头采集的数据可用于异常行为识别、人车密度估计等。

图 5-3　站场出入口及内部摄像头采集的数据

5.2　交通视觉数据分析任务

如何从海量的交通图像、视频中提取出关键信息并进行智能分析对于交通环境的智能感知具有重要意义。视觉传感器相较于其他传感器来说，成本价格适中，无须破坏路面，且具有安装调试灵活性强、检测区域广、受外界影响因素小等特点。此外，基于视觉的应用功能如车辆违章自动检测、交通事故检测等均可方便地集成到目前已有的视觉交通数据应用平台中。本节将从道路监控数据分析任务、车载视觉数据分析任务、站场监控数据分析任务这 3 个部分，对相关的交通视觉任务分别进行阐述。

5.2.1　道路监控数据分析任务

道路监控数据是最重要、最常见的一类线路监控视频数据。对于道路监控数据，主要是根据获取的图像及视频数据，分析其中车辆、路段的信息。在过去几年的建设中，我国的大中型城市都安装了很多监控摄像头，以此可获取道路的总体交通路况，结合基础的车辆检测、跟踪技术，可以为道路路况检测、交通指挥、交通管理、交通规划等提供可靠的数据基础。

道路监控数据分析任务可以分为基础数据分析、路况分析、事件检测、唯一性识别及运行轨迹分析等，其相互关系如图 5-4 所示。

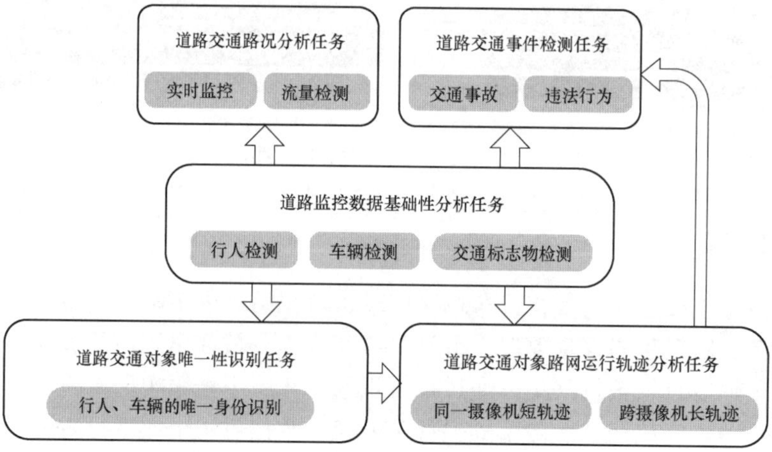

图 5-4　道路监控数据分析任务

1. 道路监控数据基础性分析任务

道路监控数据基础性分析任务主要包括针对各类目标对象的检测任务，例如道路交通中的行人、车辆及交通场景中的交通标志物。其中，交通标志物包括车道线、红绿灯、转向标志等。在此基础上，结合视频的连续帧可以进一步获取目标对象的行进方向、速度等。在交通图像及视频的数据中，对不同对象的准确检测是其他各类道路监控任务的基础。以这些信息为基础，可以分析出交通路段的基本运行状况，服务于交通路况监控、交通事件预警、发现与解决等任务。

2. 道路交通路况分析任务

在获取道路监控的基础数据后，进一步结合不同的路段信息，可以实现对道路的实时监控，也可通过对来往行人、车辆的准确检测，感知交通路口各个方向行人和车辆的数量、密度，进一步获取路段交通流、车道交通流，非机动车流量、行人流量等统计信息。

3. 道路交通对象唯一性识别任务

在检测出道路交通对象后，可对其进行进一步的唯一性识别，获取车辆和行人的身份信息。对行人的身份识别一般通过人脸识别来实现，而对车辆的身份识别一般通过车牌号识别来实现。交通对象的唯一性识别，可以提供更为详细的事件信息，为一些特定的统计任务、刑侦任务等提供依据。

4. 道路交通对象路网运行轨迹分析任务

在获取道路目标对象的检测结果后，可以通过连续的视频帧，结合目标跟踪技术获取该对象的运动轨迹。由于单一摄像机的视野范围有限，恢复的目标对象轨迹一般较短。而通过行人的人脸、衣服、形态、饰品等特征，车辆的车牌、颜色、类型、品牌、年款、特殊标志等特征，可以实现跨摄像机重识别，恢复行人或车辆的跨摄像机的长轨迹。车辆和行人的轨迹信息是道路监控数据中最常用的数据之一，既服务于各类交通事件监测任务，也为智能交通的各类应用提供了数据基础。

5. 道路交通事件检测任务

在获取的海量交通视频基础上，利用深度学习、机器学习等技术，结合各种车辆的运动轨迹，可以判别出异常事件的出现，进一步实现各类交通拥堵、交通事故、交通违规违法行为的检测和预警。通过给交通运营部门提供准确及时的报警信息，进一步结合车辆和行人的身份信息，可以协助交警实现非现场执法。近年来利用图像、视频检测实现的非现场执法种类越来越多，例如，十字路口的行人预警、行人闯红灯抓拍、行人过街通道动态控制、行人闯入高速公路、车辆停车与逆行等，极大地降低了人力成本。

5.2.2　车载视觉数据分析任务

车载视觉数据是指通过车载摄像头、雷达拍摄得到的图片或视频，主要用于车辆内外环境的感知，进而服务于自动驾驶、辅助驾驶和交通场景重建等更复杂的任务。

交通场景目标识别是车载视觉数据分析的核心任务之一。针对车载摄像头的目标识别任务主要包括道路及道路边沿识别、车道线检测、车辆识别、车辆类型识别、非机动车识别、行人识别、交通标志识别、障碍物识别等。目标识别系统利用计算机视觉技术观测交通环境，从实时视频信号中自动识别出目标，从而实现对周围环境的感知，进一步服务于自动驾驶或辅助驾驶。

车外环境融合构建是车载视觉数据处理的重要任务之一。该任务基于安装在车身上的多个摄像头采集的数据，对同一时刻采集到的多路视频数据进行融合处理，生成车辆周边的广角视图，甚至提供360°的车身俯视图，彻底消灭车辆周边的驾驶员视觉盲点，用于实现辅助泊车等辅助驾驶场景。

车内驾驶员或乘客行为识别是车载摄像头数据分析的另一类重要任务，用于疲劳驾驶和违规动作的识别等，可以实时为司机提供本地提示和警告，为运营单位及监管部门提供远程监控与报警信息，也成为主管部门预防疲劳驾驶的有效管理手段，从而保障司机和车辆安全，有效避免因疲劳驾驶而造成的危险。

基于视觉的道路、铁路等交通场景重建是车载视觉数据分析的另一项重要任务。例如，在道路交通场景中，通过特殊车辆安装的车载摄像头，结合三维重建、点云拼接等相关视觉技术可以对道路交通场景进行重建，恢复精确的三维道路场景，服务于地图制作、导航、车辆定位等应用场景。

5.2.3 站场监控数据分析任务

针对固定在站场，例如停车场及轨道交通节点处的图像和视频，可通过对其中的行人、车辆的检测和识别，实现对该场所的监控、管理及事件预警。

车牌识别、空车位检测等是站场内针对车辆的核心任务，可以实现更多的自动管理功能，并协助解决目前各大城市的停车难问题。一方面，如今大多停车场和出入口都采用了车牌识别系统对车牌进行识别，完成抬杆落杆的控制；另一方面，通过图像或视频对车辆及车位进行自动检测，可感知停车场使用情况，把闲置车位和占用车位信息发布到停车诱导系统上，从而从一定程度上解决了停车难的问题。此外，车辆检测技术还可实现停车场出入口的监控视频浓缩存储等附加功能。

行人检测、动作识别及密集人群的检测是站场监控数据分析中针对行人的重要任务，尤其是对于行人聚集的地铁站、火车站、机场等交通节点显得更为重要。通过对行人进行检测和识别，可以实现站台、通道等区域的人数统计、人群密度分析及异常事件监测，对于维护社会治安稳定具有实际意义。一方面，通过人群密度分析可实现人群密集度预警，预防大型踩踏事故，发现有目的的人群聚集；另一方面，针对行人的异常奔跑、逆行等异常行为检测也可服务于不可控事件的预警，服务于社会治安与站场安全。

5.3 静态交通场景感知相关技术

在本节中，我们着重对于某一固定时刻下的静态交通场景中的单一或多个摄像头拍摄的交通场景中的感知问题进行介绍和分析。主要关注的问题包括各类目标检测问题及静态三维场景建模问题。在前述针对交通视觉数据的任务分析可以看出，有效地检测、识别或定位出图像或视频帧中的行人、车辆及各类交通标志物等目标检测任务属于基础性任务，是后续其他任务的基础。为此，本节重点介绍常见的通用目标检测方法、行人检测方法、交通场景语义分割方法和车道线检测方法。最后介绍基于多摄像头的三维场景重建技术。

5.3.1　通用目标检测方法

目标检测（object detection）旨在识别和定位数字图像中的特定种类的物体。根据应用角度的不同，目标检测相关问题可以分成两个层次，分别是通用目标检测和检测应用。前者是指在统一框架下模拟人的视觉系统检测不同类型的物体，后者是指在特定应用场景下的检测问题，例如人脸检测、车辆检测和文本检测等。近几年来，随着深度学习技术的应用与发展，目标检测领域取得了重大突破，并成为计算机视觉领域最核心的热点问题，目前已经被广泛应用于许多现实场景中。

1. 通用目标检测问题定义

对于目标检测而言，其输出不仅要标出图片中所有物体的位置，还要给出物体所属的类别，如图 5－5 所示。通常，框住目标区域的矩形框被称为边界框（bounding box）。具体而言，目标检测的问题可以看成是：给定一组由边界框界定的区域，再给定一个目标类别集合，如{飞机, 鸟, 摩托车, 人, 汽车, …}，判断每个区域中是否包含其中的某一类目标。另外，对于这些由边界框界定的区域是否真实包含物体，通常会有置信度指标，即每个区域包含某类物体的概率。因此，通用目标检测算法实际的输出一般包含 3 项内容：预测的边界框、边界框中物体的类别以及物体属于这个类别的置信度。除了需要对目标进行分类外，目标检测的另一核心问题在于边界框的选定。由于目标可能出现在图像的任何一个位置，且有不同的大小和形状，因此如何有效地选取边界框是目标检测所面临的一个重要问题。

图 5－5　通用目标检测问题示例

2. 目标检测方法概述

目标检测方法可以分为双步检测法（two-stage detector）和单步检测法（one-stage detector）。双步检测法用于指代由两个阶段构成的方法，两个阶段分别进行粗糙检测与细致检测；单步检测法是指单步直接完成图像目标的识别和定位。

双步检测法的代表性方法是 RCNN（region with CNN features）系列。提出于 2014 年的 RCNN 是基于卷积神经网络的目标检测算法的开山之作。该方法采用选择性搜索策略提议出一组可能包含目标的区域，即提议区域。之后所有提议区域会被重缩放至一个固定的尺寸，每个缩放后的提议区域被输入一个已在 ImageNet 上完成预训练的卷积神经网络提取特征。最后，提取出的区域特征会输入线性支持向量机分类器，该分类器能根据每个提议区域的特征预测该区域内是否存在目标对象，并识别出对象的类别。

RCNN 的缺点很明显，该算法会提出大量的无效区域，对这些无效区域进行的无效特征提取会导致图像检测的速度很慢。针对这个问题，2014 年提出的 SPPNet（spatial pyramid pooling network）对其进行了改良。SPPNet 的一项重要贡献是提出了空间金字塔池化层，使得卷积神经网络可以在不进行重缩放的前提下生成固定长度的特征向量。SPPNet 在运行时，针对输入图像只进行一次特征图提取，之后生成任意固定长度的特征向量供检测器训练，避免了特征的重复计算。

在这之后，人们在思考是否可能通过卷积神经网络来实现区域提议任务，Faster RCNN 回答了这个疑问。2015 年提出的 Fast RCNN 是 RCNN 的改良版，Faster RCNN 的突出贡献是提出了区域提议网络（region proposal network）。该方法吸收了 RCNN 和 SPPNet 的优点，使得网络可以在相同的网络配置下同时训练检测器和边界框回归器。Faster RCNN 是第一个做到了端到端且可以即时检测的双步检测方法，Faster RCNN 的提出基本标志着双步检测法的大框架搭建完毕。

不同于双步检测法先提议后验证的做法，单步检测法旨在一步到位完成目标检测。相比于双步检测法，单步检测法的一项突出优点是处理速度极快。单步检测基础算法中最知名的是 YOLO（you only look once）系列方法及 SSD（single shot multi-box detector）。

YOLO 提出于 2015 年，它将图像划分为若干个区域并同时预测每个区域的边界框和种类概率。YOLO 的作者在后续对其进行了多版本的改良，吸纳了更前沿的网络设计思路，例如使用更好的骨干网络、实现全卷积网络架构、提取多尺度特征等。YOLO 虽然在检测速度上取得了极大的突破，但是它在定位的准确率上，尤其是在小物体的检测方面，低于双步检测法。后续提出的 SSD 则引入了多参考和多尺度检测技术，泛化能力更强。

由于单步检测法的处理流程更加精简，相较于双步检测法，少了一个过滤显著噪声的过程，导致在几年的研究过程中单步检测法的预测精度始终低于双步检测法。为此，该领域后期的研究工作则更多聚焦于提高模型的预测精度上。

下面将对 Faster RCNN、YOLO 和 SSD 这几个经典的目标检测算法进行介绍。

3. 双步检测法：Faster RCNN

作为经典的双步检测法，Faster RCNN 的整体架构可分为 4 部分：特征提取网络、区域提议网络、兴趣区域池化层和预测层。

在算法模型中，待检测的图像输入网络后，首先经过特征提取网络生成图像的特征图。该特征图将会作为后续区域提议网络和兴趣区域池化层的共同输入。区域提议网络的输出是一组矩阵型提议区域，并且每个区域都附带对该区域的客观评分。区域提议网络接受的输入是一张图片的特征图，设其形状为（r，c，h，w），（r，c）代表左上角坐标，（h，w）为高和宽。为了生成提议区域，算法首先使用一个 $n \times n$ 的卷积核对该特征图采用滑动窗口进行特征提取，之后再通过一个中间全连接层生成一个低维的特征向量，该向量的维度设置与特征提取网络的结构有关。针对每一个滑动窗口产生的特征向量，网络会根据该特征向量同时预测 k 个提议区域。这些提议区域拥有确定的不同的初始大小及初始长宽比，因此分类层和回归层分别输出 $2k$ 和 $4k$ 个值，分别代表了对 k 个区域内是否包含物体以及对物体位置的预测，包括中心点的坐标（x，y）以及框的宽和高（w，h）。综上，正如其命名所示，分类层和回归层产生的结果分别用于处理分类问题和回归问题。根据上述流程，由特征图产生的提议区域

多达 $h \times w \times k$ 个。为了减少提议区域的数量，该模型采用非极大值抑制（non maximum suppression）策略，根据分类层的得分从大至小排序得到列表 L，将 L 中的预测框依次作为基准预测框，之后把所有与当前基准预测框的交并比（intersection over union，IoU）大于某阈值的非基准预测框从 L 中移除，重复这一过程，直至 L 中所有的预测框都曾作为基准。在训练过程中，提议区域会根据与真值框的 IoU 值划分为 3 类，例如，IoU＞0.7 的提议区域被认为是正例、IoU＜0.3 的提议区域被认为是负例、居于两者之间的既不是正例也不是负例。在训练过程中，非正负例提议区域会被抛弃，只有正例和负例参与训练。此外，并不是所有的正例与负例都参与训练过程。由于正例样本往往远小于负例样本，为保证正负例采样的均衡，参与训练的正负例样本是通过随机采样策略，以 1:1 的比例并固定采样总数，从已产生的正负例预测中选出。如果正例样本不足，则使用负例样本填充。例如，设定采样总数为 256，则随机采样出 128 个正例样本和 128 个负例样本参与训练，其他的提议区域都不参与损失计算和梯度反传。经过上述流程，该模块会输出一定数量的预测区域。

Faster RCNN 的后续处理依然采用 Fast RCNN 框架，如图 5－6 所示。Fast RCNN 主要包含兴趣区域池化层（region of interest pooling layer）和预测层。兴趣区域池化层将图像的特征图以及区域提议网络输出的多个形状各异的兴趣区域作为输入，之后根据这些提议区域在特征图上抽取出形状相同的特征并将其连接后输出。最终的预测层使用全连接层实现，根据上一部分的特征对每个提议区域特征进行物体类别预测。

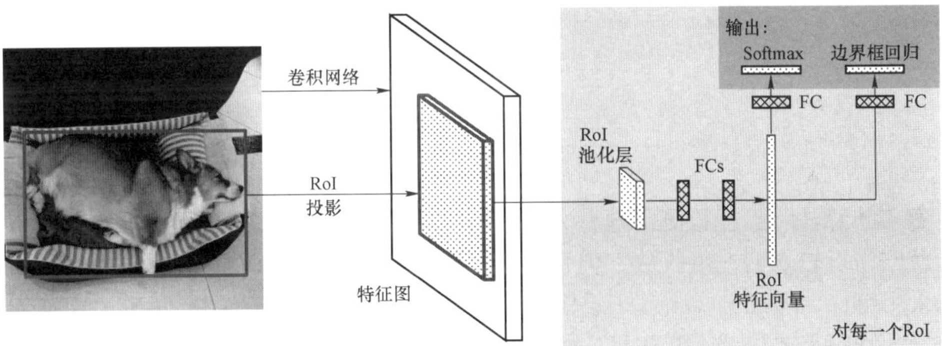

图 5－6　Fast RCNN 结构图

由于 Fast RCNN 的训练需要基于确定的提议目标区域，并且在改变区域提议机制的同时去训练 Fast RCNN 网络能否使得整体网络收敛还是一个未知的问题。因此，区域提议网络和 Fast RCNN 不能直接进行联合训练。Faster RCNN 的训练过程需要分 4 个步骤：首先单独训练区域提议网络，不进行类别预测；其次固定区域提议网络的参数后再训练 Fast RCNN 网络；再次，固定网络中所有需要共享权重的层，只训练区域提议网络中拥有独特权重的层；最后，固定共享权重的层，训练 Fast RCNN 的全连接层。

4. 单步检测法：YOLO

从该算法的命名 you only look once（YOLO）可以看出，速度是 YOLO 算法最大的优势。不同于双步检测法，YOLO 是一个端到端的目标检测网络，其核心思想是将整张图片作为网络的输入，直接在输出层对预测边界框的位置及类别进行预测。

YOLO 将输入图片划分为 $S \times S$ 块方格，如图 5－7 所示。如果一个物体的中心位于某个方格内，那么这个方格就负责检测这个物体。算法针对每个方格会预测出 B 个边界框，每个边界框的信息包括其位置信息，即边界框的中心位置（x，y）、宽和高（w，h），以及该边界框中含有物体的置信度。每个网格还预测 C 个条件类别概率，代表由该单元格负责预测的边界框中的目标属于各个类别的概率。这些概率只在该网格含有目标物体时才有意义。无论每个网格预测的边界框的数量 B 有多少，它都只计算一组类别概率，即同一个网格对应的边界框共享同一组类别预测。综上，网络预测的输出结果为一个大小为 $S\times S\times(5\times B+C)$ 的张量。之后根据阈值去除可能性比较低的目标窗口，最后使用非极大值抑制策略去除相似的冗余窗口即可得到最终的预测。整个 YOLO 框架采用卷积网络来提取特征，然后使用全连接层来得到预测值。

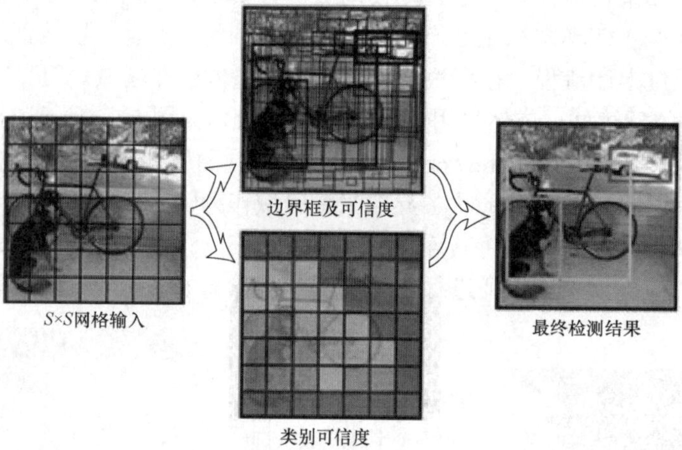

图 5－7　YOLOv1 示意图

YOLO 算法将目标检测问题看成回归问题。误差平方和是回归问题常用的损失函数，它可以使网络以较快的速度收敛，但是它无法完美适配最大化平均精确度这样的目标。YOLO 算法采用定位误差和分类误差来设定其损失函数，原因如下：首先，框的位置预测与网格物体类别预测的重要程度不应相等；其次，一幅图像中的目标是有限的，有时大多数网格往往不包括任何物体，这会使得这些单元格的置信度趋向 0，影响力远超包含物体的网格，使得模型不够稳定甚至发散；最后，相比于较大物体的预测，小物体的预测框的偏差影响更大，但是平方误差并不能很好地处理这一点。为了缓和上述问题，YOLO 采用两个超参数分别控制位置回归和类别预测的影响力；其次在训练时每个网格中只有置信度最高的预测框会负责该物体的预测，参与训练过程；最后，用预测框的宽、高两个参数取平方根替代原本的预测值。

从 YOLO 的设计思想可以看出该架构的优缺点。其最大的优点是能同时完成对目标的位置、大小及类别的预测，处理过程十分简洁，速度快。但也有几个缺点：首先，输入图像要划分为有限的网格，难以处理包含大量目标的场景以及包含多个密集小目标的场景；其次，网络采用较粗糙的特征进行预测，使预测结果的精确度较差，弱于双步法；最后，该网络采用的损失函数的敏感性和偏向性较强，有改进的空间。作者及其他学者在之后的几年里对 YOLO 算法进行了多项改进，吸纳了许多目标检测领域的研究成果，提出了性能更强大的版本。例如：添加批量归一化层；使用更好的骨干网络；采用高分辨率图像训练网络；引入了先验框；使用 k 均值聚类法（k-means chustering）聚类提取先验框的尺寸信息；新增对预测框位置的约束；使用分层分类方法训练模型使其扩展至分类数据集上等。

5. 单步检测法：SSD

Faster RCNN 准确率较高，但速度较慢；而 YOLO 则相反，速度快，但准确率和漏检率不尽如人意。单步检测法 SSD 综合了两者的优点。SSD 做出的改良主要在于取消了边界框预测以及随后的特征重采样阶段，改由一个基础特征提取模块和若干个多尺度特征提取模块串联组成。其中基础特征提取模块选自常用的高质量图像分类网络结构，如把整个网络的分类层之前的部分截取下来的 VGG、ResNet 等，并在基础模块后再增加辅助结构生成检测结果。

SSD 在一个特征图上进行检测时，会根据该特征图的每个单元预设 k 个锚框，并预测该锚框的类别和偏移量。因此，在设计基础特征提取块时，可以有意进行控制让其输出尺寸较大的特征图。这样不仅可使基于该特征图生成的锚框数量变多，而且可以更好地检测尺寸较小的目标。接下来的多尺度特征提取模块会将上一层输出的特征图的尺寸变小，从而使得特征图中每个单元的感受野增大，更加适合检测尺寸较大的目标。综上，SSD 在检测过程中生成了不同数量和不同大小的锚框，并通过预测锚框的类别和偏移量以检测不同大小、不同位置的目标，可以克服 YOLO 对于宽高比不常见的物体识别准确率较低的问题，是一个多尺度的目标检测模型。

5.3.2　行人检测方法

行人检测是重要的交通场视觉检测任务。由于行人在运动过程中的位置、姿态随时会发生变化，同时也会出现附着物和遮挡等复杂情况，因此相比通用的目标检测任务，行人检测面临了更大的挑战。首先，行人之间的外观差异大，不同行人的身形、衣着、姿态差别很大；其次，行人所处的环境、光照强度不同，距离相机远近不同等；再者，行人之间可能会发生遮挡，行人被环境中的其他物体遮挡（如汽车），导致人体在画面中只露出一部分；最后，设备采集到的图像背景与人体的肤色相近，或环境中的物体形状与人体相似等。因此，如何准确检测处于各种场景下的行人是一个极具挑战的任务。

1. 行人检测问题定义

作为机器视觉中的经典问题，行人检测的输入是图像或视频，目标是在其中框选出所有的行人，包括矩形框的位置和大小。行人检测技术为后续行人跟踪、行人重识别、汽车自动驾驶、人体行为分析等提供了初始的行人位置信息，既具有很强的应用价值，也是视觉交通大数据分析的重要一环。

2. 行人检测方法概述

在过去的十几年中，行人检测技术取得了很大的突破，在室内等背景比较固定的场景下已取得了不错的效果。但是，在复杂场景下的行人检测问题仍然面临着挑战。由于人体的姿态复杂且附着物和遮挡等问题严重，因此准确检测处于各种场景下的行人具有很大的难度。行人检测方法大致分为基于运动检测的方法、基于机器学习的方法和基于深度学习的方法。

基于运动检测的方法思想十分直观，即检测当前帧与相邻帧之间的差异区域，从而得到图像中运动的行人位置。这类方法建模简单、速度快，但也存在一些问题：① 无法检测静止的行人；② 如果行人与背景差别较小，会发生错误；③ 无法处理相互遮挡的行人。这类方法本质上只关注了像素级别的信息，而没有进一步提取图像中的高层语义信息。

在基于机器学习的方法中，HOG（histogram of oriented gradient，方向梯度直方图）+SVM（support vector machines，支持向量机）是一种十分经典的行人检测方法。该方法通过 HOG 提取候选区域图像的边缘特征，能够很好地描述行人的形状、外观信息，接着采用 SVM 判断该区域是背景还是行人。之后又提出了 HOG 配合 AdaBoost 的方法，使用分类器级联的策略，解决了 HOG+SVM 计算量过大的问题，大大缩短了检测时间。

然而，基于机器学习的方法实现的检测，其精度仍不能满足实际应用中的要求。自深度学习被很好地应用于图像后，基于深度学习的方法解决了许多经典机器学习方法无法解决的问题。同时，深度学习也被人们广泛地应用到通用目标检测（包括行人检测）问题上，例如，前面介绍的 Faster RCNN、SSD、YOLO 等。这些通用的目标检测方法，也能被应用于行人检测上且精度有了显著的提升。同时一些专门针对密集行人检测、遮挡行人检测的方法也取得了很好的效果。下面将介绍景点的基于 HOG+SVM 的行人检测法。

3. 行人检测法：HOG+SVM

HOG 通过计算和统计图像局部区域的梯度方向与强度的直方图构成特征向量来描述图像。SVM 是一种二分类模型，它在解决小样本、非线性及高维模式识别中表现出许多特有的优势。利用 SVM 将 HOG 得到的特征向量进行分类，即可实现行人的检测。

由于原始图像的尺寸一般较大，HOG+SVM 方法通常会将原始图像划分为多个无重叠的图像窗口，并对每个图像窗口计算 HOG。下面将具体讲解如何求出图像窗口的 HOG。

（1）图像预处理

图像预处理环节主要包括对原始图像进行的伽马校正和灰度化。伽马校正目的在于减少光度对实验的影响，灰度化是将彩色图像（多通道）转换成灰度图像（单通道）。

（2）计算梯度方向图和梯度强度图

为图像上的每个点计算梯度值，得到和原始图像尺寸相同的梯度方向图和梯度强度图。在离散的二维图像中，梯度方向不能直接通过微分计算得到，所以使用［−1，0，1］的水平微分核与［−1，0，1］^{T}的垂直微分核计算每个点的水平和垂直的梯度值 g_x 和 g_y。该点的梯度方向为 $\theta=\arctan\frac{g_x}{g_y}$，梯度强度为 $g=\sqrt{g_x^2+g_y^2}$。梯度方向取绝对值，即 0°～180°。

（3）计算图像网格的梯度方向直方图

经过第二步的计算，图像上每个像素点会得到梯度方向和梯度强度两个值。例如，在一个大小为 8×8 像素的网格中，计算直方图会得到 8×8×2=128 个值。HOG 算法首先将梯度方向（0°～180°）进行 9 等分，每个梯度方向对应于 180° 半圆中的一个 20° 扇区，即对应于 0°，20°，40°，…，160° 的区间（bin）。根据每个像素的梯度方向，可以将梯度强度累加到相应的 bin 中。如图 5−8 所示。

在图 5−8 中，图 5−8（a）是 8×8 像素的梯度方向图，图 5−8（b）是 8×8 像素的梯度强度图，图 5−8（c）是梯度方向直方图（包含 9 个 bin）。对于梯度方向图中的第一行第一个像素点，其梯度方向为 80°，梯度强度为 2，所以该点将全部的梯度强度归入梯度方向直方图的 80° bin 中。对于第一行第二个像素点，其梯度方向为 10°，梯度强度为 8，按照其方向与相邻 bin（0° 与 20°）的邻近程度，将 4 梯度强度归入 0° bin，4 梯度强度归入 20° bin。同理，将 64 个像素点全部计算完成，每个 bin 均会得到一个数值，即得到一个直方图（维度为 9 的特征向量）。这样的直方图能够表达对应的图像区域中整体梯度方向分布，进一步表达图像边缘的分布。例如，如果直方图中 90° bin 数值较高，说明该区域中更多的点的梯度方向是横向的，即图像中存在比较明显的纵向边缘。因此，梯度方向直方图对边角较为敏感，且对光照等环境变化较为鲁棒。同时，通过统计形成梯度方向直方图，原来的 128 个值将会变成 9 个值，大大降低了计算量。

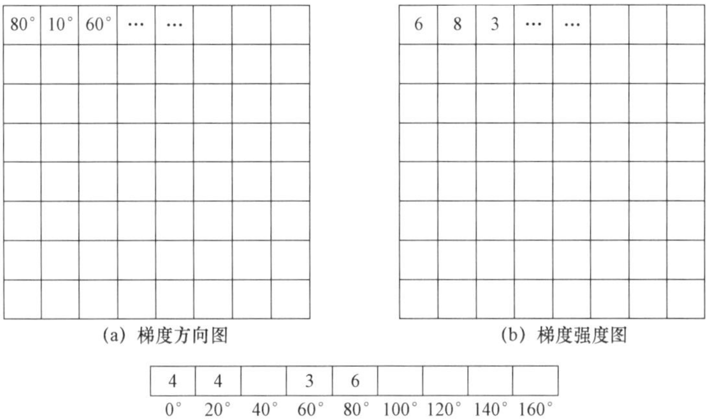

(a) 梯度方向图　　(b) 梯度强度图

(c) 梯度方向直方图

图 5-8　梯度方向直方图计算

（4）计算块（block）的梯度方向直方图及归一化

该方法会将之前得到的网格以 2×2 进行组合，组成一系列的块，每个块代表一个更大的区域。将块内 2×2 个网格的特征向量串联起来，可以得到代表一个块的 36 维的特征向量。此外，由于局部光照的变化以及前景背景对比度的变化，会使块内部的梯度强度变化非常大，为此，算法需要对每个块进行归一化，一般使用 L2 范数进行归一化。

（5）计算图像窗口的梯度方向直方图

将图像窗口内所有块的特征向量串联起来，即可得到该图像窗口的最终特征向量。通过对使用 HOG 得到的图像窗口的特征向量赋予正负样本标签（是否为行人），并对这些特征向量使用 SVM 进行分类，可以得到一个二分类分类器，从而检测出该区域是否为行人。

5.3.3　交通场景语义分割方法

在交通领域的自动驾驶系统、辅助驾驶系统等相关应用中，对场景进行实时的语义分割是理解场景，做出正确判断的重要理论依据。

1. 语义分割问题定义

笼统来讲，交通语义分割任务的最终目标是使计算机系统能够自动、准确、实时地识别摄像头拍摄的交通场景图像中的各种常见物体，如车辆、行人、车道线、建筑物、交通标志等。具体来讲，我们希望计算机能够为交通图像中的每个像素指派一个数字标记。例如，将天空所在的像素标记为 1，道路标记为 2，树木标记为 3，车辆标记为 4，不同物体对应不同的数字，可形成如图 5-9 所示的交通场景语义分割结果。

图 5-9　交通场景分割示意图

2. 语义分割问题概述

在深度学习被提出以前，传统的语义分割任务大体上被分成两步：① 人工提取图像的特征，如颜色直方图、方向梯度直方图、SIFT 特征等；② 采用浅层的模型，如随机森林、支持向量机等，对像素进行分类。在相当长的一段时间里，这些算法面临的计算复杂度高、分割不够准确的问题都没能得到有效的改善。在深度模型被提出后，一些语义分割领域的研究者注意到了卷积神经网络强大的图像特征拟合能力，并将其应用到语义分割任务中，由此语义分割任务得到了快速发展。第一个真正意义上的深度语义分割模型是 2015 年 Long 等人提出的全卷积神经网络（FCN），由于其网络结构中只存在卷积层，因此可以接受任意大小的图像输入。随后为了能够进一步融合不同卷积层上的特征，U-Net 模型在编码译码结构的基础上采用了跨层连接的方式，将编码侧提取的特征与译码侧提出的特征融合起来。随着残差结构被证明有效，RefineNet 利用残差结构将低分辨率的特征与高分辨率的特征相互融合，进一步增强了模型的特征表示能力。上述方法或多或少能够提高语义分割任务的准确性，但是往往存在参数量巨大的问题，这导致了计算效率较低。为了改善这一问题，实时语义分割模型 ENet，通过利用非对称卷积代替对称卷积，即使用 $n \times 1$ 和 $1 \times n$ 的卷积核代替 $n \times n$ 的卷积核，显著减少了参数量，从而减少了模型的推理时间。

5.3.4　车道线检测方法

车道线检测任务是视觉大数据应用的一个重要研究方向，车道线检测是指根据车载视觉数据检测路面的车道线及相关信息，主要应用于自动驾驶、辅助驾驶和高精地图建模等领域，例如车道偏离预警、车道保持辅助、车道居中辅助、自动变道辅助、导航等应用场景。

1. 车道线检测问题定义

车道线检测任务是交通语义分割任务的一个子问题，与普通的交通语义分割任务不同，如图 5-10（a）所示，车道线检测任务只需要计算机识别车道线的位置，而不需要区分场景中的其他物体。目前车道线检测工作中，各个模型的输出并不统一，有的输出是二值图，有的输出是点集，有的输出是矢量图，有的输出将车道线实例化（区分是哪一条车道线），有的输出对车道线进行分类（单白、双黄等）。由于车道线形状较为简单，因此不同输出之间可以通过简单的聚类算法实现快速互相转化。

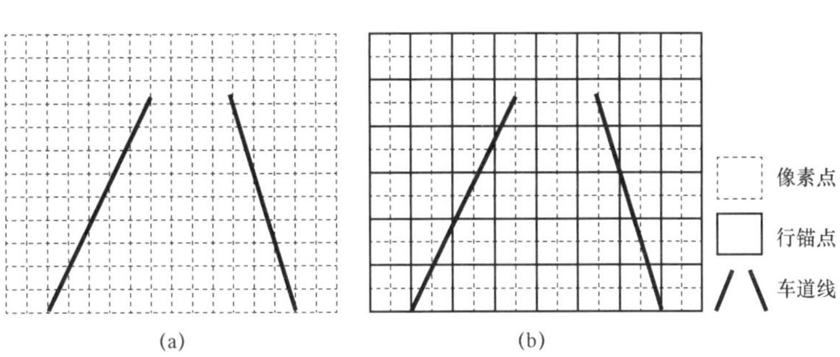

图 5-10　车道线检测示意图

2. 车道线检测问题概述

在深度学习被广泛应用前，研究者往往根据车道线的几何特征，将该问题视作对直线、曲线的拟合问题。大致上分为三步：① 对原始图像进行预处理，例如去噪、灰度化、颜色阈值过滤、非极大值抑制等；② 利用 Sobel、Canny 等边缘检算子检测出边缘点；③ 利用边缘点拟合出直（曲）线。Hough 变换是最常用的检测车道线的方法。对于直角坐标系下的一条直线 L，其在极坐标系下可以表示为：$\rho=x\sin\theta+y\cos\theta$，其中 x，y 表示直角坐标中直线上任意一点的坐标，ρ，θ表示极坐标系的坐标。也就是说对于极坐标系中的某一点（ρ，θ）可以唯一确定直角坐标系中的一条直线，其中ρ表示直角坐标系下直线到原点的距离，θ表示直角坐标系下直线和原点间的垂线与 x 轴正方向的夹角。因此，将直角坐标系下检测出的边缘点在极坐标系下就变成了一条曲线，所有边缘点在极坐标系下对应的曲线的交点在直角坐标系下对应的直线便是最有可能的车道线。基于 Hough 变换的车道线检测方法对曲线的检测效果较差。由于 Catmull-Rom 样条曲线可以通过不同的控制点形成不同形状的特点，因此 Catmull-Rom 样条曲线算法利用平行线透视效应，采用 Hough 变换检测消失点（线），然后采用极大似然估计检测车道线。因此，该算法对于不同形状的车道线均具有较好的检测能力。由于在大部分场景下，摄像机的视野是车辆正前方，周围存在其他车辆的遮挡，很难将所有车道的车道线清晰地展示，因此基于 Hough 变换的车道线检测方法往往只能检测出本车道的车道线。为了能够检测其他车道的车道线，研究者利用仿射变换将前方路面的图像转化为俯视图，通过在俯视图中进行计算，将所有的车道线提取出来。由于在复杂场景下，不一定能在仿射变换后的图像中检测到车道线，因此该方法的鲁棒性较差。传统的车道线检测方法往往无法区分出不同的车道线，但对于车辆车道偏离警示任务已经取得了不错的成果。

传统的车道线检测方法往往是启发式的方法，其对车道线检测的效果取决于研究者的先验知识，并且往往只是利用了图像的视觉信息而忽视了一些潜在的逻辑信息。例如，虽然车道线容易被过往的车辆截断，在图像上变成了不连续的线段，但即使是小学生也很容易根据常识将不连续的车道线补全。当图像缺少足够的视觉信息，例如在强光、夜晚、雨天、雾天、雪天等极端环境下或者道路出现拥堵存在车辆遮挡车道的情况下拍摄图像，传统的方法不能准确地检测出车道线。为了解决这些复杂场景的检测任务，更加需要充分地利用图像的视觉信息和潜在的逻辑信息。为此，一些研究者将深度学习的方法引入车道线检测任务中。

主流的基于深度学习的车道线检测模型将车道线检测任务分成两步来完成：① 基于二值语义分割得到可能的车道线区域，一般用二值图来表示；② 对前一步的结果进行直线拟合。对于第一步，研究者往往综合利用 CNN、RNN、LSTM 等模型得到二值图结果。对于第二步，有的研究者利用聚类方法区分车道线，有的研究者采用多分类的方式区分不同的车道线。例如，PiNet 算法将车道线用点表示，将车道线检测问题定义为点的回归问题，然后利用聚类算法区分不同车道线上的点和去掉一部分多余的点。UFSDLD 模型预先定义的最大车道线数，将车道线检测问题定义为多分类问题，不同的类代表不同的车道线。研究者注意到车道线的连续性，并且假设车道线大部分都是笔直的，分别设计了两种损失函数来约束车道线的几何形状。同时，为了加快车道线检测的效率，UFSDLD 模型提出行锚结构，一种相对于像素更粗糙的图像划分方式，如图 5-10（b）所示。该模型只需要计算每个行锚点是否属于车道线，而不需要计算每个像素是否属于车道线。虽然这种方法降低了准确性，但是由于行锚点的数量远远小于像素点的数量，因此提高了模型的推理速度。

5.3.5 三维场景重建技术

基于视觉的三维重建是指根据摄像机获取的场景图像和视频数据，推导出现实环境中物体的三维信息的过程。在交通应用场景中，可以根据重构的三维信息构建高精地图，服务于导航、辅助驾驶或自动驾驶等交通应用场景。

1. 三维场景重建概述

三维场景重建技术的重点在于如何获取目标场景或物体的深度信息。真实场景中通常采用特殊的深度相机直接获取深度信息，或者采用双目、多目相机通过融合计算得到场景的深度信息。然而，深度相机受环境影响较大，且可测量的深度范围较小。相比而言，双目相机因可测深度范围较广，经常用于交通场景的三维重建任务中。本节着重介绍基于双目相机的三维场景重建相关技术。

双目相机拍摄时能同时生成同一场景的左右两幅视点图像，基于左右两幅图像，可运用立体匹配算法获取视差图，从而得到景物的深度信息。已知景物深度信息，结合景物图像对应的点云数据，通过点云配准、数据融合和表面融合等步骤即可实现景物的三维重建。双目相机三维重建一般包括以下几个过程。

（1）图像获取

在交通环境中通过控制双目相机拍摄，产生同一场景在同一时刻的左右两幅视角图像，拍摄后以在线或离线方式从相机中获取场景照片。

（2）摄像机标定

为确定空间点的三维几何位置与其在图像中对应点之间的相互关系，必须建立相机成像的几何模型，这些几何模型参数就是相机参数。双目摄像机标定需要求解出每部摄像机的相机内参数矩阵、畸变系数矩阵以及左右两部摄像机的相对位置关系，也即右摄像头相对于左摄像头的平移向量和旋转矩阵，反之亦然。

（3）特征提取

特征主要包括特征点、特征线和区域。在大多数情况下，双目视觉中都是以特征点为匹配基元，一个好的特征点可以在不同视角中保持稳定。不同的特征点和不同的匹配策略，会对结果造成一定的影响。因此，在进行特征点的提取时，需要先确定用哪种提取方法与匹配方法。

（4）立体匹配

立体匹配是指根据所提取的特征来建立图像对之间的一种对应关系，也即将同一物理空间点在两幅不同图像中的成像点对应起来。进行匹配时要注意场景中一些因素的干扰，比如光照条件、噪声干扰、景物几何形状畸变、表面物理特性以及摄像机特性等诸多变化因素。在立体匹配后，可以获得场景的深度图作为下一步点云配准的输入。

（5）点云配准

在经过多次立体匹配后，会获得在不同角度的景物深度图像，也会生成该角度下的点云数据，不同的点云数据之间含有公共部分。点云配准是以该公共部分为基准，把不同角度获取到的点云图像匹配到统一的坐标系下，计算出对应的变换矩阵。之后通过进一步优化，消除冗余的信息。按照不同的图像输入条件和重建的需求，点云配准包括粗糙配准、精细配准和全局配准。只有保证点云匹配的正确率，才能更好地进行后续的步骤，让数据融合的结果更加精确。

（6）数据融合

经过配准后的深度信息仍为空间中散乱无序的点云数据，通过对点云数据进行融合处理，可以获得更加精细的重建模型。以双目相机的初始位置为原点构造体积网格（volume meshes），网格把点云空间分割成极多的细小立方体，这种立方体叫作体素（voxel）。通过为所有体素赋予 SDF（signed distance field，有效距离场）值，可以对点云数据进行结构化，用参数来表达三维物体的表面，从而在三维空间中采用距离函数建立表面模型。

（7）表面生成

数据融合后的点云虽然可以形象地还原出实物的面貌，但是其仍是大量孤立的三维空间点的集合，要实现物体三维化，还需要进一步构造物体的可视等值面。一般情况下，可从点云数据中提取表面的三角面片集，再用光照模型对三角面片进行渲染，最后连接所有三角面片，构成等值面。合并所有立方体的等值面便可生成完整的三维表面。

2. 双目立体匹配原理及概述

目前，三维重建的相关研究较多集中在立体匹配，即深度估计方面。因此，本节着重对这该部分进行详细说明并介绍研究概况。

（1）立体匹配原理

对于单一相机而言，相机的光心与图片中的某像素在归一化平面上的对应点可以形成一根射线。而从理论上来讲，该射线上的所有点都可以投影到该像素上，如图 5－11 所示。因此，单凭一张图片中的单个像素点无法确定该像素所对应的空间点的具体位置。而只有当像素点 P 的对应物理空间点的深度确定时，才能准确地知道该点的空间位置。

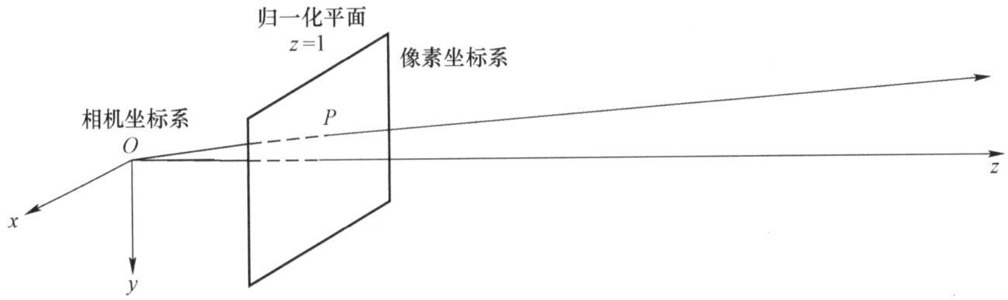

图 5－11　相机坐标系

测量像素距离（或深度）的方式有很多种。人类可以根据左右眼看到的景物差异（或称视差）来判断物体与眼睛的距离。双目相机的原理亦是如此，即通过同步采集左右相机的图像，计算图像间视差，进一步用来估计每一个像素的深度。双目相机一般由左眼和右眼两个水平放置的相机组成。在左右双目的相机中，我们可以把两个相机都看作针孔相机。由于两个相机是水平放置的，经过相机标定后，两个相机的光圈中心都位于 x 轴上。它们的距离称为双目相机的基线（baseline，记作 b），是双目的重要参数。

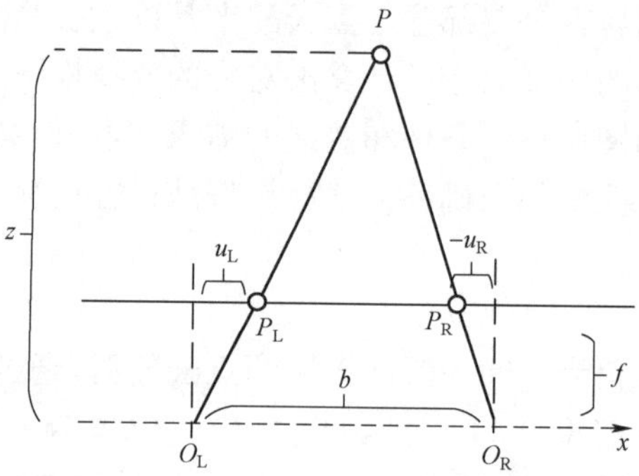

图 5－12　双目相机的成像模型

考虑空间点 P，它在左眼和右眼各成一像，记作成像点 P_L，P_R。由于相机基线的存在，这两个成像点在两张照片中的位置是不同的。图 5－12 为双目相机的成像模型，O_L，O_R 为左右光圈中心，f 为焦距，u_L 和 u_R 为成像平面的坐标。在理想情况下，经过标定后的左右相机只有在 x 轴上有位移，因此 P 的成像也只在 x 轴（对应图像的 u 轴）上有差异。我们记它在左侧的坐标为 u_L，右侧坐标为 u_R。根据三角形 P_LP_R 和 PO_LO_R 的相似关系，有：

$$\frac{z-f}{z}=\frac{b-u_L+u_R}{b} \tag{5-1}$$

整理后，得：

$$z=\frac{fb}{d},d=u_L-u_R \tag{5-2}$$

式中，d 为左右图的横坐标之差，称为视差（disparity）。根据视差，我们可以估计一个像素对应的物理点离相机的距离。视差与物理点与离相机的距离成反比：视差越大，距离越近。另外，基线越长，双目最大能测到的距离就会越远；反之，小型双目器件则只能测量距离近的物体深度。

（2）立体匹配算法概述

给定经过标定的同一场景左右两幅图像，双目立体匹配算法旨在生成视差图、深度图。该图像中像素点的强度代表了该点距离相机的距离。传统的立体匹配算法通常包括匹配代价（matching cost）计算、代价聚合、视差计算或优化、视差精炼 4 个步骤。传统的立体匹配算法对于匹配代价的计算包括像素差平方和（sum of squared differences，SSD）、像素差绝对值和（sum of absolute differences，SAD）、归一化交叉相关（normalized cross correlation，NCC）等。局部的立体匹配算法通常只包括前 3 个步骤，而全局立体匹配算法往往将该问题构建为一个优化问题，通过引入各种不同的平滑项构建目标函数，并通过动态规划等优化算法寻找最小化目标函数来得到全局优化的深度图。

近些年，随着多个立体匹配室内、室外数据集的公布，基于深度学习的立体匹配算法也得到了迅速的发展。基于深度学习的立体匹配框架，其网络结构主要由 4 个部分组成，包括特征提取、空间金字塔特征融合、匹配损失计算和视差回归。首先，可设计不同卷积分别对左右视角图像进行多尺度的特征提取；其次，连接左视角特征和平移的右视角特征，构建视差维度上稀疏的损失体；再次，根据几何上下文信息计算匹配损失；最后，重采样到原始图片尺寸，用 Softmax 函数将损失值转化为视差概率分布，并通过视差回归函数输出亚像素的预测视差。早期的方法是通过卷积神经网络计算相似性来解决匹配一致性的估计问题。CNN 方法与传统方法相比，尽管在速度和准确度方面都取得了重要突破，但它依旧很难在一些区域，例如遮挡区域、重复纹理区域、弱纹理区域和反光表面等，找到精确的匹配点。

当前基于深度学习的立体匹配方法的一个主要问题是如何有效地利用环境信息。一些研究试图结合语义信息去大量地优化匹配代价和视差图。例如，采用编码–解码结构（encoder-decoder architecture）混合多尺度的特征信息去调整匹配代价卷；利用大型数据集训练直接从图像外观估计视差等。还有一些工作侧重于获得更加可靠的视差度量；通过利用局部信息提高置信度预测的准确性，或将不同的置信度测量结果与随机森林分类器结合起来，以获得视差图的可靠性；或通过使用网络层从左右视差图中提取补丁来估计置信图。以下将介绍一种典型的基于深度学习的立体匹配算法。

3. 基于深度学习的立体匹配方法：PSMNet

这里主要介绍 PSMNet，一个典型的立体匹配网络。如图 5–13 所示，它主要由 3 个部分组成：金字塔池化模块（SPP）、构建匹配代价体（cost volume）模块和 3D 聚合模块。网络的输入为一个立体匹配对，即左右视图。该方法首先对左右视图分别进行特征提取，其中采用了融合空洞卷积的金字塔池化模块来增大感受野。其次，利用提取到的左视图特征和右视图特征，将右视图特征在不同视差标签下进行像素平移，构建四维匹配代价体。最后，将匹配代价体输入由 3 层沙漏结构（hourglass）组成的 3D 聚合网络进行视差预测。

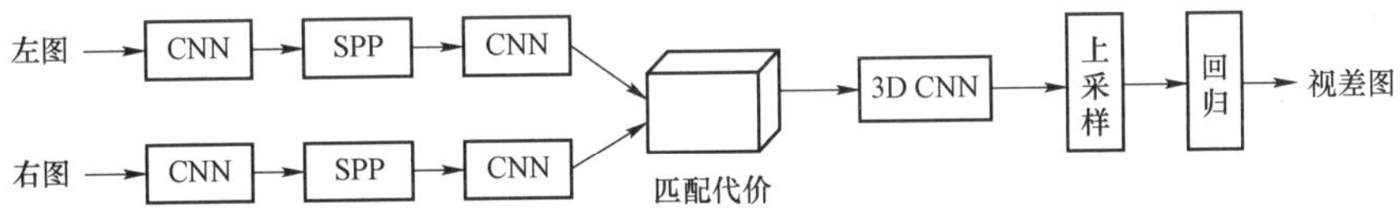

图 5–13　PSMNet 网络结构

在立体匹配的过程中，一些特殊的区域，比如遮挡、反射等区域，由于信息的缺乏容易导致匹配失败，因此往往需要借助局部甚至全局信息来尽可能地补充这些特殊区域所缺失的信息。为此，该模型中引入了金字塔池化模块来聚合不同尺度和不同位置的环境信息。该模块由多个不同尺度的平均池化和上采样层组成。提取特征之后，通过结合左右图中不同视差值对应的特征图构建四维匹配代价体。为了在视差维度和空间维度上聚合特征信息，该方法采用了 3 层沙漏结构（编码–解码–结构）堆叠组成 3D 卷积网络，由多个重复的带有中间层监督的、由精到粗再由粗到精的结构构成。该方法包含 3 个主要的沙漏结构，每个沙漏结构都会生成一个视差图，3 个沙漏结构会对应 3 个输出和 3 个损失，最终的视差图由第 3 个沙漏结构输出。

5.4 动态交通场景感知相关技术

动态交通场景感知技术通过捕捉目标物在不同时间，同一摄像头或者不同摄像头的运动轨迹，为目标行为预测、交通场景感知等上层应用提供依据。本节将介绍动态交通场景感知的相关技术，主要包括针对同一相机的目标跟踪技术以及针对跨相机的目标重识别技术（object re-identification，ReID）。目标跟踪技术是指对图像序列中的运动目标进行检测、提取、识别和跟踪，获得运动目标的运动参数，如位置、速度、加速度和运动轨迹等所涉及的技术，主要解决同一相机下的目标感知问题。根据跟踪目标的数量，目标跟踪技术可划分为单目标跟踪技术和多目标跟踪技术。目标重识别也称为目标再识别，主要用于解决目标的跨相机跟踪问题。目标重识别是跨摄像头跟踪中解决目标因为视野丢失（跨摄像头）后再匹配起来的最直接的方法。在交通领域中，重识别任务主要包括行人重识别和车辆重识别两个重要任务。本节将分别介绍单目标跟踪方法、多目标跟踪方法、行人重识别方法和车辆重识别方法。

5.4.1 单目标跟踪方法

单目标跟踪是计算机视觉领域的最基本的任务之一，在智能交通管理、自动化监控、视频索引、人机交互和车辆导航等相关领域具有重要的应用，并受到了越来越多的关注和研究。

1. 单目标跟踪问题定义

给定第一帧画面中目标的边界框，单目标跟踪目的在于能自动完成后续所有帧中目标的跟踪定位。单目标跟踪可以简单定义为一个物体在图像平面中围绕场景移动时的轨迹估计问题。根据跟踪域的不同，跟踪器还可以提供对象的有关信息，例如对象的方向、面积或形状。对象跟踪较为复杂，其原因包括三维世界到二维图像的投影造成的信息丢失、图像噪声、对象运动复杂性、对象形状复杂性、非刚性或铰接特性、物体遮挡、场景照明变化等。目前的单目标跟踪算法假设目标运动是平滑的，并且没有突变。基于先验信息，可以进一步约束物体运动为等速或恒加速度。

2. 单目标跟踪概述

单目标跟踪领域的跟踪算法一般可以分为生成式（generative）方法和判别式（discriminative）方法。生成式方法采用特征模型描述目标的外观特征，再最小化跟踪目标与候选目标之间的重构误差来确认目标。生成式方法着重于目标本身的特征提取，忽略目标的背景信息，在目标外观发生剧烈变化或者遮挡时容易出现目标漂移或者目标丢失。判别式方法将目标跟踪问题看成一个二元分类问题，通过训练有关目标和背景的分类器来从候选目标中确定目标，该方法可以显著区分背景和目标，鲁棒性强，渐渐成为目标跟踪领域的主流方法。目前大多数基于深度学习的目标跟踪算法都属于判别式方法。

传统单目标跟踪算法可分为点跟踪方法、核跟踪方法和轮廓跟踪方法，传统单目标跟踪算法的详细分类如图 5 – 14 所示。以下介绍几种常见的跟踪方法。

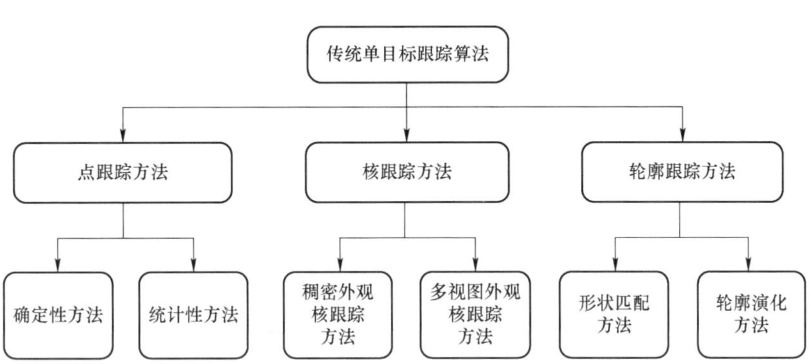

图 5－14　传统单目标跟踪方法的分类图

（1）点跟踪方法

点跟踪的对象由点定义，可以表示为对象点在相邻帧间的对应关系。由于在跟踪任务中可能存在遮挡、误判、目标进入和退出等情况，点跟踪算法无法鲁棒地完成对目标的跟踪。点跟踪方法可分为确定性方法和统计性方法两大类。确定性方法定义了在一系列约束条件下，关联相邻帧中每个目标的成本，是一个组合优化问题。统计性方法通过考虑噪声和模型不确定性，用状态空间对跟踪目标的速度、位置和加速度等属性进行建模，进而计算目标的概率密度函数来进行跟踪。

（2）核跟踪方法

核跟踪方法中的核是指跟踪目标的形状和外观等，比如使用直方图表示的矩形或椭圆形模板。核跟踪方法是跟踪算法中最直观的方法，通过计算连续帧中核的运动来跟踪对象。物体运动通常以参数运动（平移、共形、仿射等）或后续帧中计算的稠密流场的形式表示。这些算法在外观表示、跟踪的对象数量以及估计对象运动的方法方面有所不同。根据所使用的外观表示，我们将这些跟踪方法分为两个子类，即稠密外观核跟踪方法和多视图外观核跟踪方法。

（3）轮廓跟踪方法

对象可能具有复杂的形状，例如手、头和肩，这些形状无法用简单的几何图形很好地描述。基于轮廓的方法为这些对象提供了精确的形状描述。基于轮廓的目标跟踪器通过使用前一帧生成的对象模型在下一帧中找到目标区域。该模型可以是颜色直方图、物体边缘或物体轮廓等形式。轮廓跟踪方法可以分为两类，即形状匹配方法和轮廓演化方法。形状匹配方法在当前帧中搜索目标轮廓。轮廓演化方法则是利用状态空间模型或直接最小化某些能量函数，将初始轮廓演化到当前帧中的新位置。

（4）深度学习跟踪方法

随着深度学习方法的流行，大量基于深度学习的单目标跟踪方法出现了。主流的基于深度学习的单目标跟踪方法流程可以归结为：首先针对给定的测试图像，输入需要跟踪的目标的初始化目标框；根据特定运动模型算法推算出下一帧图像中目标物体可能出现的大致位置，并在该位置附近产生一定数量的目标候选框；利用表观特征模型提取这些候选框中图像的特征信息，将这些特征信息与需要跟踪的目标图像的特征进行比对，利用合适的观测模型对这些候选框进行打分；选择分数最高的候选框作为目标在下一帧中出现的位置框，或者按照一定的策略综合多个得分高的候选框，选择更优的预测目标作为最终结果；最后根据新得到的预测结果，结合之前的观测值对模型进行更新。重复上述步骤，直至完成目标跟踪任务。

目标跟踪任务的原理大多建立在特征相似度匹配之上，很多研究人员根据这一特点将孪生网络引入目标跟踪任务，并提出了一系列性能鲁棒的算法。Bertinetto 等提出的全卷积孪生网络模型（fully-convolutional siamese networks，SiamFC）是代表性的基于孪生网络的单目标跟踪算法之一，该算法不但能实现跟踪模型的端到端训练，而且在模型效率上达到了实时性的要求。下面简单介绍 SiamFC 算法。

3. 单目标跟踪算法：SiamFC

基于孪生网络的目标跟踪算法受启发于相关滤波（correlation filters），该类算法通过模拟相关滤波来实现目标跟踪。具体做法是通过孪生网络结构中的 2 个分支分别保存目标模板信息和获取图像搜索区域特征。然后再将 2 个分支获取到的特征进行相关操作以获取响应图像，根据响应图像判断目标出现的位置，完成跟踪任务。

SiamFC 算法的主要贡献是提出了一个端到端的孪生网络结构模型。该模型对传统孪生网络结构进行了改进，融入了全卷积结构，降低了跟踪模型在计算过程中带来的偏差。该方法提出使用相似度学习来解决任意目标的追踪问题。通过模型去学习一个函数 $f(z,x)$，该函数比较模板图像 z 和相同大小的候选图像 x，比较结果的高低代表两张图像描述同一个目标的可能性高低。高分表明两张图像描绘的是同一个目标，低分的话则相反。为了实现目标定位，需要对新图像所有可能的位置上的目标进行测试，并将与原目标的外观最相似的目标作为候选对象。在实现过程中，该方法简单地使用物体的初始外观作为跟踪过程中使用的模板，使用一组带标签的视频数据训练得到函数 f。

该算法通过孪生结构实现基于深度卷积网络的相似度学习。这种结构对于两个输入都有相同的转换 φ，再通过函数 g 将两个输出结合 $f(z,x)=g(\varphi(z)),\varphi(x))$。当函数是简单的距离或者相似度度量时，可以将 φ 看成是嵌入表示（embedding）模块。

大部分的 CNN 网络在卷积层后会连接若干个全连接层，产生的特征将是一个固定长度的一维特征向量。而 SiamFC 采用全卷积网络结构，可以得到与输入图像分辨率相关，通道为 128 的特征图，以达到对图像进行像素级分类的目的。它对最后一个卷积层输出的特征图进行上采样，将其恢复到与输入图像相同的尺寸，实现对每个像素的预测，同时保留了输入图像中的空间信息。如图 5－15 中的架构是全卷积的，输出是一个标量值的分数图，其维数取决于搜索图像的大小。这使得算法在一次评估中可以计算搜索图像中所有已转换的子窗口的相似性函数。在这个例子中，分数图中不同像素值表示对应子窗口的相似性。

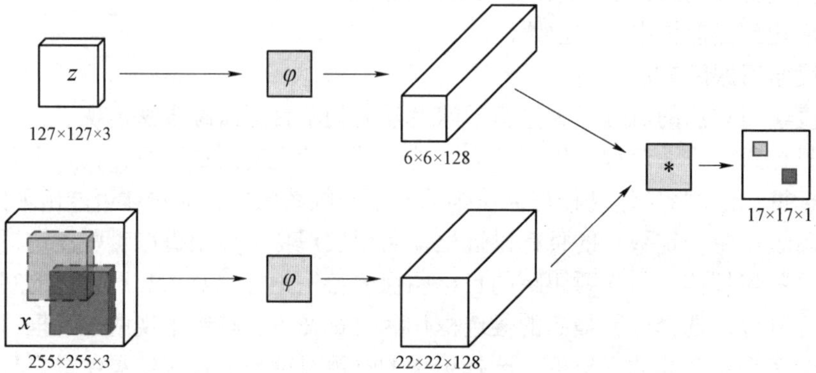

图 5－15　全卷积孪生架构

全卷积网络的优点是可以将更大的搜索图像作为输入，而不仅是尺寸相同的候选图像。该算法通过单次计算就可以实现稠密网格上的所有转换后子窗口位置上的相似性计算。为了实现这一点，此方法使用卷积嵌入函数 φ，并使用交叉相关层（cross-correlation layer）融合两路输出的特征图，如下式所示：

$$f(z,x)=\varphi(z)*\varphi(x)+\boldsymbol{b} \tag{5-3}$$

其中，$\boldsymbol{b}$ 是一个偏差（bias）矩阵，表示在分数图的每个位置加上一个偏差。如图 5-15 所示，网络的输出并不是单个得分，而是一张定义在有限网格上的得分图。注意，模板 $\varphi(z)$ 的嵌入表示可以是一个具有空间结构信息的特征图，而不是一个普通向量。

在跟踪过程中，此方法使用一个以目标先前位置为中心的搜索图像。用最大分数所在点相对于分数图中心的距离乘以网络的步长，得到目标在帧之间的位移。通过组合一个小批量的缩放图像，可以在一个正向传播过程中搜索多个尺度。使用交叉相关层（cross-correlation）结合特征图并在较大的搜索图像上对网络进行一次评估，在数学上等价于使用内积组合特征图并在每个转换的子窗口上独立评估网络。交叉相关层提供了一种非常简单的方法，可以在现有卷积神经网络库的框架内高效地实现该操作。

5.4.2　多目标跟踪方法

相比单目标跟踪而言，多目标跟踪问题更加复杂和困难。多目标跟踪问题中目标外观的变换、不同的运动方式、光照变化是多目标跟踪任务的难点。此外，多目标之间相互遮挡、合并和分离等情况同样会降低跟踪算法的准确率。交通场景是多目标跟踪方法最典型的应用场景。

1. 多目标跟踪定义

多目标跟踪（multiple object tracking，MOT）是计算机视觉中的一个重要任务。MOT 的主要任务是预测视频中多个目标的位置、大小等，并在给定的输入视频中生成各自的轨迹。要跟踪的对象可以是街道上的行人、道路上的车辆、球场上的体育运动员或一群动物（如鸟、蝙蝠、蚂蚁、鱼等），多个“对象”也可以看作是单个对象的不同部分。

2. 多目标跟踪概述

同时跟踪多个目标的主要困难来自物体之间的各种遮挡和相互作用，这些物体有时也可能具有相似的外观。由于单目标跟踪的模型通常很难区分外观相似的同类对象，因此简单地将单目标跟踪模型直接应用于求解多目标跟踪问题常常会导致目标漂移和大量 ID 切换错误。近年来，为了解决这些问题，人们提出一系列专门针对多目标跟踪的算法。此外，一些基准数据集的出现，也简化了不同方法之间的比较，使得多目标跟踪得到了迅速的发展。

最近，随着深度学习的发展，越来越多的多目标跟踪算法开始利用深度学习强大的特征表示能力从输入中提取复杂抽象的特征。由于基于深度学习的方法在许多类似的任务中都能达到最高性能，它们也逐渐成为主流的 MOT 算法。现实中很难用一个通用标准将各种 MOT 方法分成不同的类别。有研究者按照算法的初始化方法、处理模式和输出类型对各种多目标跟踪方法进行大致分类。

（1）初始化方法

根据对象初始化方式的不同，大多数现有的 MOT 方法可以分为两类：基于检测的跟踪方法（detection-based tracking，DBT）和无检测跟踪方法（detection-free tracking，DFT）。

DBT 方法首先在各帧图像中检测对象，然后将对象链接起来形成轨迹。对于给定一个序列，DBT 方法需要采用特定类型的目标或运动检测方法，在每一帧中检测出假定目标，然后再在多帧间进行目标跟踪，将各帧图像中的假定目标链接成目标移动轨迹。DBT 方法采用的预先训练好的目标检测器一般是面向特定类型目标的，如行人、车辆等，为此，其性能在很大程度上取决于所使用的目标检测器。

DFT 方法不要求在每一帧里自动检测对象，但是要求初始化时在第一帧中手动指定固定数量的对象，然后再在后续帧中定位这些对象，再形成帧间对象轨迹。DFT 方法的长处是不需要预先训练好的对象检测器。然而，在实际问题场景中，必然存在新对象出现、原有对象会消失的问题，而 DFT 方法无法处理新对象出现问题。因此，DBT 方法比 DFT 方法更加切合实际应用场景。显然，DFT 方法很难适用于复杂的交通场景。

（2）处理模式

根据处理模式的不同，可将 MOT 方法分为在线跟踪方法和离线跟踪方法。这两类方法的主要区别在于给定方法在处理当前帧时是否考虑使用后续帧的信息。

在线跟踪方法只依赖于当前帧及之前可用的历史信息。在在线跟踪过程中，需要按时间线顺序处理图像序列，利用历史信息实现目标跟踪，也被称为顺序跟踪，其结果也是实时动态生成的。在自动驾驶等需要实时决策的交通目标跟踪场景中，因为不可能有未来的数据，只能采用在线跟踪方法。

离线跟踪方法或批处理跟踪方法与在线跟踪方法最大的区别是在处理特定帧时还可以使用后续帧的信息。因此，离线跟踪方法只能适用于事后的目标分析跟踪场景。离线跟踪方法的处理对象包括已经发生图像帧，此类算法需要提前获得所有帧的观测值，并进行联合分析以估计最终输出。当然，由于计算能力和内存容量的限制，在许多场景中也不可能一次处理所有帧。因此，需要考虑将离线视频数据切分成较短的视频片段，然后再按一定的策略分批或分层处理。

显然，离线跟踪方法适合于交通视频多目标事后跟踪场景，无法用于实时交通视频处理场景。

（3）输出类型

根据输出结果的随机性的不同，可以将 MOT 方法分为确定性方法和随机性方法。对于同样数据，反复运行一个确定性方法得到的结果必然是相同的。然而，对于同样的数据，随机性方法在不同的运行试验中的输出结果可能并不相同。这两类方法的差别主要源于各自采取的优化方法的差异。在多目标跟踪方法的执行流程方面，绝大多数 MOT 算法都可以分成检测阶段、特征提取/运动预测阶段、置信度计算阶段和关联阶段。显然，这些算法都属于 DBT 方法。

如图 5－16 所示，MOT 算法的一般工作流程如下：① 给定视频的原始帧（图 5－16（a））；② 利用目标检测器对原始帧中的目标进行检测，获取相应的检测框（图 5－16（b））；③ 利用特征提取器提取检测框中目标的视觉和运动等特征（图 5－16（c））；④ 在置信度计算阶段，通过计算特征间的相似度，获得两个特征属于相同目标的概率（图 5－16（d））；⑤ 在关联阶段，为每个对象分配一个数字 ID（图 5－16（e））。

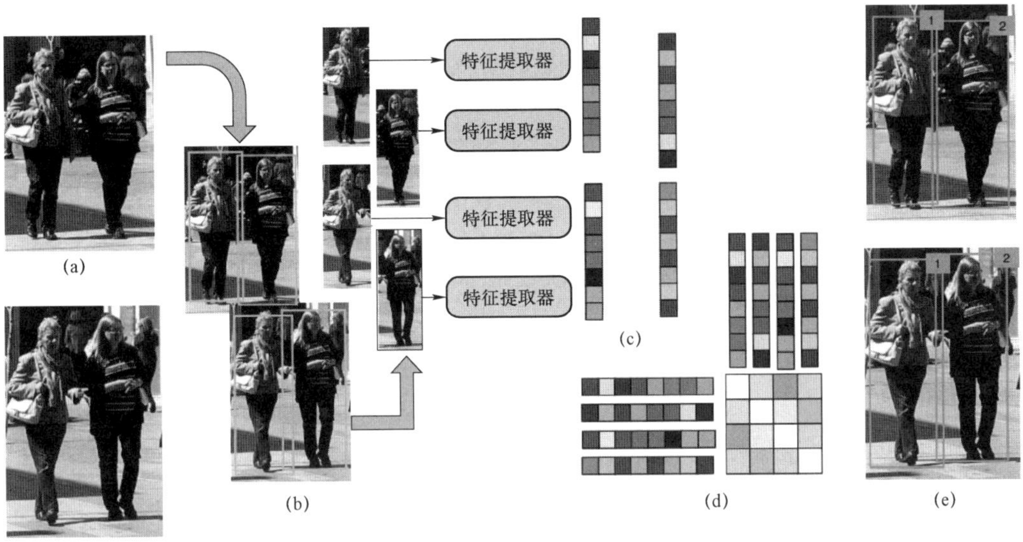

图 5－16　MOT 算法的一般工作流程

此外，部分多目标跟踪方法并不严格按照上述步骤顺序执行。一些多目标跟踪方法会将上述多个步骤进行合并，比如检测和特征提取步骤同步进行能够减少计算资源消耗；一些算法采用多阶段方式对目标进行跟踪关联，在不同阶段会重复执行上述工作流程；一些算法在检测流程结束后，并不对检测结果进行关联，而是利用检测结果对跟踪轨迹进行修正，并判断轨迹的开始和结束。

5.4.3　行人重识别方法

行人重识别也称行人再识别，是利用计算机视觉技术判断图像或者视频中是否存在特定行人的方法，目的是解决跨摄像头跟踪中目标丢失问题。给定一张特定的行人图片，通过与候选图片进行对比，判断特定行人图片与候选图像是否相同，从而判断某个摄像头中的特定行人是否曾经出现在其他摄像头中。

1. 行人重识别问题定义

有些研究者把行人重识别问题看作分类（classification/identification）问题或者验证（verification）问题：① 分类问题是指利用行人的 ID 或者属性等作为训练标签来训练模型；② 验证问题是指输入一对（两张）行人图片，让网络来学习这两张图片是否属于同一个行人。

行人重识别在实际应用中受到多种因素的影响，包括图片分辨率、视角、姿态、光线及遮挡等。具体来说，相关影响因素包括：① 许多监控视频的画面一般比较模糊，分辨率也比较低，所以利用人脸识别等方式无法进行重识别的工作，只能利用头部之外的人体外观信息进行识别。但是，不同行人的体型和衣着服饰又可能相同，这给行人重识别问题带来了极大的挑战。② 行人重识别的图像往往采集于不同的摄像机。由于拍摄场景、摄像参数不同，行人重识别工作一般存在光照变化和视角变化等问题，这导致同一个行人在不同摄像机下存在较大的差异，不同行人的外貌特征甚至可能比同一个人在不同摄像机下的外貌特征更相似。③ 进行重识别的行人图像可能拍摄于不同的时间，行人姿态、衣着会有不同程度的改变。④ 在不同的光照条件下，行人的外观特征也会有很大的差异。⑤ 实际视频监控下的场景非常复杂，很多监控场景人流量大，场景复杂，画面很容易出现遮挡等情况，这时靠步态等特征很难进行重识别。以上情况都给行人重识别任务带来了巨大的挑战，因此目前的研究距离实际应用层面还有一定的差距。

为了评价行人重识别方法的性能，通常将数据集中的行人分为训练集和测试集两个部分。在测试时，根据测试集的图片是否为查找对象，把测试集分为查找集和候选集。目前常用的评价标准是 Rank k 准确率和 CMC（cumulated matching characteristic）曲线，当查找对象与候选集中的图片进行特征距离比较之后，将候选集中的行人按照与查找对象的特征距离的远近由小到大进行排序，要查找的行人排序越靠前，则算法的准确率越高。其中，在前 k 个结果中命中的准确率是 Rank k 的准确率，表示为：

$$\text{Rank}(k)=\frac{T_k}{N} \tag{5-4}$$

其中，T_k 为前 k 个命中（正确匹配）的行人数量，N 为行人总数量。以 1 到 n 为横坐标，以其对应的 Rank 1 到 Rank n 准确率为纵坐标，得到的曲线就是 CMC 曲线。

2. 行人重识别方法概述

行人重识别方法在 2006 年第一次被提出后，相关的研究不断涌现。2007 年，Gray 提出的 VIPeR 数据集为行人重识别研究奠定了重要的数据基础，行人重识别问题吸引了越来越多的关注。近些年来，随着深度神经网络的发展以及行人重识别数据集的扩充，行人重识别问题已经成为计算机视觉研究的一个热点问题。

传统的行人重识别从特征提取和距离度量学习两个方面进行研究。2014 年后，越来越多的研究者尝试将行人重识别的研究与深度学习结合在一起。深度学习不仅应用于提取高层特征，也为度量学习的研究带来了革新。虽然深度学习在规模较小的数据集上的结果没有很明显的提升，但随着研究方法的成熟以及较大规模的数据集的出现，深度学习在行人重识别领域越来越受研究者的青睐。

（1）基于表征学习的方法

基于表征学习（representation learning）的方法是一类常用的行人重识别方法。这主要得益于深度学习，尤其是卷积神经网络的快速发展，使其可以自动从原始的图像数据中根据任务需求提取出表征特征。

该类方法一般利用分类损失（classification loss）和验证损失（verification loss）来训练网络，其网络示意图如图 5–17 所示，包括分类子网络（classification subnet）和验证子网络（verification subnet）。网络输入为若干对行人图片，分类子网络负责对图片进行 ID 预测，根据预测的 ID 来计算分类误差损失。验证子网络负责融合两张图片的特征，判断这两张图片是否属于同一个行人，该子网络实质上等于一个二分类网络。在测试阶段，训练充分的网络以测试图片作为输入，自动提取出一个特征，这个特征即为重识别任务中的行人特征。然后利用欧氏距离和余弦距离等度量函数对行人特征进行相似性度量，判断不同的测试图片是否属于相同的行人。

（2）基于局部特征的方法

早期的行人重识别研究将关注点放在全局的特征上，即用整张图得到一个特征向量进行图像检索。但是，这种研究方法后来逐渐遇到了瓶颈，为此许多关于局部特征的研究被提出。常用的提取局部特征的思路主要有图像切块、骨架关键点定位及姿态矫正等。

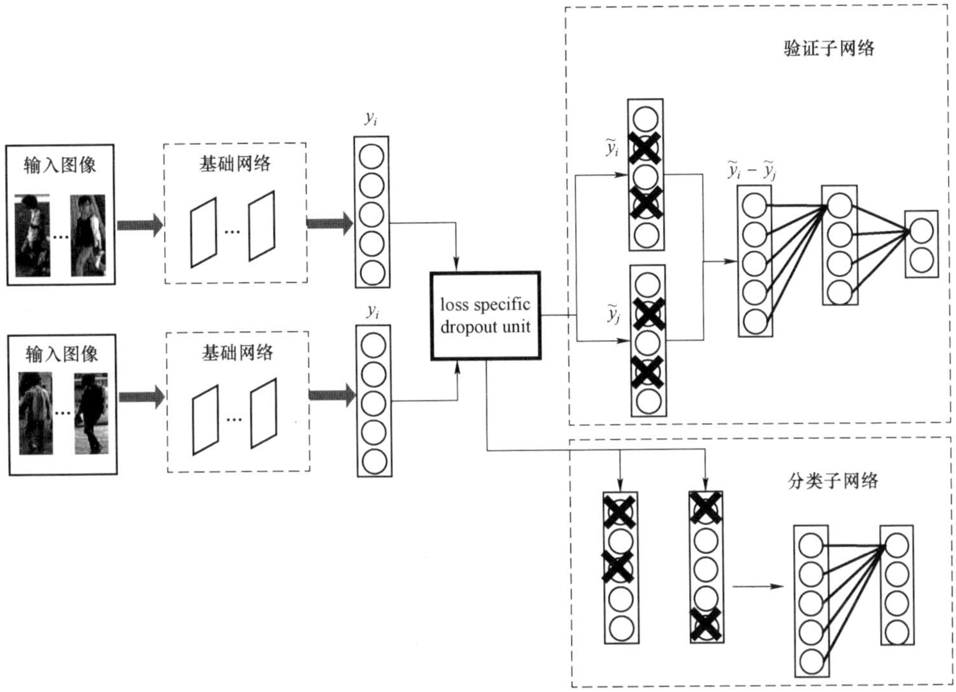

图 5－17　分类子网络和验证子网络示意图

图像切块是一种很常见的提取局部特征方式。因为垂直切割更符合人们对人体识别的直观感受，传统做法一般将行人图像按照从上到下垂直等分为若干份，分别包括行人的头部、肩部、臀部、腿部等。之后对分割好的若干块图像块分别提取特征，作为行人图像的多个局部特征。最终将所有局部特征结合起来，作为行人特征。这种做法的缺点在于对图像对齐的要求比较高，如果两幅图像没有上下对齐，那么很可能出现头和上身对比的现象，反而使得模型判断错误。因此，当前的一些算法通过结合行人的局部特征和全局特征，来达到提高行人重识别准确率的目标。

（3）基于视频序列的方法

单帧的行人重识别对图像质量有较高的要求，且单帧行人图像展示的信息有限。基于视频序列的行人重识别方法以行人视频序列作为输入，引入了帧与帧之间的运动信息来辅助提高重识别的准确率。通过将单帧图片行人重识别扩展为序列图片视频行人重识别，能够融合更多的信息，有利于提高重识别的准确率。

视频序列类的代表方法之一是累计运动背景（accumulative motion context，AMOC）网络。AMOC 的输入包括原始的图像序列和提取的光流序列。通常提取光流信息需要用到传统的光流提取算法，但是这些算法计算耗时，并且无法与深度学习网络兼容。为了解决这一问题，AMOC 方法设计了一个运动信息网络，能够自动地提取视频序列中的光流。通过结合视频信息和光流信息，AMOC 可以得到更高的行人重识别准确率。

5.4.4　车辆重识别方法

在智能交通监控系统中，车辆重识别对目标车辆的定位、监管、刑侦等工作起到重要作用。

目前，很多国家在交通发达的区域都安装了监控摄像头，如何更好地利用监控摄像头进行交通管制和刑侦工作是一个值得研究的问题。

1. 车辆重识别问题定义

车辆重识别是视频智能化处理的关键组成部分，具有重要的实用价值。车辆重识别的定义为：当某辆车在某个监控画面中消失，在另一个无交叠区域的监控画面中出现时，通过表观信息把该车辆重新识别出来。

对于车辆重识别，车牌信息是区别不同车辆最直观、有效的方法。然而，在实际情况下，监控视频中的车牌图片不具备清晰性和准确性，难以识别、标定车辆身份。其原因主要有两个方面：一方面，摄像机采集车牌时会受到分辨率和强光照等因素的影响，无法采集到清晰的车牌图片；另一方面，在真实的城市交通场景中，存在人为遮挡和变造车牌等违法行为，无法采集到准确的车牌图片。因此，基于车辆图片的重识别技术具有重要的现实意义。

2. 车辆重识别方法概述

车辆重识别算法流程主要包括车辆检测、特征提取和相似性度量 3 个步骤，如图 5-18 所示。首先，在给定的监控视频和图片中，利用目标检测或者车辆检测技术，对车辆进行检测，提取包含车辆的候选框；然后，对候选框内车辆进行特征表达，提取车辆特征；最后，使用相似性度量方法计算车辆提取特征间的距离，得到两张车辆图片的相似度。目前，车辆检测过程由经过预训练的通用目标检测器完成，具有较高的检测准确率。因此，车辆重识别相关研究主要集中在特征提取和相似性度量两个方面。

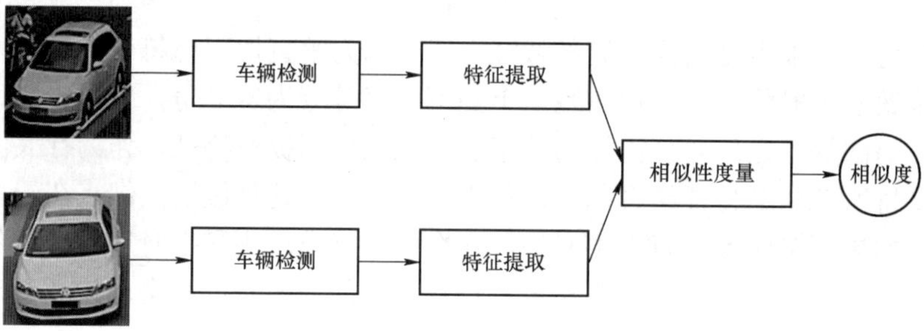

图 5-18　车辆重识别算法流程图

根据实现方式的不同，目前的车辆重识别方法可以分为基于传感器的方法、基于人工设计特征的方法和基于深度学习的方法三大类。基于传感器的方法是最早针对车辆身份进行识别的方法，这类方法一般需要搭建传感器或感应器，并将其作为信息输入来源。虽然方法简单，但是这种方法容易受信号强度、天气情况和交通状况等客观因素影响。基于人工设计特征的方法无须多余的硬件设备，仅需要车辆的二维彩色图像便可正常工作。此类方法大多采用计算机视觉领域里一些有效的特征设计手段来对车辆图像进行表达，识别率较低，但是特征的可解释性强。基于深度学习的方法能较好地克服视角变化和光照变化带来的影响，识别准确率较高，是进行车辆重识别研究比较理想的选择。下面分别介绍基于深度学习的特征提取方法和相似性度量方法。

（1）基于深度学习的特征提取方法

基于深度学习的特征提取方法有两种思路，如图 5-19 所示，一种是利用深度网络的中间层特征表达，结合浅层学习知识完成识别过程；另一种是将特征提取和分类过程集合到一个端到端的深度网络中，实现车辆识别。

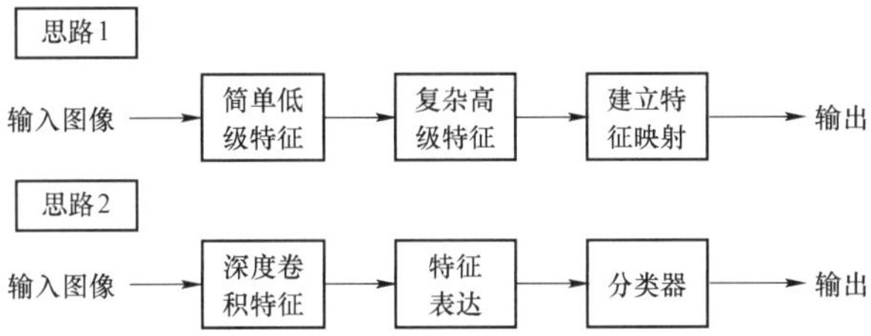

图 5－19　基于 CNN 的车辆识别的两种思路

考虑到传统单支 CNN 网络的局限性，一些方法考虑了 2 条 CNN 数据变换流，提取 2 组深度 CNN 特征，经过组合实现并行网络的同步学习，实现了对车辆的良好识别。与传统方法相比，这类并行交叉的 CNN 模型学习更充分，网络模型区分能力更强，同时在一定程度上抑制了过拟合现象。在车辆重识别数据集上，与采用视觉词袋（bag of words）模型结合上下文特征的基线模型相比，双分支网络能够取得更高的识别准确率。缺点是由于网络分支的增加，需要更新的网络参数增多，导致训练过程耗时严重。

目前常用的端到端深度网络模型的训练方法为：首先，对大规模标注数据（ILSVRC－2012、ImageNet 等数据集）进行有监督预训练，获得初始的网络权重参数值；然后，在相对较小的任务数据集（车辆数据集等）上进行微调训练，得到最终的分类识别模型。与直接应用任务数据集训练 CNN 相比，同时采用预训练和微调方案的深度模型通常会取得更准确的识别结果。

（2）基于深度学习的相似性度量方法

度量学习方法在图像检索、行人重识别、人脸识别等任务中发挥着重要的作用。在车辆重识别研究中，度量学习旨在学习一个特征空间，使得相同身份的车辆距离相近，不同身份的车辆距离较远。欧氏距离、巴氏距离等度量学习方法是车辆重识别中比较常用的两个标准度量方式。然而，由于在不同视角、尺度、朝向和光照等情况下，摄像机拍摄到的车辆外观变化较大。采用欧氏距离、巴氏距离等方法度量车辆表观特征的相似度无法获得理想的重识别效果。因此，在车辆重识别领域引入了度量学习方法。在车辆重识别中，度量学习方法的目的是使相同身份两辆车之间的距离小于不同身份车辆之间的距离。

使用相似性度量方法解决车辆重识别的一项代表性工作为深度相关性距离学习（deep relative distance learning，DRDL）。此方法提出引入车型分析来进行车辆重识别：若比较的两辆车属于同一身份，首先要满足两辆车属于同一型号。该方法包含两个分支的深度卷积网络，将原始车辆图像投影到欧几里得空间。在该空间中，距离可直接用于测量任意两辆车辆的相似性。

多视角排序学习（multi-view ranking learning，MRL）算法也属于相似性度量方法。该方法有效地解决了车辆重识别中多视角带来的影响，同样取得了较高的重识别准确率。具体来说，该方法采用了 k 均值聚类法来无监督地获取车辆的视角信息，并将车辆再识别细化为两个子任务：相同视角下的车辆再识别和不同视角下的车辆再识别。由于该方法属于无监督算法，可以在不需要额外标注信息的情况下，减小相机采集图片时多视角造成的影响。

5.5 本章小结

本章介绍了交通大数据领域里针对视觉数据的各类相关问题及其解决思路和方法。本章首先对视觉交通大数据进行了概述，分别对不同类别的视觉交通数据及其在不同场景下的相关任务进行了分析；接下来详细介绍了视觉交通大数据在静态场景及动态场景中面临的几大问题，其中静态场景中分析了通用目标检测问题、行人检测问题、场景语义分割问题、车道线分割问题及三维场景重建问题，并重点介绍了最新的基于深度学习的相关算法；动态场景中对目标跟踪算法，包括单目标跟踪方法、多目标跟踪方法，以及行人/车辆重识别的相关算法进行了详细的介绍。随着硬件技术的发展，海量的视觉数据将会成为未来交通大数据中的重要一环，而如何有效地分析、利用视觉数据也具有广阔的应用前景和发展空间。

第6章

交通运营大数据应用与案例

交通运营是交通行业的核心问题之一，是影响交通运输企业市场竞争力、运输成本、服务质量与业务收益的关键所在。交通运输的核心业务对象是交通运输产品和交通运输用户，其中，交通运输产品（简称交通产品）是交通运输企业的生产内容，交通运输用户（简称交通用户）是交通运输企业的服务对象。围绕这两大主体的有效供需对接问题，在交通运输企业或管理部门内衍生了大量的交通运营问题。交通运营的主要内涵包括交通运营市场营销、企业运输选择、客货运输组织、国家运输管制等。

市场营销中主要涉及需求、产品、价格、分销和促销问题。相应地，交通运输市场营销的主要任务包括运输市场调查、产品开发、价格制定、产品分销与促销等过程，交通运输市场营销属于运输商务过程。现代交通运输企业也大力推进全流程营销概念，特别是通过高效的运输组织和优质客户服务等手段间接促进市场营销。

企业运输选择主要包括企业选址决策、市场范围决策、价格决策、运输后勤决策、运输方式选择等场景中需要运输企业做出选择的业务。需要指出的是，企业运输选择与市场营销之间并没有非常清晰的边界。交通运营过程中不同环节都涉及选择或决策问题，例如，市场营销的价格制定过程中的价格决策一般也被归为市场营销的核心业务。

客货运输组织则属于运输生产过程的组织工作，运输组织学一般认为旅客运输组织涉及：① 市场调查、旅客运输需求预测；② 客运产品开发；③ 运输计划制订；④ 客票预订和发售、候车服务、乘降服务、交通工具安排、旅途服务、信息服务、投诉与理赔；⑤ 运输过程监控和调度指挥；⑥ 运营活动的经济、技术、安全指标的考核、统计、分析等。货物运输组织内涵与客运组织内涵类似。

国家运输管制则是指政府基于社会公众利益或国家经济发展政策的需求，对运输市场、运输企业的运转进行干预的活动。运输管制措施主要包括报酬率管制、运营比管制、价格管制、数量管制和服务品质管制等。

本章将从应用技术和案例的角度来介绍交通运营大数据处理技术。首先对交通运营大数据应用进行概述，而后围绕交通市场中的产品和用户两大核心主体，从需求预测、价格预测、产品推荐、用户分析、用户价值预测、用户出行目的推断、产品库存分析及流量仿真等应用案例展开更加详细的介绍。

6.1　交通运营大数据应用概述

本章主要针对几类交通运营业务场景的大数据应用问题介绍一些案例。传统的交通运营中的决策主要依赖于决策者的直觉、经验或简单的统计分析结果等。但是在大数据时代，单靠人脑和传统的数据处理方法已经无法处理海量的数据和信息。因此，交通运营大数据应用技术应运而生，成为当前支撑各类交通行业高效运营必备的利器，越来越受到行业的重视。随着研究与实践的推进，交通运营业务的大数据应用场景也越来越多，交通运营决策支持应用所需的数据也越来越丰富。

6.1.1　交通运营大数据应用常见场景

在交通运营场景中，有许多大数据应用场景。对于交通运输企业或交通公共产品提供部门来说，如何打造出安全、便捷、绿色、高效的交通产品，并在恰当的时间通过恰当的渠道，将恰当的产品以恰当的价格提供给恰当的用户，是交通运营的核心任务和追求。

交通运输市场营销主要围绕产品与用户的有效对接问题开展工作。因此，如何利用交通运营过程产生的大数据，更好地理解用户需求、理解产品特性、理解动态的供需关系，服务于有效的供需对接，是大数据驱动的交通市场营销的核心任务。各种企业运输选择任务主要关注服务范围、成本和效率的问题，其中存在大量的基于运营大数据服务于各类企业运输决策的需求。客货运输组织主要关注运输过程和系统的安全、便捷、绿色、高效组织问题，同样，如何能利用交通运营中产生的大数据，更好地达成运输组织的目标，是大数据驱动的客货运输组织的核心任务。在国家或政府运输管制中，主要关注社会公众利益和国家整体利益与交运运输系统之间的关系，如何利用公共运输产品运营大数据、运输市场监管大数据等多源大数据服务于运输管制，是大数据驱动的国家运输管制决策支持的核心任务。

在具体应用类型方面，运营场景中感知、理解、预测、仿真、决策都属于典型的应用类型。在整个交通运营中，涉及市场、客户、旅客、行李、货主、货物、产品、附加产品、价格、渠道、运载工具、运输网络、计划、人员、机构等人量的主体。本章重点针对产品、旅客和运输网络这 3 个主体，介绍产品需求预测、产品价格预测、产品推荐、用户群画像、用户价值预测、用户行为预测、产品库存预测和交通流量仿真方案的大数据应用案例。

6.1.2　交通运营应用相关的数据

第 2 章对交通企业内的客货营销、客货服务、生产运行和运营管理等方面相关的数据构成进行了介绍。这些数据都属于与交通运营大数据应用紧密相关的数据。交通运营大数据应用领域的许多应用点都与交通产品和交通用户紧密相关。

从数据的产生方式上来看，交通产品大数据大致可分为以下两类。

第一类是在产品形成过程中内生的数据，例如产品的设计、打包、定价等过程形成的历史数据。对这类大数据的研究有助于管理和运营方设计更加合理的产品，从而更好地满足总体的旅客出行需求。

第二类是在产品与用户交互过程中形成的外生数据，例如被消费、被搜索、被浏览、被评论、被查询等相关数据。对第二类数据的研究有助于提升产品的服务品质，特别是提升服务的精准性和个性化。

针对以上两类交通产品大数据，本章将分别给出一些具体的应用案例。针对第一类数据，将介绍交通产品价格预测和库存预测等相关案例及解决方案；针对第二类数据，将介绍交通产品需求预测、交通产品推荐等相关案例及解决方案。

从分析目标来看，交通用户或交通客户包括旅客、货主、购票人等类别的个人或单位。在第 2 章中分别对客、货运场景中的用户相关数据进行了简要描述，在此不再重复描述。与交通用户相关的大数据主要包括用户基础数据、用户团组数据、用户行为数据、用户标签数据、用户行程及轨迹数据等。交通用户基础数据、用户团组数据一般都从购票等业务的开展过程中获得。用户行为数据是在面向运输客户提供运输服务的过程中采集而来的。旅客标签数据一般是在业务过程中由人工标注得到，或者由特定的标签算法计算得到。行程及轨迹数据在运输业务开展的过程中由系统采集得到。

在基于用户大数据的应用方面，本章将介绍 4 个案例。6.5 节是交通用户社交网络方面的研究，通过构建用户社交网络，可以进一步对用户间的关系以及用户群体进行分析挖掘。6.6 节是交通用户价值预测方面的研究；6.7 节是交通用户出行目的推断方法方面的研究；6.8 节介绍基于用户的查询行为数据，面向交通产品查询系统的智能缓存优化算法，该算法通过对用户行为的预测来提升缓存系统的性能。

在政府交通管制方面，将介绍一个通过交通流量大数据实现交通流量仿真，辅助政府进行交通产品价格决策的案例。

6.2　交通产品需求预测案例——航班需求预测

6.2.1　概述

随着社会经济的快速发展及人们生活水平的普遍提高，人们的出行方式呈现多元化的发展趋势。交通行业参与者在交通市场上开展不同形式的竞争与合作。在交通规划和交通运营中，不同形式的交通需求预测都具有重要的意义。例如，互联网出行领域有大量的实践，通过精准预测城市区域交通需求，辅助实现合理的运力调配，实现更好的供需对接。对城市区域间的不同类别的交通流的需求预测更是城市交通规划不可或缺的环节。交通需求预测对铁路、民航、水运等行业同样具有重要的意义。

对运输企业来说，准确预测消费者对交通产品的需求量，企业便可以将有限的资源最大化合理分配，从而在满足消费者需求的前提下，创造更大的收益。同样，以民航业为例，近些年来，随着人民生活水平的不断提高，越来越多的人将乘坐飞机作为主要的出行选择之一。随着民航市场规模的持续增长，航班需求的预测越来越受到航空公司、机场等民航相关企业的关注，且航班需求预测的准确性对民航收益管理影响巨大。如果民航市场从业者能够准确地预测航班需求，那么对民航业提前感知市场需求、提高民航服务质量和企业收益管理水平、为各级运营部门提供决策支持都具有十分重大的意义。

通过分析不同航线动态变化的旅客需求量，不仅有利于民航收益管理者制定弹性的价格标准和最佳销售策略，而且有助于民航相关企业准确地掌握民航市场需求的变化，及时采取相应的市场对策，提高服务质量和收益水平，改善用户出行体验。因此，如何及时、准确地掌握航班需求变化，是摆在民航业面前的核心问题之一。

目前，在民航领域，主要从历史客运和订票数据的视角对航班需求进行分析，虽然真实订票数据在某种程度上能够反映民航市场需求，但它并不能完全反映需求，其主要原因在于航班需求变化是一个非常复杂的非线性过程，很多微小的需求变化难以从历史数据中捕获。除此以外，航班销售往往会受到天气状态、节假日和突发性社会事件等外部因素的影响，传统的方法很难捕捉到这些信息。近年来，融合机票查询数据、历史客运量数据、订票数据以及其他数据，进行分析挖掘的方法得到重视，这种方法可以弥补仅仅基于订票数据的分析方法存在的缺陷，可以更准确、有效地预测民航市场需求。这些方法在真实的民航数据集上得到了验证，可以有效地提高航班需求预测的精度。

6.2.2 航班需求预测问题定义

航班需求预测是民航市场需求预测中最重要的组成部分。目前，在民航领域，航班需求预测按基础数据划分主要有两类：第一类是基于历史客运数据，即从近期航班、同星期航班等角度来获得历史客运数据，将这些历史客运数据作为模型的输入，然后利用一些经典的短期流量预测模型（如 Pick-Up 模型和回归模型）对近期航班的旅客量进行预测；第二类是基于航班的订票数据，预测航班不同类别的最终订票旅客人数。目前，国际上采用多种方法进行订座需求预测研究，如增量法、回归法、季节指数法和时间序列法等。

目前，针对航班需求预测的模型主要分为两大类。第一类是利用经典的时间序列分析方法及其改进方法，如历史平均模型（historical average model，HA）、自回归滑动平均模型（autoregressive integrated moving average model，ARIMA）和向量自回归模型（vector autoregressive model，VAR）等。第二类是利用神经网络针对交通数据复杂多变的特点进行建模。目前，业界逐渐将研究重心转移到机器学习或深度学习的方法，因为这些方法可以在考虑天气状态、节假日和突发性社会事件等外部因素的影响下，更好地挖掘历史数据间的依赖关系。本节将对基于用户在线机票查询数据的航班需求预测问题中涉及的一些相关的概念和问题给出形式化的定义和描述。

定义 1（机票查询）：用户有乘坐飞机需求时，会提前一段时间进行机票查询。一般查询的内容包括出发地、目的地、出发日期等必要信息，同时也可以选择一些用户自己关注的其他信息，如出发时间、航空公司等。这些查询请求命令最后都会汇总到民航机票全球分销系统（GDS），GDS 再将查询请求结果反馈给查询用户，并把这些机票查询数据发送到民航后台的日志存储系统中。

定义 2（航线）：航线指的是飞机飞行的路线。一条航线包括出发地和目的地。$C=\{c_1,c_2,\cdots,c_N\}$ 表示全国有机场的城市集合，$<o,d>$ 表示一条航线，其中 $o\in C$ 表示出发城市，$d\in C$ 表示目的城市。注意，因为航线是有方向的，所以 $<a,b>$ 与 $<b,a>$ 表示两条不同的航线。

定义 3（航班产品集）：用户在线查询机票所对应的查询对象一般是某个产品集，例如某日期出发的所有航班。通常会从多个维度对航班产品集进行定义，这里只考虑出发城市、目的城市和出发日期。$C=\{c_1,c_2,\cdots,c_N\}$ 表示全国有机场的城市集合，用 $<o,d,fd>$ 表示一个航班产品集，其中 $o \in C$ 表示出发城市， $d \in C$ 表示目的城市， fd 表示出发日期。

定义 4（查询量时间序列）：用 $Q^{<o,d,fd>}=\{q_1^{<o,d,fd>},q_2^{<o,d,fd>},\cdots,q_n^{<o,d,fd>}\}$ 表示过去一段时间内，某个订票网站所有用户每小时对航班产品集 $<o,d,fd>$ 的机票查询量形成的时间序列，其中 $q_i^{<o,d,fd>}$ 表示时间序列上的第 i 个点，即用户在第 i 小时对航班产品集 $<o,d,fd>$ 的机票查询量，图 6–1 给出了一个查询量时间序列的例子。

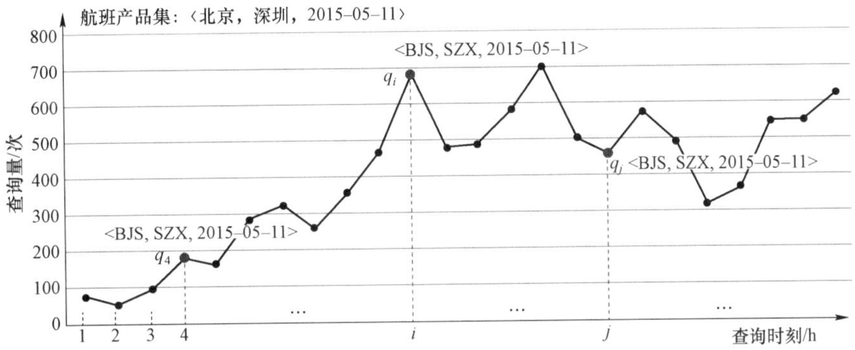

图 6–1　用户在线机票查询量时间序列曲线示例

定义 5（航线网格图）：假设数据集中的机场个数为 N，出发日期 fd 固定，用二维张量 $\boldsymbol{X}^{fd} \in \mathbb{R}^{N\times N}$ 表示用户在任意小时对出发日期为 fd 的全国所有航线的机票查询量网格图，$\boldsymbol{X}_t^{fd}$ 中任意一个格子 (i,j) 位置的值 $(\boldsymbol{X}_t^{fd})^{(i,j)}$ 表示 $q_t^{<c_i,c_j,fd>}$，即用户在第 t 小时对航班产品集 $<c_i,c_j,fd>$ 的机票查询量。航线网格图的城市根据城市的经纬度大小进行排序。航线网格图构造过程如图 6–2 所示，图 6–2（a）表示第 t_1 小时的航线网格图 $\boldsymbol{X}_{t_1}^{fd}$，图 6–2（b）表示第 t_2 小时的航线网格图 $\boldsymbol{X}_{t_2}^{fd}$。

问题定义（航班需求预测）：给定出发日期 fd，已知 n 个观测值 $\boldsymbol{X}_N^{fd}=\{\boldsymbol{X}_t^{fd}\mid t=1,2,\cdots,n\}$，预测未来 k 个值 $\boldsymbol{X}_K^{fd}=\{\boldsymbol{X}_t^{fd}\mid t=n+1,n+2,\cdots,n+k\}$。

6.2.3　解决方案

本节将介绍一个基于深度时空残差网络的航班需求预测模型（DSTRN-FRP）。该预测模型综合考虑了机票查询数据间的时间依赖性、航线的空间依赖性、动态周期性及复杂的外部因素（如天气状态、节假日和突发性事件）的影响。该方法在一定程度上解决了传统的时间序列预测方法无法捕获序列间相互作用的问题。DSTRN-FRP 预测模型总体框架如图 6–3 所示。DSTRN-FRP 模型主要由 5 部分组成，包括查询日期维度上的临近性（记为 querydate_closeness 或 qc）和周期性（querydate_periodicity 或 qp），查询日期与出发日期的时间间隔固定时出发日期维度上的临近性（记为 flightdate_closeness 或 fc）和周期性（记为 flightdate_periodicity 或 fp）以及外部影响因素。

1. 时间提取模块

本模块的目的是提取时间片段。如图 6–3 右上部分所示，在查询时间轴上，本模型首先根据定义 4 和定义 5，分别以 1 小时为间隔，在每个查询时刻提取一张对应的航线网格图。然后根据给定的预测时间段，在查询日期维度上提取出 2 个时间片段：临近片段 $\boldsymbol{X}_{\mathrm{qc}}^{fd}$ 和周期片段 $\boldsymbol{X}_{\mathrm{qp}}^{fd}$，具体提取内容如式（6–1）和式（6–2）：

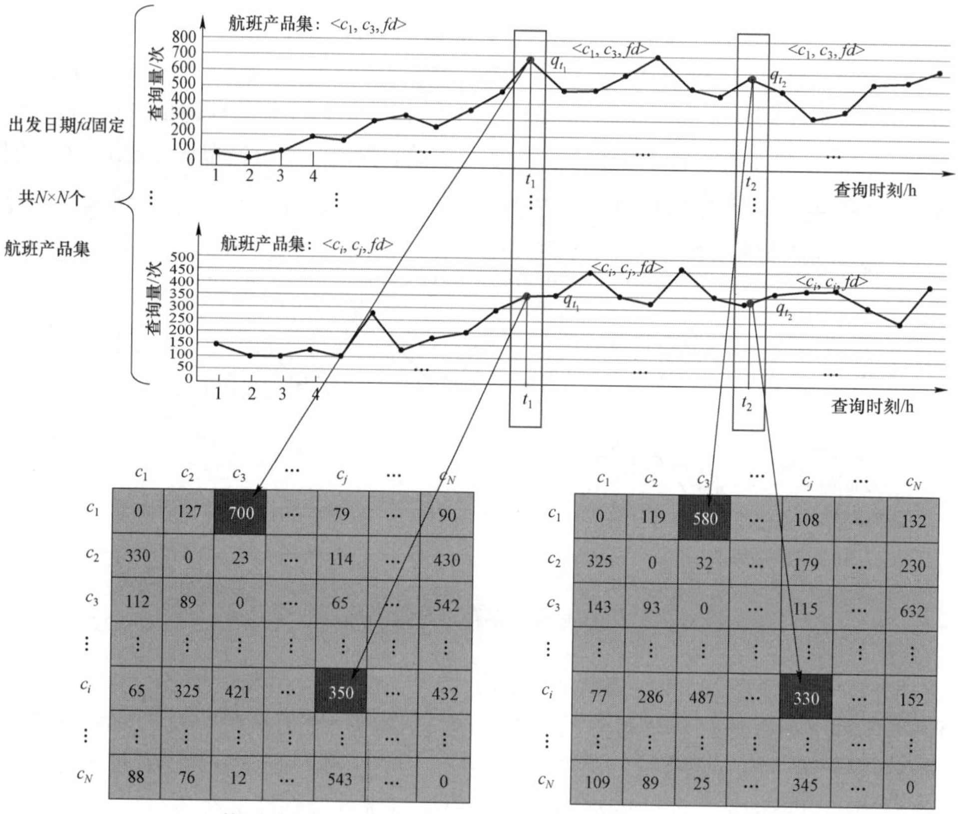

(a) 第t_1小时的航线网格图　　(b) 第t_2小时的航线网格图

图 6-2　航线网格图构造过程

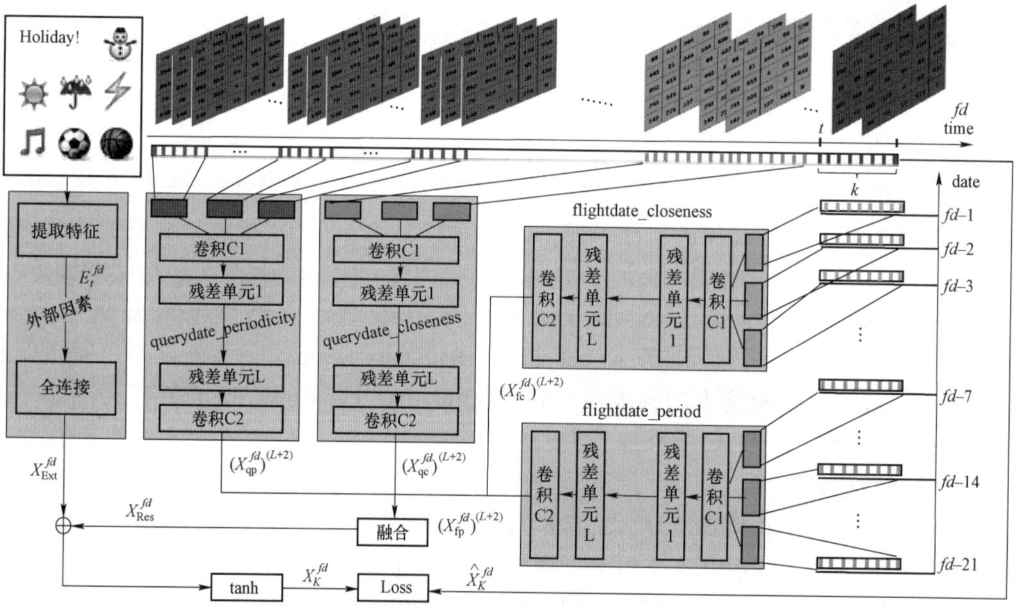

图 6-3　融合外部因素的 DSTRN-FRP 预测模型总体框架

$$\boldsymbol{X}_{\text{qc}}^{fd}=[\boldsymbol{X}_{t-l_{\text{qc}}}^{fd},\boldsymbol{X}_{t-(l_{\text{qc}}-1)}^{fd},\cdots,\boldsymbol{X}_{t-1}^{fd}] \tag{6-1}$$

$$\boldsymbol{X}_{\text{qp}}^{fd}=[\boldsymbol{X}_{t-7*24}^{fd},\boldsymbol{X}_{t-7*24+(k-1)}^{fd},\cdots,\boldsymbol{X}_{t-l_{\text{qp}}*7*24}^{fd},\boldsymbol{X}_{t-l_{\text{qp}}*7*24+(k-1)}^{fd}] \tag{6-2}$$

在式（6–1）和式（6–2）中，l_{qc} 表示 qc 序列的长度，l_{qp} 表示 qp 序列的跨度，k 表示预测时间段的长度。同理，查询日期与出发日期的时间间隔固定，在出发日期维度上也提取出 2 个时间片段：临近片段 $\boldsymbol{X}_{\text{fc}}^{fd}$ 和周期片段 $\boldsymbol{X}_{\text{fp}}^{fd}$，具体内容如式（6–3）和式（6–4）：

$$\boldsymbol{X}_{\text{fc}}^{fd}=[\boldsymbol{X}_{t-24}^{fd-1},\boldsymbol{X}_{t-24+(k-1)}^{fd-1},\cdots,\boldsymbol{X}_{t-l_{\text{fc}}*24}^{fd-l_{\text{fc}}},\boldsymbol{X}_{t-l_{\text{fc}}*24+(k-1)}^{fd-l_{\text{fc}}}] \tag{6-3}$$

$$\boldsymbol{X}_{\text{fp}}^{fd}=[\boldsymbol{X}_{t-7*24}^{fd-7},\boldsymbol{X}_{t-7*24+(k-1)}^{fd-7},\cdots,\boldsymbol{X}_{t-l_{\text{fp}}*7*24}^{fd-l_{\text{fp}}*7},\boldsymbol{X}_{t-l_{\text{fp}}*7*24+(k-1)}^{fd-l_{\text{fp}}*7}] \tag{6-4}$$

在式（6–3）和式（6–4）中，l_{fc} 表示 fc 序列的跨度，l_{fp} 表示 fp 序列的跨度，k 表示预测时间段的长度。

2. 残差网络模块

本模块首先基于时间提取模块提取的 4 个不同时间范围的航线网格图片段，分别构建残差网络以捕获查询数据在不同时间维度上的依赖关系，即 qc 、 qp 、 fc 和 fp 。同时该网络结构中的多层卷积能够捕获航线网格图中所有航线在空间维度上的相互依赖关系。在本模型中，DSTRN-FRP 模型前 4 部分元素使用相同的残差网络结构。然后构造系数矩阵，给每一部分的输出结果分配不同的权值并进行融合，从而得到一个融合后的输出结果 $\boldsymbol{X}_{\text{Res}}^{fd}$ 。

3. 外部因素模块

如图 6–3 左上部分所示，本模块首先从外部人工提取一些特征 E_t^{fd} ，如出发日期的星期属性、工作日属性和节假日属性等。然后将它们作为一个两层全连接神经网络的输入，经过这两层全连接神经网络计算得到的输出结果为 $\boldsymbol{X}_{\text{Ext}}^{fd}$ 。

4. 融合预测模块

通过采用 Tanh 激活函数将各残差网络融合后的输出结果 $\boldsymbol{X}_{\text{Res}}^{fd}$ 和从外部影响因素网络获得的输出结果 $\boldsymbol{X}_{\text{Ext}}^{fd}$ 聚合映射到［–1，1］之间，从而得到最终的预测结果为 $\boldsymbol{X}_{K}^{fd}$ 。

基于上述各模块计算得到的结果，本模型采用参数矩阵融合机制同时融合 qc 、qp 、fc 和 fp 这 4 部分各自的输出结果，即构造系数矩阵，给每一部分的输出结果分配不同的权值并进行融合，从而得到一个融合后的输出结果 $\boldsymbol{X}_{\text{Res}}^{fd}$ ，融合公式如下：

$$\boldsymbol{X}_{\text{Res}}^{fd}=\boldsymbol{W}_{\text{qc}}^{fd}\circ(\boldsymbol{X}_{\text{qc}}^{fd})^{(L+2)}+\boldsymbol{W}_{\text{qp}}^{fd}\circ(\boldsymbol{X}_{\text{qp}}^{fd})^{(L+2)}+\boldsymbol{W}_{\text{fc}}^{fd}\circ(\boldsymbol{X}_{\text{fc}}^{fd})^{(L+2)}+\boldsymbol{W}_{\text{fp}}^{fd}\circ(\boldsymbol{X}_{\text{fp}}^{fd})^{(L+2)} \tag{6-5}$$

式中，“ ∘ ”表示哈达马乘积（Hadamard product）；$(\boldsymbol{X}_{\text{qc}}^{fd})^{(L+2)}$ 、$(\boldsymbol{X}_{\text{qp}}^{fd})^{(L+2)}$ 、$(\boldsymbol{X}_{\text{fc}}^{fd})^{(L+2)}$ 、$(\boldsymbol{X}_{\text{fp}}^{fd})^{(L+2)}$ 分别表示 qc 、 qp 、 fc 和 fp 部分的输出结果；$\boldsymbol{W}_{\text{qc}}^{fd}$ 、$\boldsymbol{W}_{\text{qp}}^{fd}$ 、$\boldsymbol{W}_{\text{fc}}^{fd}$ 、$\boldsymbol{W}_{\text{fp}}^{fd}$ 是学习参数，分别表示 qc 、 qp 、 fc 和 fp 这 4 部分对预测的重要程度。

最后，通过采用 tanh 函数将由式（6–5）计算后得到的输出结果 $\boldsymbol{X}_{\text{Res}}^{fd}$ 和从外部因素部分得到的输出结果 $\boldsymbol{X}_{\text{Ext}}^{fd}$ 聚合映射到［–1，1］之间，从而得到最终的预测结果 $\boldsymbol{X}_{K}^{fd}$ 。具体计算公式如式（6–6）：

$$\boldsymbol{X}_{K}^{fd}=\tanh(\boldsymbol{X}_{\text{Res}}^{fd}+\boldsymbol{X}_{\text{Ext}}^{fd}) \tag{6-6}$$

DSTRN-FRP 模型通过最小化预测值矩阵 $\boldsymbol{X}_{K}^{fd}$ 和真实值矩阵 $\hat{\boldsymbol{X}}_{K}^{fd}$ 之间的均方误差来训练模型，具体公式如下：

$$L(\theta)=\left\|\boldsymbol{X}_{K}^{fd}-\hat{\boldsymbol{X}}_{K}^{fd}\right\|_2^2 \tag{6-7}$$

式中，θ 表示 DSTRN-FRP 模型中的所有学习参数。

6.2.4 实验分析

本节详细介绍了 DSTRN-FRP 模型的实验，并对实验结果进行了详细分析。实验使用机票查询日志数据，包括 IBE 和 MCSS 这两个查询渠道，并从查询日志中提取了 5 个字段，包括出发地、目的地、起飞日期、查询日期和查询时间。这些字段相应的规范处理如下：① 出发地和目的地必须是长度为 3 的字符串，且必须是字母或者数字的组合；② 起飞日期和查询日期的格式统一转换为 yyyymmdd 形式；③ 查询时间必须为整数；④ 无法满足上述 3 个条件的查询记录将被清除。

算法使用了以下几个方法作为基准模型进行对比实验，以分析对比 DSTRN-FRP 模型的性能，其中包括经典的时间序列预测模型和一些深度学习模型。

① Pre（前一天同时段）：直接利用前一天同时间段的值作为预测时间段的预测值。例如，预测 2015/5/8_8:00 到 2015/5/9_7:00 时间段对航班产品集〈北京, 上海, 2015/5/10〉的小时查询量，将 2015/5/7_8:00 到 2015/5/8_7:00 时间段查询该航班产品集〈北京, 上海, 2015/5/10〉的值作为预测时间段的预测值。

② HA_qd（查询日期平均）：采用历史查询日期同时间段的平均值作为预测时间段的预测值，例如，预测 2015/5/8_8:00 到 2015/5/9_7:00 时间段对航班产品集〈北京, 上海, 2015/5/10〉的小时查询量，将最近 1 个星期每天同小时段查询该航班产品集〈北京, 上海, 2015/5/10〉的小时查询量的平均值作为预测时间段的预测值。

③ HA_fd（出发日期平均）：采用历史同航线不同出发日期同位置时间段的平均值作为预测时间段的预测值，例如，预测 2015/5/8_8:00 到 2015/5/9_7:00 时间段对航班产品集〈北京, 上海, 2015/5/10〉的小时查询量，将最近 3 个月（$fd-2$）_8:00 到（$fd-1$）_7:00 时间段对航班产品集〈北京, 上海, $fd \in [2015/2/9, 2015/5/9]$〉的小时查询量的平均值作为预测时间段的预测值。

④ ARIMA 模型：ARIMA 模型的优势在于短期预测。本实验采用 ARIMA 模型分别对 676 条航线的时间序列数据进行单独训练和预测。每条航线使用距离预测时间点最近的 240 个历史值。ARIMA(p,d,q) 相关参数设置如下：回归项 $p \in \{0,5,10,15,20\}$；差分项 $d=\{0,1,2\}$；滑动项 $q \in \{0,5,10,15,20\}$。因为要预测未来 24 个点，所以本模型采取的策略是每次先预测当前时刻的下一个点，然后把该预测值当作历史值并加入历史值序列，接着将预测时刻顺延到下一个时刻，重复上面的步骤，直到预测到第 24 个点才结束。最后选择一组预测最好的结果作为 ARIMA 模型的预测结果。

⑤ LSTM 模型：LSTM 模型的优势在于其适合处理预测间隔和延迟相对较长的时间序列。本实验采用 LSTM 模型分别对 676 条航线的时间序列数据进行单独训练和预测。每条航线使用距离预测时间点最近的 240 个历史值，每个样本的输入历史值个数的取值范围设定为 $\{3,6,12,24,48\}$，所以一共有 5 种 LSTM 模型，分别记为 LSTM−3、LSTM−6、LSTM−12、LSTM−24、LSTM−48。最后从 5 种模型中选择一组预测最好的结果作为 LSTM 模型的预测结果。

⑥ CNN 模型：CNN 模型与 DSTRN-FRP 模型的网络框架基本一致，不同的地方是 CNN 模型不采用残差单元，直接构建多层卷积神经网络。CNN 模型的相关变量参数设置如下：前

$L=9$ 层卷积均采用 64 个 3×3 的卷积核进行卷积；最后一层卷积 CF 则使用 24 个 3×3 的卷积核；预测时间段长度 $k=24$；qc 序列长度 $l_{qc}=84$；qp、fc 和 fp 的跨度：$l_{qp}=1$，$l_{fc}=3$，$l_{fp}=1$；其他参数与 DSTRN-FRP 模型相同。

⑦ DSTRN-FRP 模型：即本案例提出的模型，相关参数设置如下：卷积 C1 和所有的残差单元均采用 64 个 3×3 的卷积核进行卷积；卷积 C2 则使用 24 个 3×3 的卷积核；残差网络采用 4 个残差单元；预测时间段长度 $k=24$；qc 序列长度 $l_{qc}=84$；qp、fc 和 fp 的跨度 $l_{qp}=1$，$l_{fc}=3$，$l_{fp}=1$。

表 6–1 给出了 DSTRN-FRP 模型与 6 种基本方法的 MAE 和 RMSE 平均值对比。从表 6–1 可以看出，在 MAE 结果的对比中，DSTRN-FRP 模型相对于 HA_qd 降低了 51%，相对于 ARIMA 降低了 53%，相对于 LSTM 降低了 49%，相对于 Pre 降低了 36%，相对于 HA_fd 降低了 20%，相对于 CNN 降低了 6%。而在 RMSE 结果的对比中，DSTRN-FRP 模型相对于 HA_qd 降低了 32%，相对于 ARIMA 降低了 29%，相对于 LSTM 降低了 27%，相对于 Pre 降低了 26%，相对于 HA_fd 降低了 17%，相对于 CNN 降低了 5%。为了更方便比较各方法之间的误差，分别对 MAE 和 RMSE 进行排序，误差值越小越好，具体排序结果如图 6–4 所示，从两张图中可看出 DSTRN-FRP 模型在所有方法中误差都是最低的。上述实验结果说明了 DSTRN-FRP 模型在民航需求预测任务上明显优于其他方法。

表 6–1　各种不同方法的需求预测结果对比

Model	MAE	RMSE
HA_qd	64.09	238.37
ARIMA	66.29	229.83
LSTM	61.31	224.04
Pre	48.86	221.19
HA_fd	39.02	195.24
CNN	33.31	171.64
DSTRN-FRP	31.21	163.02

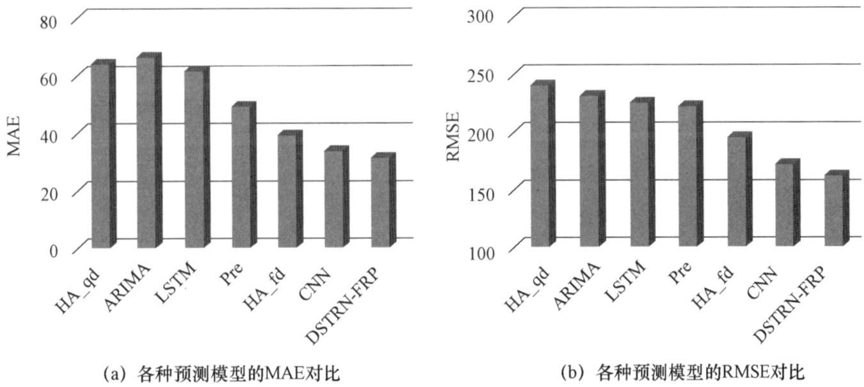

(a) 各种预测模型的MAE对比　　(b) 各种预测模型的RMSE对比

图 6–4　各种预测模型排序结果对比

图 6–5 给出了 DSTRN-FRP 模型与 6 种方法在 24 小时内每个小时的 MAE 对比结果。从图 6–5 可以看出，在 6 种方法中只有 ARIMA 方法在最近 1 小时的预测中 MAE 值稍微比

DSTRN-FRP 模型低一些，其他时刻都比 DSTRN-FRP 模型高，而且随着预测时间的增大，ARIMA 和 LSTM 方法的 MAE 值在前 15 小时均呈现出急剧上升的趋势，而在 15 小时后开始逐渐下降，但整体上还是比 DSTRN-FRP 模型高出很多。ARIMA 和 LSTM 方法的 MAE 值在 15 小时后下降的原因可能是预测所选取的时间段后半部分处于凌晨阶段，本身实际查询量较少，计算出的误差相对也就偏小。

由于不同出发日期的查询曲线在查询日期距离出发日期时间间隔相等的位置具有较强的相似性，HA_fd 方法相较于 ARIMA、LSTM、Pre 和 HA_qd 方法具有一定的优势，且随着预测时间的增大，它的误差上升趋势相对平缓。Pre 方法的 MAE 值从头到尾一直呈现出上升的趋势，说明 Pre 方法预测能力随着预测时间的增大变得越来越差。而 HA_qd 方法的 MAE 值在 24 小时预测时间段内变化不大，但误差相对较高，原因可能是查询同一航班产品不同查询日期的相关性较弱。

从 DSTRN-FRP 模型与 CNN 方法的对比中，可以看出 CNN 方法已取得不错的预测效果，但 DSTRN-FRP 模型预测效果更好，整体上相对于 CNN 降低了 6%的 MAE 值。原因是 CNN 方法加入残差单元结构能确保模型预测的准确率不会随着多层卷积神经网络学习而降低，从而取得更好的预测效果。

在图 6-5 中，从 DSTRN-FRP 模型本身曲线来看，它的误差随着预测时间的增加上升速度相对缓慢，说明本模型具有预测未来较长一段时间内的机票查询量的能力。

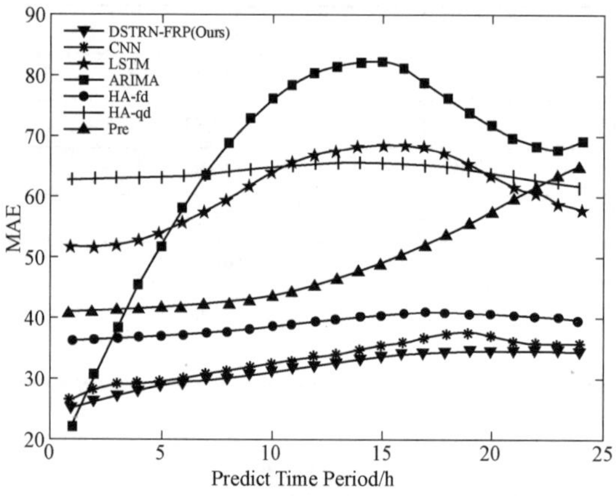

图 6-5 各种预测模型的 MAE 对比

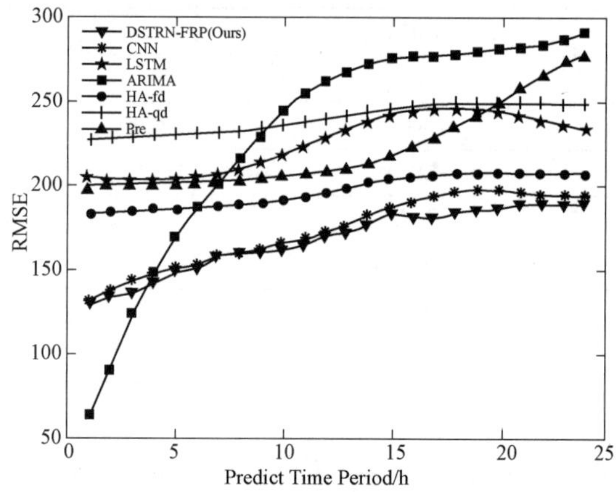

图 6-6 各种预测模型的 RMSE 对比

图 6-6 给出了 DSTRN-FRP 模型与 6 种方法在 24 小时内每个小时的 RMSE 对比结果。从图 6-6 可以看出，除了 ARIMA 方法在最近 3 小时的短期预测有优势外，DSTRN-FRP 模型明显优于其他方法，而且随着预测时间的增大，ARIMA 和 Pre 方法的 RMSE 值都呈现出急剧上升的趋势。而 LSTM 方法的 RMSE 值在前 15 小时呈现出急剧上升的趋势，而在 15 小时后开始逐渐下降，但整体上还是比 DSTRN-FRP 模型高出很多。DSTRN-FRP 模型的 RMSE 值在前 12 小时相对较小，后 12 小时误差相对较大，整体上看误差上升速度还是比较快的。总的来说，DSTRN-FRP 模型的预测效果还是比较理想的。其他对比情况和对图 6-5 的描述大致相同。上述实验结果表明，DSTRN-FRP 模型预测未来较长一段时间的民航需求是行之有效的。

6.2.5　小结

本节探讨了民航领域航班需求预测应用研究，指出了航班需求预测的重要性，同时介绍了一种基于用户在线机票查询数据的深度时空残差网络模型，将该方法在民航领域真实数据集上进行了对比实验，通过对航班需求预测结果的误差分析，证明了模型的有效性。关于航班需求预测问题，仍然需要开展许多更深入的研究。可以从以下几个方面进行补充和完善：① 收集天气状态和社会事件等数据，然后加入预测模型中，以探索这些外部因素对航班需求的影响；② 对于航线网格图的城市排列，除了按城市的经纬度大小进行排序外，还可以考虑其他组织形式（不仅限于单个矩阵），使得卷积神经网络能最大限度地提取航线网络之间的影响关系。

6.3　交通产品价格预测案例——机票价格预测

6.3.1　概述

交通领域的价格制定受多种因素影响，如天气、供给、季节、出行目的、地理位置、出行成本等。由于影响因素繁多，组合空间巨大，且通常具有较大的动态性，因此供应方出于对供给平衡、成本控制等不同目标的考虑，往往选择动态调整价格来最大化自己的收益。航空机票定价是较早应用动态定价的交通领域问题。一般由于舱位等级、库存余量、季节变化、出发时间与到达时间、节假日、附加服务等因素的影响，机票价格具有较高的动态性。随着大数据时代的到来，其他交通领域也累积了大量的历史经验，收集了多维度的数据，动态定价的可行性逐渐提高。在铁路交通领域，欧洲铁路实行类似机票的动态定价策略，国内部分线路也已经采用小幅度的动态定价策略。例如，京沪高铁于 2020 年 12 月 23 日开始实行高铁的价格调整，相比原来价格最高上调 8%或下调 10%。在网约车领域中，供应方根据城市的交通情况、天气情况、出行距离、目的地的供需情况等因素，对出行价格实行较为灵活的调整。受到网约车灵活定价的冲击，近期我国交通部也在积极推出新的政策，推进传统出租车的动态定价。

如上所述，动态定价已经逐渐成为交通领域的一种常态。对于供应方来说，动态制定价格可以有效地平衡不同需求之间的资源竞争，进而最大化利润。对于代理商而言，准确地预测价格有助于自身制定相应的策略。例如，机票或车票代理商可以根据价格的波动特性，提前安排一些折扣活动，以吸引更多的客流；出租车司机可以综合考虑交通拥堵情况，灵活地完成自己一天的路程规划，从而提高平均收益。但是，供应方的价格调整有一套复杂机制，往往基于许多因素，甚至还受到一些临时政策或事件的影响。相比之下，代理商通常信息匮乏，只能通过有限的数据进行价格预测。大多数情况下，能够利用的数据主要是历史价格记录。因此，在交通领域中进行价格预测，通常是一件不太容易的事情。

目前，多种技术手段已经被应用于不同领域的价格预测问题中。相关研究的重点从最早的预测价格升降趋势，逐步转向未来价格的精准预测。最基本的方法包括专家对特征的提取，即基于良好的人工特征工程，对价格趋势做出具有一定置信度的判断。然而，这种方式代价较高。为了减少人工成本，研究者开始转向使用机器学习方法，如随机森林、决策树、支持向量机、AdaBoost 等，直接从数据中学习价格的变化规律。传统时序学习的方法在部分场景中也有相应的研究，例如 ARMA、ARIMA 等。随着数据的积累，人们希望能够提升模型对价格预测的精度。深度学习，如 LSTM、CNN 等模型，尽管缺乏可解释性，但由于其强大的特征提取能力和拟合能力，也逐渐被越来越多的研究引入。

下面将以民航背景下的价格预测为例，详细介绍如何利用已有的海量数据，通过深度学习等方法构建价格预测模型。

6.3.2 案例背景

近年来，随着我国民航业自主定价政策的逐步放开，航空公司都会制定复杂的个性化价格策略，以保证自身收益最大化。航空公司往往会根据航班的实际上座情况，以及旅客需求热度等因素动态调整机票价格，而这些信息是外部无法获得的；同时，机票价格具有随机性强、波动性大等特点。诸多因素使得机票价格预测成为一个很具挑战性的问题。

目前国内航空公司及代理网站等仅能提供实时的票价信息，不具有对未来机票价格进行预测的功能。在此背景下，旅客希望能够提前知道机票价格的变动趋势，从而买到较低价格的机票；机票代理商也希望提前预知机票价格的变化情况，以调整自身的销售策略，进而在同行业竞争中获得优势。对机票每日最低价格进行准确的预测，能够较好地满足民航业各方参与者的上述诉求，有利于民航业中供需方的灵活对接，并能提升民航业在交通领域的竞争力，具有较高的实际应用价值。

基于以上观察，本案例的主要目的是通过分析民航市场中的机票价格数据，以发现其变动规律及影响因素，进而采用适当的模型算法完成机票价格预测任务。

现有的机票价格预测主要有两类方法：第一类是基于机票价格历史值的时间序列分类方法，即针对机票价格未来升高或降低趋势的分类；第二类是针对价格影响因素建立模型的回归方法，即针对机票价格未来具体数值的预测。然而，这两类方法都存在一定的缺陷。前者只利用到价格序列自身的信息，没有考虑外界因素的影响，而机票价格序列会随着航班起飞终止，因此不明显具备周期性和趋势性等传统时间序列的特征；同时，仅仅预测机票价格变动的趋势，无法准确地知道未来机票价格的数值，不能很直观地展现未来机票价格的变化情况，不利于实际应用。后者则只考虑到了外部特征，忽略了机票价格自身的影响。综上所述，两类方法都无法很好地兼顾自身序列与外部因素的双重影响。

基于上述分析，本案例希望通过对机票价格数据进行充分挖掘与分析，感知未来机票价格变化趋势，预测未来具体票价数值，从而让普通旅客买到更优惠的机票，也让民航业供需对接更为灵活、民航资源能够被更加充分地利用。

6.3.3 机票价格预测问题定义

首先给出航班、机票最低价格、机票最低价格序列、机票价格时间片等相关概念的定义。

定义 1（航班号与航班）：“航班号”由航空公司、所属航线、起飞时刻等因素共同确定，每个航班号在各个起飞日期对应的某一具体产品则为一个航班实例，简称为“航班”。例如，“航班号”MU5160，代表的是中国东方航空公司每天 21:50 从北京出发飞往上海的所有航班的集合；而 2018 年 10 月 6 日起飞的航班号为 MU5160 的航班产品则为某一具体“航班”。

定义 2（机票最低价格）：这里研究的机票价格都是针对某一具体航班的价格，每个机票价格对应了查询日期和起飞日期两个维度。针对某航班号对应的具体航班实例，设查询日期为 query_date（简记为 q），起飞日期为 flight_date（简记为 f），在日期 q 当天查询到的日期 f 起飞的某具体航班的最低价格表示为 $P_{q,f}$。

定义 3（机票最低价格序列）：针对某个具体航班，当其起飞日期确定时，起飞前 n 天起直至起飞每天都会对应一个当天的最低价格 P，这些价格按时间顺序排列则构成了一条该航班的最低价格序列。设该航班的起飞日期为 f，则该航班所对应的从起飞前 w 天到起飞前 u 天的最低价格序列为：

$$L_f^{w,u}=\{P_{f-w,f},P_{f-(w-1),f},\ldots,P_{f-(u+1),f},P_{f-u,f}\} \tag{6-8}$$

定义 4（机票价格时间片）：同一航班号所确定的航班产品集中包含了不同日期起飞的各个具体航班产品实例，每个具体航班都会对应一条如定义 3 所定义的机票价格序列。从上述一系列价格序列中取连续 k 个起飞日期对应的 k 条价格序列，每条序列长度为 n，构建成 $n\times k$ 矩阵的形式，即可得到机票价格时间片。设某起飞日期为 f，取 k 个起飞日期对应的价格序列，其中每条序列有 n 个价格，则构建 f 所属价格时间片的形式化定义为：

$$\boldsymbol{S}^{f-(k-1),f}=\left\{L_{f-(k-1)}^{n,0},L_{f-(k-2)}^{n,0},\ldots,L_{f-1}^{n,0},L_f^{n,0}\right\} \tag{6-9}$$

图 6-7 为机票价格时间片设计图，按照定义 4 所述方式构造的 $n\times k$ 大小的矩阵即为机票价格时间片，其中每个方格代表相应位置的价格，每一横行代表某一起飞日期对应的价格序列，纵向则是各起飞日期对应价格序列按照时间顺序进行的排列。

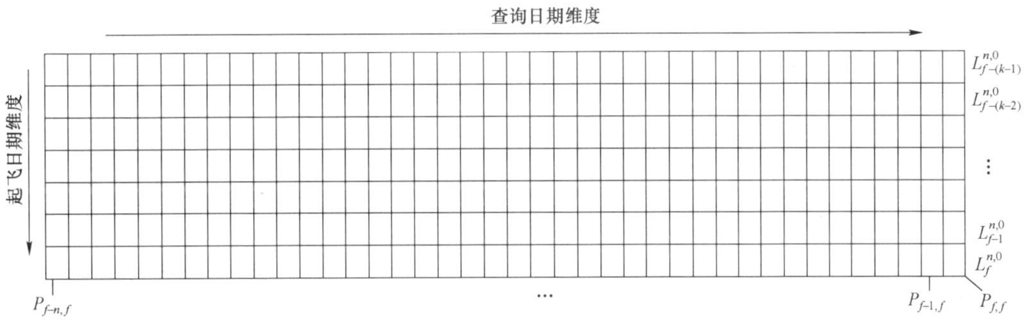

图 6-7　机票价格时间片设计图

基于上述概念，下面给出机票价格预测问题的形式化定义。

问题定义（航班价格预测）：针对某航班号确定的航班产品，已知该航班过去 $n\times k$ 个起飞日期所对应的 $n\times k$ 个长度为 n 的价格序列，以及未来 k 个起飞日期对应的该航班产品各自起飞前 n 天至当前日期已产生的价格序列，预测未来 k 天的所有未知价格，共计 $k(k+1)/2$ 个未知价格。用定义 4 中的价格时间片表示已知的已起飞的 $m\times k$ 个航班对应价格时间片为：

$$\boldsymbol{S}_{\text{this}_m}^{f-(m-1)k-(k-1),f-(m-1)k}=\left\{L_{f-(m-1)k-(k-1)}^{n,0},L_{f-(m-1)k-(k-2)}^{n,0},\cdots,L_{f-(m-1)k-1}^{n,0},\ L_{f-(m-1)k}^{n,0}\right\} \tag{6-10}$$

$$\cdots$$

$$\boldsymbol{S}_{\text{this}_1}^{f-(k-1),f}=\left\{L_{f-(k-1)}^{n,0},L_{f-(k-2)}^{n,0},\cdots,L_{f-1}^{n,0},L_f^{n,0}\right\} \tag{6-11}$$

未来 k 天起飞航班对应价格时间片的已知部分定义为：

$$S_{\text{next}_1}^{f+1,f+k}=\left\{L_{f+1}^{n,1},L_{f+2}^{n,2},\cdots,L_{f+(k-1)}^{n,k-1},L_{f+k}^{n,k}\right\} \tag{6-12}$$

需要预测的未知部分的值：

$$S_{\text{next}_2}^{f+1,f+k}=\left\{L_{f+1}^{0,0},L_{f+2}^{1,0},\cdots,L_{f+(k-1)}^{k-2,0},L_{f+k}^{k-1,0}\right\} \tag{6-13}$$

如图 6-8 所示，在当前日期 f 构建 $m+1$ 个 k 维时间片，由定义 4 给出的描述，图中“this 时间片_m”至“this 时间片_1”所示的 m 个时间片，即为日期 $f-m\times k$ 至日期 f 各自所属的时间片，其中所有值都已知；“next 时间片”为日期 $f+k$ 所属的时间片，其中白色网格为已知部分，黑色网格为未知部分。黑色的未知部分即要预测的最终目标。

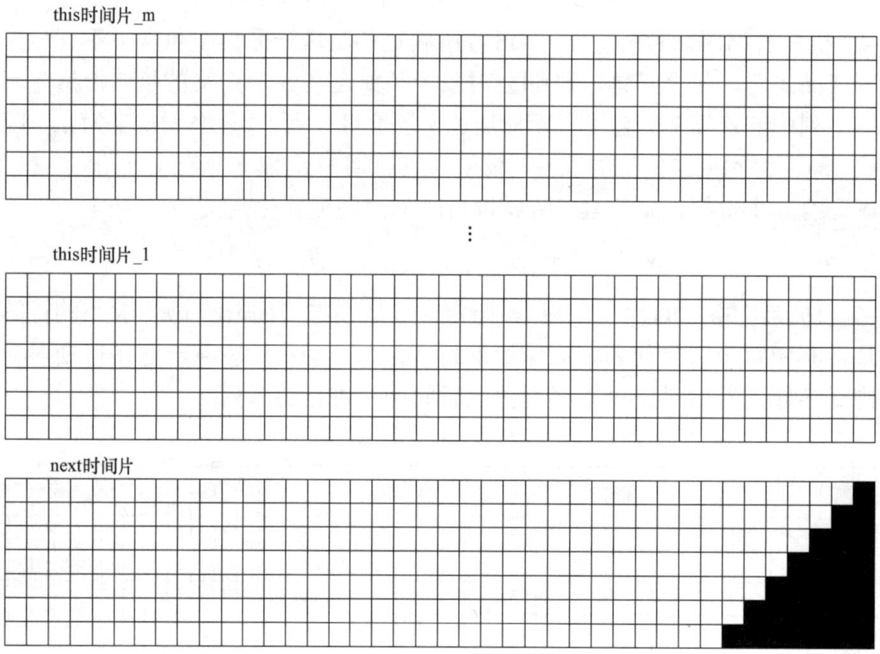

图 6-8　机票低价预测问题定义设计图

6.3.4　解决方案

6.3.3 节给出了机票价格时间片的构建方式以及机票价格预测问题的定义。下面将介绍本案例提出的解决方案的设计思路，给出方案模型的整体架构，同时对模型各个组成部分进行详细阐述。

本案例中的机票价格预测模型总体架构如图 6-9 所示。模型分为两个阶段：第一阶段，针对问题定义中所述 next 时间片的缺失部分（图中时间片黑色部分），利用较为简单的预测方法给出一个简略的结果（图中时间片纯白色部分），填补到 next 时间片中，作为后续模型输入。第二阶段，以第一阶段构造完成的 $m+1$ 个时间片作为输入，利用由多个不同形状的卷积神经网络组成的时间片特征提取网络，对输入时间片中包含的多维度信息进行提取；同时利用全连接神经网络，提取外部影响因素的相关特征。最后，针对上述结构提取到的多元信息向量，利用相应的网络结构对其进行处理，从而实现对最终结果的精细化预测。

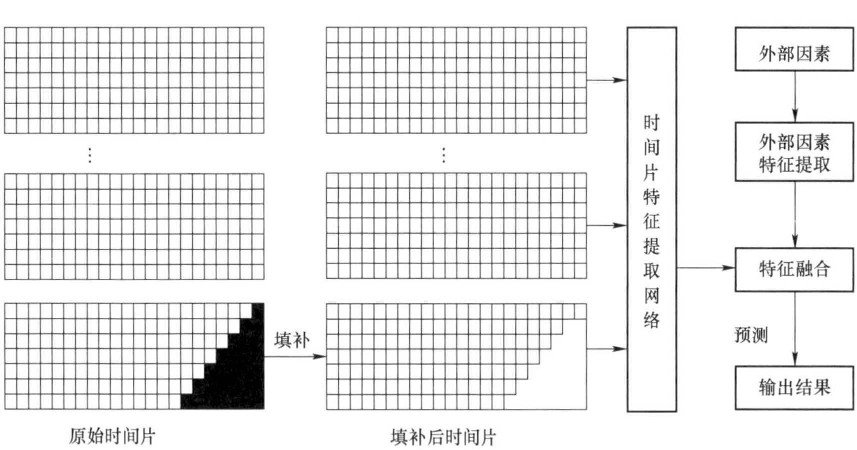

图 6-9　机票价格预测模型整体架构

基于上述架构，给出两种不同的具体预测模型：双时间片多元信息融合预测网络模型（dual-time-slice multi-information fusion prediction network，DMFPN）与多时间片时序特征预测网络模型（multi-time-slice time-series feature prediction network，MTFPN）。这两个模型都将机票价格时间片作为输入，同时利用相同的基础网络进行特征提取。区别在于，两个模型对时间片的处理方式不同，对各项信息进行融合的结构也不同。MTFPN 模型需要使用的信息更多、模型结构更为复杂，对数据质量、数据跨度的要求更高，预测准确度要优于 DMFPN 模型。然而 DMFPN 模型的灵活性更高，运行效率更快。因此，两个模型各有利弊，在实际应用中需要根据具体的数据质量、效率要求等情况进行选择。下面将按照时间片构建、时间片特征提取、外部特征提取、特征融合预测这 4 个步骤详细介绍两种预测模型。

第一步：时间片构建。将原始数据中各个航班的所有价格数据按照查询日期的先后顺序，排列成定义 3 给出的价格序列 $L_f^{w,u}$，再将这些价格序列按起飞日期的先后顺序进行排列，针对日期 $f-m\times k$ 至 f 每隔 k 天取出相应的 k 条序列，组成时间片组：

$$\left\{\boldsymbol{S}_{\text{this}_m}^{f-(m-1)k-(k-1),f-(m-1)k},\cdots,\boldsymbol{S}_{\text{this}_1}^{f-(k-1),f}\right\} \tag{6-14}$$

对于 DMFPN 模型，需要的数据跨度较小，只需要相邻的两个时间片，即离现在最近的一个时间片和 next 时间片，等价于取 $m=1$。MTFPN 模型则需要大的数据时间跨度，因此需要取多个时间片，即保证 $m>1$。

取出 f 之后的 k 条序列组成未来时间片 $\boldsymbol{S}_{\text{next}}^{f+1,f+k}$。此时的 next 时间片因存在未知价格而并不完整，所以需要利用一定的方法将未知部分补全，构建出若干个完整的机票价格时间片作为后续模型的输入。滑动平均法是一种利用近期历史数据对未来进行预测的方法，很适合用于简单的预测任务。我们的模型在简单填补阶段采用的是三阶滑动平均法，针对 next 时间片中每个起飞日期对应的价格序列，分别利用其各自历史价格数据对未知项进行预测。将预测结果填充到 next 时间片的相应位置，从而构建出第二阶段模型所需的完整时间片输入。

第二步：时间片特征提取。基于卷积神经网络设计用于提取时间片特征的网络结构。此网络利用多个形状、多尺度的卷积层提取特征，结合数据预处理层、池化层、全连接层等网络结构处理特征信息，将矩阵形式的价格时间片转化为若干组价格特征向量：

$$\left\{E_{\mathrm{pri1}}^{f}, E_{\mathrm{pri2}}^{f}, \ldots, E_{\mathrm{prin}}^{f}\right\} \tag{6-15}$$

时间片特征提取网络结构如图 6–10 所示。对于每一个时间片输入，首先使用批量规范化（batch normalization，BN）层进行数据的标准化。随后，分别使用 5 个不同形状的卷积神经网络提取特征。这些网络的整体结构相同，均由 7 层结构堆叠而成。其中，第一层为卷积层（Conv2D），它们的卷积核形状各不相同，分别为 1×3、3×1、1×5、5×1 和 3×3，用于提取机票价格时间片中的横向、纵向以及二维的局部特征。第二层是最大池化层，对上一层提取到的特征进行下采样，以减少网络参数。第三层是卷积层，此处采用 3×3 的卷积核对信息进行进一步处理。第四层再次利用最大池化对特征进行下采样。第五层进行 Dropout 操作，以减少过拟合。第六层为 Flatten 操作，将上述步骤中产生的高维价格特征信息矩阵“拉平”为一维向量。第七层为全连接神经网络层，将上一层的结果映射成长度为 m 的向量。这个向量将会被模型进行处理融合，以进行最终预测。

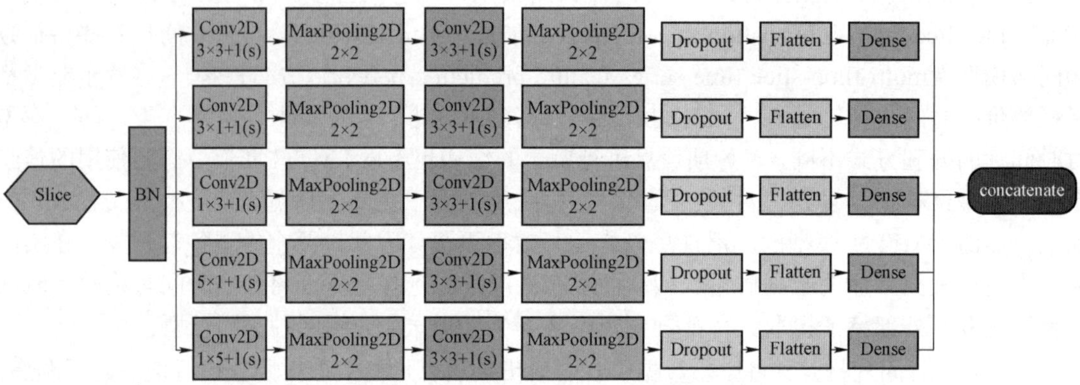

图 6–10　时间片特征提取网络结构

第三步：外部特征提取。机票价格的变动不仅受自身规律的影响，同时还与很多其他因素相关，如航空公司自身因素、航线相关的空间因素、航班相关的时间因素等。例如，不同航空公司的票价调整策略不尽相同，所以航空公司属性会影响机票价格的变动规律；航线涉及出发地和目的地两个城市，大城市之间构成的热门航线与稍小城市之间构成的非热门航线也存在着不同的价格规律。所以，我们提出的模型还综合考虑了航线属性、航班时间属性、航空公司 ID、星期属性等外部因素。这些外部特征信息用 one-hot 编码或者布尔值表示。针对这些特征，首先利用 BN 层进行标准化，然后通过两个全连接神经网络层将数据映射为一个一维向量 E_{ext}^{f}。

第四步：特征融合预测。本步骤将上述步骤产生的多组特征向量经过相应网络的处理、融合，最终映射成长度为 $(k(k+1))/2$ 的特征向量，即最终预测结果。

图 6–11 给出了 DMFPN 模型的基本框架。该模型使用两个相邻时间片作为输入，从两个时间片中各提取 5 组价格特征向量，从外部影响因素中提取一组外部特征向量。在模型特征融合步骤中，模型将上述 11 组特征进行拼接，并利用 BN 层进行标准化处理，之后利用 3 个全连接层和 Dropout 层的组合，将数据映射到所要预测的维数，输出的结果向量即为预测目标向量。

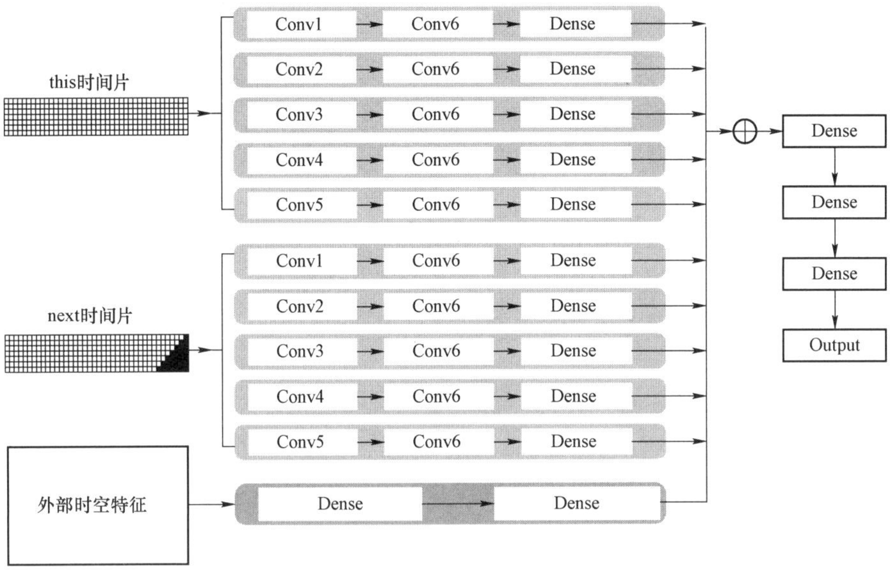

图 6-11　DMFPN 模型的基本框架

图 6-12 给出了 MTFPN 模型的基本框架。不同于 DMFPN 模型只从两个时间片中提取 10 组价格特征向量，MTFPN 模型使用多个相邻时间片作为输入，从 $m+1$ 个时间片输入中提取 $5m+5$ 组价格特征向量，能够捕获更多跨时间片间的信息。MTFPN 模型首先将每个时间片提取的 5 组特征融合为一个向量，再根据 $m+1$ 个时间片的先后顺序将这些向量排序，依次传入时序神经网络 LSTM 中，从而得到有时序关系的时间片特征向量。同时，模型从外部影响因素中提取一组外部特征向量。在特征融合步骤中，模型将上述两种特征拼接为一组向量，并利用 BN 层进行标准化处理，之后利用 3 个全连接层和 Dropout 层的组合，将数据映射到所要预测的维数，输出的结果向量即为预测目标向量。

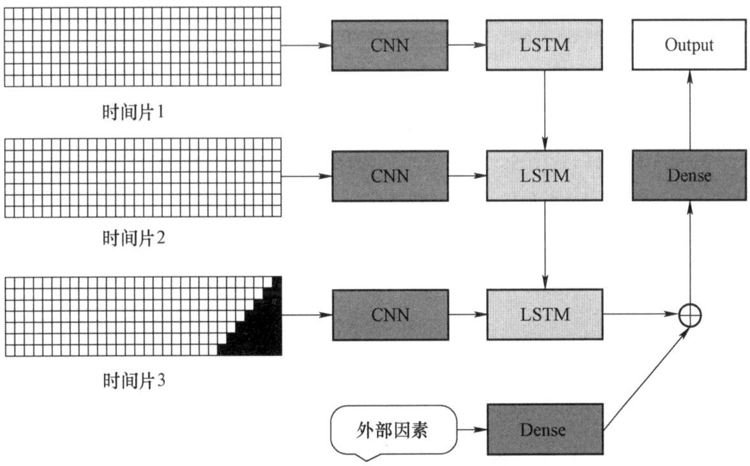

图 6-12　MTFPN 模型的基本框架

6.3.5　实验分析

本节将从实验数据、实验评价指标、基准模型对比、实验结果分析 4 个方面介绍 DMFPN

与 MTFPN 模型在真实数据集上的性能水平。

实验使用的数据是利用网络爬虫，从国内各大订票网站、机票代理商、航空公司官网等多种渠道收集得到的。我们选取了 34 条全国热门航线，起飞日期为 2016 年 10 月 9 日至 2016 年 11 月 23 日的航班实验数据集，其中每个起飞日期对应起飞前 40 个查询点，即查询日期从 2016 年 8 月 29 日至 2016 年 11 月 23 日的所有查询数据。经过数据选取最终得到了 19 688 条价格序列数据，并按照定义 4 给出的时间片构建方式，对数据进行重新组织，最终构建实验样本 14 124 条。将 2016 年 11 月 15 日之前的样本作为训练集，2016 年 11 月 15 日之后的样本作为测试集。在下文的实验中，对于每条机票价格序列，统一基于历史 33 个数据点预测未来 7 个未知价格。

实验使用 MAE 和 MAPE 两种指标评价模型的预测效果。

MAE（mean absolute error，平均绝对误差）是所有单个预测值与真实值的偏差的绝对值的平均值，代表了误差的绝对大小，其计算过程如式（6–16）：

$$\mathrm{MAE}=\frac{1}{n}\sum_{i=1}^{n}\left|f_i-y_i\right| \tag{6–16}$$

式中，f_i表示预测值，y_i表示真实值，n 为预测样本个数。

MAPE（mean absolute percent error，平均绝对百分比误差）即预测值与真实值之差的绝对值比上真实值，然后再对所有测试样本求平均，表示预测值相对真实值的误差，表征误差的相对大小，其计算过程如式（6–17）：

$$\mathrm{MAPE}=\frac{1}{n}\sum_{i=1}^{n}\frac{\left|f_i-y_i\right|}{y_i}\times 100\% \tag{6–17}$$

现有的机票价格预测主要有两类方法：一类是基于机票价格历史值的时间序列分类方法，另一类是针对价格影响因素建立模型的回归方法。而由于时间序列分类方法只利用了价格序列自身的信息，无法融入外部特征，因此本次实验中仅使用了回归方法进行对比。实验使用的基准模型如下：

① BayesianRidge（Bayesian ridge regression，贝叶斯岭回归），结合了贝叶斯回归和岭回归共同的特点，主要目的是解决在最大似然估计中模型的复杂程度难以决定的问题。

② ElasticNet（elastic net regression，弹性网络回归），一种结合了 Lasso 回归与岭回归各自特点的线性模型，它通常使用 L1，L2 范数作为先验正则项进行训练。

③ LR（linear regression，线性回归），旨在确定多种变量间相互依赖的定量关系的回归方法。

④ GBR（gradient boosting regression，梯度提升回归），一种集成多个较差的学习算法进行学习，并综合这些算法的优点最终获得较好效果的回归模型。

⑤ ARIMA（autoregressive integrated moving average model，自回归滑动平均模型）。

⑥ LSTM（long short-term memory，长短期记忆网络），一种循环神经网络模型。

⑦ Seq2Seq（sequence to sequence，序列到序列网络），一种输出长度不固定的循环神经网络模型。

上述回归方法都需要人工提取的特征向量作为输入。为了提高对比模型的预测准确性，需在已有数据条件的基础上尽可能全面考虑多方面的影响因素，为回归模型设计较为完善的特征体系。具体来说，即利用已知数据，从航班的时间属性、空间属性、数据统计特征等多方面进行特征设计。

表 6–2 给出了基准模型与本案例提出的模型的结果对比。在所有模型中，MTFPN 模型得到了最好的结果，相对于传统模型中最好的 GBR 模型，MAE 降低了 18.01，有 11.77%的性能提升，MAPE 则降低了 2.19%。次好的 DMFPN 模型相对于 GBR 模型，MAE 降低了 10.34，有 6.76%的提升，MAPE 则降低了 1.26%。

相较于传统回归模型，本案例提出的模型的优势在于：① 在加入外部因素的同时，较为全面地捕获了机票价格数据自身的信息，能够更好地反映机票价格的变化规律。而回归模型只能利用机票价格的一些统计信息，建模的信息不够全面。② 模型基于 CNN 和全连接神经网络构建，特征提取能力及信息表达能力远强于传统模型。因此，本模型能够取得比回归模型更好的效果。

MTFPN 模型比 DMFPN 模型取得了更高的预测准确度。因为 MTFPN 模型使用了更多数量的时间片，同时对时间片时序上的特征进行了建模，更全面地捕获了价格变化的规律。然而，MTFPN 模型需要使用的信息更多、模型结构更为复杂，对数据质量、数据跨度的要求更高，模型的灵活性、运行效率也比 DMFPN 模型要低。因此，两个模型各有利弊，在实际应用中需要根据具体的数据质量、效率要求等情况进行选择。

表 6–2　不同模型的机票价格预测结果对比

模型	MAE	MAPE
BayesianRidge	176.84	21.44%
ElasticNet	179.77	21.84%
LR	176.87	21.45%
GBR	153.04	18.57%
ARIMA	163.45	19.83%
LSTM	157.33	19.09%
Seq2Seq	154.71	18.77%
DMFPN	142.70	17.31%
MTFPN	135.03	16.38%

6.3.6　小结

本节以航班价格预测问题为例，对大量现实世界的数据进行了分析挖掘。具体来说，本节主要介绍了两点：① 对历史机票价格数据的一种新颖的处理、组织结构，该结构能够较好地融合机票价格在起飞日期和查询日期两个维度上的数据特点；② 基于卷积神经网络构建预测模型，并通过实验证明该模型具备更好的预测效果。

本案例介绍的处理方法，是目前处理交通领域中价格预测的一种主流方法。不同的场景具备不同的数据特性和影响因素。如在网约车领域中，司机的路线选择，旅客行程中突发的意图改变，以及其他竞争对手的决策，都会使得价格波动剧烈，从而增加了价格预测的难度。总体来说，场景越复杂，影响因素越多，场景的可变性越强，需要采用的模型复杂度越高，预测的精度上限往往也越低。除了增加模型复杂度以外，如果可以引入更多的外部信息，则会提升模型的预测效果。

6.4 交通产品推荐案例——民航旅客后续行程预测与推荐

6.4.1 概述

随着我国交通基础设施日趋完善和丰富，越来越多元化的交通出行方式极大地方便了人们的生活。在汽车、地铁、高铁、飞机、网约车、共享单车等交通出行方式百花齐放的今天，各家交通运营商纷纷推出各式各样的出行套餐、出行服务等交通产品来更好地服务和满足人们的出行需求。在交通产品的定制过程中，产品已经从单纯的工具化向着服务化过渡，运营商不仅为用户提供出行工具，而且还会提供以交通工具为载体或与交通工具相关的一系列增值套餐、服务等。

互联网的高速发展和普及加速了交通数字化的进程，同时也改变了人们的出行习惯，越来越多的人开始接纳互联网运营商的产品。然而，随着经济的发展和人民生活水平的提高，人们不断追求生活质量的提升，在面对琳琅满目的交通产品时，价格因素已不再是人们做出选择的唯一判断标准。全球旅游技术公司 Travelport 曾发布的一份覆盖全球 20 个国家、2.3 万名旅客的《2019 年全球数字旅客调研》显示，“全球旅客对个性化体验的需求显著提升，旅客愈发看重个性化体验的价值，而非仅仅获得最优惠的价格”。越来越多的用户开始注重交通产品的整体价值，在享受交通产品的同时，也对产品所带来的出行体验和出行质量提出了更高的要求。例如，大多数用户期待能够获得个性化定制的交通产品而非通用产品。用户希望能够获取符合其喜好习惯或未来行程的产品推荐和实时推送。

为了满足消费者多样化的需求，交通产品推荐系统应运而生。对于用户而言，该系统能为用户推荐符合其个人习惯和偏好的个性化产品，提升用户体验。对于运营商而言，该系统能帮助运营商更好地理解用户的习惯和偏好，打造更多样化的定制产品来服务用户。然而，打造交通产品推荐系统并非一件易事，需考虑多方面的问题：

① 融入领域知识。与一般的社会化推荐不同，交通产品的推荐往往还需考虑空间地理因素（如空间临近性、区域相似性等）和时间因素（如周期性、节假日等）等交通领域知识。

② 冷启动问题。刚进入一个系统的新用户没有与其相关的历史记录，会影响系统为该用户提供推荐信息。当新产品推出时，因为该产品被选择次数很少，也很难给合适的用户推荐。对于一些高价值的交通产品，冷启动问题显得愈发严重。

③ 隐私保护问题。用户隐私保护是互联网中长期存在的问题。通常推荐系统由于需要利用用户的历史行为信息甚至用户的人口统计属性信息而面临严峻的隐私保护问题。随着移动互联网和移动终端的普及，用户的隐私保护显得更加迫切和重要。

④ 信息共享问题。实现一个新的交通产品往往需要多个交通场景协同，甚至是跨行业协同，如“航空+旅游”的航空文旅协同产品往往需要航空运营商和旅游运营商之间的信息共享。然而，不同运营商所收集的数据往往形成一个个孤立的“信息孤岛”，数据共享存在安全保障、隐私保护等方面的技术挑战。

目前，社会化推荐系统已经被广泛研究，针对上述问题已经有很多可借鉴的技术方案。针对具有领域专属信息的推荐问题，可以通过引入领域知识嵌入和垂直领域知识图谱来提升推荐系统的性能。针对冷启动问题，已有学者采用归纳学习、小样本学习和迁移学习来帮助推荐系统克服冷启动问题，并取得了一定的效果。针对隐私保护问题，一些研究尝试对用户数据进行嵌入加密，还有一些研究开发了基于会话的推荐系统来避免用户信息的使用。针对信息共享问题，已有研究尝试开发联邦学习推荐系统来实现多端数据联合学习，在保证数据安全和保密的情况下，使用多端数据提升推荐的性能。

本节将以航空背景下的产品推荐为例，详细介绍如何针对特定的交通场景，根据用户的喜好习惯、过往订单或当前行程信息预测旅客后续行程，为产品推荐提供支持。

6.4.2　案例背景

随着机场旅客吞吐量的不断增加，旅客对服务的需求越来越多样，质量要求越来越高。旅客出行需要的最基本的服务是购票服务，该服务需求与旅客的出行模式息息相关，最常见的出行模式是往返模式，此外，旅客的订票模式也会随着出行模式的变化而更加多样。如果从一个旅客出行全流程的时间段来看，大致可以分为出行前、在途、出行后。而在出行前与在途这两个阶段中，存在这么一类旅客，我们称为“行程未预订完成旅客”，指还未预订好当前完整行程的全部机票的旅客。数据统计表明，大约三分之一的旅客不会一次性订完一个完整行程的全部机票，那么在两次预订行为之间，很多旅客会形成新的或临时的出行需求。而从航空从业者的角度出发，可能只能看到旅客完整出行过程中的一个片段，无法对旅客的完整出行做出判断。

现阶段国内各大航空公司和携程、去哪儿等机票代理商网站也推出了一些旅行产品来进行机票推荐，但这些产品大都是根据大数据统计规律得到的热点旅游行程推荐，缺乏对行程未预订完成旅客这一特殊重要的群体的个性化机票推荐服务。相反，一旦推送给旅客一些其不感兴趣的产品或服务，反而会增加旅客对于推荐产品的抵触情绪。因此，在该背景下，航空公司与机票代理商希望及时准确地知道旅客潜在的后续行程，从而调整自己的推荐产品，为旅客提供更加智能化的机票产品服务；同时，旅客也希望减少不必要的推荐广告。因此，为了使民航业从业者更好地给旅客提供个性化、智能化服务，对旅客后续行程的预测则显得极为重要，同时也具有很高的实际应用价值。

本节将通过对旅客出行数据进行深入的分析，重点研究机票产品推荐中的后续行程预测这一核心问题，将序列预测和深度学习的相关技术进行结合，给出了一整套针对旅客后续行程预测的方案，为提升航空服务和产品的质量提供支持。

6.4.3　民航旅客后续行程预测问题定义

定义 1（旅客历史航段数据）：旅客历史航段数据是指旅客出行过程中的一次独立航班的信息，如：北京—上海，一条旅客航段数据包含该旅客的个人属性信息、本次航班相关的信息和订票信息。旅客个人属性信息主要有证件类型、加密证件号、旅客 ID、户籍地、出生年月、性别、国籍和旅客类型。航班相关信息主要有航空公司、航班号、航段起飞日期、航段起飞时间、航段始发城市、航段始发机场、航段到达日期、航段到达时间、航段到达城市、航段到达机场、PNR（passenger name recode）、旅客人数、值机方式、值机日期、值机时间、主舱位、行李件数、行李重量、升降舱标识等。航班订票信息主要包括出票日期、出票时间、订票日期和订票时间。具体到本节研究的问题，需根据旅客所有航段数据按照时间顺序筛选出其中重要的字段，将旅客一条航段数据形式化表示为：$\text{segment} = (\text{pax\_id},\text{dpt\_dt},\text{dpt\_cty},\text{arrv\_dt},\text{arrv\_cty})$，其中包含的航段信息为：旅客 ID、始发日期、始发城市、到达日期和到达城市。

定义 2（旅客历史出行序列）：在获得旅客的所有历史出行航段数据后，可以得到每位旅客的历史出行序列。该旅客历史出行序列将按照旅客的出发日期排序，并将出发日期对应的城市作为序列的节点，例如：北京—上海—广州—上海—北京—重庆。这条旅客出行序列的形式化语言表示为：$X=\{h_1,h_2,h_3,\cdots,h_i,\cdots,h_m\}$，其中 h_i 表示旅客历史出行序列中第 i 个城市，最后一个 h_m 为该旅客当前所处的城市。

定义 3（航线网络）：市场上有众多航空公司，全国目前为止正在运营的共有 200 多个民用机场，但并不是每两个机场之间都会有航线分布。航线网络可以表示所有具有航线分布的城市连接关系，由此也可以得到与每个城市可达的其他所有城市的集合，帮助我们确定旅客后续行程预测问题中的候选城市集合。

基于上面的相关概念，下面给出旅客后续行程预测问题的形式化定义。

问题定义（旅客后续行程预测）：对于任意旅客，其历史出行序列可以表示为 $X=\{h_1,h_2,h_3,\cdots,h_i,\cdots,h_m\}$，其中 h_i 表示旅客历史出行序列中下标为 i 的城市，m 为该旅客历史出行序列的长度，h_m 为该旅客当前所处的城市，由于算法最终目的是预测旅客下一次出行的目的地，该目的地可以是与旅客当前所在城市之间有航线的任意一个城市，我们称之为候选城市集合，表示为 $\text{cityset}=<\text{city}_1,\text{city}_2,\cdots,\text{city}_K>$，其中 k 表示该候选城市集合数目。所提出的模型通过输入旅客历史前 m 条出行序列 $\{h_1,h_2,h_3,\cdots,h_m\}$，来预测该旅客出行的第 $m+1$ 位置的城市 h_{m+1}，即通过输出候选城市作为旅客下一个出行目的地的概率 $\left\langle \text{prob}_{\text{city}_1},\text{prob}_{\text{city}_2},\cdots,\text{prob}_{\text{city}_k}\right\rangle$，其中 $\sum_{i=1}^{k}\text{prob}_{\text{city}_i}=1$。

本模型通过旅客历史出行数据进行训练学习后，在预测阶段可以输入旅客历史出行序列中任意长度为 l 的连续出行序列 $<h_k,h_{k+1},h_{k+2},\cdots,h_{k+l}>$，来预测其第 $k+l+1$ 位置的城市，即下一次出行目的地的城市概率分布。

6.4.4 解决方案

旅客后续行程预测研究需要面对旅客出行数据稀疏、旅客历史出行序列长度较短，且出行次数较高的高价值旅客只占市场的小部分等问题，这些问题给旅客的后续行程预测带来了一定的挑战。当序列较短即代表行为数量较少时，传统的序列推荐方法如循环神经网络（RNN）等很难捕获到用户的行为信息，导致最后推荐的结果并不准确。因此，我们一方面考虑利用图神经网络强大的信息传递机制和有效的节点表示能力，另一方面充分挖掘全局信息来对个体数据进行有效补充，从而更好地应对上述挑战。同时我们认为，旅客当前所在的城市也是决定其后续出行目的地的一个重要因素，在进行序列表示的时候需要着重考虑。此外，全国总共 200 多个机场中，并非任意两个机场间都存在航线。如果根据航线网络学习到融合了网络拓扑信息的城市节点表示，并与通过图神经网络得到的城市节点表示结合，可以获得更加有效的城市节点信息。

基于以上总体研究思路，此处提出了一种如图 6-13 所示的融合航线网络的图结构化多注意力预测模型（graph structural multi-attention prediction model，GMAN）。本模型的主体是图结构模型和多注意力网络模块，通过图结构模型获取每个城市节点的表示，通过注意力网络获取融合了节点间依赖关系的出行序列的表示，最后通过一个 Softmax 网络，获得后续出行城市的概率，进而预测旅客后续出行的城市。此外，我们还引入了全局航线网络，通过网络表示学习的方法得到具有航线信息的城市节点表示，与通过图神经网络得到的城市节点表示结合，最终获得融合了节点间依赖关系和全局航线信息的城市节点表示。接下来，将从城市节点表示、多注意力网络模块和预测模块 3 个主要部分对模型进行详细的介绍。

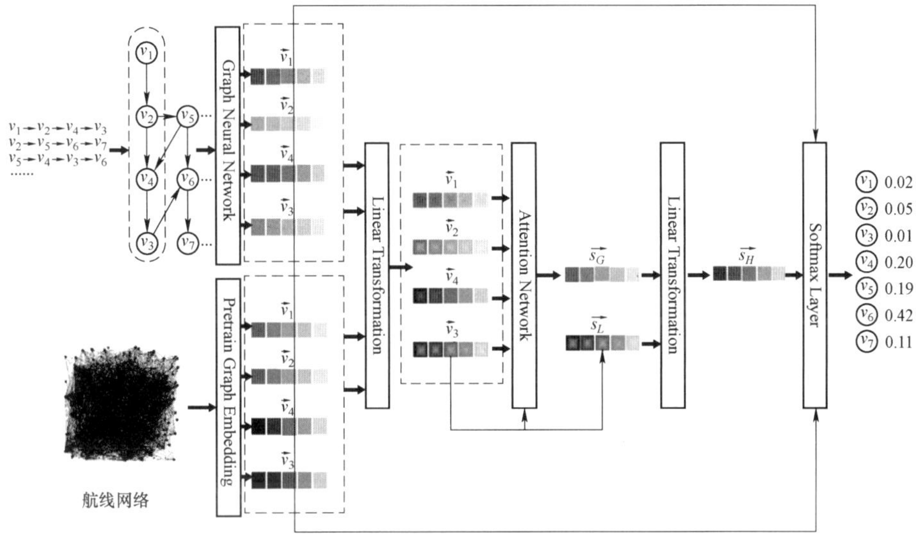

图 6－13　GMAN 模型架构图

1. 城市节点表示

模型首先将每个旅客的历史出行序列建模成图数据，然后每个序列子图依次通过一个图神经网络，得到每个图中的所有城市节点的向量表示，然后与基于航线网络捕获的具有航线结构信息的节点表示融合，得到最终的城市节点向量表示。

（1）构造序列子图

用 $V=\{v_1,v_2,\cdots,v_m\}$ 来表示所有旅客出行序列中的城市集合，而对于一个旅客出行序列可以表示为一个列表：$s=\{v_1,v_2,\cdots,v_s\}$，其中 $v_s\in V$，表示序列中的每个节点是按照出行先后顺序排列组成。然后，每个旅客出行序列会被建模成一个有向图 $G=(V,E)$，在这个有向图中，每个节点代表一个城市，每条边 (v_{i-1},v_i) 代表该旅客在 v_{i-1} 城市后又去了 v_i 城市。然后为每条边分配一个归一化的权重，通过该条边的出现次数除以这条边起始节点的出度计算得到。接下来会将每个节点嵌入一个统一的 D 维向量空间，节点向量通过图神经网络学习到每个城市的潜在向量表示。得到序列中每个节点向量表示后，最后组成这个序列的向量表示。

（2）从序列图中获取节点表示

旅客的出行会受到各种因素影响，除了包括节假日、季节、机票价格等外部因素影响之外，还受到旅客出行目的，固定航线航班选择偏好等内在因素影响，其往往是隐藏在旅客的历史出行习惯中。图神经网络能够考虑到丰富的节点连接关系，自动提取出行城市序列图的隐藏特征，非常适用于基于图序列的推荐问题。本节采用门控图神经网络（GGNN），它主要包含状态更新与状态输出两个过程，在状态更新阶段，GGNN 参考了 GRU（一种特殊的循环神经网络）的设计，会先把邻居节点的信息作为输入，而节点本身的状态作为隐藏状态。下面介绍出行城市序列图中的城市节点向量的学习过程。对于序列图 G_s 中的任意节点 v_i，它在 t 时刻对应的更新函数如下：

$$a_i^t = \boldsymbol{A}_i[v_1^{t-1}, v_2^{t-1}, v_3^{t-1}, ..., v_n^{t-1}]^{\mathrm{T}} \boldsymbol{H} + b \tag{6-18}$$

$$z_i^t = \sigma(\boldsymbol{W}_z a_i^t + \boldsymbol{U}_z v_i^{t-1}) \tag{6-19}$$

$$r_i^t = \sigma(\boldsymbol{W}_r a_i^t + \boldsymbol{U}_r v_i^{t-1}) \tag{6-20}$$

$$\tilde{v}_i^t = \tanh(\boldsymbol{W}_o a_i^t + \boldsymbol{U}_o (r_i^t \odot v_i^{t-1})) \tag{6-21}$$

$$v_i^t = (1 - z_i^t) \odot v_i^{t-1} + z_i^t \odot \tilde{v}_i^t \tag{6-22}$$

式中，$\boldsymbol{H} \in \mathbb{R}^{d \times 2d}$ 控制着权重信息，z_i^t 和 r_i^t 分别代表 t 时刻的重置门与更新门，$[v_1^{t-1}, v_2^{t-1}, v_3^{t-1}, ..., v_n^{t-1}]$ 表示当前城市节点序列，$\sigma(\bullet)$ 是 sigmoid 函数，$\odot$ 表示元素乘法运算符，$v_i \in \mathbb{R}^d$ 为节点的潜在向量表示，邻接矩阵 $\boldsymbol{A}_i$ 表示序列图中的节点关系，$\boldsymbol{W}$ 和 $\boldsymbol{U}$ 为可学习参数。

对于每个序列图 G_s，门控神经网络会同时对所有的节点进行处理，式（6-18）通过邻接矩阵 $\boldsymbol{A}_i$ 进行不同城市节点间的信息传递，对每个节点都会获取其相邻节点的信息，生成一个隐向量，输入到后续的网络中。然后式（6-19）和式（6-20）中的重置门与更新门会决定信息的保留和丢弃。接下来式（6-21）用节点的当前状态、之前的状态和重置门来计算节点的候选状态。最后式（6-22）用候选状态、前一状态和更新门来计算节点最后的状态。重复以上步骤直到收敛，最终得到每个节点的向量表示 $[v_1, v_2, \cdots, v_m]$。

（3）融合航线网络得到最终节点表示

为了增强节点的表示能力，本书额外引入了全局航线网络。为了获得这个全局航线网络结构，首先遍历所有旅客的全部出行航段记录，得到所有城市的 ID 集合，然后对其从 0 开始重新编号，接下来依次判断每个城市与其他城市是否有航线，如果两个城市之间有航线，则设置权重为 1，即代表航线网络中两个城市节点之间有连边，从而得到包含所有城市节点的航线网络。在得到包含所有城市节点的航线网络后，我们将这个航线网络通过一个预训练好的网络表示模型，本书采用传统的 DeepWalk 模型，得到融合了航线网络信息的所有城市节点的向量表示 $[v_1', v_2', \cdots, v_n']$。最后根据图神经网络得到的节点向量表示，与通过航线网络得到的对应节点表示进行融合，获得最终该条出行序列的所有城市节点向量表示 $[v_1, v_2, \cdots, v_n]$。

2. 多注意力网络模块

在提取出行序列信息时，我们发现旅客的后续出行计划除了受到当前所在城市和相邻城市的影响之外，还可能受到其他城市的影响，图神经网络在处理距离较远的节点联系时效果并不是很显著，处理效率也很低。而近年来自注意力机制在提取文本序列中的长距离依赖上取得了很好的效果，可以得到每个单词与其他所有单词的关系。因此，本书提出了一种多注意力网络模块，首先将上一小节得到的序列中的所有节点向量表示通过一个自注意力层，提取城市节点间的长距离依赖，并对序列中每个节点和所有节点计算权重值，得到考虑了其他所有城市信息的城市节点向量，公式如下：

$$F = \mathrm{Softmax}\left(\frac{(\boldsymbol{H}\boldsymbol{W}^Q)(\boldsymbol{H}\boldsymbol{W}^K)^{\mathrm{T}}}{\sqrt{d}}\right)(\boldsymbol{H}\boldsymbol{W}^V) \tag{6-23}$$

式中，$\boldsymbol{W}^Q$，$\boldsymbol{W}^K$，$\boldsymbol{W}^V$ 都是需要训练的参数，然后再利用一个软注意力机制，将其他城市节点与当前所在城市节点进行两两计算相似度，作为生成本次输入的全局向量的权重偏好，得到全局序列向量 $\boldsymbol{S}_G$，公式如下：

$$\alpha_i = q^{\mathrm{T}}\sigma(\boldsymbol{W}_1 v_n + \boldsymbol{W}_2 v_i + c) \tag{6-24}$$

$$\boldsymbol{S}_G = \sum_{i=1}^{m} \alpha_i v_i \tag{6-25}$$

式中，$q \in \mathbb{R}^d$，$\boldsymbol{W}_1$ 和 $\boldsymbol{W}_2$ 是注意力机制中可训练的权重，$\boldsymbol{v}_n$ 是旅客当前所在城市节点的向量表示，α_i 表示不同节点的注意力权重。接下来将旅客当前所在城市节点向量 $\boldsymbol{v}_n$ 作为该序列的局部向量 $\boldsymbol{S}_L$，将全局向量与局部向量进行线性组合，计算得到最终的旅客出行序列向量表示 $\boldsymbol{S}_H$，公式如下：

$$\boldsymbol{S}_H = \boldsymbol{W}_3[\boldsymbol{S}_L, \boldsymbol{S}_G] \tag{6-26}$$

式中，$\boldsymbol{W}_3$ 作为权重矩阵将两个向量组合压缩成低维向量表示。

3. 预测模块

在获得出行序列的向量表示后，需要计算每个候选城市 v_i 的评分 Z_i，将每个城市节点向量 $\boldsymbol{v}_i$ 与旅客出行序列向量 $\boldsymbol{S}_H$ 相乘，再通过一个 Softmax 函数，得到候选城市集合中每个城市作为下一个出行城市的概率，公式如下：

$$\mathrm{prob}_i = \mathrm{Softmax}\left(\boldsymbol{S}_H^{\mathrm{T}} v_i\right) \tag{6-27}$$

将得到的候选城市集合中每个城市被选中的概率分布 $\langle \mathrm{prob}_1, \mathrm{prob}_2, \cdots, \mathrm{prob}_M \rangle$，与该样本的真实标签 $\langle p_1, p_2, \cdots, p_M \rangle$ 计算交叉熵：

$$H(p,q) = -\sum_{i \in M} p_i * \log(\mathrm{prob}_i) \tag{6-28}$$

式中，p 为候选集中每个样本被选中的真实概率分布，q 表示模型预测的候选集中每个城市被选中的概率分布，M 为候选城市集合。损失函数为：

$$L = \frac{1}{|X|} \sum_{x \in X} H(p^x, q^x) \tag{6-29}$$

式中，X 表示训练集和测试集中的样本，对所计算的损失利用反向传播算法，经过多轮迭代并更新模型中的参数，以更好地拟合真实样本分布。

6.4.5　实验分析

1. 数据集

实验采用 10 万旅客在 3 年半内的出行航段数据，所有数据经过不可逆加密处理，共计 470 239 条。原始航段数据包含旅客本次航段出行的旅客个人属性信息、航班信息和订票信息，其中旅客个人属性信息有证件类型、加密证件号、加密旅客 ID、加密户籍地、加密出行年月编码、性别、国籍和旅客类型。航班信息有航空公司、航班号、航段起飞日期、航段起飞时间、航段始发城市、航段始发机场、航段到达日期、航段到达时间、航段到达城市、航段到达机场、值机方式、值机日期、值机时间、行李件数、行李重量、升降舱标识等。订票信息有出票日期、出票时间、订票日期、订票时间等。

在构造旅客出行序列数据集时，对原始数据进行切割、合并、排序等处理后，得到所需要的航段信息，并将提取出来的字段数据进行结构化处理，存储到对应的文件中，其中涉及的主要数据字段如表 6–3 所示。

表 6–3　主要数据表及字段

字段名	字段含义	样例 1	样例 2
Pax_id	旅客 ID	6773d956644d745	551a23b8d43ca7
Seg_dpt_dt_lcl	航段起飞日期	2012–01–07	2012–01–08
Seg_dpt_tm_lcl	航段起飞时间	21：00：00	23：05：00
Seg_dpt_cty_cd	航段始发城市	CAN	BJS
Seg_arrv_dt_lcl	航段到达日期	2012–01–07	2012–01–08
Seg_arrv_tm_lcl	航段到达时间	22：25：00	0：25：00
Seg_arrv_cty_cd	航段到达城市	SYX	NNY

在得到所有旅客的主要航段数据后，每个旅客的历史出行航段将按照这个旅客的出发日期排序，并将出发日期对应的城市作为序列的节点，最后得到所有旅客的历史出行序列数据。接下来，本章根据所有旅客的出行序列长度，又将所有出行序列数据划分为 3 个数据集，分别代表序列长度不小于 3、5、10 的集合。然后针对每个数据集分别划分训练集和测试集，对于每位旅客长度为 N 的历史出行序列 $\langle h_1,h_2,\cdots,h_N\rangle$，将序列 $\langle h_1,h_2,\cdots,h_{N-2}\rangle$ 作为其训练集的输入，h_{N-1} 所对应的城市作为该条样本的标签；同样，将 $\langle h_1,h_2,\cdots,h_{N-1}\rangle$ 作为测试集的输入，h_N 所对应的城市作为该样本的标签，即模型最终需要预测的结果。根据以上划分规则得到不同数据集对应的训练集与测试集，如表 6–4 所示。

表 6–4　数据集划分信息

数据集名	训练集数目	测试集数目
dataset@3	167 076	34 535
dataset@5	140 272	19 669
dataset@10	99 150	8 228

2. 基准方法与评价指标

为了验证 GMAN 模型在旅客后续行程预测应用上的有效性，在此选取以下基准方法作为对比实验，包括传统的序列预测模型与类似领域上基于深度学习的点击率预测模型。

① GRU：一种循环神经网络的变种，与 LSTM 一样，可解决长期记忆和反向传播中的梯度消失问题，属于一种常见的序列预测模型。

② STAMP：一种基于会话点击率推荐的短期注意记忆优先级模型，考虑用户的短期兴趣与长期兴趣。

③ FF（frequency first）：根据旅客历史所到达城市按照频率从大到小排序，进行候选城市集合推荐。

④ SR-GNN：一种基于图神经网络的会话用户行为推荐模型，本案例提出的 GMAN 模型主要是在此模型基础上进行改进优化。

给定一条序列 $\langle h_1,h_2,\cdots,h_N\rangle$，通过输入前 $N-1$ 个城市来预测下一个目的地城市，计算每个城市为下一次出行目的地的概率，并将概率最高的前 k 个城市作为最终推荐城市集合。

实验所使用评价指标包括 hr@k（预测命中率）和 mrr@k（平均倒数排名），计算公式如下所示：

$$\text{hr}@k=\frac{\#\text{hit}}{\left|\text{data}_{\text{Test}}\right|} \tag{6-30}$$

$$\text{mrr}@k=\frac{1}{N}\sum_{t\in\text{lable}_{\text{Test}}}\frac{1}{\text{Rank}(t)} \tag{6-31}$$

式中，k 表示构成的推荐城市集合中推荐的数量，本实验中 k 设置为 5。#hit 表示测试集中预测命中的个数，$\left|\text{data}_{\text{Test}}\right|$ 为测试集中的样本数目，$\text{lable}_{\text{Test}}$ 为测试集标签集合，$\text{Rank}(t)$ 为该标签在预测城市集合中的排名。

3. 实验结果分析

我们在 3 个由不同长度序列组成的数据集上进行了几种基准方法和 GMAN 模型的对比实验，最终预测的候选城市集合数目为 5，实验结果如表 6-5 所示。根据实验结果可以发现，在传统的基于深度学习的时间序列预测模型 GRU 和常用的序列点击率预测模型 STAMP 上，预测效果很差，正如前文分析的一样，传统的序列化结构无法捕获到旅客出行城市之间的潜在关系；而在基于旅客历史到达城市频率排序的方法 FF 上，在预测的命中率 hr@5 指标上有所提升，但 mrr@5 指标依然很低，说明预测命中的城市在推荐的候选城市集合中排名较低，这在一定程度上也反映了旅客具有特定的出行习惯，但如果想更加精准地预测旅客的后续行程，还需要更好地对旅客出行序列信息进行深入的挖掘；在基于图神经网络的模型上，无论是预测准确率还是预测命中的城市排名具有显著的提升，说明将旅客出行序列图结构化可以较好地挖掘出旅客出行城市间的出行规律，比非图结构化处理的方法更加适应于民航旅客的出行数据的特点；最后在本章提出的 GMAN 模型上，两个评价指标 hr@5 和 mrr@5 都在最好的基准方法的基础上得到了提升，并且在每个数据集上实验效果都非常稳定。

表 6-5　基准模型结果对比

Method	dataset@3		dataset@5		dataset@10	
	hr@5	mrr@5	hr@5	mrr@5	hr@5	mrr@5
GRU	0.276 1	0.202 6	0.252 3	0.161 1	0.332 2	0.225 5
STAMP	0.280 0	0.141 5	0.286 4	0.145 0	0.312 4	0.150 1
FF	0.573 9	0.220 2	0.589 1	0.222 8	0.610 5	0.219 6
SR-GNN	0.889 3	0.792 9	0.901 7	0.805 3	0.892 7	0.814 5
GMAN	0.926 1	0.877 3	0.925 3	0.880 3	0.928 7	0.873 9

为了更直观地比较 GMAN 模型在数据集中每个长度样本上的表现，我们特地针对 dataset@10 这个数据集进行了分析，把这个数据集上的旅客历史记录长度分布进行了统计，如图 6-14 所示。根据训练集、测试集和丢弃的数据集合中旅客历史行程序列长度分布，可以发现训练集与测试集中旅客行程序列长度大量集中在 10～20 之间，行程记录越长的所占比例越低，这也符合真实民航市场上的旅客出行分布规律。其次，给出 GMAN 模型在不同长度样本下进行预测时的实验结果，如图 6-15 和图 6-16 所示。

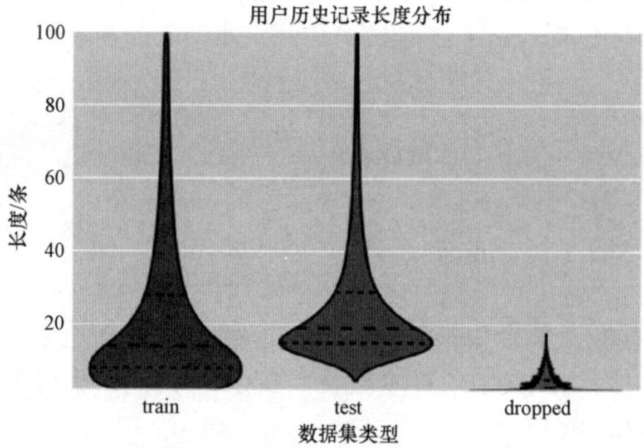

图 6－14　旅客历史记录长度分布

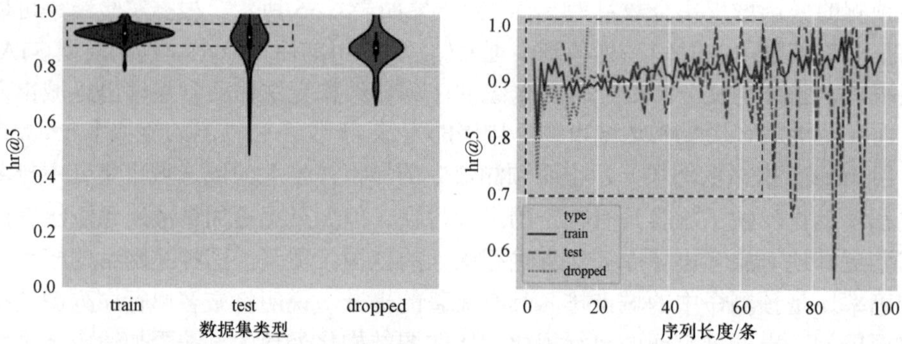

图 6－15　不同样本长度样本下 hr@5 表现

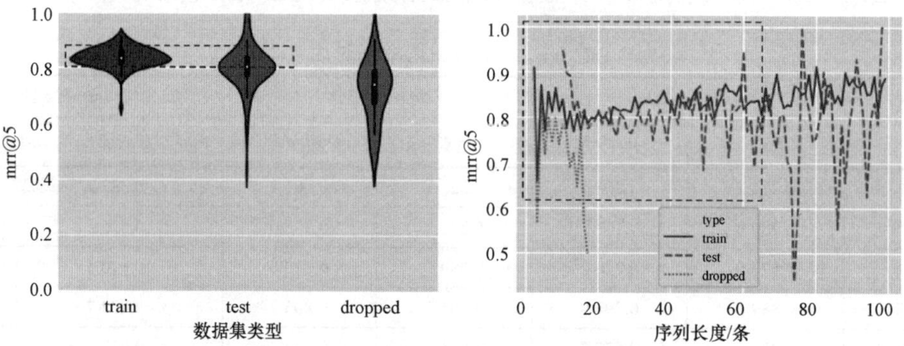

图 6－16　不同样本长度样本下 mrr@5 表现

可以发现，无论是在 hr@5 还是 mrr@5 指标上，结果显示 GMAN 模型的结果在每个长度样本集合中的效果都普遍较好，甚至在标注为丢弃的数据集中，即未出现在测试集与训练集中的数据上也能取得不错的准确度。从右侧的折线图上可以发现，测试集在一定长度范围内实验效果较为稳定，但其稳定性随着序列长度增加反而降低，说明随着序列长度的增加，旅客出行轨迹也会更加复杂，预测的难度也进一步提高。

此外，为了验证 GMAN 模型中的不同模块对预测结果的作用，我们将 GMAN 模型与其两个变种模型进行对比，分别来验证航线网络和自注意力机制对模型的提升效果。在分别将航线网络和自注意力机制去掉后，重新对所有数据集进行对比实验，实验结果如表 6–6 所示。其中 GMAN-S 表示去掉自注意力机制后的模型，GMAN-A 表示去掉航线网络后的模型，实验结果表明自注意力机制和航线网络对模型的预测效果都存在一定的提升，也验证了这两个模块的有效性。

表 6–6　变种实验结果对比

Method	dataset@3		dataset@5		dataset@10	
	hr@5	mrr@5	hr@5	mrr@5	hr@5	mrr@5
GMAN-S	0.899 5	0.846 1	0.912 4	0.849 5	0.912 8	0.848 7
GMAN-A	0.912 3	0.860 7	0.916 5	0.865 8	0.917 5	0.862 9
GMAN	0.926 1	0.877 3	0.925 3	0.880 3	0.928 7	0.873 9

6.4.6　小结

本节以后续交通产品推荐为例，重点介绍了旅客后续行程预测这一核心问题，给出了一种融合航线网络的图结构化多注意力预测模型，借助图神经网络的信息传递机制与设计的多注意力网络，更加有效地获得了旅客出行序列的向量表示，并额外引入了全局航线网络补充节点信息，进一步提升了模型的预测准确性。

随着交通数字化、智能化的时代的到来，越来越多的用户期待能够获得个性化定制的交通产品，并且希望能够获取根据他们的喜好习惯、过往订单或未来行程所特制的产品推荐和实时推送。在上述案例中，仅针对航空场景中行程未预订完成旅客这一特殊旅客团体，通过对所有旅客历史出行记录等数据进行挖掘，在旅客订票后对处于行程未预订完成状态的旅客进行后续行程的预测，从而给旅客提供更加个性化、智能化的推荐服务。事实上，该案例只是众多航空产品推荐问题中的冰山一角，放至所有交通场景来看更是沧海一粟，还有很多复杂的场景和问题仍需要继续探索。

6.5　交通用户群体分析案例——民航旅客社交网络挖掘

6.5.1　概述

社交网络（social network），是由许多节点构成的一种社会结构，节点通常是指个人或组织，边代表各种社会关系，经由这些社会关系，把从偶然相识的泛泛之交到紧密结合的家庭关系的各种人或组织串连起来。社交网络中有多种类型的节点关系，由此产生的图形结构往往是非常复杂的。

社交网络已成为 Web 2.0 时代最流行的应用，其服务范围已逐步从社交关系管理扩展到媒体信息、应用集成、电子商务等领域。社交网络中大量的活跃用户为研究网络行为、数据安全、信息传播及其他跨学科问题提供了宝贵的数据和场景。研究人员通过对社交网络的宏观性质和图谱进行分析，从而获得在网络中蕴含的用户信息。例如，分析社交图的节点度数分布和稀疏度，可以获知整个社交网络连接关系的强弱；对关键节点的分析有助于分析用户影响力；对图聚合性的分析有助于发现不同的社区；基于图论对社交图谱进行分析，可以让研究者从宏观上把握用户的社交行为。

交通用户之间的行为也往往存在着复杂的交互关系，其中蕴含丰富的用户间相关性。然而，仅仅基于个体数据的研究具有明显的局限性。为了在有限的条件下，尽可能对交通用户进行深入的理解，很有必要通过构建高质量的交通用户社交网络，研究个体与个体之间、团体与团体之间的关系来发现数据间的潜在关联，对数据内蕴含的高价值信息进行挖掘。例如，依据由用户共同出行行为所构建的共同出行网络，用户间若有一次共同出行的行为，则表示这两个用户间可能存在紧密的社会关系，如朋友关系或者同事关系。通过对共同出行网络深入的数据挖掘，能够获得丰富的用户信息，从而取得较大的商业利益。例如，通过网络中的关系发现来探求网络中个体与个体之间的联系，或是通过社区发现来找到网络中联系紧密的团体，从而有针对性地提供个性化的优质服务和产品推荐，以此来提高各项交通服务和运行的质量。

本章以民航领域为例，分别给出民航旅客社交网络构建、旅客关系发现以及特定类型的旅客团体发现的研究方案。

6.5.2 民航旅客社交网络构建

1. 背景介绍

社交网络由一组人或一群人组成，人与人之间有着一种或多种类型的关系，为我们研究人类社会行为的特征和模式提供了一个新的视角，因此有关社交网络的相关研究引起了业界的广泛关注。然而，在许多传统的 OLTP 环境中，由于没有明确的客户关系，构建高质量的客户社交网络是一个巨大的挑战。本节在客运领域对这一问题进行了研究，引入一种新方法，从旅客命名记录中推断出民航旅客的共同订票行为，进而推断出高质量的旅客网络。我们称这种网络为共乘网络，它由旅客的共乘行为连接而成。

2. 问题定义

一个共乘网络可以表示为图 $G=(V,E)$，其中 V 是一组旅行者或旅客，E 代表共乘者之间的边集。如果 V 中的旅客都是民航旅客，我们称 G 为民航共乘网络。共乘不仅意味着一起乘坐同一班飞机或列车，还意味着有一段共同的旅程。

共乘网络是基于民航或铁路系统等客运系统中积累的旅行记录来构建的，它可以反映真实社会成员的旅行行为。假设两个一起旅行的人可能存在某种社会关系，如家庭、同事、朋友关系等，那么共乘网络可用于表示加入同一旅行的一群人间的联系。

构建共乘社交网络面临着许多挑战。第一个挑战是如何识别一个共乘旅客团体，即哪些行为可以被视为共乘事件。第二个挑战是如何衡量网络中关系的强度。第三个挑战是如何过滤旅客团体行为中可能存在的噪声。为了了解共乘网络的特性，我们使用了一个包含 7 500 多万不同旅客和超过 3.2 亿不同共乘关系的大规模网络进行一系列统计分析。

3. 方法介绍

在民航业，旅客姓名记录（passenger name record，PNR）可以被视为一次行程或一条旅程记录，其中包含由航班号标识的几个旅行段。多位旅客在同一 PNR 中的共同出现表明他们可能共同预订了机票，或者其他人（如导游）为他们预订了团体票。因此，可将同一 PNR 中的旅客标识为一个旅客群。

我们定义 $PNR=\{SFPG\}$，其中 $SFPG=(V',f)$ 是单个航班的旅客群，其中 $V'\in V$ 是一个旅客组，f 表示一个航班，而 (V',f) 表示预订了 f 航班的旅客组 V'。

通过对民航业务场景的深入研究，我们发现共乘关系可能会以主动或被动的方式产生。或者说，共乘旅行可被分为两类：主动式关系（指有主动共乘行为的旅客之间的关系）和被动式关系（指被动地被安排在同一旅客团体中的旅客之间的关系）。

从旅行记录中统计出来的简单指标，如联合行程成本、共航（记为 Co-SFPG）次数和共航段次数（记为 Co-PNR）等，并不能准确地反映出现实世界中旅客之间的复杂关系。因此，我们提出了一种新的测量方法，称为共乘（记为 Co-JNY）次数，用以评估旅客间的关系强度。

给定旅客对 (u,v)，我们定义了一个共乘事件 $\text{Co-NY}(u, v) = \{\text{Co-SFPG}\,(u, v, i)\}$，其中 i 是一个 SFPG，u 和 v 共享整个旅行过程。我们使用#Co-JNY$_{uv}$ 来表示 u 和 v 旅客之间的共乘事件发生次数。

为计算共乘网络中边的权重，即共乘次数，我们提出了一种增量算法来处理按时间顺序排列的 SFPG。第一步，为旅客的共乘行为建立几种共乘状态模型，并根据旅客团体共乘状态的转换来发现共乘事件。第二步，根据旅客团体的大小，将旅客团体分为小旅客群（small passenger group，SPG）和大旅客群（large passenger group，LPG）。第三步，根据旅客 u 和 v 是否同时出现于同一旅客群，以及旅客 u 和 v 同时出现的次数，将#Co-JNY$_{uv}$ 值分为 0、1 及大于 1 共 3 种情况。

我们假设同乘的陌生人在 LPG 中出现的概率比在 SPG 中大得多，也就是说，LPG 更可能产生被动式关系。值得注意的是，当旅客 u 和 v 在一个大旅客群中一起开始新的旅程时，我们规定#Co-JNY$_{uv}=0$。显然，这并不代表旅客 u 和 v 从来没有一起旅行过，只是表明我们不能根据当前时间窗口中的数据来确定他们之间是否存在某种关系。

4. 实验分析

为了方便比较共乘网络的不同关系强度度量（即#Co-SFPG$_{uv}$、#Co-PNR$_{uv}$ 和#Co-JNY$_{uv}$），我们定义 3 类共乘网络，并分别使用阈值生成具有不同联系强度的网络族。具体来说，即根据旅客之间的边定义了 Co-SFPG、Co-PNR 和 Co-JNY 网络，其中 Co-SFPG 网络 $G_s(V_s, E_s;\ \tau_s)$ 中每条边 $(u,v)\in E_s$ 的#Co-SFPG$_{uv}$ 应等于或大于给定的阈值 $\tau_s(\tau_s>0)$；Co-PNR 网络 $G_p(V_p, E_p;\ \tau_p)$ 中每条边 $(u,v)\in E_p$ 的#Co-PNR$_{uv}$ 应等于或大于给定的阈值 $\tau_p(\tau_p\geqslant 0)$；Co-JNY 网络 $G_j(V_j,E_j;\ \tau_j)$ 中每条边 $(u,v)\in E_j$ 的#Co-JNY$_{uv}$ 应等于或大于给定的阈值 $\tau_j(\tau_j\geqslant 0)$。

通过将每类共乘网络的阈值设置为不同的整数，可以得到 3 类共乘网络。我们通过研究一系列统计数据来研究所有网络的结构特征。为此，将 τ_s 和 τ_p 的值在 1～15 间调整，τ_j 在 [0,15] 间调整，得到不同的网络结构。

我们首先研究网络大小随阈值 τ 的变化。图 6－17 显示了网络的边数和（非孤立）节点数随阈值的变化。例如，将阈值从 $\tau=1$（G_j 为 0）增加到 $\tau=3$ 或 4，网络中的节点数和边数都有急剧减少的趋势。图 6－17 中有两个显著特征：第一，在阈值 $\tau=2,3,4$ 时，Co-JNY 网络的曲线比其他两种网络的曲线更平滑；第二，Co-SFPG 和 Co-PNR 趋势相似，而 Co-JNY 网络的衰减速度与其他两种网络的下降速度有很大的不同。从上述结果中，我们可以得出一些结论。一方面，Co-SFPG 和 Co-PNR 两种网络的边权分布相似，因此随着 τ 的增加，边和节点的减少率也相似。相反，Co-PNR 的边权分布与其他网络有很大的不同，因此趋势不同。另一方面，在某个较低的阈值 $(\tau=0)$ 下，Co-PNR 网络包含更多的外围节点和被动连接，而 Co-SFPG 和 Co-PNR 网络只能在阈值 $\tau=2,3,4$ 时对不同类别的节点和关系进行区分。因此，随着 τ 的增加，Co-PNR 网络中节点的初始孤立速率 $(\tau=2,3,4)$ 远大于 Co-SFPG 和 Co-PNR 网络。

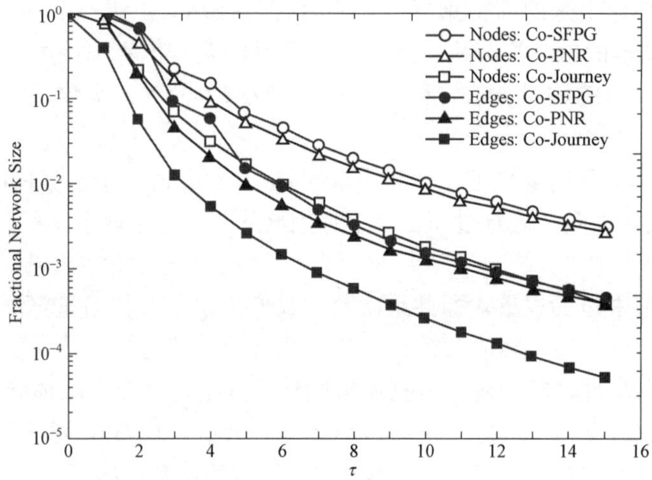

图 6－17　网络 $G(V,E_s,1)$ 在不同阈值下节点和边的数量

图 6－18 展示了不同阈值下共乘网络的节点度分布。我们发现在所有的情况下，节点度的分布都是幂律分布；同时，随着阈值的增加，幂律分布更加清晰和平滑，特别是在 Co-JNY 网络中。研究表明，现实世界中人们在规划大型旅游团时，往往以 5 的倍数作为群体规模，而在低阈值的情况下，节点度分布上也有相似的性质。这是因为阈值 $(\tau=1)$ 可以精确地过滤掉被动连接，余下的主动连接带来更原始的幂律分布。通过比较共乘网络中 $\tau=0$ 的曲线和 $\tau\geqslant 0$ 的曲线，可以得出这种性质主要是由被动连接引起的。然而，这种性质不仅出现在 $\tau=1$ 时的网络中，而且出现在 $\tau=2,3,4$ 时的 Co-SFPG 和 Co-PNR 网络中，表明在这些网络中，很难通过阈值来过滤被动连接。通过与 Co-SFPG 和 Co-PNR 各方面的比较，证明了 Co-JNY 作为旅客间关系强度度量的合理性和优越性。

5. 小结

本节首先介绍了共乘网络的概念，讨论了从旅客行为数据中推断出高质量民航共乘网络的方法。我们提出用完全同程旅行次数 Co-JNY 来代替 Co-SFPG 或 Co-PNR，作为对网络中关系强度的衡量。实验结果充分证明了 Co-JNY 的优势。

虽然这一节的重点是利用 PNR 信息，从详细的旅行记录数据构建同程网络，但是类似的网络也可以从其他类型的可观测数据中构建或补充。这些数据也可以用来识别不在同一 PNR 中的旅客团体。随着旅客行为信息的增多，可以建立一个更加完整的共乘网络。也就是说，虽然此处没有使用其他的信息，如同飞、近距离座位、近距离值机数据，但是这些数据可以用来完善和加强共乘网络。

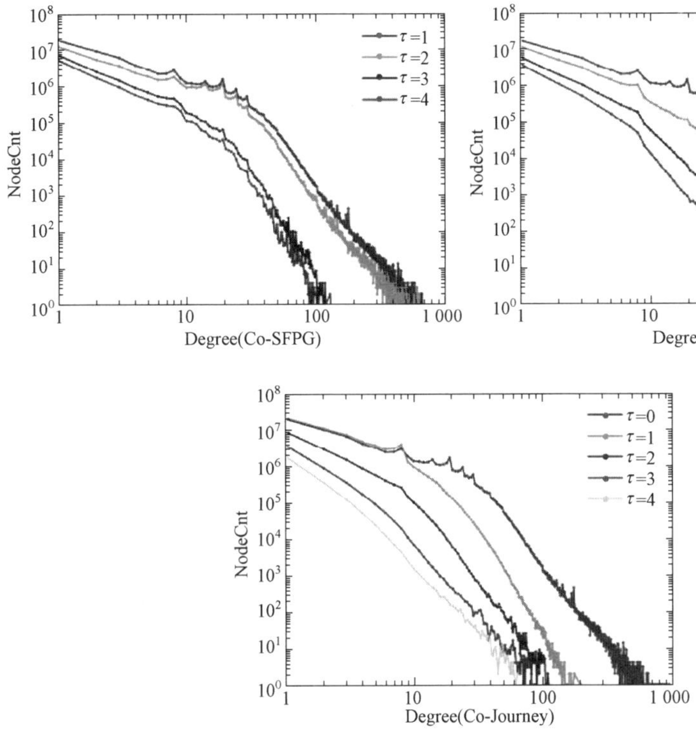

图 6-18　节点度的幂律分布

6.5.3　家庭团体发现

1. 背景介绍

人们通常与其他人结伴，共享同一个出发地和目的地，如与家人度假或探亲、同事出差、与朋友观光或参加重大活动等。尤其是家庭团体，作为最常见的旅游消费群体之一，其在民航市场领域具有相当的规模。如果我们能找到一种能够准确检测出大量旅客中的家庭团体的方法，将极大地帮助航空公司对旅客提供个性化的出行服务和准确的产品推荐。

2. 相关定义

定义 1（旅客组）：一个旅客组 $g=(P_g, \mathrm{ori}_g, \mathrm{dst}_g, \mathrm{dis}_g, \mathrm{d\_date}_g, \mathrm{r\_date}_g)$ 是为了一趟旅行共同订票的旅客集合，其中 $P_g=\{p_i\}$ 是旅客的集合，ori_g 和 dst_g 是共同的出发地和共同的目的地，dst_g 是旅行的里程数，$\mathrm{d\_date}_g$ 和 $\mathrm{r\_date}_g$ 分别是旅行的离开日期和返回日期。

定义 2（共同出行网络）：一个共同出行网络定义为图 $G=(V,E)$，其中 V 是节点集合，每个节点 $p_i \in V$ 表示一位旅客。E 是边集合，每条边 $e_{ij}=(p_i,p_j)\in E$ 表示旅客 p_i 和 p_j 至少有一次共同订票和旅行行为。

定义 3（稀疏标注的共同出行网络）：一个稀疏标注的共同出行网络是一个在共同出行网络的基础上进行拓展的概念，由 $G=(V,E^{\mathrm{L}},E^{\mathrm{U}})$ 表示。V 是节点集合，E^{L} 是带标签的边集合，每条边 e_{ij} 表示一个标签已知的关系（例如家庭关系或者同事关系）。E^{U} 是一个无标签的边集合，每条边 e_{ij} 表示一个标签未知的关系。显然，$E^{\mathrm{L}} \cup E^{\mathrm{U}}=E$。

问题定义 1（旅客间的社会关系推断）：给定一个稀疏标注的共同出行图 $G=(V,E^{\mathrm{L}},E^{\mathrm{U}})$，任务的目标是学到一个函数：

$$f:G=(V,E^{\mathrm{L}},E^{\mathrm{U}})\rightarrow L \tag{6-32}$$

式中，L 是该问题的标签空间，例如，所有可能的社会关系类型。

该方法的目标是判断无标签的关系是否是一个家庭关系，因此可以看作是一个二分类问题。

定义 4（带权的共同出行网络）：在稀疏标注的共同出行网络中，经过关系分类后，我们能够得到边 $e_{ij}\in E$ 属于某一种关系的概率，然后将概率作为关系的权重，形成带权的共同出行网络 $G=(V,E^{\mathrm{W}})$。

定义 5（家庭团体）：我们用 $C^{\mathrm{F}}=(V^{\mathrm{F}},E^{\mathrm{F}})$ 来表示一个家庭团体，其中 V^{F} 是家庭成员的集合（$V^{\mathrm{F}}\in V$），E^{F} 是一个旅客间关系的集合（$E^{\mathrm{F}}\in E^{\mathrm{W}}$）。

问题定义 2（家庭团体发现）：给定一个带权的共同出行网络，目标是对所有的节点进行聚类，得到一个集合 $C^{\mathrm{F}}=\{c_k^{\mathrm{F}}\}$，使每个节点只属于一个社区 c_k^{F}，其中 c_k^{F} 表示一个家庭团体。

本案例的目标是利用旅客的历史旅行数据，发现旅行中的家庭团体。首先根据旅客的历史旅行数据建立稀疏标注的共同出行网络，然后为每条边生成特征，用于训练一个对家庭关系进行分类的分类器。最后用所有边的分类结果作为边权，利用社区发现算法，发现网络中的团体。

3. 方法介绍

我们提出的模型通过以下 4 个步骤对家庭团体进行发现。

1）构建共同出行网络

航空公司在其信息系统中记录了所有旅客的历史行为，而每个记录实际上都表示了一个旅客组。例如，在民用航空领域，PNR 包含一组共同预订机票的旅客的旅行信息。从这样的旅行记录中，可以构建一个共同出行网络，其中的边在一定程度上揭示了现实世界中旅客间的社会关系。

2）关系分类

在稀疏标注的共同出行网络中，已知少量关系标签，这些标签可以作为训练集来推断未知标签。关系分类的基本思想是利用传统的分类器对每个关系进行分类，其中所有的标签都是独立的、同分布的。但事实上，共同出行网络中的关系标签之间可能存在一些依赖关系，例如，家庭关系之间存在传递性依赖。考虑到这种依赖性，我们采用了一种协同分类算法来对共同出行网络中旅客之间的社会关系进行分类。

（1）生成特征

根据生成机制的不同，在此将特征分为 3 类：历史共同出行特征、人口学特征和基于网络的特征。

① 历史共同出行特征：历史共同出行特征是基于旅客之间的共同出行行为的统计特征。不同类型的关系可能有不同的出行模式，此外，从出行时间来看，家庭成员通常选择周末或节假日出行，而同事则经常在工作日出行，因此周末、节假日和工作日的共同出行时间比例也可能起到重要作用。

② 人口学统计特征：人口学统计特征是基于旅客的静态属性的统计特征。不同类型的关系可能对应不同的人口学统计特征。例如，父母和孩子之间的年龄差异通常很大，儿童之间的年龄差异很小，而同事之间的年龄差异则不确定。性别构成也有助于关系分类。例如，父

母之间的性别构成必须是男性和女性，而同事之间则不确定。另外，孩子的姓氏通常与其父母的姓氏相同。

③ 基于网络的特征：旅客关系的上述特征都是直接由关系本身产生的，而没有考虑网络的拓扑结构。事实上，丰富的拓扑信息也可以对关系标签的推断起到很大的作用。本书考虑了边的几种常见的网络结构特征，例如共同邻居节点个数和边介数等。

（2）条件随机场

考虑到标签间的依赖性，在此采用了条件随机场来对共同出行网络中旅客之间的社会关系进行分类。条件随机场（CRF）是为标记序列数据而开发的无向图形模型，它表示给定观测值的一组隐藏随机变量的条件分布。在共同出行网络的关系分类中，我们利用前面提到的家庭关系的传递性依赖来构造 CRF。这些关系对应于 CRF 中的目标变量 Y，其特征对应于 CRF 中的条件变量 X。

3）发现家庭团体

在这一步中，使用关系分类的结果，来发现旅客共同出行网络中的家庭团体。其基本的想法是：两个旅客存在家庭关系的概率越高，则他们属于同一个家庭的可能性越高。因此我们将一个旅客关系属于家庭关系的概率作为网络的边权，之后使用带权的社区发现算法去发现网络中的家庭团体。通过关系分类，可得到网络中旅客关系为家庭关系的概率，接下来可利用阈值 ξ 移除网络中的一些边，来减少权值较小的边对社区发现算法的影响。

4. 实验分析

在这一部分中，将进行多组实验，以评估家庭团体发现框架的性能。

1）评估指标

在标签数据的基础上，根据一个旅客关系（即一对旅客）是否被准确地划分为真实的家庭，使用准确率（precision）、召回率（recall）、F1 测度和 rand 指数（RI）来评估不同家庭团体发现方法的效果。规定 TP 表示正确划分为同一家庭的真实家庭关系的数量，TN 表示错误划分为不同家庭的真实家庭关系的数量，FP 表示正确划分为不同家庭的非家庭关系的数量，FN 代表非家庭关系却被错误地划分为同一个家庭的数量，那么各评估指标可计算为：

$$
\begin{aligned}
&\text{precision} = \frac{\text{TP}}{\text{TP}+\text{FP}} \\
&\text{recall} = \frac{\text{TP}}{\text{TP}+\text{FN}} \\
&\text{F1} = 2\times\text{precision}\times\frac{\text{recall}}{\text{precision}+\text{recall}} \\
&\text{R1} = \frac{\text{TP}+\text{TN}}{\text{TP}+\text{FP}+\text{FN}+\text{TN}}
\end{aligned}
\qquad (6-33)
$$

2）实验结果

该框架包括两个主要阶段，即关系分类和社区发现。在关系分类阶段，我们比较了所提出的协同分类算法（基于条件随机场的分类器）与传统分类器（Logistic 回归）在判别家庭关系上的性能。在社区发现阶段，我们比较了加权社区发现方法（Infomap 作为基本社区发现算法）与两种 Baseline 方法的性能。

（1）关系分类实验结果

在关系分类过程中，使用 Logistic 回归和 CRF 分别对标记数据进行 5 重交叉验证。Logistic 回归的平均准确率为 81.63%，CRF 的平均准确率为 89.16%（提高了 7.53%）。为了比较两种方法的有效性，图 6-19 分别给出了它们的 ROC 曲线。可以看出，协同分类方法（即 CRF）明显优于传统的分类器（即 Logistic 回归）。

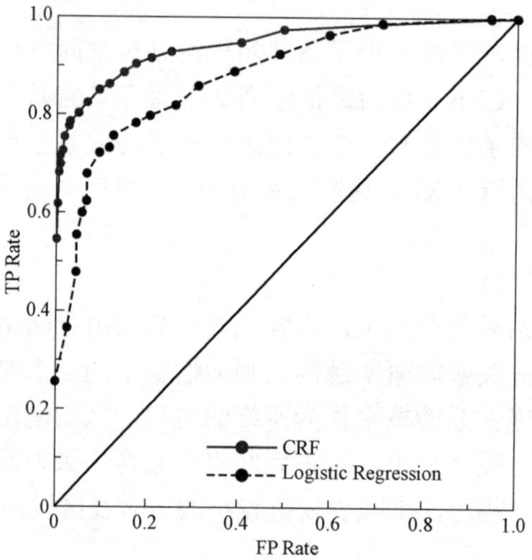

图 6-19　CRF 和 Logistic 的 ROC 曲线

（2）家庭团体发现结果

基于 CRF 分类器在最佳性能下的分类结果，分别使用割边法、符号网络社区发现和加权 Infomap 算法来发现家庭团体。结果如图 6-20 所示，其中 X 轴表示阈值 ξ 的值，Y 轴表示不同指标的值（即准确率、召回率、F1 和 RI）。从图 6-20 中可以看出，随着阈值的增大，准确率越来越高，而召回率却越来越低。割边法在阈值为 0.6（F1 测度达到最大值 91.32%）时达到最佳性能，而符号网络社区发现方法在阈值为 0.7（F1 测度达到最大值 91.71%）时达到最佳性能，当阈值为 0.3（F1 测度达到最大值 92.72%）时，加权社区发现方法的性能最好。

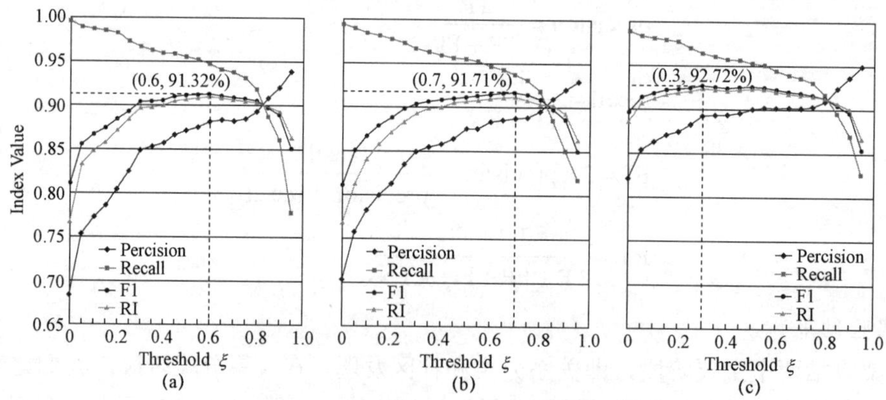

图 6-20　不同阈值下的各类指标曲线

总体而言，加权社区发现方法优于割边法和符号网络社区发现方法，在所有阈值下表现均更稳定，且最佳 F1 测度分别提高 1.40%和 1.01%，这说明基于关系分类结果的社区发现是一种有效的类型化社区发现方法。以关系分类的概率形成结果作为网络的权重，加权社区发现方法可以很容易地发现特定类型的社区。

6.5.4　小结

社交网络已在人们的实际生活场景中得到了广泛的应用，为挖掘人与人、团体与团体之间的关系提供了一个较好的解决方案。而在交通场景中，若想要对交通用户进行深入的理解，仅仅基于个体数据的研究具有明显的局限性。因此，通过将交通用户构建为社交网络，发现用户的潜在关系，对数据内蕴含的有价值的信息进行挖掘具有非常重要的实际意义。本章以民航领域为例，给出了为交通用户建立社交网络的具体方法，分别给出旅客社交网络构建、旅客关系发现以及特定类型的旅客团体发现的研究方案。

6.6　交通用户价值预测案例——民航旅客价值预测

6.6.1　概述

用户价值是交通行业关心的课题之一，随着信息技术的迅猛发展和企业竞争的加剧，产品和服务的差异越来越小。企业以产品为中心的理念正逐步过渡到以用户为中心的理念，能否准确地判定用户当前市场价值以及预测用户的未来价值，在很大程度上会影响企业的发展状况以及发展前景。因为精准的用户价值判断和预测有助于企业挖掘更充分的客户资源，从而在市场中获得更大的竞争优势。在用户价值判断或预测中需要注意以下几个特点：首先，用户价值是动态变化的，不能仅根据单次或少量的几次出行与消费行为来判断，而是要综合考虑用户的历史行为。其次，用户在不同时期的购买习惯是不同的，距离当前时间越近的消费行为与未来消费行为的相关性更强，越久远的行为与未来行为的相关性会变弱。最后，用户的消费行为通常还会呈现周期性，即在某些特定的时间段具有相似的消费行为。因此，了解以上特点，并能够运用这些特点准确判断或者预测用户价值对企业至关重要。

用户价值预测是指对用户在未来一段时间内，在商店或平台上进行消费的能力进行估计预测。典型的应用场景是电商平台根据用户的画像和历史交易等数据对用户未来的购买能力进行预估，从而对不同购买能力的用户采取不同的推荐策略，以达到更好的销售效果。在现有的实际生产应用中，常用的有 3 个衡量用户价值的重要指标：最近一次消费、消费频率和消费金额。但是，这 3 个指标之间的权重需要专家根据行业的不同进行调整，此外，仅使用这 3 个指标无法对用户价值进行细粒度的预测。

目前，用户价值预测方法大体分为 3 类。第一类研究基于概率论理论构建模型进行预测。这类方法大多使用两步预测法：第一步，预测每个用户的未来交易次数；第二步，估计每笔交易的平均销售额或者利润，并基于以上两个预测值计算得到用户价值。第二类研究对价值计算方法进行创新。例如：Pareto/NBD 模型将交易量与交易金额建模为线性相关，并使用多元线性回归模型得到更为精确的结果。第三类研究基于机器学习或深度学习模型进行预测。典型模型如：传统的时间序列预测模型 VAR 和 ARIMA；基于深度学习的循环神经网络模型

LSTM 和 GRU 模型。近年来，用户价值预测慢慢转向使用机器学习或深度学习的模型。接下来，我们将聚焦民航背景下的用户价值预测，介绍并分析多种旅客价值评估与预测模型。

6.6.2 案例背景

消费者对企业所呈现出来的商业价值，决定了消费者在客户发展管理模式中所处的位置与企业可能会对其所采用的市场政策与营销策略。同样，在民航领域，通过分析旅客历史出行与消费行为中蕴含的旅客价值，航空公司可以识别出旅客的消费能力和消费水平并区分不同的消费组，这样，航空公司才可能将有限的资源做到最大化的合理分配。但是，面对当前如此激烈的市场竞争，仅仅分析旅客已经呈现出来的历史价值是远远不够的。航空公司需要有能力预测出旅客未来的价值变化，如什么样的旅客未来将成长为高价值旅客？什么样的旅客未来有可能会流失？旅客未来的价值相比现在将会增长或降低多少？对不同旅客进行有区分的重点营销活动，例如当发现旅客是新增旅客且很可能成为高价值旅客时，向其提供相对优质的服务内容，吸引旅客，提高旅客的黏度和忠诚度；当预测出老客户的价值出现下降时，通过提供优惠政策等手段来挽留可能流失的客户；而当预测出老客户的价值出现上升时，则可以提供相对较为高端的产品和优质的个性化服务，将老客户转换为忠诚客户。通过诸如此类的个性化、精准化营销，在满足旅客需求、提升旅客体验的同时，也将进一步加强航空公司的市场竞争力。

旅客价值预测问题与其他领域中广泛研究的客户流失分析和潜在价值预测具有相似的性质。客户流失分析的预测目标在某种程度上可以理解为客户未来价值较低甚至为零；潜在价值预测问题通常着眼于客户未来价值上升空间的多少。这类问题目前广泛应用在通信、银行、在线购物等对客户消费有黏性需求的行业。由于民航业数据的独特性和难获取性，国内外围绕全面大量的民航数据展开旅客价值预测的研究还相对较少，但近几年也不断有该方面的方法提出，这些方法在真实的民航数据集上得到验证，可以有效地提高旅客价值预测的准确度。

6.6.3 民航旅客价值预测问题定义

当面向不同的应用需求时，旅客价值预测问题可以看成是不同的学习任务：预测旅客将来是否会成长为高价值旅客或者是否会流失是典型的分类问题；对旅客未来价值的量化预测则是一个回归问题；推断民航新旅客未来价值的成长性不止关注旅客个体的历史出行消费行为，还需要从旅客的社会网络中捕捉信息来辅助预测。虽然是不同的学习任务，但其解决思路基本相同，首先基于旅客的历史出行和消费行为来选择或设计一种适合于评估旅客价值的方法，然后基于前面得到的旅客价值评估方法，实现一种新的旅客价值预测模型。该模型主要是借助大量的民航旅客历史出行消费数据来预测出旅客未来的价值变化。其中，面临的主要问题是旅客价值评估与旅客价值预测等，现有的方法也是围绕这两个方面展开研究工作的。

1. 旅客价值评估

对于实际的工业应用而言，设计出一套合理的价值评估模型是一件非常具有挑战性的事情。价值指标的合理性起着至关重要的作用，其对后续的市场分析决策、客户价值预测都将产生重要的影响。另外，从应用角度讲，简单、合理、容易实现也是设计客户价值指标时必须要考虑的因素。针对民航领域，旅客价值评估也面临着上述同样的问题。

价值的计算可以从直接计算和间接计算两个方面来考虑。直接计算就是要计算旅客在整个时间窗口内所贡献的纯经济收益，当前已经被提出来的客户终生价值模型可以实现此类计算过程。间接计算则尝试采用间接指标来反映旅客价值，近期消费金额（monetary）模型直接采用近期消费金额作为旅客价值的度量。RFM 模型是各个行业广泛应用的一种间接客户价值评估模型，包含最近消费时间差 R（recency）、最近消费频率 F（frequency）和最近消费金额 M（monetary）等。由于民航业独有的特点，已有的客户价值评估模型往往并不能充分有效地区分出民航旅客价值的不同。因此，适用于民航领域的旅客价值评估指标的提出是很有必要的。假设旅客 A 和旅客 B 都是航空公司近期的高频旅客，A 经常购买头等舱的折扣机票，而 B 因为紧急出差等各种原因经常购买经济舱的原价机票甚至高价机票。按照 RFM 模型对客户价值的评估方式，旅客 A 和旅客 B 在 3 个维度属性上相似甚至相同，RFM 模型会将两个旅客分配到相同的旅客组，而无法对民航领域的客户价值做出正确的判断。因此，有学者对 RFM 模型进行改进，加入一个新的指标：单位回报率（unit-revenue，U），来区分旅客在单位里程上的价值差异性，并将 RFM 模型中的 M 改进为总里程（miles，M），提出了更适用于民航旅客价值的评估模型 RFUM，有效地衡量了旅客的价值。

2. 旅客价值预测

旅客价值预测是一项重要的研究内容，其基于定义的旅客价值评估方法和构造出的旅客特征，通过机器学习或深度学习方法实现相应的分类任务或回归任务，以预测旅客未来的价值。本节将对旅客价值预测问题中涉及的有关概念和问题给出明确的定义，并给出相应的符号标记和形式化描述。

定义 1（旅客出行数据）：旅客出行数据是指航空公司业务系统中记录的民航旅客历史出行信息。该数据以 PNR（passenger name record）订单的形式存储在业务系统的交易数据库中，每条 PNR 记录包含了旅客出行时的航班基本信息（出发地、到达地、起飞日期、起飞时间、里程信息）和旅客基本信息。因此，每一条旅客出行记录可以定义为：$\mathrm{tr} = (\mathrm{ori},\mathrm{dest},\mathrm{date},\mathrm{time},\mathrm{mile},\mathrm{PT})$。其中集合 PT 表示由参与本次出行的所有旅客构成的集合，即 $\mathrm{PT} = \{(pi_1,ti_1),(pi_2,ti_2),\cdots,(pi_k,ti_k)\}$。$pi_k$ 表示旅客 k 的个人基本信息（性别、年龄、姓氏、籍贯等），ti_k 则表示旅客 k 本次出行相关信息（座位号、船位类型、值机方式、值机时间、订票日期、购票折扣、机票价格等）。

$$pi_k = (\mathrm{gender}_k,\mathrm{age}_k,\mathrm{surname}_k,\mathrm{birthplace}_k)$$
$$ti_k = (\mathrm{seat}_k,\mathrm{carbin}_k,\mathrm{w\_check}_k,\mathrm{t\_check}_k,\mathrm{d\_book}_k,\mathrm{discount}_k,\mathrm{money}_k)$$

定义 2（历史出行记录集合）：民航客票系统中出现过的旅客都至少拥有一条相关的出行记录，这些出行记录构成了该旅客的历史出行记录集 $\mathrm{TR}_i = \{\mathrm{tr}_i^1,\mathrm{tr}_i^2,\cdots,\mathrm{tr}_i^m\}$，集合中的每个元素表示旅客 p_i 的某次历史出行记录。

定义 3（旅客同行社交网络）：新旅客是指一个对某航空公司而言出现时间较短的旅客，这样的旅客在业务系统的交易数据库中只有少量的一条或几条出行记录，直接从旅客个体历史出行数据中无法得到充分的有效信息。因此，在预测民航新旅客的未来价值时，往往需要结合旅客同行社交网络来提升预测效果。旅客同行社交网络指共同出现在同一 PNR 订单中的旅客所构成的同行关系，旅客在关系结构中充当节点的角色，大量用户的共同出行关系就构成了旅客同行社交网络，其形式化描述为 $G = (V,E)$。其中，V 是由旅客节点 p_i 构成的集合，E 表示社交网络边的集合，其中的每条边 $e_{ij} = (p_i,p_j)$ 代表旅客 p_i 和 p_j 至少有一次共同出现在 PNR 订单中，构成了共同出行关系。

定义 4（旅客价值预测）：给定旅客 p_i 的历史出行记录集合 TR_i，旅客价值预测的目标就是找到一个合理的映射：

$$f:\mathrm{TR}_i \rightarrow L$$

式中，L 代表该问题的标签空间，即旅客 p_i 在预测窗口内可能的价值情况。若具体问题是预测旅客未来是否会成长为高价值旅客或者是否会流失的分类问题，L 就表示该旅客未来属于某种分类的可能性，在［0，1］之间取值；若具体问题为旅客价值量化预测的回归问题，L 则是直接量化的价值数值。

6.6.4 解决方案

本节将以民航运输领域为例介绍两个重要的民航旅客价值预测模型，分别是“集合社会网络信息的组合预测模型”和“时间感知的多任务价值预测模型”，并对模型的预测结果进行分析。

1. 集合社会网络信息的组合预测模型

该模型属于前面提到的分类模型，目的是预测某个民航新旅客是否能够成为高价值旅客，即该模型是一个针对民航新旅客的二分类模型。

该预测模型从社交网络视角，提出了一种用于民航新旅客未来价值成长性预测的新方法。该方法得益于基于历史出行记录构建的旅客同行网络，在一定程度上缓解了传统方法由于新旅客历史数据不足导致的预测结果不理想的问题。新旅客成长性预测模型总体框架如图 6–21 所示。

基于传统的分类方法，能够从旅客个体信息和历史出行记录中构造旅客个体属性。与此同时，可以根据历史出行记录中的同行关系构建旅客同行网络，并在此基础上进一步构造新旅客同其邻居的关系属性。根据个体特征属性和关系特征属性，分别构造基于个体属性的预测分类器和基于邻居关系属性的预测分类器。

（1）基于个体属性的预测分类器：$f_{\mathrm{ind}}(i)$ 表示仅使用旅客 p_i 的个体特征属性对其价值成长性进行预测。

（2）基于邻居关系属性的预测分类器：$f_{\mathrm{net}}(i,j)$ 表示仅使用旅客 p_i 和旅客 p_j 之间的关系属性对旅客 p_i 进行价值成长性预测。当旅客 p_i 有 d 个邻居时，将得到 d 个基于关系的预测结果。

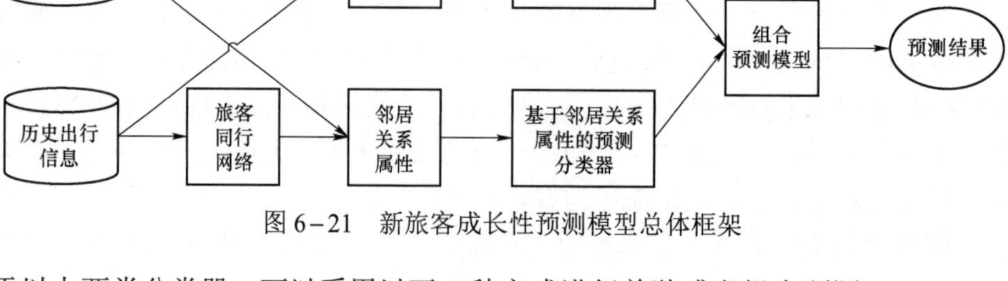

图 6–21 新旅客成长性预测模型总体框架

基于以上两类分类器，可以采用以下 4 种方式进行单独或者组合预测。

（1）基于个体属性的预测模型

通过构造属于旅客个体的特征属性，结合基本的分类算法以达到预测的目的。在该模型中，我们直接将基于个体分类器的预测值作为最终的预测结果，所需条件仅仅是旅客个体属性，表示形式如下：

$$P_{\text{ind}}(i)=f_{\text{ind}}(i) \tag{6-34}$$

（2）基于关系属性的预测模型

将所有邻居给出的预测值看作来自邻居传递的信息，并将这些邻居传递过来的影响值以乘积的形式组合，得到预测结果：

$$P_{\text{net}}(i)=\frac{\prod_{j=1}^{d} f_{\text{net}}(i,j)}{\prod_{j=1}^{d} f_{\text{net}}(i,j)+\prod_{j=1}^{d}(1-f_{\text{net}}(i,j))} \tag{6-35}$$

式中，d 表示旅客 p_i 的邻居数目，$f_{\text{net}}(i,j)$ 表示通过邻居 p_j 对邻居 p_i 的预测值。所得结果最终归一化到［0，1］区间。

（3）无权组合预测模型

将基于旅客个体属性的预测结果和基于旅客关系属性的预测结果整合，得到组合预测模型。此时，可以将基于旅客个体属性的预测看作是旅客传递给自身的信息，得到：

$$P_{\text{net}}(i)=\frac{f_{\text{ind}}(i)\times\prod_{j=1}^{d} f_{\text{net}}(i,j)}{f_{\text{ind}}(i)\times\prod_{j=1}^{d} f_{\text{net}}(i,j)+(1-f_{\text{ind}}(i))\times\prod_{j=1}^{d}(1-f_{\text{net}}(i,j))} \tag{6-36}$$

在这种情况下，随着邻居数目 d 的增加，自身预测值的作用被迅速线性弱化，然而对于旅客来说，其未来价值和其个体属性具有很强的相关性。因此，这种模型在 d 较大的时候不够合理。

（4）有权组合预测模型

在有权组合预测模型中，需要为基于旅客个体属性的预测值设置一个权重α来增加其在组合模型中的比重。所设置的权值应能反映自身预测值随邻居节点数的变化情况，即为邻居数目 d 的一个函数。令 $\alpha=\ln(d+1)+1$，修改无权组合模型的公式，得到有权组合预测模型：

$$P_{\text{net}}(i)=\frac{(f_{\text{ind}}(i))^{\alpha}\times\prod_{j=1}^{d} f_{\text{net}}(i,j)}{(f_{\text{ind}}(i))^{\alpha}\times\prod_{j=1}^{d} f_{\text{net}}(i,j)+(1-f_{\text{ind}}(i))^{\alpha}\times\prod_{j=1}^{d}(1-f_{\text{net}}(i,j))} \tag{6-37}$$

2. 时间感知的多任务价值预测模型

时间感知的多任务价值预测模型，简称 TMVP（time-aware multi-task value prediction），目的是对用户价值进行量化预测，即预测用户在未来的具体价值。TMVP 模型将旅客行为的时序性特征、旅客的市场价值和旅客的消费意愿存在的潜在关系相互结合，共同为旅客价值的预测研究服务。

TMVP 模型的整体结构如图 6–22 所示，整体上遵循了“Encoder-Decoder”网络结构，编码器对旅客的输入矢量序列进行编码，解码网络输出对应的目标值。TMVP 模型由 3 个大的模块组成，分别是 Encoder 信息抽取模块、Embed 外部因素编码模块、Decoder 多目标学习模块。

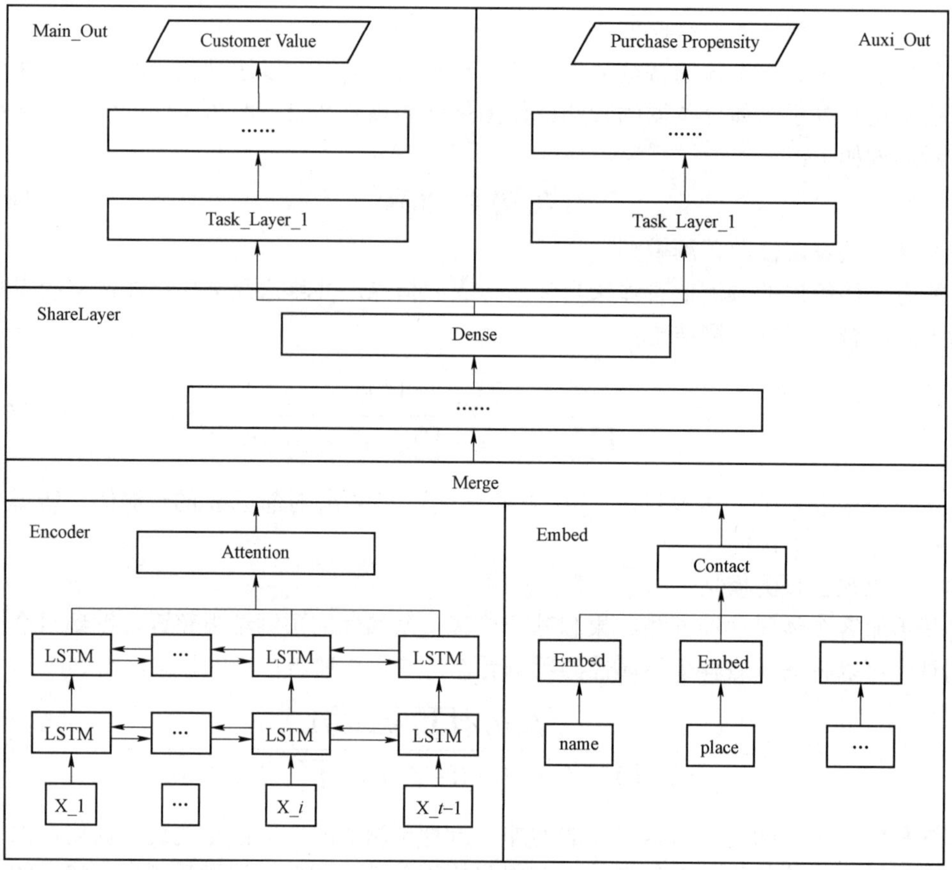

图 6-22　TMVP 模型的整体结构

（1）Encoder 信息提取模块

本模块采用双向 LSTM 来捕获旅客在乘飞机出行中的时序依赖信息。假设给定旅客临近 T 个时间片的输入特征 $\boldsymbol{X}=(x_1,x_2,\cdots,x_T),x_t\in\mathbb{R}^n$，第 t 个输入特征 x_t 作为底层双向 LSTM 在第 t 个时刻的输入信息。

旅客将来的出行选择与过去的出行行为之间存在复杂的依赖性。对历史不同的时间窗口内的活动有着不同的依赖权重。因此，为了能够自适应地学习到未来状态与过去行为之间的依赖性关系，需要编码模型中双向 LSTM 最后一层的输出状态序列 $O^{\text{last}}=(O_1^{\text{last}},O_2^{\text{last}},\cdots,O_T^{\text{last}})$，采用软注意力机制来捕获其中的权重分布。通过双向注意力机制网络，可以捕获旅客飞行记录中隐含的状态信息，并且能够对不同的时间片赋予不一致的权重值，在一定程度上实现输入输出上的信息对齐。

（2）Embed 外部因素编码模块

旅客的出行受到自身多种属性的影响，性别、年龄都会影响旅客的出行选择。TMVP 模型通过将外部的一些因素以及旅客自身的属性进行编码并融入到特征学习中。

本模型将与旅客相关的且相对保持稳定的因素从旅客出行记录中抽取出来，并结合外部的一些因素作为共同的外部输入特征。首先，将每个离散属性（性别等）采用独热编码（one-hot）进行编码。由于一些离散属性，如常用出发地、常用到达地、籍贯等，采用独热编码会导致数据输入特征过于稀疏，维度较高，因此需要将此类离散信息分别输入到对应的神经嵌入层中。然后，对于一些连续的属性值，利用 Z-Score 标准化操作进行处理。最后，将所有处理后的特征进行连接，作为外部因素融合模块的输出，之后和注意力机制的输出进行合并，提供给解码网络进行处理。

（3）Decoder 多目标学习模块

根据所提出的旅客价值模型 RFUM 可知，旅客的价值和旅客的购买意愿之间存在潜在的联系。因此，可以通过多任务学习的方式来同时预测客户的购买意愿和客户的价值。通过这两个任务之间的相互提升，可以获得一个更好的用于输出用户下一时刻价值的隐藏特征表示。

本模型采用了两个深层神经网络来共同训练模型并完成主任务和辅助任务。在主任务中的监督信号表示旅客在下一个时间窗口的价值，计算方式如式（6−38）所示，采用均值平方误差（mean square error，MSE）来训练这一部分网络。

$$\mathrm{Main}(\boldsymbol{c},\theta_m)=\frac{1}{N}\sum_{i=1}^{N}(y_i-\hat{y}_i)^2 \tag{6-38}$$

式中，$\boldsymbol{c}$ 表示编码层最终的输出向量，θ_m 表示最小化 MSE 训练网络的参数，y_i 表示旅客 p_i 真实的旅客价值，$\hat{y}_i$ 表示预测的旅客价值，N 为训练样本数。

辅助任务实际上是一个二分类器，用于预测旅客的购买意图和表示旅客是否在下一个时间窗口内发生购买行为，计算方式如式（6−39）所示，采用交叉熵作为此任务的损失函数。

$$\mathrm{Auxi}(c,\theta_\alpha)=-\frac{1}{N}\sum_{i=1}^{N}p_i\log\hat{p}_i+(1-p_i)\log(1-\hat{p}_i) \tag{6-39}$$

式中，p_i 为旅客真实的购买概率，$\hat{p}_i$ 为预测的购买概率；如果旅客发生了购买行为，则 $p_i=1$，否则 $p_i=0$，θ_α 是用于训练辅助任务的神经网络参数。

6.6.5　实验分析

1. 组合预测模型实验与分析

我们分别采用三层感知机（TLP，three layers perceptron）和决策树作为基于旅客个体属性的分类器和基于邻居关系属性的分类器。对比实验共 8 组，如表 6−7 所示。实验结果如图 6−23 所示。通过对实验结果的分析，可以得到以下结论。

表 6−7　4 种预测模型实验内容列表

序号	实验名称	实验内容
1	RFM + Ind	RFM 价值模型上，基于个体属性预测模型验证
2	RFM + Net	RFM 价值模型上，基于关系属性预测模型验证
3	RFM + Ens	RFM 价值模型上，基于无权组合预测模型验证
4	RFM + WEns	RFM 价值模型上，基于有权组合预测模型验证
5	Monetary + Ind	Monetary 价值模型上，基于个体属性预测模型验证
6	Monetary + Net	Monetary 价值模型上，基于关系属性预测模型验证
7	Monetary + Ens	Monetary 价值模型上，基于无权组合预测模型验证
8	Monetary + WEns	Monetary 价值模型上，基于有权组合预测模型验证

① 从准确率和召回率的角度来看，基于关系属性预测模型的结果优于基于个体属性预测模型的预测结果。社会网络的信息对于新旅客成长性预测准确度具有明显的提升作用。

② 旅客个体属性分类器的预测值在组合过程中占据更大比重，证明了有权组合预测模型更加合理。

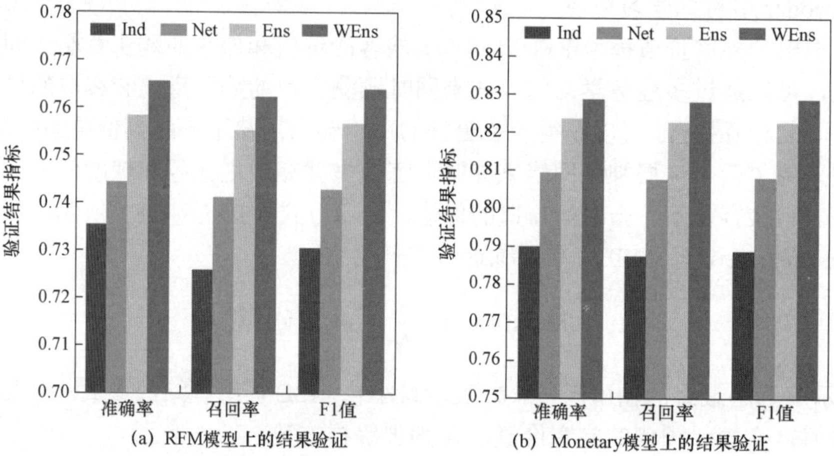

图 6-23　4 种预测模型准确率、召回率和 F1 对比

2. 多任务预测模型实验与分析

TMVP 模型的实验采用的基础数据集是从 2010 年到 2011 年间的民航旅客数据集，包括接近 1 亿旅客的 4 亿多条出行记录。

首先，我们使用以下几个方法作为基准对比方法，来分析对比 TMVP 模型的性能，其中包括经典的时间序列预测模型、成熟的机器学习模型和一些基于深度学习的预测模型。此外，为了进一步分析 TMVP 模型中每个模块的有效性，我们将 TMVP 模型与它的变体模型进行了比较。

① ARIMA：差分滑动自回归模型。② VAR：多变量自回归模型。③ TSRF：两阶段随机森林模型。④ LSTM：长短期记忆网络。⑤ Seq2Seq：编码解码网络。⑥ MVP-nBiLSTM：此模型没考虑捕获后续序列对前序序列的影响，在编码模块值采用了单向的 LSTM 网络结构。⑦ TMVP-nStack：此模型属于对 TMVP 模型在参数空间上的简化，取消了在编码阶段对双向 LSTM 网络的栈式堆叠结构，只采用一层双向 LSTM 来捕获输入信息。⑧ TMVP-nExtension：此模型取消了对外部稀疏离散特征的编码输入，直接将 One-Hot 编码后的输入和连续变量作为特征合并到编码网络的输入向量中。⑨ TMVP-nMultiTask：此模型取消了多任务学习模块，只采用单任务的旅客价值作为监督信号来训练模型。

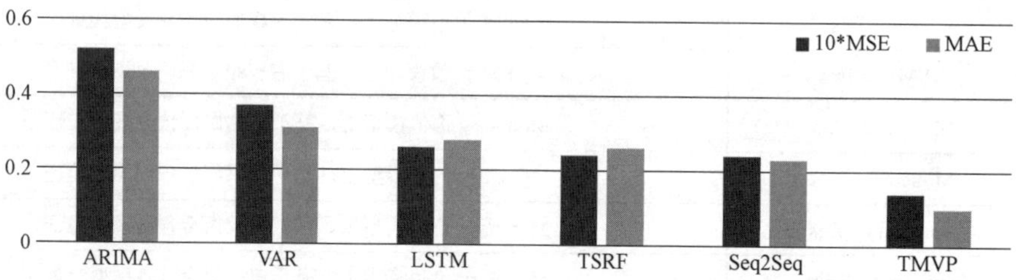

图 6-24　客户价值预测误差 MSE & MAE（一）

首先，图 6–24 给出了几种基准方法和 TMVP 模型在数据集上的 MSE 和 MAE 的实验结果。相比于其他基准方法，TMVP 模型提升了旅客价值的预测结果，取得了更小的误差值，MSE 为 0.014，MAE 为 0.10。同时，TMVP 和其变种模型进行了对比试验，结果如图 6–25 所示。

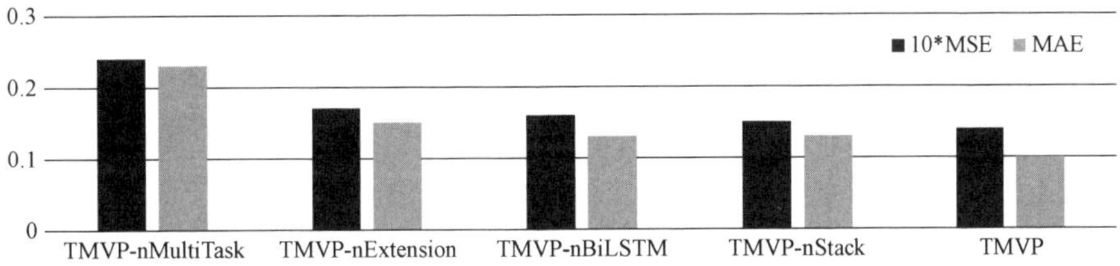

图 6–25　客户价值预测误差 MSE & MAE（二）

从实验结果可以得到以下结论：

① 多任务学习的有效性：从图 6–25 中可以看出，TMVP-nMultiTask 的输出明显高于其他几个变体模型的输出。这说明旅客价值和旅客购买意愿之间的多任务学习机制能够起到帮助模型学习到更好的自动特征表示。

② 外部因素的有效性：从图 6–25 中可以看出，相较于 TMVP 模型，TMVP-nExtension 拥有更大的损失值。这表明外部因素编码网络能够有效地解决数据特征输入的稀疏性，提高模型的预测结果。

③ 双向注意力机制：从图 6–25 中可以看出，TMVP 比 TMVP-nBiLSTM 和 TMVP-nStock 拥有更小的损失值。得益于深度学习的模型容量，TMVP 模型拥有更多的参数空间，更大的模型容量，可以获得更好的实验结果。

6.6.6　小结

本节探讨了民航领域中的旅客价值预测问题，指出了旅客价值预测的重要性，同时介绍了两种旅客价值预测方法，分别应用于新旅客成长性预测问题和旅客价值量化预测问题。本节通过在民航领域真实数据集上进行相关实验，并对旅客价值评估结果和价值预测模型结果进行分析，验证了上述两种方法的有效性。

本节的案例中介绍的方法对于交通领域中的用户价值预测问题，具有一定的通用性及很强的借鉴意义。由于不同的场景具备不同的数据特性和影响因素，需要根据不同场景与任务中主次矛盾的变化，设计更具针对性的模块与处理机制，或者采用更复杂的模型来提高模型的表示能力及其鲁棒性，不断提高用户价值预测的精准度，更好地服务于依托用户价值做决策的下游任务，从而达到精准化营销，在提升用户体验的同时，也进一步强化商家或平台的市场竞争力。

6.7　交通用户行为预测案例——民航旅客出行目的推断

6.7.1　概述

智能交通系统的不断建设和发展使得多个交通领域都积累了大量的用户交通数据，例如智能公交卡数据、车载 GPS 数据、航空订票数据等。这些数据为进一步的交通规划与分析提供了丰富、准确的数据基础。对于不同的出行目的，用户通常会选择不同的交通方式，然而在交通数据中用户出行目的数据是缺失的。因此，基于用户的交通数据进行出行目的推断能为交通系统及相关部门提供相应的数据分析与决策支持，具有广泛的应用和重要的价值。旅游学和社会学的研究表明，选择航空方式出行的用户的目的通常是旅游或者商务。民航领域的离港系统、订票系统及航班系统等记录了大量的旅客个人信息以及他们的订票、值机与旅程等信息，通过对他们的出行目的进行推断，可以为民航或者相关组织部门提供相应的数据分析与决策支持。而选择地铁、公交等方式出行的用户目的通常是上班、上学、回家、购物及娱乐等，公交卡或者智能卡记录了用户乘坐地铁和公交车的数据，通过对用户的公共交通设施出行数据进行分析，推断其出行目的，不仅能够让交通规划人员和分析人员能够更加深入地了解居民的出行行为，为城市公共交通规划、公共设施的空间分布提供参考，同时也能为城市管理者提供重要决策支持，以及提高城市土地利用率和公共设施利用率等。

综上所述，用户出行目的推断具有广泛的应用场景和重要的研究价值。交通领域积累的海量交通数据为用户出行目的推断提供了巨大的机遇，但同时也呈现出巨大的挑战。不同的交通领域积累的数据类型各种各样，因此针对不同的交通领域用户出行目的推断需要结合对应的场景和具体的数据类型，融合各种异质交通数据，从中提取重要的信息；另外，交通数据具有高度的时间相关性和空间相关性，充分捕捉时空相关性对于准确的出行目的推断尤为重要。

近年来，用户出行目的推断算法的研究越来越受到人们的关注，各种各样的挖掘技术和算法已经被用于不同交通领域中用户的出行目的推断。一些研究利用用户的出行调查数据，包括个人属性特征、出行时间特征及出行特征等，采用决策树、支持向量机、贝叶斯网络和随机森林等方法进行用户出行目的推断。一些研究融合了多源的地理数据和用户的交通数据，结合随机森林方法用于用户出行目的的精准推断。深度学习技术可从海量数据中提取关键信息，已被用于用户出行目的推断，例如通过构造用户出行交通网络，从用户出行交通网络中提取网络数据并结合其他交通数据进行出行目的推断。

在本节接下来的部分，将以民航领域中用户出行目的推断为例，详细介绍如何利用用户的民航交通数据构建模型，并且对用户的出行目的进行推断。

6.7.2 案例背景

在民航业务蓬勃发展的过程中，其信息化水平也随之完善，民航的信息化系统、离港系统、订票系统和航班进出港系统等都积累了大量的数据。这些数据中既含有乘机旅客的个人信息，也包括了相应的订票、值机与旅程信息等。积累的海量数据若不加以利用，不仅会造成资源浪费，也会成为一种存储负担。

本案例的主要研究目的是对民航旅客团体的出行目的进行推测。民航旅客团体是指在一个旅客订座记录（PNR）中，订票的旅客人数不少于 10 的旅客团体。PNR 反映了旅客的航程、航班座位占用数量及旅客的相关信息。此外，民航旅客团体订票具有很强的指向性与目的性，原因在于乘机出行基本上都是远距离、高成本的，因此当一个团体决定一起乘机去某个地方时，通常是经过精心筹划的，即有一定的指向性和目的性，这样基本可以排除出行目的的随意性与偶然性。

旅客团体出行目的也具有单一性，若能对到达某个地区或从某个地区出发的旅客团体进行出行目的推测，将会具有许多潜在的应用，如为一个地区的政府规划提供决策数据支持、为旅行服务部门提供推断结果，使其能调整服务策略及计划，为商务机构的市场细分规划提供理论依据等。由此可见，推断旅客团体出行目的具有非常重要的实用价值。

6.7.3　民航旅客出行目的推断问题定义

定义 1（旅客团体）：旅客团体 $g=(P_g,\mathrm{ori}_g,\mathrm{dst}_g,\mathrm{dis}_g,\mathrm{d\_date}_g,\mathrm{r\_date}_g)$ 是某一旅行共同订票的旅客集合，其中 $P_g=\{p_i\}$ 是一组旅客集合，ori_g 和 dst_g 分别是旅行共同的起点和终点，dis_g 是旅行的里程数，$\mathrm{d\_date}_g$ 和 $\mathrm{r\_date}_g$ 分别是旅行的出发日期和返回日期。$|P_g|=1$ 表示旅客独自一人旅行。

航空公司在其信息系统中记录了所有旅客团体的数据，在一段时间内，给定一组旅客团体 $S=(g_1,g_2,g_3,\cdots,g_n)$，我们的目标在于根据定义 1 中提到的各种信息，推断出集合中每个旅客团体的旅行目的。更具体的问题定义如下：

问题定义（旅客团体出行目的推断）：给定旅客团体 $S=(g_1,g_2,g_3,\cdots,g_n)$，学习一个函数 $f:S\to L$，其中 L 为旅行目的标签。对于一个民航旅客团体，其旅行目标一般分为旅游和商务两类。在这种情况下，旅客团体出行目的推断问题可以看作是一个二分类问题。

在本研究提出的解决方案中，首先需要从一组给定的旅行记录中，通过提取每个组中的旅客之间的关系来构造一个旅客共同出行网络，下面给出旅客共同出行网络的定义。

定义 2（共同出行网络）：共同出行网络定义为一个图 $G=(V,E)$，其中 V 是节点集，每一个节点 $p_i\in V$ 代表一个旅客；E 为一个边集，每条边 $e_{ij}\in E$ 表示旅客 p_i 和 p_j 至少一起旅行过一次。为方便起见，本节所用的符号汇总在表 6-8 中。

表 6-8　符号列表

符号	含义
g	旅客团体
P_g	旅客团体 g 包含的旅客集合
ori_g	旅客团体 g 的出发地
dst_g	旅客团体 g 的目的地
dis_g	旅客团体 g 的出发地和目的地之间的距离
$\mathrm{d\_date}_g$	旅客团体 g 的出发日期
$\mathrm{r\_date}_g$	旅客团体 g 的返程日期
$\#\mathrm{male}_g$	旅客团体 g 中男性旅客数量
p	旅客
i,j,k	旅客索引
age_i	旅客 p_i 的年龄
gender_i	旅客 p_i 的性别
seat_i	旅客 p_i 的座位号
mile_i	旅客 p_i 的历史总里程数
$\#\mathrm{travel}_i$	旅客 p_i 的历史总出行次数

续表

符号	含义
$G=(V,E)$	共同出行网络
$G_g=(V_g,E_g)$	G 中旅行群体 g 对应的子图
d_i	旅客 p_i 的度数
e_{ij}	G 中旅客 p_i 和 p_j 之间的边
w_{ij}	边 e_{ij} 的权重
Γi	旅客 p_i 的邻居集合
$\#\mathrm{comp}_g$	子图 G_g 的组件个数

6.7.4 解决方案

由于旅客团体出行目的的推断可以看作是一个分类问题，故最直接的方法是基于旅客团体的基本特征，包括人口统计学特征、旅客团体特征和旅客团体成员历史特征等建立一个分类器并进行出行目的推断。然而一些研究结果表明，这些基本特征还不足以区分不同的旅客团体，因此需要探索更复杂的特性。考虑到不同旅客团体之间存在成员重叠现象，不满足分类算法中分类对象独立同分布的要求，因此我们首先构造了旅客共同出行网络，通过共同出行网络来构建旅客团体的网络属性，更加全面地对旅客团体进行描述。然后，我们应用逻辑回归对群体间重叠旅客间的关系进行出行目的偏好分析，并将分析结果作为一个特征属性进行分类与迭代，获得最终分类结果。下面详细介绍如何构建旅客共同出行网络及特征。

1. 旅客共同出行网络构建

为了获取旅客团体成员间的关系属性，需要利用旅客共同出行的记录构建共同出行网络（co-travel networks）。这些同行记录来自民航领域的旅客订票记录（PNR）。在构建共同出行网络时，每个旅客对应为网络中的一个节点；若一对旅客之间存在共同出行的关系，则将这种关系对应为这对旅客之间的一条边，这条边的权重对应旅客间共同出行的次数。这样，所有的节点与边、边权重就构成了共同出行网络，其构建算法如表 6–9 所示。

表 6–9 共同出行网络构建算法

```
输入：S = (g_1, g_2, g_3, ..., g_n)；
输出：G = (V, E)；
for 每个旅客团体 g ∈ S
  for 每个旅客对 (p_i, p_j)(p_i, p_j ∈ P_g, p_i ≠ p_j)
    If  p_i ∉ V  then
       V ← V ∪ {p_j}；
    end if;
    if  e_ij ∉ E  then
       w_ij = 1；
       E ← E ∪ {e_ij}；
    else
       w_ij = w_ij + 1；
    end if;
  end for;
end for;
```

2. 分类特征属性构造

构建好共同出行网络之后，我们需要进行分类特征属性构造。特征属性可以分为两大类：第一类是旅客团体的客观属性，客观属性来自旅客团体及团体成员的客观事实属性，包括年龄、性别及组成人数等，这些数据可以通过旅客团体购票时填写的相关信息获取；另一类是旅客团体的网络属性，网络属性来自共同出行网络，可以使用团体关系结构、团体关系总强度等描述不同团体的差异。下面分别对这两类属性集进行描述。

（1）基本特征

基本属性集的特征属于实际存在的事实，我们通过分析不同性质的旅客团体可能存在的客观差异，结合社会学、旅游学等相关方面的知识，构造人口统计学特征、旅客团体整体特征、成员历史行为特征 3 个方面的属性。

人口统计学特征表明了旅客团体的人口组成结构。描述主要影响旅客团体行为的人口统计学特征，可以为分析不同性质旅客团体的影响因素提供参考，例如在年龄方面，商务团体往往由成年人构成，而旅游团体的年龄构成则相对宽泛，未成年人与老年人均会存在，且年龄在 20～30 岁的年轻人逐渐成为旅游团体的主力。另外，随着旅游业的发展，越来越多的“夕阳游”“少年夏令营”等具有针对某些年龄段的旅游模式开始出现，旅客团体出行目的会在特定年龄段人员之间表现出较大的差异。群组成员的人口统计学特征如表 6–10 所示。

表 6–10　群组成员的人口统计学特征列表

特征	形式化
年龄均值	$\text{avg\_age}_g = \dfrac{\sum_{p_i \in P_g} \text{age}_i}{\lvert P_g \rvert}$
年龄方差	$\text{age\_ var}_g = \sqrt{\dfrac{\sum_{p_i \in P_g} (\text{age}_i - \text{avg\_age}_g)^2}{\lvert P_g \rvert}}$
未成年人占比	$\text{minor\_ratio}_g = \dfrac{\lvert\{p_i \mid \text{age}_i < 18, p_i \in P_g\}\rvert}{\lvert P_g \rvert}$
老年人占比	$\text{senior\_ratio}_g = \dfrac{\lvert\{p_i \mid \text{age}_i > 60, p_i \in P_g\}\rvert}{\lvert P_g \rvert}$
成年人占比	$\text{adult\_ratio}_g = \dfrac{\lvert\{p_i \mid 18 \leqslant \text{age}_i \leqslant 60, p_i \in P_g\}}{\lvert P_g \rvert}$
男性旅客占比	$\text{male\_ratio}_g = \dfrac{\#\text{male}_g}{\lvert P_g \rvert}$

旅客团体整体特征可以表征旅客团体此次出行的相关行为属性，作为整个团体的整体行为的统一表现。不同类型的旅客团体可能具有不同的群体规模、出行距离和出行时间。此外，出行是否在假期，是否有返程也是非常重要的属性，例如在旅客团体是否返程上，旅游团体通常会统一购买返程票；而商务团体在到达目的地后个人活动较多，所以一般不会统一购买返程票。不同性质的旅客团体成员之间的行为和关系也存在差异，因此这些团体成员在交通工具的座位关系上也会有较大不同。表 6–11 详细列出了旅客团体整体特征及计算方式，其

中座位邻近度特征相较于其他特征计算更为复杂，我们使用相邻座位对的比例来度量旅客团体的座位邻近度，其具体计算方式如表 6–12 所示。

表 6–11　旅客团体整体属性

<table>
<tr><th>特征</th><th colspan="2">形式化</th></tr>
<tr><td>群组规模</td><td colspan="2">$size_g = |P_g|$</td></tr>
<tr><td>旅行距离</td><td colspan="2">dis_g</td></tr>
<tr><td rowspan="2">旅行持续时间</td><td rowspan="2">$dur_g = \begin{cases} 0 \\ r\_date_g - d\_date_g \end{cases}$</td><td>如 r_date_g 为空</td></tr>
<tr><td>其他</td></tr>
<tr><td rowspan="2">是否是节假日</td><td rowspan="2">$is\_holiday_g = \begin{cases} 0 \\ 1 \end{cases}$</td><td>如 d_date_g 为工作日</td></tr>
<tr><td>其他</td></tr>
<tr><td rowspan="2">是否返程</td><td rowspan="2">$is\_returned_g = \begin{cases} 0 \\ 1 \end{cases}$</td><td>if r_date_g is null</td></tr>
<tr><td>其他</td></tr>
<tr><td>座位密度</td><td colspan="2">$seat\_proximity_g$</td></tr>
</table>

表 6–12　座位邻近度算法

输入：$Seat_g = \{seat_i\}$；
输出：$seat\_proximity_g$；
//定义 C_g 为一个相邻或连接的座位对的集合
$C_g \leftarrow \emptyset$；
//定义 Q_g 为一种座位编号的升序排列
$Q_g = Sort（Seat_g）$；
for $i = 1$ to $|P_g| - 1$
　for $i = 1$ to $|P_g| - j + 1$
　　if $seat_j$ 是 $seat_{j+i}$ 在 Q_g 中的邻居 **then**
　　　$C_g \leftarrow （seat_j, seat_{j+i}）$；
　　else if $（seat_j, seat_{j+i}） \in C_g$
　　　and $seat_{j+i-1}$ 是 $seat_{j+i}$ 在 Q_g 中的邻居 **then**
　　　$C_g \leftarrow （seat_j, seat_{j+i}）$；
　　end if;
　end for;
end for;

$$seat\_proximity_g = \frac{|C_g|}{|P_g|(|P_g| - 1)/2};$$

旅客团体成员的历史行为信息可以侧面反映旅客出行目的的偏好，例如团体成员的历史总里程和出行次数等，所有旅客团体成员历史行为信息如表 6–13 所示。

（2）网络特征

所有的基本特征都是从整个群体或单个成员的角度设计的，而没有考虑群体成员之间的关系。事实上，对于团队中的一些成员来说，这可能不是他们第一次一起旅行，他们有很多历史上的共同旅行经历。这样丰富的链接信息在一定程度上反映了团队成员之间真实的社会关系，也必然有利于对其出行目的的推断。例如，如果一个旅客团体的大部分成员是同事，那么这个旅客团体是商业团体的概率就会更高；反之，如果这个旅客团体的大部分成员是家人或朋友，那么这个旅客团体是旅游团体的概率就会更高。

表 6－13　旅客团体成员历史行为信息

特征	形式化
旅客总里程数	$\text{sum\_mile}_g = \sum_{p_i \in P_g} \text{mile}_i$
旅客平均里程数	$\text{avg\_mile}_g = \dfrac{\text{sum\_mile}_g}{\lvert P_g \rvert}$
旅客总旅行次数	$\#\text{sum\_travel}_g = \sum_{p_i \in P_g} \#\text{travel}_i$
旅客平均旅行次数	$\#\text{avg\_travel}_g = \dfrac{\#\text{sum\_travel}_g}{\lvert P_g \rvert}$

旅客团体网络属性是基于旅客团体关系子图计算得到的，旅客团体关系子图是从旅客共同出行网络中抽取而来，其构造方法是找出旅客共同出行网络中属于该旅客团体的所有成员的节点，并找出这些节点的连边，这些节点与边就构成了团体子图。特别需要指出，我们在提取子图时先将相关边权重减去 1，然后删除了边权重为 0 的连边。旅客团体关系子图抽取方法示意图如图 6－26 所示。

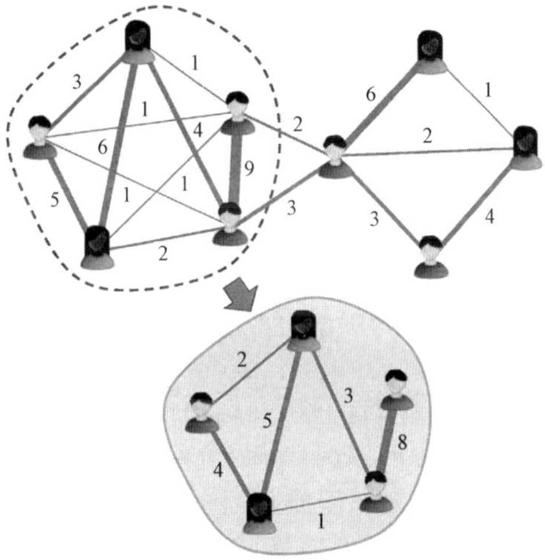

图 6－26　从共同出行网络中提取旅客团体的相应子图

基于提取的子图，可以生成一系列的网络特征属性来描述不同类型团体之间的差异。例如边密度、边权重均值、平均聚类系数等，具体特征及其描述如表 6－14 所示。

表 6－14　基于网络的特征列表

特征	形式化
边密度	$\text{density}_g = \dfrac{\lvert E_g \rvert}{\lvert V_g \rvert \left(\lvert V_g \rvert - 1 \right) / 2}$
边权重均值	$\text{avg\_weight}_g = \dfrac{\sum_{e_{ij} \in E_g} w_{ij}}{\lvert E_g \rvert}$

续表

特征	形式化
子图比例	$\text{comp\_ratio}_g = \dfrac{\lvert V_g\rvert - \#\text{comp}_g}{\lvert V_g\rvert - 1}$
平均聚类系数	$\#\text{avg\_clus}_g = \dfrac{\sum_{p_i \in V_g} \dfrac{\lvert\{e_{jk} \mid p_j, p_k \in \Gamma_i, e_{jk} \in E_g\}\rvert}{d_i(d_i-1)/2}}{\lvert V_g\rvert}$
平均嵌入度	$\text{avg\_emb}_g = \dfrac{\sum_{p_i \in V_g}\left(\dfrac{1}{d_i}\sum_{p_j \in \Gamma_i}\dfrac{\lvert\Gamma_i \cap \Gamma_j\rvert}{\lvert\Gamma_i \cup \Gamma_j\rvert}\right)}{\lvert V_g\rvert}$

3. 分类方法

特征属性构造完成之后，可使用一些经典的分类方法进行旅客团体出行目的分类。

（1）基本方法

经典的分类方法一般是在已有的数据基础上，利用数理统计的方法建立因变量与自变量之间的回归关系函数表达式。按照这样的方式，需要利用旅客团体本身的属性集和回归函数的参数集来构建方程，其具体形式如下：

$$f_{\text{classic}} = (\beta_1 + \beta_2\text{avg\_age}_k + \beta_3\text{avg\_var}_k + \cdots + \beta_n\text{iso\_ratio}_k) \tag{6-40}$$

式中，团体属性集通过共同出行网络抽取计算而来，参数集则通过使用分类算法训练得出。

（2）迭代分类

利用旅客历史共同出行行为构造同行网络，虽然可以提取基于网络的特征，但是忽略了不同旅客团体之间广泛存在重叠部分的情况，即一个或一群旅客可能出现在多个旅客团体中，这种重叠使得旅客团体的标签相互依赖，而旅行目的与旅客团体的社会关系非常相关。直观上，一个旅客出现在一个商务团体或一个旅游团中的随机性很强，但一群旅客在不同群体中的共同旅行目的是相对固定的，即当一个旅客与一个或几个特定的人共同旅行时，他们的共同旅行目的是相对稳定的。例如，一个人通常与他的同事出差，而会与他的家人或朋友去旅游。

因此，为了更加准确地推断旅客团体的出行目的，我们提出了一种迭代分类算法（iterative classification algorithm，ICA）。迭代分类算法允许目标对象的标签之间存在一定的统计依赖关系，而不是完全独立，从而不受独立同分布（independent identity distribution，IID）假设的约束。迭代分类算法中最重要的问题之一是如何正确表示标签之间的依赖关系。更具体地说，是如何表示不同旅客团体的旅行目的之间的关联。我们利用旅客团体间的重叠部分，探讨旅客团体之间的依赖关系。重叠部分可以包含一个或多个旅客，根据之前的分析，当两个群体的重叠部分只包含一个旅客时，很难说他们之间存在相关性。因此，我们以一个重叠的边作为基本单元来传播旅客团体之间的概率依赖关系。为此，首先给出基于边的标签偏好的定义。L 为标签空间，y_{ij} 为边 e_{ij} 的标签，y_g 为旅客组 g 的标签，$P(y_{ij}=l)$ 为 y_{ij} 的标签偏好，其代指 y_{ij} 对标签 l（$l \in L$）的倾向性。假设 $P(y_{ij}=l)$ 与 e_{ij} 所属的所有旅客团体标签的概率有关：

$$P(y_{ij}=l)=\frac{\sum_{G_g:e_{ij}\in E_g} P(y_g=l)}{w_{ij}} \tag{6-41}$$

式中，G_g 是旅客团体 g 的相应子图，E_g 是 G_g 的一组边集，$P(y_g=l)$ 是 g 有标签 l 的概率。

根据上述给定的定义，也可以定义旅客团体的标签偏好。用 $P(y_g=l)$ 表示旅客团体的标签偏好 y_g 为 l 的概率。我们通过将旅客团体所有边的标签偏好相加，计算得到旅客团体的标签偏好，如式（6-42）所示：

$$P(y_g=l)=\frac{\sum_{e_{ij}\in E_g} P(y_{ij}=l)}{|E_g|} \tag{6-42}$$

边 e_{ij} 的标签偏好反映了旅客对在一起旅行时最可能的旅行目的，而旅客团体 g 的标签偏好则反映该旅行团体最可能的旅行目的。

图 6-27 给出了重叠旅客团体的简单示例。边 e_{24} 同时属于旅客组 g_1（由 p_1、p_2、p_3 和 p_4 组成）、旅客组 g_2（由 p_2、p_4、p_5 和 p_6 组成）以及旅客组 g_3（由 p_2、p_3、p_4、p_7 和 p_8 组成），因此 e_{24} 的标签偏好由 g_1、g_2 和 g_3 的标签共同决定，而某一组 g_1 的整体标签偏好则由边 e_{12}、e_{13}、e_{14}、e_{23}、e_{24} 和 e_{34} 共同决定。对于每个可能标签值 $l \in L$，可以计算出每个旅客团体的标签偏好。然后将标签偏好 $\{P(y_g=l)\,|\,l\in L\}$ 视为一类特征，并结合上述基本特征和基于网络的特征，利用一个基本分类器推断出旅客团体的出行目的。我们知道，$P(y_g=l)$ 是问题的推断目标，但在式（6-42）中，它被用作计算一条边的标签偏好的输入，这就形成了一个递归系统。因此，它适合用迭代的方式来推断。在迭代开始时，我们让每个边上的每个可能的标签值 l 具有相同的标签偏好，即 $P(y_{ij}=l)=1/|L|$，然后使用分类器迭代推断每个旅客团体的标签，直至所有标签都不变才结束迭代。迭代分类的具体过程见表 6-15。

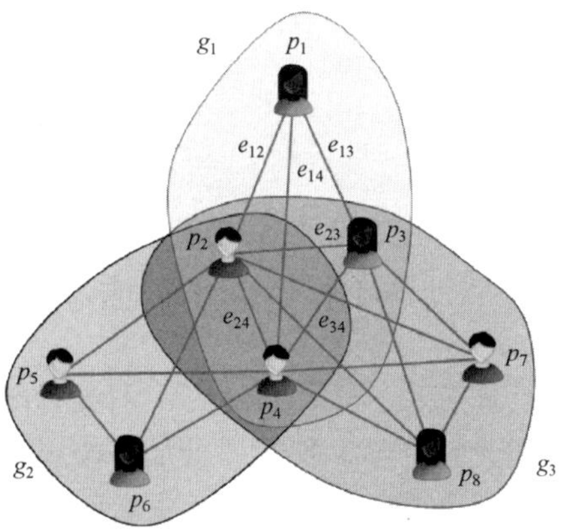

图 6-27　重叠旅客团体示例

表 6-15 迭代分类算法（ICA）

```
输入：S = (g_1, g_2, g_3, ···, g_n)；
      G = (V, E)
      F；//F 是最后一部分介绍的特征集；
输出：P(Y) = {P(y_1), P(y_2), ···, P(y_n)}；
//初始化
for 每个边 e_ij ∈ G
  for 每个可能标签值 l ∈ L
    P^(0)(y_ij = l) = 1/|L|；
  end for；
end for；
//迭代
repeat
  //更新旅客团体的标签概率
  for 每个旅客团体 g ∈ S
    for 每个可能标签值 l ∈ L
     //更新旅客团体标签首选项
     P^(t)(y_g = l) = Σ_{e_ij∈E_g} P^(t-1)(y_ij = l) / |E_ij|；
     //更新旅客团体标签概率，f 为基础分类器
     P^(t)(y_g = l) = f(F, P^(t)(y_g = l))；
    end for；
  end for；
  for 每个边 e_ij ∈ G
    for 每个可能标签值 l ∈ L
     //更新边的标签首选项
     P^(t)(y_ij = l) = Σ_{G_g:e_ij∈E_g} P^(t-1)(y_g = l) / w_ij；
    end for；
  end for；
until |P^(t)(y_g = 1) − P^(t-1)(y_g = 1)| < ξ；//ξ 是一个阈值
```

在迭代算法中，我们注意到旅客团体的标签偏好 $\{P(y_g = l) \mid l \in L\}$ 被视为正常特征，然而，由于 $P(y_g = l)$ 是一个动态值，需要迭代学习基本分类器的参数。在每一次迭代中，使程序学习最佳参数，然后对 $P(y_g = l)$ 进行更新，并且进入下一次迭代，直至参数不再改变为止。

6.7.5 实验分析

1. 数据集

本实验采用的数据集为经过脱敏处理的 PNR 数据，对旅客个人信息（身份证号、性别、年龄等）和机票信息（旅客 ID、航班号、出发地、目的地、出发时间、座位号等）进行了编码脱敏处理。

为了对本书提出的方法进行训练和测试，数据集中的旅客团体应提前加以标记。由于一些机票代理给许多机票贴上了观光、上学、探亲、参加会议等标签，因此可以根据这些标签给旅客团体打上标记。最后，在整个数据集的 892 个旅客团体中，我们得到了 372 个带标签的旅客团体。

2. 实验结果

在实验中，本书以逻辑回归（logistic regression，LR）作为基本分类器。为评估不同类型

特征的贡献和本书提出的 ICA 算法的性能，我们决定使用分层 LR 模型进行以下 6 组实验：

① 基于基本特征的 LR；

② 基于网络特征的 LR；

③ 基于基本特征和网络特征的 LR；

④ 基于基本特征的 ICA；

⑤ 基于网络特征的 ICA；

⑥ 基于基本特征和网络特征的 ICA。

因为传统的分类模型需要在有标记的数据集上进行训练，所以前 3 组实验在 372 个标记旅客团体上进行。后 3 组实验在 892 个旅客团体上执行，但只有标记的旅客团体能作为训练和测试的监督信息。

在对数据集进行训练集和测试集划分时，为了保持旅客团体之间的相关信息（如重叠关系），我们让每个子集都有尽可能多的内部重叠关系。为此，每组实验重复执行 10 次，报告 10 次实验结果的平均值。不同模型的预测精度和决定系数如表 6–16 所示，从中可以得出如下结论。

① 在 6 种方法中，旅游团体的预测精度略高于商务团体，原因可能在于旅游团体的特征比商务团体的特征更为明显。

② 传统的 LR 分类器综合考虑了基本特征和基于网络特征，其结果明显优于只考虑基本特征的分类结果，这说明在共同出行网络环境下推断旅客团体的出行目的是非常合理的。然而，仅考虑基于网络特征的分类结果很差，说明了基本特征在分类中的主要贡献。

③ 我们提出的 ICA 方法显著地提高了分类的准确性（将预测精度提高了大约 12%）。这说明旅客团体（通过重叠旅客）之间的相关性对于出行目的推断是有帮助的，提出的迭代分类方法能够有效地利用这种信息提高分类准确性。

表 6–16　进阶版逻辑回归模型的预测精度和决定系数

模型	精度/%			决定系数
	商务团体	旅游团体	均值	
LR + Basic Feature	72.68	75.66	74.17	0.145
LR + Network-based Feature	66.01	68.64	67.33	0.116
LR + Basic & Network-based Feature	76.35	81.32	78.84	0.289
ICA + Basic Feature	86.77	88.19	87.48	0.662
ICA + Network-based Feature	78.72	79.66	79.19	0.613
ICA + Basic & Network-based Feature	89.92	92.94	91.43	0.694

为了更清楚地观察所提出的 ICA 模型的有效性，我们绘制了每个模型的 ROC 曲线（见图 6–28）。从图 6–28 中可以观察到，基于网络的特征明显改善了预测性能，而且提出的 ICA 模型性能明显优于传统的 LR 模型。

3. 特征分析

为评估不同特征的重要性，除了参考特征的显著性（p 值），应该进一步计算每个特征的贡献（C），即轮流剔除普通 LR 模型中的每个特征，评估模型的性能下降。基本特征和基于

网络特征的 p 值和贡献 C 如表 6–17 所示。从表 6–17 中可以得知，这两个度量一致地表明推断旅客团体出行目的最重要的特征是 4 个基本特征和 3 个基于网络的特征，即旅行时长（$p=0.011$，$C=+5.16\%$）、旅行距离（$p=0.036$，$C=+3.94\%$）、群组规模（$p=0.043$，$C=+4.63\%$）和旅客总旅行次数（$p=0.049$，$C=+3.78\%$），以及平均聚类系数（$p=0.002$，$C=+5.84\%$）、平均嵌入度（$p=0.029$，$C=+3.63\%$）和边密度（$p=0.046$，$C=+3.22\%$）。

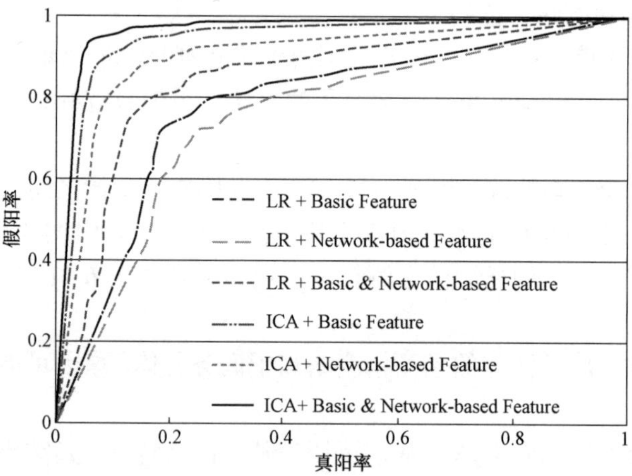

图 6–28　不同模型的 ROC 曲线

表 6–17　不同特征的显著值（p 值）和贡献（C）

特征	p 值	C
基本特征		
群组规模	0.043	+4.63%
旅行距离	0.036	+3.94%
旅行时长	0.011	+5.16%
是否是节假日	0.131	+2.94%
是否返程	0.711	+0.85%
座位密度	0.166	+2.53%
年龄均值	0.696	+0.76%
年龄方差	0.370	+1.41%
未成年人占比	0.057	+2.67%
老年人占比	0.396	+1.28%
成年人占比	0.643	+1.05%
男性旅客占比	0.701	+0.66%
旅客总里程数	0.299	+1.64%
旅客平均里程数	0.852	+0.00%
旅客总旅行次数	0.049	+3.78%
旅客平均旅行次数	0.259	+1.72%

续表

特征	p 值	C
网络特征		
边密度	0.046	+3.22%
边权重均值	0.596	+0.65%
子图比例	0.468	+1.19%
平均聚类系数	0.002	+5.84%
平均嵌入度	0.029	+3.63%

6.7.6 小结

本节以用户出行目的推断为例，将推断旅客团体出行目的转化为一个分类问题。针对该问题，首先通过构造旅客团体的基本属性对旅客团体进行初步描述，然后建立了能够反映旅客间关系的旅客共同出行网络，基于此网络再次构造网络属性对旅客团体进行深层次的描述，并使用分类算法进行初步分类；最后在初步分类的基础上，通过对旅客团体成员之间的关系进行出行目的的倾向性分析，将分析结果作为一个特征属性迭代到分类过程中，通过迭代来对旅客团体出行目的进行推断。此外，我们从基本特征和网络特征两个方面对不同类型的旅客团体进行对比，分析它们之间的差异与联系，并做出分析。

据统计，航空出行目的主要是商务和旅游，通过对航空用户出行目的进行推断，可以对旅客团体的出行目的做出更深层次的细分，为销售组织的个性化销售提供数据支持，或进一步研究不同出行目的的旅客团体的构成特征与行为规律，为旅客服务部门制定服务策略提供决策依据。另外，还希望能应用到多种社会关系的团体分析场景，成为一种较为通用的关系挖掘问题解决方案。在其他交通领域中，用户通常具有不同类型出行的目的，例如选择公共交通，如公交车、地铁等出行的用户出行目的通常是上学、上班、购物等，能够记录用户交通数据的通常为公交卡、智能卡等。而公共交通与城市的规划、城市土地的利用密切相关，因此，不同的交通领域用户出行目的的推断可能有不同的应用和分析方法。

6.8 交通产品库存预测案例——基于库存变化预测的智能缓存优化

现代社会是一个高速发展的社会，越来越多的人趋向于在互联网上购买机票或火车票，航空、铁路公司面临着与日俱增的用户查询流量压力，引入缓存技术可以显著提高网页搜索的性能，缓存技术中的一个关键问题是如何设置查询关键字的缓存有效时间。本节以某航空公司在线订票系统引入缓存策略为例，介绍大数据在交通产品库存变化预测方面的运用。该案例主要是基于历史大数据，进行库存变化即缓存有效时间的预测，从而动态设置缓存有效时间，实现智能动态缓存。

6.8.1 案例背景

随着互联网和移动终端技术的快速发展，各大航空公司不断升级票务服务平台，许多第三方互联网机票代理公司也开发了比较便捷的机票比价、机票查询和订购等服务系统，使订购机票和出行变得更加方便、快捷。因此，越来越多的旅客通过互联网渠道而不是传统的代理渠道查询和订购机票。随着选择民航出行的旅客越来越多，票务服务平台的查询流量也越来越大，随之产生的是由海量用户查询所导致的巨大的后台服务压力。如果后台服务压力问题得不到及时解决，整个票务服务平台的响应速度就会变慢，使得用户体验变差，用户服务质量随之降低，甚至还会出现用户流失的潜在问题。

当用户通过在线订票系统查询机票时，在线订票系统收到用户的机票查询请求，然后向中国航信的计算机分销系统（CRS）发送查询指令，获取机票价格和余量信息返回给用户，如图 6–29 所示。

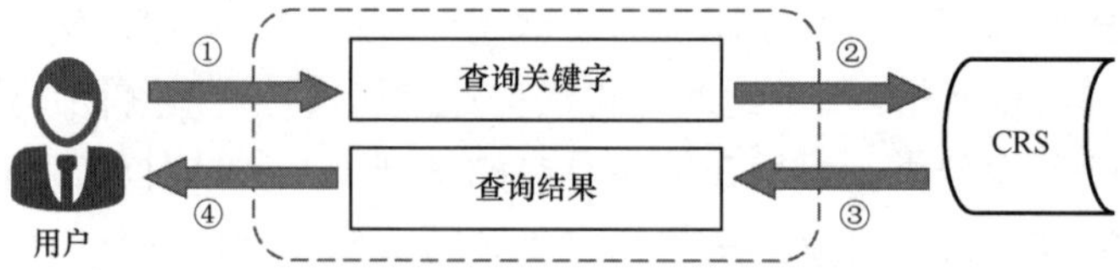

①—用户提交查询；②—向 CRS 发送查询指令；③—CRS 返回查询结果；④—向用户返回查询结果

图 6–29　不带缓存的在线订票系统

用户每查询一次机票都向 CRS 系统发送查询指令，可能会导致系统运营效率低下、成本高昂等问题。传统的解决方案是根据当前的压力状态不断对系统进行调整，比如增加服务平台硬件规模、人工迭代服务程序和升级服务平台的架构等方法，但这又进一步增加了系统平台的运营成本，而查询系统的缓存技术作为解决大量用户查询产生的后台服务器压力问题并提升检索效率的一种有效的方法，也已经被应用到很多领域的查询系统。如图 6–30 所示。

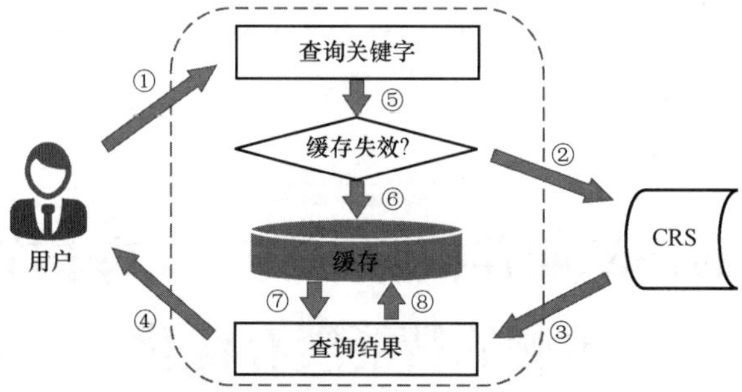

①—用户提交查询；②—向 CRS 发送查询指令；③—CRS 返回查询结果；④—向用户返回查询结果；
⑤—判断缓存条目是否失效；⑥—向缓存发送查询请求；⑦—缓存返回结果；⑧—向缓存写入来自 CRS 的查询结果

图 6–30　带缓存的在线订票系统

本系统引入了缓存机制降低在线订票系统的后台查询压力，降低运行成本并增强系统性能。采用缓存机制最重要的是要保证用户查询结果的准确性，同时尽量提高缓存条目的命中率（即通过缓存而不是 CRS 系统来响应用户查询所占的比例），所以缓存策略中最关键的问题是如何为缓存条目设置合理的缓存有效时间。从而引出本系统的核心：基于大数据和机器学习的方法预测出产品库存变化时间，即合理的缓存有效时间（time-to-live，TTL）。

6.8.2　在线订票系统的缓存策略

过去的航班在线订票系统中的查询服务直接从 IBE（internet booking engine，即互联网订座引擎）获取查询结果，本系统在加入缓存策略后，查询结果的获取过程将由缓存系统和 IBE 协作完成，根据缓存系统各部分的功能逻辑将数据处理和缓存处理过程划分为如图 6–31 所示的 7 个子模块，包括：请求过滤模块、缓存请求处理模块、缓存管理模块、历史数据管理模块、配置管理模块、学习模块、外部监听模块。

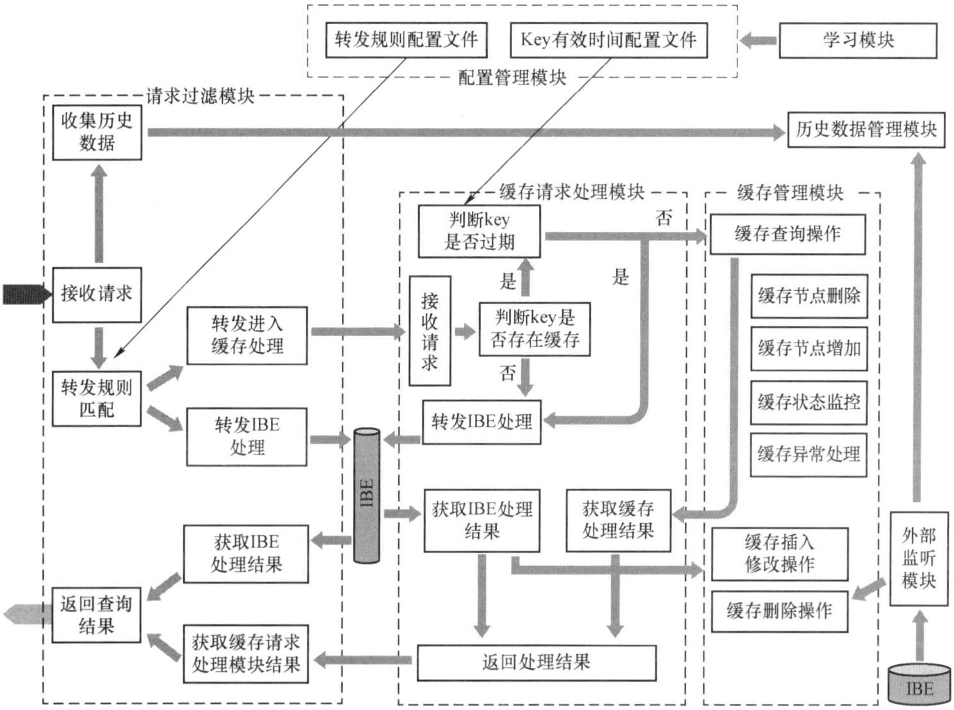

图 6–31　在线订票系统中的缓存结构

① 配置管理模块：该模块主要负责管理“转发规则配置文件”和“Key 有效时间配置文件”，其中转发规则配置文件主要作用于请求处理模块的转发规则匹配的过程，缓存请求处理模块将根据转发规则判断某条查询“转发进入缓存处理”还是“转发 IBE 处理”。本系统设计的转发规则主要包含 3 个方面的判断：查询条目中的附件条件是否是默认、航线是否是热门航线、查询日期与起飞日期的间隔天数是否不大于 30 天。只有当以上 3 个条件分别满足“附加条件是默认值、热门航线、间隔天数不大于 30 天”时，当前查询请求才会被转发到缓存进行处理，否则，查询请求直接转入 IBE 处理。Key 有效时间配置文件就是学习模块通过缓存策略为每个缓存条目 Key 计算一个缓存有效时间 TTL，这些 TTL 被配置管理模块整理后保存在“Key 有效时间配置文件”中。当缓存请求处理模块需要执行“判断 Key 是否过期”操作时，系统将搜索该配置文件中 Key 相应的 TTL，并进行缓存内容有效性判断。

② 请求过滤模块：该模块是直接与客户端关联的模块，其主要作用是获取用户请求，解析用户请求并转发给下阶段处理逻辑，获取数据库结果并返回查询结果给客户端。

③ 缓存请求处理模块：该模块主要负责缓存数据库访问前的缓存请求过滤和处理，并将从缓存或 IBE 获取到的查询结果返回给请求过滤模块，由其转发给客户端。在经过转发匹配规则判断进入缓存请求处理模块后，是否进入缓存查询操作还得判断缓存条目 Key 是否存在缓存以及 Key 是否过期，都通过后才会交给缓存管理模块，否则直接交给 IBE 处理。

④ 缓存管理模块：该模块的主要任务是执行缓存数据库的插入、删除、查询和修改操作，当缓存请求处理模块触发缓存操作时，缓存管理模块执行操作，并将操作结果反馈给缓存请求处理模块。

⑤ 外部监听模块：该模块在 IBE、缓存数据库和历史数据库之间起到协调控制的作用，并与管理端的用户管理视图相关联。

⑥ 历史数据管理模块：该模块的主要功能是管理用户查询历史数据、维护历史数据库和执行历史数据库的相关操作。为了提升学习模块的效率和系统的性能，该模块还会按照算法需求对详细数据进行整理。

⑦ 学习模块：该模块根据用户查询历史数据构建缓存策略模型，然后通过模型为缓存条目预测相应的缓存有效时间，将缓存条目 Key 和缓存有效时间 TTL 写入“Key 有效时间配置文件”，配置文件将用于缓存请求处理模块的“Key 是否过期”的判断。学习模块是缓存策略算法的应用部分，是本案例的重点，后文中会详细介绍。

6.8.3 数据准备

机器学习算法的训练结果，输入数据往往起着很重要的作用，且通常数据量越大，模型效果越好，这也是大数据的优势所在。这里对数据和数据的预处理进行简单的描述：从某在线订票系统上采集了 2015 年 2 月 1 日至 5 月 1 日共 90 天的约 700 万条用户查询日志。每条查询日志包含查询时间、查询关键字（出发地+目的地+起飞日期）、查询结果（可用航班列表，每条航班信息包括航班号、舱位以及舱位剩余票量和价格）和其他附加信息（如是否往返程、是否是婴儿座椅等）。按照功能和逻辑架构要求，请求过滤模块对用户请求进行过滤，满足“附加条件是默认值、航线属于热门航线、查询日期与起飞日期的间隔天数不大于 30 天”的查询条目将转发到缓存处理，这些数据是学习模块中缓存策略构建和选择的训练数据。根据过滤规则缓存条目简化为“出发地、目的地、查询日期、查询时间、起飞日期”5 个字段的组合。

最终预测目标是库存变化间隔，所以需要获取一些库存变化间隔时间数据作为训练数据的标签，但无法通过用户的查询记录数据直接得到库存变化时间间隔，因此设计了库存变化时间间隔提取算法，用于估计和计算库存变化时间间隔，为后续模型训练和选择的准确性提供理论支撑。为了能够准确地掌握哪些查询的返回结果中发生了库存变化，在数据采集时获取的每条查询都没有经过订票网站的本地缓存，其返回结果都是直接从 IBE 中获取。在历史数据库中只会记录用户查询过程，查询记录中捕捉到库存发生变化的时间不一定是真正发生订购行为的库存变化时间，所以要根据用户查询记录中的库存变化情况估计当前查询条目在每个小时上的库存变化次数 count，同时假设每个小时上的库存变化均匀分布，那么这个小时上的库存变化时间间隔表示为：

$$\Delta t = 60 / \text{count} \tag{6-43}$$

设查询关键字 k 查询到的一次库存变化时间为 t_i， t_i 与 t_{i+1} 表示查询到的两次相邻的库存变化时间（不是真正的订购时间），定义为一个“变化间隔”，则定义“库存变化次数估计规则”如下：

① 假设 t_i 与 t_{i+1} 之间只发生了一次库存变化，变化间隔 $\text{gap}(t_i, t_{i+1})$ 的平均变化次数为 $c_i = 60/(t_{i+1} - t_i)$（单位：次/时）；

② 某小时 h 的一个“小时间隔”可能与多个变化间隔有交集，有交集的第 j 个变化间隔在该小时上的权重定义为其在该小时上占用的时间比重，即表示为 $w_j = \Delta t_j / 60$，其中，Δt_j 表示第 j 个变化间隔在该小时上占用的间隔时间；

③ 某小时 h 的库存变化次数估计为与其小时间隔有交集的变化间隔的平均变化次数加权求和，公式表示如下：

$$\text{count}_h = \sum_{j=1}^{J} w_j c_j \tag{6-44}$$

式中，J 表示一个小时被划分的时间间隔数量。

此外还需对机票库存变化规律进行观察分析，为后续库存变化时间间隔预测提供丰富的数据特征。库存变化时间间隔与缓存有效时间的设置相关，为了实现缓存有效时间 TTL 的个性化设置，首先需要分析库存变化的规律以及影响因素。本案例从查询日期距起飞日期的间隔天数与库存变化的相关性、起飞日期星期属性与库存变化的相关性、起飞日期节假日属性与库存变化的相关性以及查询时间与库存变化的相关性进行了分析。

6.8.4　库存变化时间间隔预测

动态缓存策略的模型训练需要特征化的历史数据，即（特征值，目标值）格式的训练数据。其中，特征值从用户查询条目的字段转化得到，而目标值即为库存变化时间间隔。

从上述的数据相关性分析可知，机票库存变化与查询日期离起飞日期的间隔天数、查询日期与起飞日期的星期属性、查询日期与起飞日期的节假日属性以及查询时间的小时属性等紧密相关。通过提取 7 类共 45 维特征，并对每个查询关键字在每个小时上的查询记录，生成一个 45 维的特征向量。其中，例如起飞日期星期属性的维数是 7 维，代表起飞日期是星期几，每天用 1 维特征来表示。查询时间小时属性是 24 维，对应某天中的某时，但是每条训练数据不与某条历史数据库的查询记录相对应，训练数据来源于查询关键字相应的每天各个小时的库存变化情况，即数据特征化以后，每个查询关键字在某个查询日期只有 24 条训练数据。接下来要做的就是生成训练数据。

如表 6–18 所示，查询记录特征化算法描述了格式化训练数据集的基本过程，为动态缓存策略的模型训练提供了数据支持，从旅客的历史查询记录出发，捕捉其中的库存变化情况。查询记录中捕捉到的库存变化时间可能晚于真正的订购时间，因此，需要首先估计库存变化次数，然后再计算库存变化时间间隔，最后通过该在线订票系统数据集中的特征描述即可完成训练数据集的格式化。其中的库存变化时间间隔是估计值，符合在线订票系统查询过程中不记录订购行为的实际情况，同时也在后续的实验过程中表现出了良好的实验效果。

接下来进行库存变化时间间隔预测模型的学习，用 $\boldsymbol{X}_i^{<o,d>} = (x_{i,1}^{<o,d>}, x_{i,2}^{<o,d>}, \cdots, x_{i,45}^{<o,d>})^{\mathrm{T}}$ 表示航线 $<o,d>$ 的第 i 个实例的特征向量，则特征矩阵为 $\boldsymbol{X}^{<o,d>} = (X_1^{<o,d>}, X_2^{<o,d>}, \cdots, X_m^{<o,d>})$（$m$ 为实例数），用 $\boldsymbol{Y} = (y_1^{<o,d>}, y_2^{<o,d>}, \cdots, y_m^{<o,d>})^{\mathrm{T}}$ 表示预测变量（即库存变化时间间隔）向量，则本预测问题即为求解 $y^{<o,d>} = f(X^{<o,d>})$。

表 6-18　查询记录特征化算法

输入：关键字 k（出发地、目的地、起飞日期）
过程：
以 k 为条件搜索历史数据库，获取到按时间排序的查询记录 $D=\{(q_i,r_i)\}_{i=1}^{n}$
Repeat
　　for all　$(q_i,r_i)\in D$　do
　　　　if　$r_i \neq r_{i-1}$，记录此条查询记录 (q_i,r_i) 写入 $D'=\{(q_i,r_i)\}_{i=1}^{n'}$
　　end for
　　for all　查询日期 QD　do
根据“库存变化次数估计规则”计算每个小时上的库存变化次数 count；
根据式（6-43）计算每个小时上的库存变化时间间隔 Δt；
根据表 6-19 将查询条件 q 进行特征化描述为 x_i；
将 $(q,\Delta t)$ 作为一条训练数据进行存储；
end for
until　达到停止条件
输出：格式化训练数据集（特征值＋目标值）$D''=\{(x_i,\Delta t_i)\}_{i=1}^{n'}$

表 6-19　查询条件特征化描述

特征类别	维数	特征描述
查询日期与起飞日期间隔	1	表示查询日期与起飞日期的间隔天数
查询日期星期属性	7	表示查询日期是星期几，每天用 1 维特征来表示
起飞日期星期属性	7	表示起飞日期是星期几，每天用 1 维特征来表示
查询日期的节假日特征	3	表示查询日期是否位于节假日前 2 天、节假日中或节假日后 2 天
起飞日期的节假日特征	3	表示起飞日期是否位于节假日前 2 天、节假日中或节假日后 2 天
查询时间小时属性	24	表示查询时间位于一天中的哪个小时之内，每小时用 1 维特征表示

虽然多种回归方法可以用来解决这一预测问题，但是在这里采用最适合民航在线订票系统的 v-SVR 模型进行机票库存变化时间间隔预测，效果在实验中已得到证实，并以此结果为基础，进行下一步缓存有效时间设置策略。

6.8.5　动态缓存有效时间设置

本技术的难点和核心是预测出库存变化时间间隔，准确地预测出库存变化时间间隔有助于动态缓存有效时间的设置。对于某条航线 $<o,d>$ 的未来某个起飞日期，使用上述模型预测出当前查询日期每个小时 h 的库存变化时间间隔 $c_h^{<o,d>}$（$0\leqslant h\leqslant 23$），然后以一定的倍率 α 来设置每个小时的 TTL，即

$$\mathrm{TTL}_h^{<o,d>}=\alpha\cdot c_h^{<o,d>} \tag{6-45}$$

在实际应用中，为了保证缓存的准确率，TTL 的设置通常要大于库存变化时间间隔 $c_h^{<o,d>}$，可以通过调节倍率参数 α 在查询准确率和缓存命中率之间寻求一个合适的平衡点。

6.8.6　技术应用效果

将缓存策略和缓存优化策略接入某家航空公司的真实用户查询环境中，并通过调节算法参数控制系统的实时缓存命中率 HR 和查询准确率 PR，将结果按照 PR 降序进行统计展示，

如图 6–32 所示。

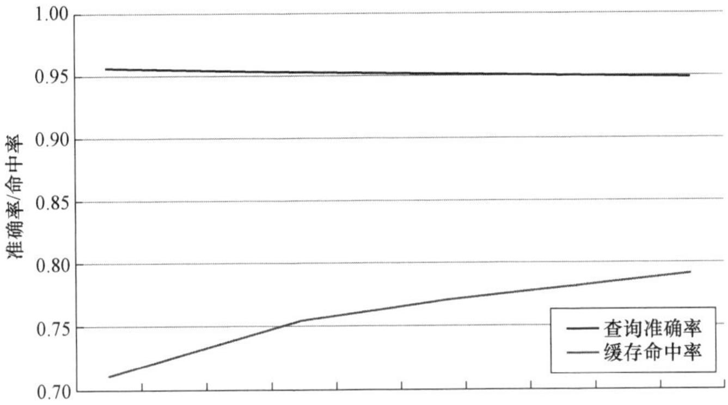

图 6–32　真实查询环境的测试结果

从应用到该系统的结果来看，系统保证了 95%左右的查询准确率和 75%左右的缓存命中率，命中率就是缓存服务器返回给用户的 Web 对象次数占 Web 对象请求总数的百分比。75%的命中率说明系统只有 25%左右的查询是真正查询的后台服务器，有效降低了系统查订比，缓解了后台服务数据库的查询压力。

为了更直观地展示预测效果，以某日“成都—北京”航线起飞的库存变化情况为例，画出 v-SVR 模型的库存变化时间间隔预测值与真实值的对比曲线，如图 6–33 所示，可见其预测效果良好。

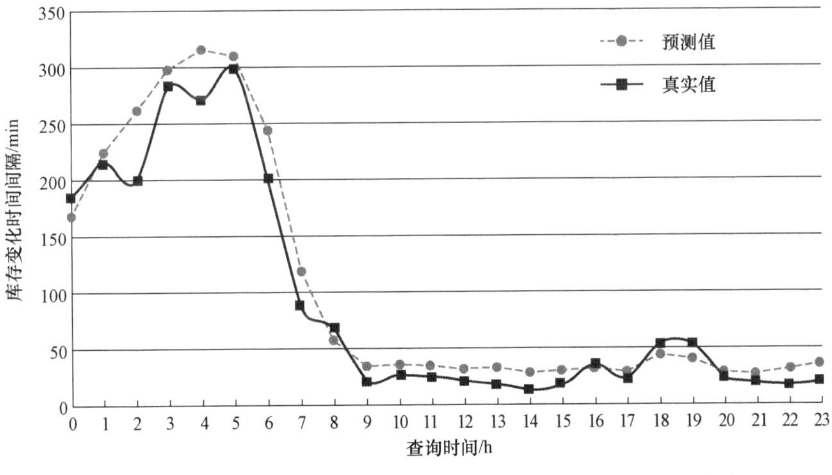

图 6–33　“成都—北京”航线某日的库存变化时间间隔预测

在线订票系统的缓存策略的前提是保证比较高的查询准确率，同时最大限度地提高缓存命中率。从实际应用的效果来看，它提升了系统的查询性能、缓解了在线订票系统的后台服务压力、降低了系统响应延迟、减少了公司的运营成本、提高了用户服务质量，对该航空公司有着重要的意义。

6.9 交通流量仿真案例——基于历史通行数据的高速公路流量仿真

运用数据挖掘技术，交通数据可以广泛地被运用于智能交通系统运行的各个方面，如交通管控、异常预警和建设规划等。本节以历史通行数据的高速公路流量仿真系统为案例，介绍交通数据在仿真模拟方面的应用。

6.9.1 案例背景

传统的高速公路费率设定方法一般是基于人工经验、道路里程或是投资回收成本模型。在普通场景下，传统的方法具有一定的合理性，但是在重大工程特别是为了某种特定目的而建设的工程中并不合适，因为这些传统的方法是静态的、无法根据交通流的时空动态性做出适应性决策。比如，传统方法无法利用高速公路的交通流量情况来设定合理的收费费率。交通流的时空动态性在时间维度上具有周期性和趋势性，在空间维度上具有地理位置关系，即距离相近的区域有直接的相互作用，此外功能相似的区域之间也存在相互影响，因此高速公路领域亟需一种更加合理的、能考虑交通流量影响的费率设定方法。

以位于粤港澳大湾区的虎门大桥为例，作为连接广东省广州市和东莞市的重要交通枢纽，虎门大桥已经不能满足日益增长的交通需求，目前虎门大桥的日均车流量大约为 11 万辆，但是其设计的日均车流量是 8 万辆，因此早晚高峰经常发生严重拥堵。这是因为每天有大量旅客往返于两个城市之间，其中大多数旅客是通勤旅客，如果他们选择其他路线，就会产生极高的费用和时间成本。为缓解虎门大桥的交通拥堵，广东省建设了继港珠澳大桥后的另一个超级工程——虎门二桥。虎门二桥的建设目的是分担虎门大桥的交通流量，因此通行费用的设置关系到分流的效果，如果费用设置过高，则分流效果差，将无法给虎门大桥减轻压力；费用设置过低，则会导致二桥的流量激增，且投资建设成本无法按期收回。

本案例基于历史通行大数据设计了高速公路费率测算与仿真优化系统，能够更加合理地设定通行费率，并能仿真在不同费率设置下的交通流量结果，以方便交通部门进行交通规划、疏导及运营。具体来说，本案例从历史通行大数据中挖掘车辆的出行模式和出行目的，并对车辆进行多维度的分类和画像，通过设计基于费用成本和时间成本的智能决策模型，为新开高速公路设定合理的费用，在微观层面上能够为用户提供路径规划决策支持，在宏观层面上能仿真高速路网的交通流量情况，为交通部门提供管理和运营决策支持。

6.9.2 解决方案框架

首先，基于车辆历史通行大数据挖掘车辆的出行目的（如通勤、客运、货运、旅游等），并从数据中挖掘车辆的出行规律，对车辆进行不同维度的分类。然后，基于车辆类型设计不同的出行路径决策模型，并对车辆历史出行路线重新进行规划，以达到研究交通流量的仿真效果。最后，对新开通路段设置不同的费率，得到不同费率设置下各路段的流量仿真结果，就可以推荐出最优的费率设置来辅助交通部门进行决策，系统的基础架构如图 6–34 所示。

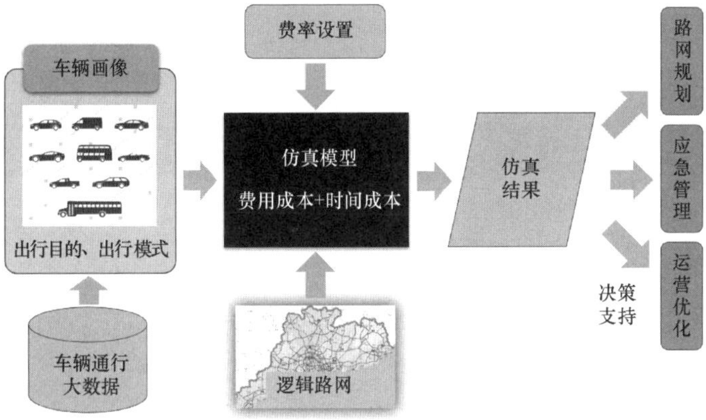

图 6-34　基于历史通行数据的流量仿真系统架构

6.9.3　数据描述

本案例中使用的数据为广东省收费广场静态信息，以及 2018 年 5 月至 2018 年 9 月广东省虎门大桥流水数据。收费广场静态信息包含了各收费广场的经纬度坐标，收费广场的 ID。收费站在地图上的分布如图 6-35 所示。

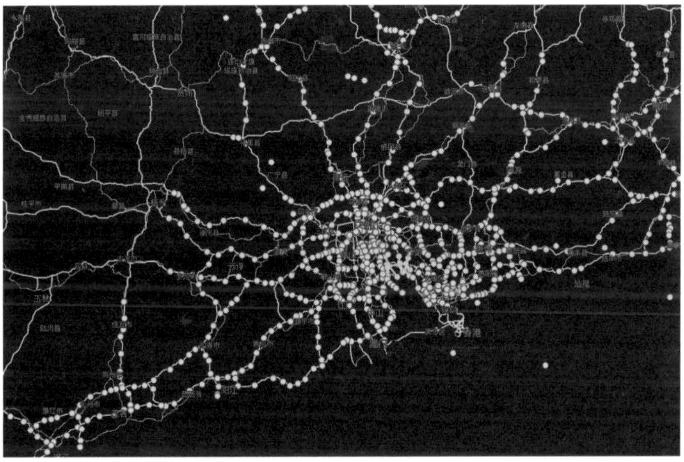

图 6-35　路网及收费广场展示：图中的圆圈表示收费广场

虎门大桥流水数据中使用的字段有车辆 ID、入口收费广场、出口收费广场、入口时间、出口时间、车辆类型、费用。按照主桥标识符筛选出经过虎门大桥主桥的数据近 1 500 万条，所有数据均为脱敏数据。表 6-20 展示了虎门大桥各月流水数据的情况。

表 6-20　虎门大桥各月流水数据的情况

时间	数量	日均
2018 年 5 月	3 608 573	120 286
2018 年 6 月	3 552 648	118 421
2018 年 7 月	3 778 712	125 957
2018 年 8 月	3 844 596	128 153

6.9.4 相关算法

本案例由多个子模块构成，分别为费率与通行时间计算、车辆画像、历史行程推演与新增收费站及路段流量仿真，本章将介绍它们的具体算法。

1. 费率与通行时间计算

此功能可以计算特定场景（通行时段、通行日期类型和车辆类型）下收费广场间的平均费用和平均通行时长。由于时段、日期类型和车型均会对通行代价产生影响，本系统可体现改变通行时段和车辆类型后，通行费用和通行时长的变化。系统将日期分为工作日、周末、免费通行和非免费通行节假日；将时间段分为 06:00—09:59、10:00—13:59、14:00—17:59、18:00—21:59、22:00—01:59 和 02:00—05:59；车辆类型分为一型客车、二型客车、三型客车、四型客车、一型货车、二型货车、三型货车、四型货车和五型货车。

本功能的实现方法是针对不同车型、不同入口时段、不同出口日期类型对通行“OD 对”进行统计，取均值作为某车型某日期某时段某“OD 对”间的平均费用和平均时间。对于历史信息中并未出现过的“OD 对”，使用历史“OD 对”构建逻辑 OD 网络，在对该车型、该日期和该时段构成的 OD 网络上使用 Dijkstra 算法计算其最小代价，即费用最低路径，此时的最小代价即为该 OD 间的费用，通行时间为费用最低的通行时间。

2. 车辆画像

车辆画像是对车辆的出行目的进行分类，通过分析车辆在一定时间内的行驶规律，分析得到车辆的出行目的，根据不同维度对其分类。我们根据交易数据分析不同车辆的类型、出行频数及车辆目的地区域的 POI 信息完成车辆画像。按照以上 3 种分类条件，可将车辆分成“货运”“通勤”“旅游”“其他”四大类。为简化分析，初期分析每辆车仅对应一种类型，后续将对车辆画像做更细致、多样化的分类。

由于数据中存在部分车辆类型识别不精准问题，前期数据处理时，可将同一车辆的不同类型进行合并，取其中出现次数最多的车型为该车辆的实际车型。系统对车辆类型的判别如下：

货运：若某车辆类型属于国家规定的货车类型，则设定其车辆画像为“货运”。

通勤：以月份为单位，若某车辆在一个月内出行频次大于 20 次，则该车辆很可能因通勤需要经常往返于某路段，符合通勤特征，则设定其车辆画像为“通勤”。

旅游：抓取收费站的 POI 信息，若某收费站周围 5 km 内的景区个数大于 20 个，则可将该收费站标记为景区收费站；若某车辆的出口收费站符合以上特征，则认为该车辆符合旅游特征，则设定其车辆画像为“旅游”。

其他：若某车辆不符合以上 3 种情况，则设定其车辆画像为“其他”。

3. 历史行程推演

通行数据只包含车辆行驶轨迹的 OD，不包含其具体路径，由于高速公路分布稀疏且收费站间的距离较远，我们需要通过通行数据构建逻辑 OD 网络，使用 Dijkstra 算法计算“OD 对”间的最优路径，推导出车辆可能的行驶轨迹。逻辑 OD 网络的权重分配通过车辆画像及历史信息确定。

代价计算方法为：

$$\mathrm{Cost}(O,D,M)=w_f(S)\times f(O,D,M)+w_t(S)\times t(O,D,M) \tag{6-46}$$

式中，O,D 分别表示起点收费站和终点收费站，M,S 分别表示车辆类型和车辆画像。

$f(O,D,M)$ 是给定车型的车辆在该起点和终点的历史平均通行费用，$t(O,D,M)$ 是给定车型的车辆在该起点和终点的历史平均通行时间，$w_f(S)$ 是给定的车辆画像对应的费用权重，$w_t(S)$ 是给定的车辆画像对应的时间权重，$w_f(S)\in[0,1]$，$w_t(S)\in[0,1]$。

若车辆画像为“货运”，根据分析调查，长途货运汽车通常倾向于选择费用更低的路桥，以此降低物流费用，故该类用户对费用更为敏感，因此设定费用权重 $w_f(S)\sim \mathrm{N}(0.8,0.04)$。

若车辆画像为“通勤”，与“货运”相比，该类用户对费用没有那么敏感，因此设定费用权重 $w_f(S)\sim \mathrm{N}(0.5,0.04)$。

若车辆画像为“旅游”，该类用户对时间方面把控相较而言较为随意，因此设定费用权重 $w_f(S)\sim \mathrm{N}(0.5,0.01)$。

若车辆画像为“其他”，则设定费用权重 $w_f(S)\sim \mathrm{N}(0.3,0.09)$，使用户对时间敏感。

在计算时使用 min-max 方法对车辆的费用和时间进行归一化，使其在同一数量级上，保证后续计算时两种不同的信息可以在同一场景下计算。归一化极大地简化了数据处理，可以提高分析精度并加快求解最优解。min-max 归一化方法的公式定义为：

$$\hat{x}=\frac{x-x_{\min}}{x_{\max}-x_{\min}} \tag{6-47}$$

系统首先分别读取车辆画像和逻辑 OD 路网数据，设定仿真起始结束时间，过滤掉仿真时间以外的通行数据，对每个 OD 记录中的车辆根据其车辆画像分配对应的路网权重，使用 Dijkstra 算法计算得到最优路径，并计算出车辆到达沿途各收费站节点的时间。将仿真时间以一定间隔划分为多个仿真时段，估算出每个仿真时段内每辆车所在的收费路段，通过对各仿真时段各个路段上车辆数量的统计，可以获得不同仿真时段上对应的不同收费路段上的流量。

4. 新增收费站及路段流量仿真

用户除了能够在本系统中任意地新增收费站和新增路段、设定高速公路对不同车型在不同时段收取的费用以外，还能够根据历史 OD 数据，对所有的车辆在新建路网上的路径进行规划，推算出基于新增收费站和新增路段的全路网车辆的运行模式与运行状态。

首先，用户在界面上新增收费站和收费公路，且设定高速公路对不同车型在不同时段收取的费用。

其次，系统会根据历史 OD 数据，针对用户设定的车型和入口时段，在新的路网模型上重新仿真。要在新的路网模型上重新仿真，首先要解决的问题是：构建新的逻辑路网，并且计算出新逻辑路网的边权重，即同时考虑通行时间和通行费用计算出来的代价。对于路网中原本就存在的路段，其代价已经保存在系统中，因此此时的关键是如何衡量新增路段的代价。新增路段的代价计算如式（6−46），由于 O 和 D 是用户新增的起点收费站和终点收费站，因此系统中没有以该 OD 对为起始点的公路的历史平均通行费用 $f(O,D,M)$ 和历史平均通行时间 $t(O,D,M)$。因此，历史平均通行费用使用用户设定的高速公路对不同车型在不同时段收取的费用，而历史平均通行时间根据里程和车辆最大速度计算得到。至此，就完成了基于新路网的逻辑路网的构建及代价的计算。然后，就能够使用 Dijkstra 算法计算得到最优路径，并计算出车辆到达沿途各收费站节点的时间。

最后，从全局角度针对每个仿真时段，各收费路段上的车辆数进行统计，实现新路网上的重新仿真。图 6−36 展示了新增道路后流量仿真的可视化效果。

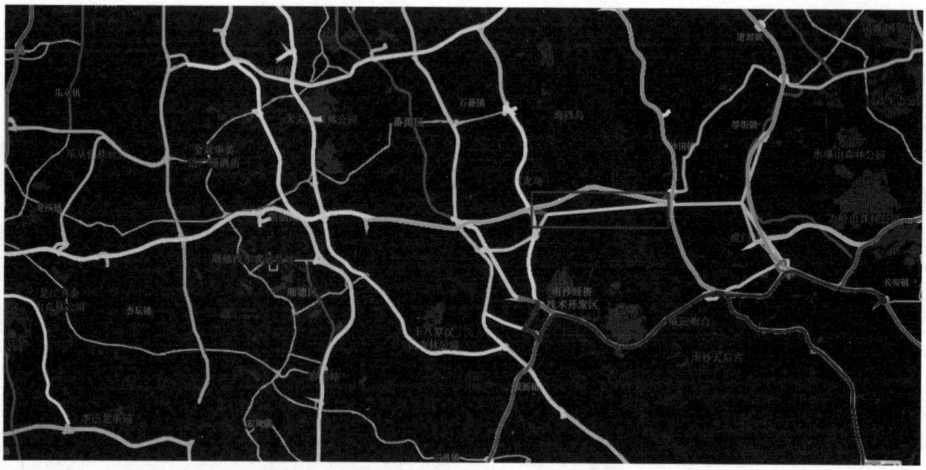

图 6–36　新路网上的仿真模拟（方框内的区域是新增的路段）

6.10　本 章 小 结

本章介绍了交通运输企业关心的核心问题之一——交通运营大数据应用。首先针对交通运营大数据的应用进行了简要概述，随后给出了一系列交通运营大数据分析案例。通过本章的介绍，读者可以更好地了解产品大数据与用户大数据在交通运营中的主要价值和意义。当然，在交通领域关于运营大数据的应用研究范围非常广泛，除了本章介绍的内容，在不同交通领域面对不同问题时还会涉及更丰富的内容，这里不可能全面覆盖到，希望本章介绍的内容可以让读者了解到产品与用户大数据在解决实际交通运营应用问题中的巨大潜力，从而在解决实际问题的过程中得到一些有益的启发。

参考文献

[1] 胡思继. 综合运输工程学 [M]. 北京：北京交通大学出版社，2006.
[2] 杨浩. 运输组织学 [M]. 2 版. 北京：中国铁道出版社，2019.
[3] 贾顺平. 交通运输经济学 [M]. 3 版 北京：人民交通出版社，2019.
[4] 贾俊芳. 铁路旅客运输 [M]. 北京：中国铁道出版社，2020.
[5] 于雷，宋国华. 城市交通流理论 [M]. 北京：北京交通大学出版社，2016.
[6] 李明捷，牟奇锋，马志刚. 机场规划与设计 [M]. 北京：中国民航出版社，2016.
[7] 隽志才. 交通系统建模与仿真 [M]. 北京：科学出版社，2011.
[8] 杨浩. 铁路运输组织学 [M]. 4 版 北京：中国铁道出版社，2015.
[9] 马奇. 决策是如何产生的 [M]. 王元歌，章爱民，译. 北京：机械工业出版社，2017.
[10] 胡思继. 铁路行车组织 [M]. 北京：中国铁道出版社，2016.
[11] 刘作义，郎茂祥. 铁路货物运输 [M]. 北京：中国铁道出版社，2015.
[12] 毛保华，李夏苗. 列车运行计算与设计 [M]. 2 版. 北京：人民交通出版社，2019.
[13] 闫学东. 城市规划 [M]. 北京：北京交通大学出版社，2011.
[14] 王莉莉，张兆宁. 空域规划与管理 [M]. 北京：科学出版社，2019.
[15] 梁曼，黄贻刚. 空中交通管理概论 [M]. 北京：中国民航出版社，2013.
[16] 董襄宁，赵征，张洪海. 空中交通管理基础 [M]. 北京：科学出版社，2019.
[17] 贝罗巴巴，奥多尼，巴恩哈特. 全球航空业 [M]. 赵维善，译. 上海：上海交通大学出版社，2016.
[18] CEDER A. 公共交通规划与运营：建模、应用及行为 [M]. 关伟，等译. 2 版. 北京：清华大学出版社，2017.
[19] NEHA N，GWEN S，TODD P. Kafka 权威指南 [M]. 薛命灯，译. 北京：人民邮电出版社，2018.
[20] 国务院. 国务院关于印发新一代人工智能发展规划的通知 [Z]. 北京：2017.
[21] GOTTFREDSON L S. Mainstream science on intelligence: an editorial with 52 signatories, history, and bibliography [J]. Intelligence, 1997: 13－23.
[22] 国家铁路局. 铁路信息化总体规划 [Z]. 北京：2017.
[23] ANDRIDGE R R, LITTLE R J A. A review of hot deck imputation for survey non-response [J]. International statistical review, 2010: 40－64.
[24] LIU F T, TING K M, ZHOU Z H. Isolation forest [C] // Proceedings of the IEEE international conference on data mining. Italy: Pisa, 2008.
[25] AN J, CHO S. Variational autoencoder based anomaly detection using reconstruction probability [J]. Special lecture on IE, 2015: 1－18.
[26] YOON J, JORDON J, SCHAAR M. Gain: missing data imputation using generative adversarial nets [C] // Proceedings of the international conference on machine learning. Sweden:

Stockholm, 2018.

[27] TANG X, YAO H, SUN Y, et al. Joint modeling of local and global temporal dynamics for multivariate time series forecasting with missing values [C] // Proceedings of the AAAI conference on artificial intelligence. USA: New York, 2020.

[28] GOODFELLOW I J, POUGET-ABADIE J, MIRZA M, et al. Generative adversarial networks [J]. Advances in neural information processing systems, 2014: 2672 – 2680.

[29] LUO Y, ZHANG Y, CAI X, et al. E^2GAN: end-to-end generative adversarial network for multivariate time series imputation [C] // Proceedings of the international joint conference on artificial intelligence. China: Macao, 2019.

[30] 佚名. 公安交通集成指挥平台技术实施方案 [Z]. 2016.

[31] GUO S, LIN Y, FENG N, SONG C, et al. Attention based spatial-temporal graph convolutional networks for traffic flow forecasting [C] // Proceedings of the AAAI conference on artificial intelligence. USA: Honolulu, 2019.

[32] SONG C, LIN Y, GUO S, et al. Spatial-temporal synchronous graph convolutional networks:a new framework for spatial-temporal network data forecasting [C] // Proceedings of the AAAI conference on artificial intelligence. USA: New York, 2020.

[33] AKAIKE H. Fitting autoregressive models for prediction [J]. Annals of the institute of statistical mathematics, 1969: 243 – 247.

[34] CRYER J D, CHAN K S. Time series analysis: with applications in R [M]. New York: Springer science & business media, 2008.

[35] YULE G U. Why do we sometimes get nonsense-correlations between time-series?: a study in sampling and the nature of time-series [J]. Journal of the royal statistical society, 1926: 1 – 63.

[36] BOX G E P, JENKINS G M, REINSEL G C. Time series analysis: forecasting and control [M]. New Jersey: John Wiley & Sons, 2015.

[37] BOSER B E, GUYON I M, VAPNIK V N. A training algorithm for optimal margin classifiers [C] // Proceedings of the fifth annual workshop on computational learning theory. USA: Pittsburgh, 1992.

[38] DRUCKER H, BURGES C J C, KAUFMAN L, et al. Support vector regression machines [C] // Proceedings of the advances in neural information processing systems. USA: Denver, 1997.

[39] SOENTPIET R. Advances in kernel methods: support vector learning [M]. Massachusetts: MIT press, 1999.

[40] FREUND Y, SCHAPIRE R E. A decision-theoretic generalization of on-line learning and an application to boosting [J]. Journal of computer and system sciences, 1997: 119 – 139.

[41] BREIMAN L. Bagging predictors [J]. Machine learning, 1996: 123 – 140.

[42] BREIMAN L. Random forests [J]. Machine learning, 2001: 5 – 32.

[43] CHEN T, GUESTRIN C. XGBoost: a scalable tree boosting system [C] // Proceedings of the 22nd ACM SIGKDD international conference on knowledge discovery and data mining. USA: San Francisco, 2016.

[44] GRAVES A. Generating sequences with recurrent neural networks [Z] arXiv preprint arXiv:

1308.0850, 2013.

[45] HOCHREITER S, SCHMIDHUBER J. Long short-term memory [J]. Neural computation, 1997: 1735 – 1780.

[46] PASCANU R, MIKOLOV T, BENGIO Y. On the difficulty of training recurrent neural networks [C] // International conference on machine learning. USA: Atlanta, 2013: 1310 – 1318.

[47] SUTSKEVER I, VINYALS O, LE Q V. Sequence to sequence learning with neural networks [C] // Proceedings of the advances in neural information processing systems. Canada: Montreal, 2014.

[48] SRIVASTAVA N, MANSIMOV E, SALAVHUTDINOV R. Unsupervised learning of video representations using lstms [C] // International conference on machine learning. France: Lille, 2015: 843 – 852.

[49] ZHANG J, ZHENG Y, QI D, et al. DNN-based prediction model for spatio-temporal data [C] // Proceedings of the 24th ACM SIGSPATIAL international conference on advances in geographic information systems. USA: California, 2016: 1 – 4.

[50] HE K, ZHANG X, REN S, et al. Deep residual learning for image recognition [C] // Proceedings of the IEEE conference on computer vision and pattern recognition. USA: Las Vegas, 2016.

[51] HE K, ZHANG X, REN S, et al. Identity mappings in deep residual networks [C] // Proceedings of the European conference on computer vision. Netherlands: Amsterdam, 2016.

[52] LECUN Y, BOTTOU A, ORR G, et al. Effificient backprop [J]. In neural networks: tricks of the trade, 2012: 9 – 50.

[53] JAIN V, MURRAY J, ROTH F, et al. Supervised learning of image restoration with convolutional networks [C] // Proceedings of the international conference on computer vision. Brazil: Rio de Janeiro, 2007.

[54] IOFFE S, SZEGEDY C. Batch normalization: accelerating deep network training by reducing internal covariate shift [C] // Proceedings of the international conference on machine learning. France: Lille, 2015.

[55] GUO S, LIN Y, LI S, et al. Deep spatial-temporal 3D convolutional neural networks for traffic data forecasting [J]. IEEE transactions on intelligent transportation systems, 2019: 3913-3926.

[56] LECUN Y, BENGIO Y, HINTON G. Deep learning [J]. Nature, 2015: 436 – 444.

[57] JI S, XU W, YANG M, et al. 3D convolutional neural networks for human action recognition [J]. IEEE transactions on pattern analysis and machine intelligence, 2012: 221 – 231.

[58] LIN Z, FENG J, LU Z, et al. DeepSTN+: context-aware spatial-temporal neural network for crowd flow prediction in metropolis [C] // Proceedings of the AAAI conference on artificial intelligence. USA: Honolulu, 2019.

[59] ZHANG K, LIU Z, ZHENG L. Short-term prediction of passenger demand in multi-zone level: temporal convolutional neural network with multi-task learning [J]. IEEE transactions on intelligent transportation systems, 2019: 1480 – 1490.

[60] VAN DEN OORD A, DIELEMAN S, ZEN H, et al. WaveNet: a generative model for raw

audio [C] // Proceedings of the ISCA speech synthesis workshop. USA: Sunnyvale, 2016.

[61] BAI S, KOLTER J, KOLTUN V. An empirical evaluation of generic convolutional and recurrent networks for sequence modeling [Z]. arXiv preprint arXiv:1803.01271, 2018.

[62] YAO H, TANG X, WEI H, et al. Revisiting spatial-temporal similarity: a deep learning framework for traffic prediction [C] // Proceedings of the AAAI conference on artificial intelligence. USA: Honolulu, 2019.

[63] CHEN C, LI K, TEO S G, et al. Citywide traffic flow prediction based on multiple gated spatio-temporal convolutional neural networks [J]. ACM transactions on knowledge discovery from data, 2020: 1 – 23.

[64] LI Y, YU R, SHAHABI C, et al. Diffusion convolutional recurrent neural network: data-driven traffic forecasting [C] // Proceedings of the international conference on learning representations. Canada: Vancouver, 2018.

[65] YU B, YIN H, ZHU Z. Spatio-temporal graph convolutional networks: a deep learning framework for traffic forecasting [C] // Proceedings of the international conference on learning representations. Canada: Vancouver, 2018.

[66] WU Z, PAN S, LONG G. Graph wavenet for deep spatial-temporal graph modeling [C] // Proceedings of the international joint conference on artificial intelligence. China: Hong Kong, 2019.

[67] CHEN W, CHEN L, XIE Y, et al. Multi-range attentive bicomponent graph convolutional network for traffic forecasting [C] // Proceedings of the AAAI conference on artificial intelligence. USA: New York, 2020.

[68] ZHENG C, FAN X, WANG C, et al. Gman: a graph multi-attention network for traffic prediction [C] // Proceedings of the AAAI conference on artificial intelligence. USA: New York, 2020.

[69] ELMAN J L. Finding structure in time [J]. Cognitive science, 1990: 179 – 211.

[70] LIU Q, WU S, WANG L, et al. Predicting the next location: a recurrent model with spatial and temporal contexts [C] // Proceedings of the AAAI conference on artificial intelligence. USA: Arizona, 2016.

[71] CHO E, MYERS S A, LESKOVEC J. Friendship and mobility: user movement in location-based social networks [C] // Proceedings of the ACM SIGKDD international conference on knowledge discovery and data mining. USA: California, 2011.

[72] KONG D, WU F. HST-LSTM: a hierarchical spatial-temporal long-short term memory network for location prediction [C] // Proceedings of the international joint conference on artificial intelligence. Sweden: Stockholm, 2018.

[73] VINYALS O, FORTUNATO M, JAITLY N. Pointer networks [C] // Proceedings of the advances in neural information processing systems. Canada: Montreal, 2015.

[74] FENG J, LI Y, ZHANG C, et al. Deepmove: predicting human mobility with attentional recurrent networks [C] // Proceedings of the world wide web conference. France: Lyon, 2018.

[75] KYUNGHYUN CHO, BART VAN MERRIENBOER, ÇAGLAR GÜLÇEHRE, et al.

Learning phrase representations using RNN encoder-decoder for statistical machine translation [C] // Proceedings of the conference on empirical methods on natural language processing. Qatar: Doha, 2014.

[76] DZMITRY BAHDANAU, KYUNGHYUN CHO, YOSHUA BENGIO. Neural machine translation by jointly learning to align and translate [C] // Proceedings of the international conference on learning representations. USA: California, 2015.

[77] GUO Q, SUN Z, ZHANG J, et al. An attentional recurrent neural network for personalized next location recommendation [C] // Proceedings of the AAAI conference on artificial intelligence. USA: New York, 2020.

[78] YANG D, ZHANG D, ZHENG V W, et al. Modeling user activity preference by leveraging user spatial temporal characteristics in LBSNs [J]. IEEE transactions on systems, man, and cybernetics: systems, 2014: 129 – 142.

[79] SHI X, CHEN Z, WANG H, et al. Convolutional lstm network: a machine learning approach for precipitation nowcasting [C] // Proceedings of the advances in neural information processing systems. Canada: Montréal, 2015.

[80] ZHANG J, ZHENG Y, QI D. Deep spatio-temporal residual networks for citywide crowd flows prediction [C] // Proceedings of the AAAI conference on artificial intelligence. USA: San Francisco, 2017.

[81] GIRSHICK R, DONAHUE J, DARRELL T, et al. Rich feature hierarchies for accurate object detection and semantic segmentation [C] // Proceedings of the IEEE conference on computer vision and pattern recognition. USA: Ohio, 2014.

[82] HE K, ZHANG X, REN S, et al. Spatial pyramid pooling in deep convolutional networks for visual [J]. IEEE transactions on pattern analysis & machine intelligence, 2015: 1904 – 1916.

[83] GIRSHUCK R. Fast r-cnn [C] // Proceedings of the IEEE international conference on computer vision. Chile: Santiago, 2015.

[84] REN S, HE K, GIRSHICK R, et al. Faster r-cnn: towards real-time object detection with region proposal networks [J]. IEEE transactions on pattern analysis and machine intelligence, 2017: 1137 – 1149

[85] REDMON J, DIVVALA S, GIRSHICK R, et al. You only look once: unified, real-time object detection [C] // Proceedings of the IEEE conference on computer vision and pattern recognition. USA: Las Vegas, 2016.

[86] REDMON J, FARHADI A. YOLO9000: better, faster, stronger [C] // Proceedings of the IEEE conference on computer vision and pattern recognition. USA: Hawaii, 2017.

[87] REDMON J, FARHADI A. YOLOV3: an incremental improvement [C] // Proceedings of the IEEE conference on computer vision and pattern recognition. USA: Salt Lake City, 2018.

[88] BOCHKOVSKIY A, WANG C Y, LIAO H Y M. YOLOv4: optimal speed and accuracy of object detection [C] // Proceedings of the IEEE conference on computer vision and pattern recognition. USA: Seattle, 2020.

[89] LIU W, ANGUELOV D, ERHAN D, et al. Ssd: single shot multibox detector [C] //

Proceedings of the European conference on computer vision. Netherlands: Amsterdam, 2016.

[90] SIMONYAN K, ZISSERMAN A. Very deep convolutional networks for large-scale image recognition [C] // Proceedings of the IEEE conference on computer vision and pattern recognition. USA: Ohio, 2014.

[91] HE K, ZHANG X, REN S, et al. Deep residual learning for image recognition [C] // Proceedings of the IEEE conference on computer vision and pattern recognition. USA: Las Vegas, 2016.

[92] DALAL N, TRIGGS B. Histograms of oriented gradients for human detection [C] // Proceedings of the IEEE conference on computer vision and pattern recognition. USA: San Diego, 2005.

[93] FREUND Y, SCHAPIRE R E. A decision-theoretic generalization of on-line learning and an application to boosting [J]. Journal of computer and system sciences, 1997: 119 – 139.

[94] LIN T Y, DOLLAR P, GIRSHICK R, et al. Feature pyramid networks for object detection [C] // Proceedings of the IEEE computer society conference on computer vision and pattern recognition. USA: Hawaii, 2017.

[95] LONG J, SHELHAMER E, DARRELL T. Fully convolutional networks for semantic segmentation [C] // Proceedings of the IEEE conference on computer vision and pattern recognition. USA: Boston, 2015.

[96] LORENSEN W E, CLINE H E. Marching cubes: a high resolution 3D surface construction algorithm [J]. ACM siggraph computer graphics, 1987: 163 – 169.

[97] BESL P J, MCKAY N D. A method for registration of 3D shapes [J]. IEEE transactions on pattern analysis and machine intelligence, 1992: 239 – 254.

[98] KIRKPATRICK S, GELATT C D, VECCHI M P. Optimization by simulated annealing [J]. Science, 1983: 671 – 680.

[99] ZBONTAR J, LECUN Y. Stereo matching by training a convolutional neural network to compare image patches [J]. Journal of machine learning research, 2016: 1 – 32.

[100] SHAKED A, WOLF L. Improved stereo matching with constant highway networks and reflective confidence learning [C] // Proceedings of the IEEE conference on computer vision and pattern recognition. USA: Hawaii, 2017.

[101] KENDALL A, MARTIROSYAN H, DASGUPTA S, et al. End-to-end learning of geometry and context for deep stereo regression [C] // Proceedings of the IEEE international conference on computer vision. Italy: Venice, 2017.

[102] MAYER N, ILG E, HAUSSER P, et al. A large dataset to train convolutional networks for disparity, optical flow, and scene flow estimation [C] // Proceedings of the IEEE conference on computer vision and pattern recognition. USA: Las Vegas, 2016.

[103] HU X, MORDOHAI P. A quantitative evaluation of confidence measures for stereo vision [J]. IEEE transactions on pattern analysis and machine intelligence, 2012: 2121 – 2133.

[104] HAEUSLER R, NAIR R, KONDERMANN D. Ensemble learning for confidence measures in stereo vision [C] // Proceedings of the IEEE conference on computer vision and pattern recognition. USA: Portland, 2013.

[105] SEKI A, POLLEFEYS M. Patch based confidence prediction for dense disparity map [C] // Proceedings of the British machine vision conference. UK: York, 2016.

[106] CHANG J R, CHEN Y S. Pyramid stereo matching network [C] // Proceedings of the IEEE conference on computer vision and pattern recognition. USA: Salt Lake City, 2018.

[107] BERTINETTO L, VALMADRE J, HENRIQUES J F, et al. Fully-convolutional siamese networks for object tracking [C] // Proceedings of the European conference on computer vision. Netherlands: Amsterdam, 2016.

[108] KALMAN R E. A new approach to linear filtering and prediction problems [J]. Journal of basic engineering, 1960: 35 – 45.

[109] KUHN H W. The Hungarian method for the assignment problem [J]. Naval research logistics quarterly, 1955: 83 – 97.

[110] CIAPARRONE G, SANCHEZ F L, TABIK S, et al. Deep learning in video multi-object tracking: a survey [J]. Neurocomputing, 2020: 61 – 88.

[111] LIU W, RABINOVICH A, BERG A C. ParseNet: looking wider to see better [C] // Proceedings of the international conference on learning representations. USA: San Juan, Puerto Rico, 2016.

[112] ZHAO H, SHI J, QI X, et al. Pyramid scene parsing network [C] // Proceedings of The IEEE conference on computer vision and pattern recognition. USA: Hawaii, 2017.

[113] GUO X, YANG K, YANG W, et al. Group-wise correlation stereo network [C] // Proceedings of the IEEE conference on computer vision and pattern recognition. USA: Long Beach, 2019.

[114] GRAY D, BRENNAN S, TAO H. Evaluating appearance models for recognition, reacquisition, and tracking [J]. International journal of computer vision, 2007: 56 – 68.

[115] VARIOR R R, SHUAI B, LU J W, et al. A siamese long short-term memory architecture for human re-identification [C] // Proceedings of the European conference on computer vision. Netherlands: Amsterdam, 2016.

[116] LIU H, JIE Z Q, KARLEKAR J, et al. Video based person re-identification with accumulative motion context [J]. IEEE transactions on circuits and systems for video technology, 2018: 2788 – 2802.

[117] RUSSAKOVSKY O, DENG J, SU H, et al. Imagenet large scale visual recognition challenge [J]. International journal of computer vision, 2015: 211 – 252.

[118] LIN T Y, MAIRE M, BELONGIE S, et al. Microsoft COCO: common objects in context [C] // Proceedings of the European conference on computer vision. Switzerland, Zurich: 2014.

[119] HU A, LI H, ZHANG F, et al. Deep boltzmann machines based vehicle recognition [C] // Proceedings of The 26th chinese control and decision conference. China: ChangSha, 2014.

[120] RONNEBERGER O, FISCHEER P, BROX T. U-Net: convolutional networks for biomedical image segmentation [J]. Medical image computing and computer assisted intervention society, 2015: 234 – 241.

[121] LIN G, MILAN A, SHEN C, et al. RefineNet: multi-path refinement networks for high-resolution semantic segmentation [C] // Proceedings of The IEEE conference on

computer vision and pattern recognition. USA: Hawaii, 2017.

[122] NAROTE S P, BHUJBAL P N, NAROTE A S, et al. A review of recent advances in lane detection and departure warning system [J]. Pattern recognition the journal of the pattern recognition society, 2018: 216 – 234.

[123] 林友芳，王琨琨，周超，等. 基于社交网络的民航旅客偏好建模 [J]. 北京交通大学学报，2014（6）：33 – 39.

[124] 林友芳，张奥爽，万怀宇，等. 一种基于社交网络的民航新旅客成长性预测方法 [J]. 北京交通大学学报，2014（6）：40 – 46.

[125] WAN H Y, WANG Z W, LIN Y F, et al. Discovering family groups in passenger social networks [J]. Journal of computer science and technology, 2015: 1141 – 1153.

[126] LIN Y F, WAN H Y, JIANG R, et al. Inferring the travel purposes of passenger groups for better understanding of passengers [J]. IEEE transactions on intelligent transportation systems, 2015: 235 – 243.

[127] 许强永，林友芳，万怀宇，等. 基于用户在线查询行为的民航异常需求发现 [J]. 中国科学:信息科学，2017：1023 – 1035.

[128] 林友芳，康友隐，万怀宇，等. 基于深度时空卷积网络的民航需求预测 [J]. 北京交通大学学报，2018（2）：1 – 8.

[129] 林友芳，尹康，党毅，等. 基于时空 LSTM 的 OD 客运需求预测 [J]. 北京交通大学学报，2019（1）：114 – 121.

[130] 林友芳，蒋鹏，郭晟楠，等. 基于卷积神经网络的机票低价预测 [J]. 北京交通大学学报，2019（5）：1 – 9.

[131] 郭晟楠，林友芳，金文蔚，等. 基于时空循环卷积网络的城市区域人口流量预测 [J]. 计算机科学，2019：385 – 391.

[132] 冯宁，郭晟楠，宋超，等. 面向交通流量预测的多组件时空图卷积网络 [J]. 软件学报，2019（3）：759 – 769.

[133] 邓玉婧. 融合多源数据的航班客座率预测方法研究 [D]. 北京：北京交通大学，2019.

[134] 冯宁. 基于时空图卷积网络的高速公路流量预测方法研究 [D]. 北京：北京交通大学，2019.

[135] 蒋鹏. 民航繁忙干线机票最低价格预测方法研究 [D]. 北京：北京交通大学，2019.

[136] 蒋睿. 民航旅客团体出行目的推断研究与应用 [D]. 北京：北京交通大学，2014.

[137] 康友隐. 基于深度时空残差网络的航班需求预测方法研究 [D]. 北京：北京交通大学，2018.

[138] 邱鹏. 基于用户查询行为分析的在线订票系统缓存优化策略研究 [D]. 北京：北京交通大学，2017.

[139] 王志伟. 旅客社会网络中的家庭发现及其行为特征分析 [D]. 北京：北京交通大学，2015.

[140] 杨皓斐. 民航旅客个体出行价值预测应用研究 [D]. 北京：北京交通大学，2019.

[141] 周岳骞. 面向民航需求建模的用户查询日志大数据分析方法研究与实现 [D]. 北京：北京交通大学，2016.